高等院校经济学管理学系列教材

电子商务
物流与供应链管理

Logistics and Supply Chain Management for Electric Business

李海刚◎编著

图书在版编目(CIP)数据

电子商务物流与供应链管理/李海刚编著. —北京:北京大学出版社,2014.6
(高等院校经济学管理学系列教材)
ISBN 978-7-301-16109-8

Ⅰ.①电… Ⅱ.①李… Ⅲ.①电子商务-物流-物资管理-高等学校-教材 ②电子商务-供应链管理-高等学校-教材 Ⅳ.①F713.36②F252

中国版本图书馆 CIP 数据核字(2014)第 101731 号

书　　　名：电子商务物流与供应链管理
著作责任者：李海刚　编著
责 任 编 辑：黄　蔚　朱梅全　杨丽明　王业龙
标 准 书 号：ISBN 978-7-301-16109-8/F·3946
出 版 发 行：北京大学出版社
地　　　址：北京市海淀区成府路 205 号　100871
网　　　址：http://www.pup.cn　新浪官方微博:@北京大学出版社
电 子 信 箱：sdyy-2005@126.com
电　　　话：邮购部 62752015　发行部 62750672　编辑部 021-62071998
　　　　　　出版部 62754962
印 刷 者：三河市博文印刷有限公司
经 销 者：新华书店
　　　　　　730 毫米×980 毫米　16 开本　24 印张　457 千字
　　　　　　2014 年 6 月第 1 版　2017 年 6 月第 3 次印刷
定　　　价：48.00 元

未经许可,不得以任何方式复制或抄袭本书之部分或全部内容。
版权所有,侵权必究
举报电话:010-62752024　电子信箱:fd@pup.pku.edu.cn

目 录

第一章 电子商务 …………………………………………………… (1)
  1.1 电子商务概述 ………………………………………………… (3)
  1.2 电子商务商业模式 …………………………………………… (7)
  1.3 电子商务管理 ………………………………………………… (12)

第二章 物流管理 …………………………………………………… (20)
  2.1 物流概述 ……………………………………………………… (21)
  2.2 物流的目标与过程 …………………………………………… (27)
  2.3 物流技术与设备 ……………………………………………… (30)
  2.4 物流管理 ……………………………………………………… (32)
  2.5 物流系统 ……………………………………………………… (35)

第三章 供应链管理 ………………………………………………… (45)
  3.1 供应链管理概述 ……………………………………………… (46)
  3.2 供应链管理的构建 …………………………………………… (58)
  3.3 供应链管理的实施 …………………………………………… (67)

第四章 电子商务物流管理 ………………………………………… (75)
  4.1 电子商务物流概述 …………………………………………… (77)
  4.2 电子商务与物流的关系 ……………………………………… (86)
  4.3 电子商务物流管理 …………………………………………… (93)

第五章 电子商务物流模式 ………………………………………… (101)
  5.1 电子商务物流市场与物流活动 ……………………………… (102)
  5.2 电子商务物流系统 …………………………………………… (113)
  5.3 电子商务物流需求 …………………………………………… (117)
  5.4 电子商务物流模式选择 ……………………………………… (125)

第六章 电子商务采购与库存管理 ………………………………… (136)
  6.1 电子采购 ……………………………………………………… (138)
  6.2 电子商务下的库存控制与库存管理 ………………………… (153)

第七章 电子商务仓储与配送管理 ………………………………… (168)
  7.1 电子商务下的仓储管理 ……………………………………… (169)

7.2 电子商务物流配送 …………………………………………（180）
7.3 电子商务物流配送中心 ……………………………………（193）

第八章 电子商务回收与低碳物流 ………………………………（204）
8.1 电子商务逆向物流 …………………………………………（205）
8.2 电子商务下的再生资源回收物流 …………………………（215）
8.3 低碳物流 ……………………………………………………（220）
8.4 绿色物流 ……………………………………………………（225）

第九章 电子商务物流技术与信息管理 …………………………（232）
9.1 条形码技术 …………………………………………………（233）
9.2 射频(RFID)技术 …………………………………………（238）
9.3 电子数据交换技术与 POS 技术 …………………………（242）
9.4 自动跟踪技术 ………………………………………………（248）
9.5 智能交通系统 ………………………………………………（257）

第十章 电子商务物流服务与成本管理 …………………………（265）
10.1 电子商务物流服务 ………………………………………（267）
10.2 电子商务物流服务管理 …………………………………（272）
10.3 物流成本管理与控制 ……………………………………（286）

第十一章 电子供应链管理 ………………………………………（297）
11.1 电子商务与供应链管理的关系 …………………………（298）
11.2 电子供应链管理的概念和内涵 …………………………（301）
11.3 电子供应链管理的策略、方法与技术 …………………（311）
11.4 集成化电子供应链管理实施 ……………………………（323）

第十二章 电子商务物流与供应链的新概念 ……………………（337）
12.1 物流金融 …………………………………………………（338）
12.2 供应链金融 ………………………………………………（344）
12.3 电子供应链金融 …………………………………………（346）
12.4 电子商务物流供应链中的新技术 ………………………（351）
12.5 电子商务物流供应链管理中的新理念 …………………（360）

参考文献 ……………………………………………………………（369）

前　言

自20世纪90年代中期始,电子商务已经引起了世界各国的高度重视,与此同时,制约电子商务发展的物流环节也开始为人们所关注,引发了"物流热"。人们越来越认识到,电子商务必须以高效和可靠的物流运作和供应链管理为保证,才具有实际可行性。以电子商务为基础的信息化、集成化把我们的视野从有限的分销管理拓展到旨在有效解决信息孤岛和业务孤岛问题的现代物流管理,乃至强调高度核心能力集成的供应链管理。电子商务物流与供应链管理代表了现代经济不断发展的趋势和潮流,同时也是企业提升绩效,塑造核心竞争能力的源泉。

电子商务下的物流除了要具备基本的服务能力外,还要提供增值服务,它要求有高效的组织结构及严格的物流成本控制能力等。如何建立现代物流体系,加强对物流的现代化管理,使其适应电子商务的需要,已成为当前电子商务实践的一个重要课题。本书写作前,大量收集、分析和研究了国内外物流领域最新的研究成果和全球500强企业的物流实践经验,并参阅了大量同类教材、专著,力图反映物流发展最前沿的理论,尽量做到理论和实践相结合。

本书作为电子商务以及物流和供应链管理方面的教材,力求实现如下几个目标:一是理论上新。从物流和供应链管理的角度,本书希望能将该领域的前沿内容和最新研究成果介绍给读者。二是实践性强。本书在介绍相关理论的基础上,结合图表、流程、方法的论述来进行剖析。三是启发性大。本书对电子商务物流与供应链管理相关内容的介绍紧紧围绕实践和案例分析来开展。特别是本书在每章前面安排了引例,能引发读者的思考,在每章结尾又提供了应用案例,从而使读者加深对现代电子商务物流和电子供应链管理的理解。

本书共分13章,在总—分—总的结构框架下,以电子商务物流的流程为基本线索进行编写。首先,介绍电子商务、物流管理和供应链管理的相关概念和运作模式。其次,从电子商务物流管理的关系入手,按照电子商务物流流程,分别介绍了采购供应商管理、仓储管理与库存控制、包装与流通加工合理化、搬运装卸与运输管理、电子商务配送与配送中心、回收与低碳物流。最后,从总体上介绍电子商务物流技术、物流优化与控制、物流服务与成本管理、集成供应链管理和物流与供应链金融管理。

全书始终注意电子商务和物流与供应链的结合,叙述准确、内容丰富、逻辑清楚。每章前面有学习目标、引例,后面附有案例分析和习题,特别适合我国高等院校(含职业院校)电子商务专业、物流专业、财贸专业及其他经济管理类专业学生以及相关企业界实际工作者参考。

参加本书编写工作的是上海交通大学安泰经济与管理学院的部分教师和学生,他们是吴家春、韩丽川、左广轩、杨灿、吴钊华、曲振斌、孙臣臣、邹波、聂珊珊、刘梦婷、李义刚等。本书在编写过程中,参阅了许多报刊和网站的资料,参考并援引了国内外相关专家、学者在电子商务及物流和供应链领域内的最新专著、文献及教材,对他们的辛勤付出表示感谢。本书得以出版,也得到了上海交通大学安泰经济与管理学院赵旭副院长和北京大学出版社的热心支持,在此一并表示衷心的感谢。

尽管我们在本教材的内容编写和特色把握方面做了大量的探索与尝试,但限于时间和水平,书中难免存在不妥和疏漏之处,敬请使用本教材的各教学单位和读者能提出改进意见,以便我们在修订时完善。

李海刚
2013 年 11 月于上海

第一章 电子商务

> **学习目标**

1. 描述电子商务的概念
2. 区分不同电子商务的类型
3. 理解电子商务商业模式的内涵
4. 明确电子商务管理的概念

> **关键词**

电子商务 商业模式 电子商务管理

引例

戴尔 CMO Karen Quintos 谈戴尔社交媒体战略

2013年8月27日,戴尔公司在北京中国国家会议中心举办"戴尔全球高峰论坛",并发布新产品和IT解决方案。当天下午,戴尔公司首席营销官(CMO)Karen Quintos 接受了《新营销》记者的采访。

Karen 曾在 Merck & Co. 工作12年,先后担任市场营销、规划、运营和供应链管理等职位。之后她进入花旗银行,以出色的工作表现升任花旗银行全球运营和技术副总裁。2000年 Karen 加入戴尔公司,2010年9月出任戴尔公司 CMO,主要负责戴尔公司在美洲、亚太及日本、欧洲、中东和非洲的市场业务。她的工作范围涉及品牌策略、全球沟通、社交媒体、企业责任、客户洞察、市场人才发展和代理管理等。她还是戴尔公司最大的网络团体"Women in Search of Excellence"(WISE,追求卓越的女性)的发起执行人。

Karen 有着一种与生俱来的亲和气质。她说,自己非常乐于亲近客户,与他们近距离交流。这对于一个 CMO 而言是一种很好的特质。

"倾听客户,并且把他们放在我们所做的一切事情的中心——这就是戴尔品牌的本质。这正是 Michael Dell 在1984年创办这家公司时就遵循的,也是戴尔品牌的核心特征。"随着社交媒体迅速发展,客户的"发声"渠道发生了变化。Karen 格外重视社交媒体在戴尔业务中扮演的角色。

Karen 说,戴尔在社会化营销方面起步早,做得十分出色。"2006年,戴尔就开始研究如何运用社交媒体与用户直接沟通。我们发现，在信息交流和分享方面，社交媒体有着显著的优势。它不但让我们通过大量的直接反馈提升服务、改进产品，而且让我们实时为客户解决问题。过去人们通过电话、电子邮件联系我们，或者去服务中心接受售后服务，现在他们通过社交媒体更快速、更有效地与我们联系。"

Karen认为，社交媒体应用不能仅仅作为企业战略附加的部分，而且要纳入组织架构中，融入企业文化，使之成为企业日常工作的一部分，甚至处于核心位置。在戴尔公司，在产品、销售、市场营销、人力资源、技术和服务等各项工作中，社交媒体都被整合进去，是不可剥离的部分。

2010年，戴尔公司成立社交媒体聆听管理中心，以监测、回应和引导世界各地社交媒体上出现的涉及戴尔品牌的话题。每天，戴尔社交媒体聆听管理中心要处理2.5万多条来自不同地区、不同内容的信息，通过一套系统进行分析，并根据话题、敏感度、区域、普遍性、趋势等，用红色、橙色和绿色分类标记，无论好坏都要反馈给相关部门。Karen认为，对于社交媒体监测，企业要意识到自己不仅要听，而且要认真倾听，并且让自己倾听到的信息变得有意义。因为这些信息对企业的市场决策、产品改进和服务提升有着独特的价值。

"倾听非常重要，但企业不要轻易干涉。更多的时候，我们只是倾听，然后学习，再把学到的东西用于实践，比如改进产品、提升服务。"

除了把社交媒体作为倾听客户声音的管道，戴尔公司还通过社交媒体与客户对话、交流。戴尔公司的创意风暴（Idea Storm）项目，让产品负责人和客户直接互动，而客户则分享他们的创意，与戴尔公司紧密沟通。

针对消费端的用户，戴尔公司在各种社交平台上与他们建立联系，进行交流。戴尔公司在中国市场已经进驻微博、微信、人人网等社交平台，拥有数量可观的粉丝。

与很多企业不同，戴尔公司有专门的团队运营社交媒体，并对员工进行专业的社交媒体培训。"我们在全球培训了一个有1000多名员工的团队，培训他们在Twitter、Facebook等新媒体平台上与用户沟通要采用什么样的方法，以增强用户忠诚度，帮助用户解决问题。"

而戴尔公司内部十几万员工进行沟通，则使用社交媒体平台Chatter。员工根据不同的需要建立社区，讨论和解决各种问题，向相关部门提出建议，或者与同事分享工作中的所思所想。

Karen说，使用社交媒体也是她日常工作的重要部分。她在Twitter上关注了大约500人，包括行业领袖、CMO同行、其他女性领导者等，而她自己也有众多粉丝。她经常参与社交网络话题讨论，由此获得了很多资源。

"通过社交媒体平台，我从信任、关注的人群中获得了很多很有见地的想法。倾听客户的声音,与同事分享我的观察,我收获颇丰,每天都有新的发现。"

(资料来源:http://www.wumii.com/item/63AOC8wH,2013年11月2日访问。)

> **案例思考题**

（1）戴尔公司是如何应用社交媒体平台倾听客户声音并且与客户进行交流互动的？

（2）戴尔公司的商业模式体现了哪些电子商务的理念和方法？

1.1 电子商务概述

1.1.1 电子商务概念

电子商务源于英文 Electronic Commerce(EC)。电子商务是指发生在组织内部、组织与组织之间或者组织与客户之间,通过包括互联网在内的计算机网络所进行的、一切产品及服务等交易活动的全过程。它主要包括信息搜寻、订货与支付、物流管理、网上购物、企业之间的网上交易和在线电子支付等新型的商业运营模式,其实质包含两个方面,一是电子方式,二是商贸活动。

电子商务可以通过多种电子通讯方式来完成。简单的,比如通过打电话或发传真的方式来与客户进行商贸活动,似乎也可以称为电子商务,但是,现在人们所探讨的电子商务主要是以 EDI(Electronic Data Interchange,电子数据交换)和 Internet 来完成的。随着 Internet 技术的日益成熟,电子商务真正的发展将建立在 Internet 技术上,所以也有人把电子商务称为 Internet Commerce(IC)。

为了理解电子商务的定义,可从以下几点把握电子商务的内涵：

（1）电子商务是一种全新的商务模式。与传统商务相比,电子商务是在现代电子信息技术(Information Technology)基础上实现的一场高效率、低成本、多选择的商务革命。

（2）电子商务是多种高新技术的集合。电子商务的基本技术架构是网络,特别是互联网。它是在微电子、计算机、通信、数据库、信息处理等高新技术基础上发展起来的一种现代生产力。它既是跨国界的全球性信息化工程,又是无国界的全球性网络平台。

（3）电子商务正以其广泛内容和深远影响推动着一场新的产业革命。电子商务的兴起和发展,不只是一种单纯的技术问题,它已成为与经济发展紧密相连的,沟通企业与企业之间、企业与消费者之间、企业与政府之间经济联系的一种特殊桥梁与纽带,会引起产业结构、增长方式、劳动力就业以及人们思维方式、交往方式的重大变革。

正如有关电子商务专家所指出的那样,从贸易活动的角度分析,电子商务可以在多个环节实现,由此也可以将电子商务分为两个层次:较低层次的电子商务,如电子商情、电子贸易、电子合同等;最完整也是最高级的电子商务,是能利用 Internet 进行全部贸易活动的电子商务,即在网上将信息流、商流、资金流和部分物流完整实现,也就是说,从寻找客户开始,一直到洽谈、订货、在线付(收)款、开具电子发票以至于到报关、电子纳税等都通过 Internet 直接完成。

要实现完整的电子商务涉及很多方面,除了买家、卖家外,还要有银行或金融机构、政府机构、认证机构、配送中心等的加入才行。由于参与电子商务的各方在物理上是互不谋面的,因此整个电子商务过程并不是物理世界商务活动的翻版,网上银行、在线电子支付等条件和数据加密、电子签名等技术在电子商务中发挥着重要的不可或缺的作用。

1.1.2 电子商务的功能

电子商务可提供网上交易和管理等全过程的服务,因此它具有广告宣传、咨询洽谈、网上订购、网上支付、电子账户、服务传递、意见征询、交易管理等各项功能。

(1) 广告宣传。电子商务可凭借企业的 Web 服务器和客户的浏览,在 Internet 上发布各类商业信息。客户可借助网上的检索工具(Search)迅速找到所需商品信息,而商家可利用网上主页(Home Page)和电子邮件(E-mail)在全球范围内做广告宣传。与以往的各类广告相比,网上的广告成本最低廉,而给顾客的信息量却最为丰富。

(2) 咨询洽谈。电子商务可借助非实时的电子邮件、新闻组(News Group)和实时的讨论组(Chat)来了解市场和商品信息、洽谈交易事务,如有进一步的需求,还可用网上的白板会议(Whiteboard Conference)来交流即时的图形信息。网上的咨询和洽谈能超越人们面对面洽谈的限制、提供多种方便的异地交谈形式。

(3) 网上订购。电子商务可借助 Web 中的邮件交互传送实现网上的订购。网上的订购通常都是在产品介绍的页面上提供十分友好的订购提示信息和订购交互格式框。当客户填完订购单后,通常系统会回复确认信息单来保证订购信息的收悉。订购信息也可采用加密的方式使客户和商家的商业信息不会泄漏。

(4) 网上支付。电子商务要成为一个完整的过程,网上支付是重要的环节。客户和商家之间可采用信用卡账号进行支付。在网上直接采用电子支付手段可省略交易中很多人员的开销,但网上支付需要更为可靠的信息传输安全性控制以防止欺骗、窃听、冒用等非法行为。

(5) 电子账户。网上的支付必须要有电子金融的支持,即银行或信用卡公司及保险公司等金融单位要为金融服务提供网上操作的服务,而电子账户管理是其基本的组成部分。信用卡号或银行账号都是电子账户的一种标志,其可信度需配以必要技术措施来保证,如数字证书、数字签名、加密等手段的应用均提供了电子账户操作的安全性。

(6) 服务传递。对于已付了款的客户应将其订购的货物尽快传递到他们手中。然而有些货物在本地,有些货物在异地,电子邮件将在网络中进行物流的调配。最适合在网上直接传递的货物是信息产品,如软件、电子读物、信息服务等,它能直接从电子仓库中将货物发到用户端。

(7) 意见征询。电子商务能十分方便地采用网页上的"选择""填空"等格式文件来收集用户对销售服务的反馈意见,从而使企业的市场运营形成一个封闭的回路。客户的反馈意见不仅能提高售后服务的水平,更使企业获得改进产品、发现市场的商业机会。

(8) 交易管理。整个交易的管理将涉及人、财、物多个方面,企业和企业、企业和客户及企业内部等各方面的协调和管理。因此,交易管理是涉及商务活动全过程的管理。电子商务的发展,将会提供一个良好的交易管理的网络环境及多种多样的应用服务系统,进而保障电子商务获得更广泛的应用。

1.1.3 电子商务的类型

按照商业活动的运行方式,电子商务可以分为完全电子商务和非完全电子商务;按照商务活动的内容,电子商务主要包括间接电子商务(有形货物的电子订货和付款,仍然需要利用传统渠道如邮政服务和商业快递车送货)和直接电子商务(无形货物和服务,如某些计算机软件、娱乐产品的联机订购、付款和交付,或者是全球规模的信息服务);按照开展电子交易的范围,电子商务可以分为区域化电子商务、远程国内电子商务、全球电子商务;按照使用网络的类型,电子商务可以分为基于专门增值网络(EDI)的电子商务、基于互联网(Internet)的电子商务、基于企业内部网(Intranet)的电子商务;按照交易对象,电子商务可以分为企业对企业的电子商务(B2B),企业对消费者的电子商务(B2C),企业对政府的电子商务(B2G),消费者对政府的电子商务(C2G),消费者对消费者的电子商务(C2C),企业、消费者、代理商三者相互转化的电子商务(ABC),以消费者为中心的全新商业模式(C2B2S)等。

1. B2B(Business to Business)

B2B 是指商家(泛指企业)对商家的电子商务,即企业与企业之间通过互联网进行产品、服务及信息的交换。通俗的说法是指进行电子商务交易的供需双方都是商家(或企业、公司),其使用 Internet 的技术或各种商务网络平台,完成商务交易的过程。这些过程包括:发布供求信息,订货及确认订货,支付过程,票据的签发、传送和接收,确定配送方案并监控配送过程等。

2. B2C(Business to Customer)

B2C 模式是中国最早产生的电子商务模式,以 8848 网上商城的正式运营为标志。如今的 B2C 电子商务网站非常多,较大型的有天猫商城、京东等。

3. B2G(Business to Government,又称 B2A,Business to Administration)

B2G 模式是企业与政府管理部门之间的电子商务,如政府采购、海关报税的平台,国税局和地税局报税的平台等。

4. C2C(Customer to Customer)

C2C 同 B2B、B2C 一样,都是电子商务的模式之一。不同的是 C2C 是用户对用户的模式,是通过为买卖双方提供一个在线交易平台,使卖方可以主动提供商品上网拍卖,而买方可以自行选择商品进行竞价。

5. C2B(Customer to Business)

C2B 是电子商务模式的一种,即消费者对企业,其最先在美国流行起来。C2B 模式的核心,是通过聚合分散分布但数量庞大的用户形成一个强大的采购集团,以此来改变 B2C 模式中用户一对一出价的弱势地位,使之享受到以大批发商的价格买单件商品的利益。

C2B 先有消费者需求产生而后有企业生产,即先有消费者提出需求,后有生产企业按需求组织生产。通常情况为消费者根据自身需求定制产品和价格,或主动参与产品设计、生产和定价,产品、价格等彰显消费者的个性化需求,生产企业进行定制化生产。

6. C2B2S(Customer to Business-Share)

C2B2S 模式是 C2B 模式的进一步延伸,该模式很好地解决了 C2B 模式中客户发布需求产品初期因无法聚集庞大的客户群体致使与邀约商家交易失败的问题。全国首家采用该模式的平台是晴天乐客。

7. B2M(Business to Manager)

B2M 是相对于 B2B、B2C、C2C 而言的一种全新的电子商务模式,四者的根本区别在于目标客户群的性质不同,B2B、B2C、C2C 的目标客户群都是作为一种消费者的身份出现,而 B2M 所针对的客户群是该企业或者该产品的销售者或者为其工作者,而不是最终消费者。

8. M2C(Manufacturer to Customer)

M2C 是针对 B2M 的电子商务模式而出现的延伸概念。B2M 环节中,企业通过网络平台发布该企业的产品或者服务,职业经理人通过网络获取该企业的产品或者服务信息,并且为该企业提供产品销售或者提供企业服务,企业通过经理人的服务达到销售产品或者获得服务的目的。

9. B2B2C(Business to Business to Customer)

所谓 B2B2C 是一种新的网络通信销售方式。第一个 B 指广义的卖方(即成品、半成品、材料提供商等),第二个 B 指交易平台,即提供卖方与买方的联系平台,同时提供优质的附加服务,C 即指买方。卖方不仅仅是公司,也可以包括个人,即一种逻辑上的买卖关系中的卖方。

10. O2O(Online to Offline)

O2O 是新兴起的一种电子商务新商业模式,即将线下商务的机会与互联网结合在一起,让互联网成为线下交易的前台。这样线下服务可以用线上来揽客,消费者可以用线上来筛选服务,还有成交可以在线结算,很快达到规模。该模式最重要的特点是:推广效果可查,每笔交易可跟踪。

11. B2T(Business to Team)

B2T 是继 B2B、B2C、C2C 后的又一电子商务模式,即组成一个团队向商家采购。团购 B2T 本来是"团体采购"的定义,而今网络的普及让团购成为很多中国人参与的消费革命。网络团购这种新的消费方式,就是互不认识的消费者借助互联网的"网聚人的力量"来聚集资金,加大与商家的谈判能力,以求得最优的价格。尽管网络团购的出现只有短短两年多的时间,却已经成为在网民中流行的一种新消费方式。据了解,网络团购的主力军是年龄 25 岁到 35 岁的年轻群体,在北京、上海、深圳等大城市十分普遍。

1.2 电子商务商业模式

1.2.1 商业模式的概念和特征

商业模式是指企业进行价值创造的内在机制,它基于一种体系结构来进行商业运作,其目的是通过给客户提供价值增加的产品而获取利润。为此,商业模式必须包括价值增加活动来生产产品和产品营销活动来送达产品,以及资源配置活动来安排需要的资源以支撑企业各种活动。互联网环境下的商业模式充分利用网络的功能来实现这些活动和获取相应资源。简单地说,商业模式就是使企业获利的运作方式。

综合商业模式研究的各种视角,我们可以发现商业模式具有以下几项本质特征:

1. 商业模式是一个描述和简化现实的系统,具有全息性和系统性。商业模式是对企业现实的描述和简化。所谓全息性,就是商业模式包括企业运营的各个方面,包括对企业自身及产品或服务的定位、选择客户、获取和利用各种必要资源、进入市场等。所谓系统性,就是构成企业运营的各方面、各层次相互联系、互相依赖,存在客观的逻辑关系。作为对现实企业系统的描述和简化,商业模式的全息性和系统性要求我们在商业模式的研究中应以系统的观点和方法,关注企业运营系统中的各个要素,关注各个要素之间的相互作用及其相互适应的状况。

2. 从本质上看,商业模式是价值的产生机制。价值创造是组织存在的根本理由和发展的必要条件,也是企业所有经营活动的核心主题。一般来说,价值的来源主要有三个,即企业自身价值链、技术变革和价值网络。商业模式作为组织创造价值的核心逻辑,直接决定了组织业务流程的设计,而业务流程又与组织的信息系统密切相关。业务流程和公司的信息系统相互适应与否,决定了企业能否实现所预期的价值。因此,从企业内部运营的角度看,商业模式决定着企业的价值创造。而从技术开发的角度看,商业模式是技术开发与价值创造之间的转换机制。商业模式决定着成本/收益结构,即决定以多大的成本获取多大的价值,因此也决定了组织技术开发的成本和利用技术创造的价值所带来的收益。价值的另外一个来源是价值网络。随着信息技术和电子商务的发展,组织边界日益模糊,大大增加了通过价值网络中的交易和协作创造价值的可能性。商业模式是为了创造价值而设计的交易活动的组合方式,而对交易活动(包括内容、流程以及管理)的组合方式的设计,决定了公司能否通过价值网络的协作创造和获取价值,以及创造多大的价值。

3. 商业模式的目的是获得利润。公司从事商务活动是为了获取利润,利润是公司维持自身生存和发展的根本所在。正是基于企业的这一基本性质,许多研究者将商业模式定义为公司获取利润、维持自身生存的方式(Rappa, 2001; Hawkins, 2001; Elliot, 2002),把商业模式作为影响公司业绩的首要因素(Afuah, Tuccj, 2003)。公司业绩是价值创造的表现形式,也是商业模式接受市场检验的结果。

4. 商业模式可以分解为若干构成要素。以各自对商业模式的定义为出发点,研究者们采用了不同的方法来界定商业模式的构成要素。虽然研究方法和角度不同,但所有研究者的研究中几乎都包括如下的一些基本要素:市场结构(参与者、角色、目标)、价值理念(包括顾客与合作者两个方面)、范围(市场细分、产品界定)、业务流程、核心能力(能力、资产)、定价策略和收入来源、战略(整合竞争、在价值链和价值网络中的定位)、协调机制、技术等。企业要获取竞争优势,就应当优化构成商业模式的一个或多个或全部构成要素。

综上所述,商业模式就是一个企业在某一领域的经营活动中,对企业自身及产品或服务进行定位,选择客户,获取和利用资源,进入市场,在其运行过程中创造价值并从中获取利润的系统,是一个企业创造价值的核心逻辑和结构。简单来说,商业模式是指企业为获取收入以维持经营而采用的业务开展方式,特别是其调度相关资源(包括自身资源和外部资源)创造价值的方式。

1.2.2 电子商务商业模式的内涵

电子商务的商业模式是电子商务项目运行的秩序,是指电子商务项目所提供的产品、服务、信息流、收入来源以及各利益主体在电子商务项目运作过程中的关系和作用的组织方式与体系结构。它具体体现了电子商务项目现在如何获利以及在未来长时间内的计划。电子商务商业模式的内涵主要包括战略目标、目标客户、收入和利润来源、价值链和核心能力等方面。

1. 战略目标

一个电子商务项目要想成功并持续获利,必须明确战略目标,企业的战略目标本质上表现为企业的客户价值,即企业必须不断向客户提供对他们有价值的、竞争者又不能提供的产品或服务,才能保持竞争优势。按照迈克尔·波特的竞争优势理论,这种竞争优势可以表现在产品/服务的差异化、低成本、目标集聚战略上。

2. 目标客户

公司的目标客户是指在市场的某一领域或地理区域内,公司决定向哪一范围提供产品或服务,以及提供多少这种产品或服务。其中涉及两个方面的问题:

(1) 客户范围。从不同的角度来考虑,公司客户范围的界定需要从两个方面入手,一方面,要将公司客户在商家和消费者之间选择,如果公司主要向商家提供产品或服务,这就是 B2B,在每个产业中,又有不同类型、不同规模、不同技术水平的商家;如果公司主要向消费者提供产品或服务,这就是 B2C,消费者可以根据性别、年龄、职业、受教育程度、生活方式、收入水平等特征划分为不同的类型。另一方面,要将公司客户在不同的地域内进行选择,公司要明确向世界上哪个地方销售产品或提供服务,因为互联网跨越时空的特点使得公司的市场范围大大延伸了。

(2) 产品或服务范围。当公司决定向哪一领域提供产品或服务后,还必须决定向这部分市场的需求提供多少服务。例如,一家定位于大学生的互联网公司必须决定要满足他们多少需求,它可以在基本的连接服务、聊天室、电影、音乐、游戏、网上教学、考研答疑等方面来选择要提供的服务内容。

进行电子商务案例的目标客户分析,需要回答以下几个问题:① 电子商务能够使公司接触到哪些范围的客户?是面向全球的客户还是一定地理范围的客户,是面向商家还是面向消费者?② 公司的客户具有什么特点?③ 电子商务是否改变了原有的产品或服务?④ 公司对各类各户分别提供哪些产品或服务?

3. 收入和利润来源

电子商务案例分析的一个极为重要的部分是确定公司的电子商务项目收入和利润来源。在现实的市场中,很多公司直接从其销售的产品中获得收入和利润,或者从其提供的服务中获得收入和利润,但是,在电子商务市场中,因为互联网的一些特性,使公司利用互联网从事电子商务的收入和利润的来源变得更加复杂。例如,从事网络经纪电子商务模式的公司的收入来源至少有交易费、信息和建议费、服务费和佣金、广告和发布费等,而一个采取直销模式的公司的收入则主要来自于对客户的直接销售,也可以来自于广告、客户信息的销售和产品放置费,还可以通过削减直接向客户提供服务的成本或减少配送环节来增加利润。

从向客户提供的产品或服务中获取利润非常重要的一个环节是对所提供的产品或服务正确地定价。在电子商务市场中,大多数产品和服务是以知识为基础的,以知识为基础的产品一般具有高固定成本低可变成本的特点,因而产品或服务的定价具有较大的特殊性,企业定价的目标不在于单位产品的利润率水平,而更加重视产品市场占有率的提高和市场的增长。同时,这种产品还具有锁定消费者的特点,使许多消费者面临着较高的转移成本,确保在竞争中占有优势的公司不断拉大与其竞争者的距离。

进行电子商务案例的收入和利润来源分析,需要回答如下问题:(1) 公司原有的收入来源有哪些途径,电子商务使公司收入来源产生了哪些变化?(2) 公司实施电子商务后有哪些新的收入来源?(3) 公司收入来源中,哪些对公司的利润水平具有关键性的影响?(4) 哪些客户对哪些收入来源作出贡献?(5) 公司利润的决定因素有哪些?

4. 价值链

为了向客户提供产品和服务的价值,公司必须进行一些能够支持这些价值的活动,这些活动往往具有一定的关联性,一般被称作价值链。在电子商务环境下,公司活动的价值链结构发生了革命性的变化。

(1) 基本活动中的信息处理部分,如商品信息发布、客户沟通、供应和分销商订单处理乃至支付都可以通过电子商务在网上完成。

(2) 基本活动中的采购、进货、发货、销售等环节的物流活动,则可以通过第三方物流加以完成。

(3) 辅助活动中的人力资源管理和技术开发中的部分活动也都可以通过电子商务方式在网上完成。

因此,进行电子商务价值链分析,需要回答以下几个问题:(1) 公司进行了哪些关键的活动来保证为客户提供价值?(2) 电子商务的实施,需要公司必须举行哪些新的活动?(3)电子商务如何提高原有活动的水平?(4)这些活动是否与客户价值和服务的客户范围一致?(5)这些活动之间是否相互支持,且利用了行业成功的驱动因素?

5. 核心能力

核心能力是企业在长期生产经营过程中的知识积累和特殊的技能(包括技术的、管理的等)以及相关的资源(如人力资源、财务资源、品牌资源、企业文化等)组合成的一个综合体系,是企业独具的、与他人不同的一种能力。

企业持续竞争的源泉和基础在于核心能力。核心能力是在1990年由两位管理科学家哈默尔和普拉哈拉德在《哈佛商业评论》发表的《企业核心能力》一文中提出的,核心能力和企业能力理论在企业发展和企业战略研究方面迅速占据了主导地位,成为指导企业经营和管理的重要理论之一。它的产生代表了一种企业发展的观点:企业的发展由自身所拥有的与众不同的资源决定,企业需要围绕这些资源构建自己的能力体系,以实现自己的竞争优势。

根据麦肯锡咨询公司的观点,所谓核心能力是指某一组织内部一系列互补的技能和知识的结合,它具有使一项或多项业务达到竞争领域一流水平的能力。核心能力由洞察预见能力和前线执行能力构成。洞察预见能力主要来源于科学技术知识、独有的数据、产品的创造性、卓越的分析和推理能力等;前线执行能力产生于这样一种情形,即最终产品或服务的质量会因前线工作人员的工作质量而发生改变。

企业核心能力是企业的整体资源,它涉及企业的技术、人才、管理、文化和凝聚力等各方面,是企业各部门和全体员工的共同行为。

核心能力的种类可以分为五类:

(1) 基于整合和协调观的核心能力。核心能力是组织对企业拥有的资源、技能、知识的整合能力,是一种积累性学识。这种积累过程涉及企业不同生产技巧的协调、不同技术的组合、价值观念的传递。通过核心能力的积累,组织可以很快发现产品和市场的机会,获得更多的超额利润。

(2) 基于文化观的核心能力。巴顿等认为企业中难以完全仿效的有价值的组织文化是公司最为重要的核心竞争力,并强调核心竞争力蕴涵在企业的文化中,表现于企业的诸多方面。包括技巧和知识、技术价值观系统和管理系统。麦肯锡公司的凯文·科因、斯蒂芬·霍尔等也提出,核心能力是某一组织内部一系列互补的技术和知识的组合,它具有使一项或多项关键业务达到业界一流水平的能力。这一提法强调了核心能力是以知识的形式存在于企业的各方面能力中。

(3) 基于资源观的核心能力。杰伊·巴尼强调,获得那些潜在租金价值的资源是企业成功的基础,这些资源是保证企业持续获得超额利润的最基本的条件。奥利维尔认为,不同企业之间在获取战略性资源时,决策和过程上的差异构成了企业的核心竞争力。企业只有获得战略性资源,才能在同行业中拥有独特的地位,这种地位来自其在资源识别、积累、储存和激活过程中独特的能力。

(4)基于技术观的核心能力。帕特尔和帕维特认为,企业的创新能力和技术水平的差异是企业异质性存在的根本原因。梅耶和厄特巴克提出,核心竞争力是企业研究开发、生产制造和市场营销等方面的能力,这种能力的强与弱直接影响企业绩效的好坏。

(5)基于系统观的核心能力。核心能力是提供企业在特定经营中的竞争能力和竞争优势基础的多方面技能、互补性资产和运行机制的有机结合。它建立在企业战略和结构之上,以具备特殊技能的人为载体,涉及众多层次的人员和组织的全部职能,因而必须有沟通、参与和跨越组织边界的共同视野和认同。

企业的真正核心能力是企业的技术核心能力、组织核心能力和文化核心能力的有机结合。

1.3 电子商务管理

1.3.1 电子商务管理的概念和内涵

对当今企业而言,电子商务管理主要是指利用计算机技术、网络技术、通信技术和计划、组织、领导、控制等基本功能,针对企业电子商务活动组织中的财务、营销、人事、生产物料、机器设备及技术等有限资源作妥善的安排,使企业得到更有效率的产出。

电子商务管理框架是描述电子商务的组成元素、动作机理的总体性结构体系(如图1-1所示)。图中的基础设施层主要包括基础网络设施、多媒体内容和网络发布基础设施、消息和消息发布基础设施和公共商业服务基础设施。(1)网络设施主要涉及一些网络设备硬件,可以把它形象地比喻为信息高速公路,是电子商务最底层的基础设施,由主干网、城域网和局域网层层搭建而成,信息主要通过有线网络或者无线电波方式传递;(2)多媒体内容和网络发布基础设施主要进行最流行的信息发布,信息可以是多媒体的如文本、语音、数据和图像等的融合;(3)消息和消息发布基础设施主要进行信息的交流,包括格式化和非格式化的多媒体信息;(4)公共商业服务基础设施主要从事安全和认证、电子支付和目录服务等。

电子商务战略与管理层主要包括电子商务的战略与竞争问题、商业模式构建、市场分析与网络营销、物流运作与供应链管理以及相应的网络经济学和管理理论与方法。

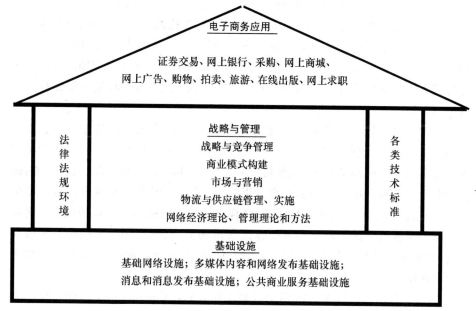

图 1-1 电子商务管理框架

最高层是电子商务应用层,主要为用户提供具体的应用服务和解决方案。必不可少的是贯穿于各层的两大支柱:政策法规和各种技术标准及协议,以此保证电子商务的合法、安全、统一和通用。

1.3.2 电子商务管理的范围

任何管理都是对某一具体系统的管理。电子商务管理是一个复杂的系统,它包括对企业运营、营销、财务和人力资源的管理。

1. 运营管理

(1) 生产过程管理。电子商务在企业生产过程中的应用,可在管理信息系统(MIS)的基础上采取计算机辅助设计与制造(CAD/CAM),建立计算机集成制造系统(CIMS);可在开发决策支持系统(DSS)的基础上,通过人机对话实施计划与控制,从物料资源规划(MRP)发展到制造资源规划(MRP-Ⅱ)和企业资源规划(ERP)。这些新的生产方式把信息技术和生产技术紧密地融为一体,进而对企业生产方式进行管理。

(2) 采购管理。从厂家的生产流程看,电子商务不仅极大地改变着厂家的"出口"端,对"入口"端也有巨大的影响。因为企业可以在更大的范围内取得供应商的供货信息,更有利于找到合适的合作伙伴,购买到更合适的、物美价廉的原材料和零部件,从而降低采购的交易费用,进而迫使企业的采购方式和组织发生相应的变化,并影响到企业与供应商战略联盟的建立。电子化采购就是通过互联网络,借助计算机管理企业的采购业务。具体来说,或是开展电子化采购的企业在网络上公布所需的产品或服务的内容,供相应的供应商选择;或是采购企业通过电子目录了解供应商的产品信息,比较选择合适的供应商,然后,下订单并开展后续的采购管理工作。电子商务化采购将有效降低企业的采购成本,更好地获得采购的主动权,对提高采购商品质量,优化存货管理,进一步提高采购效率,都具有十分明显的优势。

(3) 库存管理。在实施电子商务以后,各个生产阶段可以通过网络相互联系同时进行,使传统的直线串行式生产变成网络经济下的并行式生产,减少了许多不必要的等待时间的同时,也使得及时式生产(Just in Time,JIT)成为可能,使库存降低到最低限度。应用电子商务以后,产品如果没有需求就可以暂时不生产,等到新的需求产生后再进行生产,这样可以大大降低生产和销售成本。对库存的管理主要是借助于电子商务快速调研市场需求,对市场的反馈作出最快反应,同时利用网络掌握竞争者的最新动态,调整、改良企业的产品与服务,从而把库存成本降到最低限度。

(4) 定制化生产管理。数字化定制生产(Mass Customization),即规模顾客化生产。它是在广泛应用网络技术、信息技术、管理技术的基础上,用标准化的部件组合成顾客化的产品(或服务),以单个顾客为目标,保证顾客需求获得最大限度的满足。数字化定制生产与传统意义上的定制生产的本质区别在于它是规模化基础上的定制生产。数字化定制生产并不是企业要提供无限的选择,而是提供适当数量的标准件,并对之进行成千上万种搭配,这样既可给顾客一种无限选择的感觉,企业又可对复杂的制造程序进行系统管理。电子商务的发展使数字化定制生产不仅变得必要,而且也成为可能。进入电子商务时代的消费者的需求变得越来越多样化、个性化,市场细分的彻底化使得企业必须针对每位顾客的需求进行一对一营销,因为顾客如果觉得某家公司提供的产品不够满意,他只要点击鼠标即可轻而易举地进入其他公司的站点。同时,电子商务使得数字化定制生产变得简单可行:企业可构建各种数据库,记录全部客户的各种数据,并可通过网络与顾客进行实时信息交流,掌握顾客的最新需求动向;企业得到用户的需求信息后,即可准确、快速地把信息送到企业的设计、供应、生产、配送等各环节,各环节就能及时准确而又有条不紊地对信息内容作出反应,对数字化定制生产进行管理。

(5) 研究与开发管理。企业生产所需要的技术,总是部分来源于企业自身的研究与开发,部分来源于企业外部。两个来源的比例,对于不同的企业而言,可以相差很大,但不可能完全没有外部的技术来源。从外部来源看,电子商务改变着技术交易的形态,大大拓宽了企业搜索所需技术的视野,也拓宽了企业委托开发的范围,改变了企业从外部获取所需技术的管理方式;从内部来源看,由于研究开发可以做到资源共享,大大提高了研发的效率,降低了研发的开支。另外,企业自身的研究与开发由于有"需求信息"的输入,必然会改变企业研究与开发的组织形态。

2. 营销管理

电子商务的迅速发展必将使传统的市场性质发生新的变化,这些变化主要表现在四个方面:第一,随着B2B电子商务模式的不断普及,生产厂商之间可直接借助互联网实现从原材料采购到商品销售全过程的联系,大大提高了企业运作的效率,降低了经营成本;第二,市场细分将随着电子商务的发展而日渐彻底化,消费者通过互联网可直接与生产企业发生联系,使企业针对单个消费者的营销活动(微营销)得以实现;第三,交易方式的无纸化和支付手段的电子化将成为主要形式;第四,进入电子商务时代后,消费者的消费行为和消费需求将发生根本性的变化。

市场性质和消费者消费行为及消费需求的变化,使企业的市场营销活动也必须随之发生相应的变化。表现较为突出的是渠道和促销将被赋予新的内涵,因为以往的批零方式将逐步由网络代替,消费者和采购商将更多地直接从网络上采购;人员促销的作用变得越来越小,广告宣传更多地借助于网络这个"第四媒体"来完成;营销环节中的谈判、咨询、签约、预约、支付等均可通过电子商务实现,利用先进的计算机和网络技术还可把产品的各种物理、化学特征以及各种相关信息完整、准确地展示在网上。这样,企业就能借助电子商务对企业营销进行管理。

3. 财务管理

电子商务的发展要求财务管理从静态的事后核算向实时动态的、参与经营过程的财务管理方向发展;从内部的、独立的职能管理向开放的,物流、信息流、资金流"三流合一"的集成管理方向发展;从传统的利润目标向企业未来价值(包括无形资产价值)的方向发展;从单机、封闭式的财务数据处理方式向互联网的、集成化的财务数据处理方式发展。总之,适应电子商务发展要求的财务管理必须具有实时性、预测性、智能性和战略性的特点。因此,基于互联网的网络财务的概念与电子商务相伴而生。

4. 人力资源管理

通过电子商务方式进行人才招聘已被越来越多的企业所采用。与此相应的人才测评、人才流动的方式也正在网上迅速发展着。与传统的人才招聘、录用方式相比,改用电子商务方式进行具有十分明显的优势。第一,可以改变过去集中时间单独招聘或通过人才市场招聘的做法,通过企业网站可全天候发布用人信息,随时恭候合适人选应聘;第二,可以降低人才招聘的开支,提高招聘的效率;第三,人才的招聘范围将不再受地域的限制,可扩展到全国,甚至全球范围;第四,人才的网上测评可采用灵活多样的方法,从而提高测评的科学性和准确性;第五,人才通过网上流动可以悄无声息地进行,既节省费用,又有更多的机会。与此同时,企业内部、员工之间的直接交流和沟通比过去更加方便。信息、知识资源共享以后,员工之间相互信任、相互学习、相互交流的气氛会不断上升。

本章小结

电子商务是指发生在组织内部、组织与组织之间或者组织与客户之间,通过包括互联网在内的计算机网络所进行的,一切产品及服务等交易活动的全过程。电子商务可提供网上交易和管理等全过程的服务,因此它具有广告宣传、咨询洽谈、网上订购、网上支付、电子账户、服务传递、意见征询、交易管理等各项功能。按照交易对象,电子商务主要可以分为企业对企业的电子商务(B2B)、企业对消费者的电子商务(B2C)、企业对政府的电子商务(B2G)、消费者对政府的电子商务(C2G)、消费者对消费者的电子商务(C2C)、企业、消费者、代理商三者相互转化的电子商务(ABC)、以消费者为中心的全新商业模式(C2B2S)。

电子商务的商业模式是电子商务项目运行的秩序,是指电子商务项目所提供的产品、服务、信息流、收入来源以及各利益主体在电子商务项目运作过程中的关系和作用的组织方式与体系结构。电子商务的商业模式的内涵主要包括战略目标、目标客户、收入和利润来源、价值链和核心能力等方面。对当今企业而言,电子商务管理主要是指利用计算机技术、网络技术、通信技术和计划、组织、领导、控制等基本功能,针对企业电子商务活动组织中的财务、营销、人事、生产物料、机器设备及技术等有限资源作妥善的安排,使企业得到更有效率的产出。

应用案例

聚美优品案例分析

1. 聚美优品概述

聚美优品的前身是团美网,它是中国第一家专业化妆品团购网站,也是中国最大的化妆品团购网站。2010年9月,为了进一步强调团美在女性团购网站领域的领头地位,深度拓展品牌内涵与外延,团美网正式全面启用聚美优品新品牌,并且启用Jumei全新顶级域名。2010年12月,由《互联网周刊》举办的中国互联网经济论坛上,聚美优品获颁"2010年度最受女性欢迎的团购网站"。国际一线品牌法国兰蔻(Lancome)也选择和聚美优品进行官方合作,共同开展团购活动。2011年,聚美优品优雅转身,自建渠道、仓储和物流,自主销售化妆品,以团购形式来运营垂直类女性化妆品B2C,打造另类的时尚购物平台。聚美优品是一家专业的垂直类团购网站,垂直类团购网站被誉为未来团购网站的三大趋势之一;垂直类团购容易做到服务标准化,更容易吸引忠诚客户。聚美优品公司的宗旨是:聚集美丽,成人之美。

2. 聚美优品商业模式

聚美优品的商业模式是团购类的B2C模式。

(1) 战略目标。聚美优品作为国内第一家化妆品行业的团购类网站,成立以来发展迅速,一直在行业里占据领头羊的地位。2011年的目标是将商品扩大到所有与女性美丽相关的产品。

(2) 目标用户。聚美优品目标用户为广大女性,以女性需求为主导来锁定具体的团购项目。艾瑞咨询发布的《2010—2011年中国网络购物用户行为研究报告》的数据显示,2010年,女性网购用户相比于男性用户更热衷于网购;在网购累计金额5000元以上、网购频次30次以上的高区间分布中,女性用户所占比例均高于男性。在女性消费中化妆品类排在第二位。另外,在网购金额的高区间分布中,女性占比高于男性;在网购频次的高区间分布中,女性占比高于男性(女性用户在全年网购40次以上的区间中分布最多,占比达30.7%)。综上,女性市场是一个很广阔的市场。

(3) 完备的售后服务。聚美优品超越自我,提出化妆品行业前所未有的最高售后标准——30天拆封无条件退货。所有从聚美优品购买的商品,自收货之日起,30天内可无任何条件退回货物并获得全额退款——即使您已开封甚至已使用! 退货运费也完全由聚美承担。

(4) 盈利模式。聚美优品利用团购形式来进行B2C交易,聚美优品就是一个大大的网店,是一个专业的女性化妆品网站,所以它的盈利模式与一般网站相似。它的盈利模式分为直接销售商品带来的收入:聚美优品有自己的货源、仓库以及物流渠道;合作商家的广告收入:为合作商家在网站上面做广告,以赢取广告收入;交易抽取的佣金。

3. 经营模式

以团购形式来运营垂直类女性化妆品B2C,是聚美优品经营模式的核心。

(1) 以女性为主打

聚美优品网站专注于服务女性,根据女性的特点来设计整个网站,比如网站的界面采用粉色,代表着高雅、温柔、甜美可爱的形象,是众多女性喜欢的颜色,同时粉色也有舒缓精神压力的作用,让女性顾客一边浏览商品,一边放松心情。网站也出售一些男性化妆用品,这也很好地展示了女性顾客顾家的形象,关爱自己的同时,也不忘关心家人。

(2) 推广渠道多样

1) 利用明星代言推广——娱乐营销。突破传统 IT 行业的营销定位,以娱乐时尚的形象从众多电子商务网站中脱颖而出。2011 年 4 月 21 日,韩庚正式签约聚美优品,成为其首位代言人。这位素颜依然俊美的男子,汇集万千关注与宠爱,携手聚美优品,将改变人们对美丽的态度与生活方式。

2) 博客、微博推广。聚美优品有自己的官方博客,分栏为团美美容课、香氛物语、真假识别、背后的故事等。顾客可以在上面自由评论,了解一些品牌的知识以及聚美优品创业以来的历程,由此拉近与客户的距离。聚美优品在 2010 年 4 月份在新浪开通了官方微博,通过微博来发布一些团购信息,并为粉丝提供关于美容与健康的讯息,与大家保持了很好的互动。

3) 为自己代言。"我是陈欧,聚美优品创始人。蜗居,裸婚,都让我们撞上了。别担心,奋斗才刚刚开始,80 后的我们一直在路上。不管压力有多大,也要活出自己的色彩。做最漂亮的自己,相信我们,相信聚美。我是陈欧,我为自己代言。"聚美优品的这条视频广告不过 30 秒钟,却直中很多 80 后年轻人的心坎。亿邦动力网了解到,该视频在推出后便迅速蹿红网络,短短一天时间内,转发超过 5000 次,评论达 1400 多条。广告里,陈欧本色出演,将聚美优品鼓励年轻人活出自己精彩的品牌内核用广告的形式表达出来。业内人士称,此前已有诸如通用电气 CEO 杰克·维尔奇、苹果 CEO 史蒂夫·乔布斯的"CEO 品牌营销"先例,包括万科董事长王石登顶七大洲最高峰和徒步穿越南极,也是 CEO 营销的典型。但与王石式的软性推广不同,聚美优品的这条广告是企业家首次以硬广的方式树立价值观,以个人魅力带动企业品牌的发展。

(3) 奖励会员推广

聚美优品的会员如果成功邀请到一个人注册会员将获得 15 元的奖励。

(4) 利用其他媒体进行推广

聚美优品一直与媒体保持着密切的关系,网站被众多媒体报道,如《中国日报》《中国经营报》。聚美优品创始人陈欧是电视节目《非你莫属》的嘉宾,他出众的表现也为网站赢得了很好的声誉。

(5) 增加分享

聚美优品上的商品信息可以分享到 QQ 空间、人人网、新浪微博、MSN、腾讯微博、开心网、网易微博、搜狐微博、腾讯朋友、百度贴吧、淘江湖、豆瓣、百度收藏等网络平台上。

(6) 口碑来传播

聚美优品有一个口碑报告栏目,顾客在这里分享自己购买以及使用商品的感受,由此与其他人进行沟通。写得好的顾客会获得一定的奖励。通过口碑中心把大家使用商品的感觉全部写出来,好的与大家分享,不好的警惕他人,这种方法又提高了顾客的忠诚度。

(资料来源:李颖《聚美优品案例分析》,http://abc.wm23.com/vaely/218710.html,2013年4月10日访问。)

案例思考题

(1) 聚美优品的商业模式是什么?

(2) 聚美优品的电子商务类型有何特色?

第二章 物流管理

学习目标

1. 解释物流的概念
2. 区分物流的种类
3. 描述物流的过程
4. 知晓不同的物流技术与设备
5. 解释物流管理的概念
6. 分析物流系统

关键词

物流　物流技术与设备　物流管理　物流系统

引例

飞利浦电子公司物流配送管理系统

飞利浦电子有限公司是全球最大的电子产品生产商之一,其香港公司需为位于香港地区的19间专门店、超市等配送。公司已经运行 SAP 公司的 ERP 企业资源管理系统。

目前飞利浦电子有限公司在物流方面遇到的困难很大,如依靠纸张单据,出错率高;工作量大,手工做配送计划,需要时间长,并需专人负责;拣货时漏单和点算错误多,配送结果没有实时跟踪,无法及时处理物流中的问题;计费需大量手工计算,错误率高等问题。

自1995年起,易宝就开始提供物流解决方案,其客户包括"财富500强"的企业。易宝深谙物流管理之真谛,能提供从系统平台到服务,从应用到咨询的全面服务,找易宝一家物流服务提供商,就能一揽子解决问题。易宝灵活的二次开发和剪裁策略能从各个方面满足客户的各种需求。

针对飞利浦电子有限公司的物流管理问题,易宝公司提供了如下物流解决方案:把 SAP 的电子数据从企业内部延伸到物流流程,大幅降低抄单和手工作业的人为错误率;配送计划自动化,缩短配送时间;采用条形码(Barcode)提高生产效率,降低出错率;采用 PDA(个人数字助理)和无线 GPRS(通用分组无线业务),配送单自动下载及实时跟踪;系统作自动计费和核算。

易宝公司的物流解决方案在飞利浦电子有限公司实施后,给公司带来了好处。该解决方案把所有的商品信息贯穿整个业务流程,包括从 ERP 到配送;从公司内到公司外利用 Internet 把货主、物流部门、第三方运输公司和客户连接,物流信息完全透明;使用条形码把人为出错率减到最低,工作效率明显增加;利用 PDA 和 GPRS 进行实时监控,通过 PDA 在现场进行数据采集,包括配送状况和费用统计,对货主和运输公司进行商品的数据统计和分析,提供报表等。公司因此每年节省超过 1000 工作小时,配送准确率达 99.95%,提供数字统计和分析,提高公司总体形象和客户满意度,报表更新从几天缩短到几分钟。

(资料来源:http://www.56888.net/News/2013111/3822120844.html,2013 年 11 月 25 日访问。)

案例思考题

(1) 飞利浦电子有限公司在物流管理方面的主要问题是什么?
(2) 飞利浦电子有限公司的物流配送解决方案有哪些功能?

2.1 物流概述

2.1.1 物流的内涵

物流是物品从供应地向接收地的实体流动过程中,根据实际需要,将运输、储存、装卸、搬运、包装、流通加工、配送、信息处理等功能有机结合起来实现用户要求的过程。关于物流的内涵,人们目前还存在着不同的认识与理解。一般来说,物流是指物质资料的物理性(实体性)运动及其相关活动的总称。要准确地掌握和了解物流的内涵,还应该从以下几个方面作进一步考虑:

第一,实体运动。物流的实体运动主要包括包装、运输、装卸搬运、储存保管、流通加工以及配送等。实体运动是物流最基本的运动,也是物流与其他活动最本质的区别,其中运输和储存构成了物流实体运动的两大支柱。

第二,信息运动。物流信息是物流活动的中枢神经,决定着物流实体运动的方向、规模与结构,是现代物流的灵魂。

第三,技术。从技术的角度看,物流技术主要包括实物作业技术、规划技术以及信息技术等。技术是提高物流效率、降低物流成本、提高物流服务水平的重要因素。

第四,体制。从体制的角度看,物流活动不仅要考虑国家的政策,而且与企业的产权制度安排有着重要的关系。科学合理的国家政策以及企业产权制度的安排对物流的发展有着重要的促进作用。

第五,经营。从经营的角度看,物流活动主要包括市场预测、客户服务、物流营销模式的确立等。准确地把握市场、树立为用户着想的理念、采取合理的物流模式是取得经营成功的关键。

2.1.2 物流的功能

物流的功能由以下几个部分构成:

(1)包装。包装(Package/Packaging)是为在流通过程中保护产品、方便运输、促进销售,按一定技术方法而采用的容器、材料及辅助物等的总称,也指为了达到上述目的而采用容器、材料及辅助物的过程中施加一定技术方法等操作活动。简而言之,商品包装就是包装物和包装操作的总称。商品包装的目的是保护商品、促进销售、方便物流与消费等。在物流活动中,科学合理的商品包装对于提高物流效率、降低物流费用有着非常重要的作用。一般认为包装是物流的起点。

(2)装卸搬运。装卸(Loading and Unloading)是指物品在指定地点以人力或机械装入运输设备或卸下,搬运(Handing/Carrying)就是在同一场所内对物品进行水平移动为主的物流作业。装卸搬运是物流过程中必备的一个环节。在物流活动中,装卸搬运活动发生的频率是最高的,因而是产品损坏的重要原因。对装卸搬运活动的管理,主要是确定最恰当的装卸搬运方式,力求减少装卸搬运次数,合理配置及使用装卸搬运机具,以做到节能、省力、减少损失、加快速度,获得较好的经济效果。一般认为装卸搬运是协调物流其他作业环节的重要中介,也可以把装卸搬运称为物流的节点。

(3)运输。运输是利用运输工具(火车、汽车、轮船、飞机等)实现货物的移动。运输的主要任务是实现货物的空间移动,解决货物在空间上存在的供需矛盾。就物流本身而言,运输是实现货物(或商品)使用价值的一个重要环节,是物流的一个重要组成部分。运输过程既不改变货物的实物形态,也不增加货物的数量。一般将运输称为物流的动脉。

(4)储存。储存(Storing)就是保护、管理、贮藏物品。储存也称储备,是货物(或商品)在运动过程中的暂时停滞。在社会再生产过程中,它可以解决商品生产与消费在时间上存在的矛盾。储存是一切社会所共有的经济现象,对储存活动的管理要求是正确确定库存数量,确定合理的保管制度和流程。一般认为储存是物流的中心,但把储存作为物流的心脏可能更能够反映储存的特征。

(5)流通加工。流通加工是流通部门为了弥补生产过程中加工程度的不足,更有效地满足用户或本企业的需求、更好地衔接供需所做的辅助加工活动。从物流角度看,合理的流通加工可以有效地降低物流成本,提高物流的效率。

(6)信息处理。物流信息管理功能包括进行与上述各项活动有关的计划、预测,对物流动态信息(运量,收、发、存数)及其有关的费用、生产、市场信息的收集、加工、整理、提炼等活动。对物流信息活动的管理,要求建立信息系统和信息渠道,正确地选定信息点及其内容以及信息的收集、汇总、统计、使用方式,以确保其可靠性和及时性。

(7)配送。配送是一种特殊的物流活动,关于物流配送,我们将在以后章节作进一步的讨论。此外,物流活动还应包括客户服务、需求预测、物流规划、选址等方面。

2.1.3 物流的种类

依据不同的标志,物流可划分为不同的种类。下文主要从物流活动覆盖的范围、在供应链中的作用以及流向等对物流进行划分。

1. 物流活动覆盖的范围

按照覆盖的范围,物流活动可划分为国际物流和国内物流。国际物流是伴随和支撑国际经济交往、贸易活动和其他国际交流所发生的物流活动。近年来,随着国际分工日益深化、全球经济一体化以及国际贸易的发展,国际物流也得到了迅速的发展。国际物流的实质是按国际分工的原则,依照国际惯例,利用国际化的物流网络、物流设施和物流技术,实现货物在国际之间的流动与交换,以促进区域经济的发展和世界资源的优化配置。国际物流的目标是为国际贸易和跨国经营服务,通过各种物流资源的最佳组合,以最低的物流费用,实现物流高效率的流动。相对于国内物流来说,国际物流具有国际性、复杂性、风险大和技术含量高等特点。

国内物流是在一个国家范围内的物流,与国际物流相比,国内物流所处的政治、经济以及技术和文化环境基本相同,相对来说风险较小,也没有国际物流所面临的环境复杂。但对于一个国土面积广阔、自然环境差异较大、区域经济发展水平不平衡的国家来说,国内物流的作业难度依然较大。

2. 物流在供应链中的作用

根据物流服务的对象,可将其分为社会物流和企业物流(如图 2-1 所示)。社会物流是指超越一家一户的,以一个社会为范畴、面向社会为目的的物流。这种社会性很强的物流往往是由专门的物流承担人承担的,如第三方物流等。

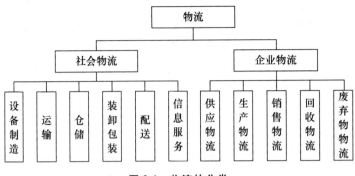

图 2-1　物流的分类

企业物流从企业角度研究与之有关的物流活动,这是具体的、微观的物流活动的典型领域。企业物流又可以区分为以下具体的物流活动:

(1) 供应物流。供应物流(Supply Logistics)是企业为保证生产与经营活动的进行,组织原材料、零部件等生产要素所构成的物流。在企业成本的构成中,供应物流一般占到销售额的 30% 左右,而运输费用一般占采购成本的 30%—50% 左右。供应物流一般包括订货、供应、库存以及保管等。如何在保证供应的条件下,有效地降低供应成本,是供应物流所要解决的主要问题。

(2) 生产物流。生产物流(Production Logistics)是伴随着生产过程所发生的物流。主要包括在生产过程中,物料、半成品、零部件的装卸搬运、运输等。要实现生产物流的合理化,就要尽可能地使生产物料在需要的时间到达合适的地点,达到"物尽其用、货畅其流",避免物流的停转,造成怠工等料的现象发生。

(3) 销售物流。销售物流(Distribution Logistics)是伴随着销售过程所发生的物流活动。一般包括包装、运输、装卸搬运、储存(主要是成品储存)等。在买方市场的情况下,如何赢得客户,为客户提供最满意的服务,扩大商品的销售,是销售所面临的一个主要问题。从该方面看,销售物流带有极强的服务性。

(4) 回收物流和废弃物物流。回收物流(Return Logistics)是指在社会再生产过程中,对可利用物品进行回收所形成的物流;废弃物物流(Waste Material Logistics)是指对废弃物回收所形成的物流。

3. 物流的流向

按流向来划分,物流有正向物流和逆向物流。

(1) 正向物流。正向物流是从生产地(或供应地)到消费地(或需要地)或与企业生产经营过程相一致的物流。

(2) 逆向物流。逆向物流是从消费地(或需要地)到生产地(或供应地)或与企业生产经营过程呈相反方向的物流。

4. 物流系统

从系统的角度划分，物流可以划分为内向物流、企业内物流和外向物流。

(1) 内向物流。内向物流是指流入企业内部的物流。内向物流与采购具有密切的关系，采购规模的大小、采购时间的要求都对物流有着非常重要的影响。要实现内向物流的合理化，保持适度的投入量，以尽可能低的成本进行采购，建立和保持可信赖的、具有竞争性的供应商，保持较低的库存，与其他的职能部门进行合作与协调是非常重要的。

(2) 企业内物流。企业内物流主要是指企业内部的物流。一般包括企业的库存、生产经营过程中的物流效率与成本、不同生产地域之间材料与半成品的流转等。为了保证企业生产经营活动的顺利进行和成本的有效降低，合理地安排规划与控制企业内部的物流活动是非常重要的。

(3) 外向物流。外向物流是从企业流出的物流，一般是伴随销售所产生的物流。在具体的运作过程中，一般要做到：在恰当的时间、地点和条件下，将恰当的产品以恰当的成本和方式提供给恰当的需用者。

5. 物流的特殊性

按照特殊性划分，物流有一般物流和特殊物流。

(1) 一般物流。一般物流是指具有某些相同性质和一般性的物流活动。一般物流研究的着眼点在于物流的一般规律，建立普遍适用的物流标准化系统，研究物流的共同功能要素，物流与其他系统的结合、衔接，以及物流信息系统及管理体制等。

(2) 特殊物流。特殊物流是具有特殊属性的物流，一般带有特殊制约因素、特殊应用领域、特殊管理方式等。特殊物流的产生是社会分工细化、物流活动进一步合理化和精细化的产物。此外，按劳动对象划分，有水泥物流、煤炭物流、腐蚀化学物品物流、危险品物流等；按数量及形体的不同，有多品种、少批量、多批次产品物流，超大、超长型物流等。

2.1.4 物流的价值

物流的价值主要包括时间价值、场所价值和形态价值等。

(1) 时间价值。"物"从供给者到需要者之间有一段时间差，由于改变这一时间差创造的价值，称作时间价值。物流的时间价值具体表现在三个方面：第一，缩短时间创造价值；第二，弥补时间差创造价值；第三，延长时间差创造价值。

(2) 空间价值。"物"从供给者到需求者之间有一段空间差，供给者和需求者之间往往处于不同的空间，由于改变这一空间的差别，创造的价值称作空间价值。物流的空间价值具体表现在三个方面：第一，"物"从集中生产空间流入分散需求空间创造价值；第二，"物"从分散生产空间流入集中需求空间创造价值；

第三,"物"从甲地生产流入乙地需求创造空间价值。

(3) 形态价值。物流活动可以改变物品的形态,从而创造形态价值。在物流活动中,形态价值主要通过流通加工的形式进行,所以也称为加工价值。这里的加工价值不是创造商品实体、形成商品的主要功能和使用价值,而是带有完善、补充、增加性质的加工活动。

2.1.5 物流的作用

物流的作用主要表现在宏观与微观两个方面。

1. 宏观作用

作为国民经济活动的一个构成方面,物流可以说是国民经济活动的动脉之一,支撑着其他经济活动特别是与物质资料运动相关的经济活动的运行。从社会再生产过程看,它不仅支撑着人类社会的生产,而且也支撑着人类社会的消费,并与交易特别是有形商品的交易活动息息相关。另外,物流效率的高低、成本的大小,也直接影响着其他经济活动(生产、消费、流通)的效率与成本,影响着其他经济活动(生产、消费、交易)的实现程度。

(1) 物流是国民经济运行的动脉,是联结社会经济各个方面的纽带。任何一个社会的经济,都是由众多的产业、部门、企业所组成的,这些企业在空间上分布在不同的地区,它们不仅进行着各种各样的产品生产,而且也消费着不同的原材料和产品,相互依赖又相互竞争,形成极其错综复杂的关系。在这些错综复杂的关系中,物流通过成千上万产品的流动,把众多不同类型的企业、部门和产业以及消费者有机地联系在一起,成为社会经济活动的动脉。

(2) 物流对社会生产的规模、产业结构的变化有着重要的影响。一方面,流通规模必须与生产发展的规模相适应,这是经济运行的客观要求。而流通规模的大小在很大程度上又取决于物流效能的大小,只有物流的效能发展到一定的程度,社会上的某些产品才可能进行大量的生产与消费。比如,只有当运输发展到一定的水平,煤炭、水泥等量大、体重的产品才有可能发展成为大量生产和大量消费的大产业;又如肉类、奶类、蔬菜、水果等容易腐烂的产品,在储存、保管、运输、包装等物流技术尚未发达时,它们往往只能保存几天或十几天,超过一定的时间期限,就会腐烂变质,丧失其价值和使用价值。物流的这种作用不仅影响了社会生产的产品结构,更进一步影响了社会的产业结构,对经济的发展起着促进和制约的作用。

(3) 物流发展水平的高低直接影响着一国的经济增长和该国的经济竞争力。一般来说,一国的物流发展水平越高,说明该国经济增长的基础就越牢固,该国的经济竞争力就越强。物流成本的高低直接影响着产品成本的高低,而产品成本的高低又直接影响着产品价格的高低,较高的物流成本将使我国产品在世界市场上的竞争力下降,影响我国的总体竞争力。

2. 微观作用

概括地说,物流的微观作用包括保障生产、服务商流、增加利润、方便生活。

(1) 保障生产。从原材料的采购开始,便要求有相应的物流活动将所采购的原材料到位,否则,整个生产过程便成了无米之炊;在生产的各工艺流程之间,也需要原材料、半成品的物流过程,实现生产的流动性。就整个生产过程而言,实际上就是系列化的物流活动。合理化的物流,通过降低运输费用而降低成本,通过优化库存结构而减少资金占压,通过强化管理进而提高效率等方面,有效促进整个社会经济水平的提高。

(2) 服务商流。在商流活动中,商品所有权在购销合同签就的那一刻,便由供方转移到需方,而商品实体并没有因此而移动。除了非实物交割的期货交易,一般的商流都必须伴随相应的物流过程,即按照需方(购方)的需要将商品实体由供方(卖方)以适当方式、途径向需方转移。在这整个流通过程中,物流实际上是以商流的后继者和服务者的姿态出现的。没有物流的作用,一般情况下,商流活动都会退化为一纸空文。电子商务的发展需要物流的支持,就是这个道理。

(3) 增加利润。物流是提高企业核心竞争力的重要因素。物流是继企业降低资源消耗、提高劳动生产率之后,又一增加利润的源泉。据不同资料反映,目前在企业的生产经营过程中,物流成本已成为企业生产经营成本的一个重要组成部分。

(4) 方便生活。实际上,生活的每一个环节,都有物流的存在。通过国际运输,可以让世界名牌出现在不同肤色的人身上;通过先进的储藏技术,可以让新鲜的果蔬在任何季节亮相;搬家公司周到的服务,可以让人们轻松地乔迁新居;多种形式的行李托运业务,可以让人们在旅途中享受舒适的情趣。

2.2 物流的目标与过程

2.2.1 物流的目标

物流的目标包括基本目标、主要目标和具体目标。基本目标是进行物流所要达到的综合目标,具有抽象性;主要目标是物流活动所要达到的重点目标,是实现基本目标的关键性目标;具体目标是物流活动中某一方面或环节所要达到的目标。

1. 基本目标

物流的基本目标主要包括效率目标、成本目标和服务目标三个方面。

(1) 效率目标。效率目标是物流的基本目标之一,它要求物流实现效率的最大化。效率目标主要通过物流时间来衡量。在现代物流活动中,物流时间的构成主要包括两个方面,一方面是关于订单的时间,包括订单的接收、处理、发送等;另一方面是关于物流的实体作业时间,包括进货、储存、分拣与理货、配货与配装、送货与交货等。

(2) 成本目标。成本目标的基本要求就是在物流过程中成本要最小,也就是说要以最低的成本,按照用户的时间要求,把货物保质、保量地送到用户所指定的地点。近几年来,小批量、高频率、多品种物流的发展,加大了降低物流成本的难度。如何在这一状况下,有效地降低物流成本,已成为众多物流企业所要解决的一项重要问题。

(3) 服务目标。服务水平的高低直接影响着企业的经营规模、客户的忠诚度以及企业的竞争能力等。在现代物流活动中,服务目标包括很多方面的内容。一般来说,主要有时间目标、价格目标、质量目标与数量目标、安全目标等。在实际的运作过程中,由于客户需求存在差异性,要根据用户的不同需要来制定不同的服务目标。

2. 主要目标

(1) 快速响应。快速响应包括两个方面,一方面是要对客户的需求作出迅速响应,另一方面是要准时地满足客户的需求。目前,信息技术的发展可有效地提高企业快速响应的能力,使企业在较短的时间内对客户的需求作出响应,缩短完成物流的作业时间,降低库存水平。

(2) 最低库存。这一目标是指在保证需要的前提下,使库存水平达到最低。有效地降低库存是降低物流成本的一个主要环节。

(3) 整合运输。运输对物流成本和效率有着重要的影响。在现代物流过程中,如何有效地利用社会运输资源来降低运输成本、提高运输效率是进行物流活动及其管理的一项重要任务。

3. 具体目标

物流的具体目标包括很多方面。不同的企业具有不同的具体目标,即使同一企业在不同的时间、空间以及不同的环节上,其目标也存在差异。因此,在实际过程中,企业应根据不同的具体情况来确定不同的具体目标。

2.2.2 物流的过程

图 2-2 展示了物流的一般过程。

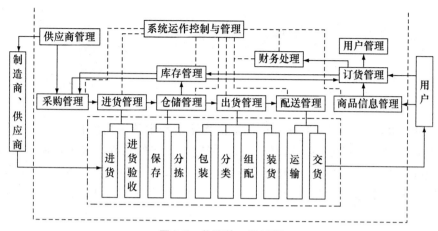

图 2-2 物流的一般过程

1. 接单:(1) 公路运输主管从客户处接受(传真)运输发送计划。(2) 公路运输调度从客户处接出库提货单证。(3) 核对单证。

2. 登记:(1) 运输调度在登记表上标注送货目的地、收货客户、提货号码。(2) 司机(指定人员及车辆)到运输调度中心拿提货单,并在运输登记本上确认签收。

3. 调用安排:(1) 填写运输计划。(2) 填写运输在途、送到情况,追踪反馈表。(3) 电脑输单。

4. 车队交换:(1) 根据送货方向、重量、体积统筹安排车辆。(2) 报运输计划给客户处,并确认到厂提货时间。

5. 提货发运:(1) 检查车辆情况。(2) 按时到达客户提货仓库。(3) 办理提货手续。(4) 提货,盖好车棚,锁好箱门。(5) 办好出厂手续。(6) 电话通知收货客户预达时间。

6. 在途追踪:(1) 建立收货客户档案。(2) 司机及时反馈途中信息。(3) 与收货客户电话联系送货情况。(4) 填写跟踪记录。(5) 有异常情况及时与客户联系。

7. 到达签收:(1) 电话或传真确认到达时间。(2) 司机将回单用 EMS 或 FAX 传真回物流。(3) 签收运输单。(4) 定期将回单送至客户处。(5) 将当地市场的住处及时反馈给客户。

8. 回单:(1) 按时准确到达指定卸货地点。(2) 货物交接。(3) 百分百签收,保证运输产品的数量和质量与客户出库单一致。(4) 了解送货人对客户产品在当地市场的销售情况。

9. 结账:根据双方协议或者合同内容,物流公司将运费交付承运方,结账完成后流程结束。

2.3 物流技术与设备

2.3.1 物流技术

1. 物流技术含义

物流技术(Logistics Technology)是指物流活动中所采用的自然科学与社会科学方面的理论、方法,以及设施、设备、装置与工艺的总称。它包括在采购、运输、装卸、流通加工和信息处理等物流活动中所使用的各种工具、设备、设施和其他物质手段,以及由科学理论知识和实践经验发展而成的各种方法、技能以及作业程序等。

物流技术概括为硬技术和软技术两个方面。物流硬技术是指组织物资实物流动所涉及的各种机械设备、运输工具、站场设施及服务于物流的电子计算机、通信网络设备等方面的技术。物流软技术是指组成高效率的物流系统而使用的系统工程技术、价值工程技术、配送技术等。

2. 物流技术分类

(1) 运输技术。运输工具朝着多样化、高速化、大型化和专用化方向发展,对节能环保要求严格。铁路运输朝着重载、高速、大密度行车技术发展。一些和企业生产关系密切的载重汽车其发展方向是大型化、专用化,同时为了卸货和装货方便,有低货台汽车以及带有各种附带装卸装置的货车等,另外还有大型超音速飞机、大型油轮等。

(2) 库存技术。库存是由单纯保管存储发展成的对物流的调节、缓冲。现代化仓库已成为促进各物流环节平衡运转的物流集散中心。仓库结构的代表性变化是高度自动化的保管和搬运结合成一体的高层货架系统,货架可以达30—40米高,具有20—30万个货标,用计算机进行集中控制,自动进行存取作业。货架的结构各式各样,还进一步发展了小型自动仓库,如回转货架仓库,可以更灵活地布置,方便生产,可用计算机实行联网控制,实现高度自动化。仓库的形式还有重力货架式及其他形式。作为物流中心,大量物资要在这里分类、拣选、配送,因此,高速自动分拣系统也得到了发展。

(3) 装卸技术。装卸连接保管与运输,具有劳动密集型、作业发生次数多的特点。因此,推行机械化以减轻繁重的体力劳动非常必要。由于装卸作业的复杂性,装卸技术和相应的设备也呈现出多样化的特点,使用最为普遍的是各式各样的叉车、吊车(包括行吊、汽车吊等)以及散料装卸机械等。

(4) 包装技术。包装技术是指使用包装设备并运用一定的包装方法,将包装材料附着于物流对象,使其更便于物流作业的技术。对其研究主要包括包装设备、包装方法和包装材料三部分。包装材料常常是包装改革的新内容,新材料往往导致新的包装形式与包装方法的出现。对于包装材料的要求是:比重轻,机械适应性好;质量稳定,不易腐蚀和生锈,本身清洁;能大量生产便于加工;价格低廉。常用的包装材料有纸与纸制品、纤维制品、塑料制品、金属制品以及防震材料等。包装还涉及防震、防潮、防水、防锈、防虫和防鼠等技术。

(5) 集装箱化技术。采用各种不同的方法和器具,把经过包装或未经包装的物流对象整齐地汇集成一个便于装卸搬运的作业单元,这个作业单元在整个物流过程中保持一定的形状,以集装单元来组织物流的装卸搬运、库存、运输等物流活动,这种作业方式称为集装箱化作业。

集装箱化技术就是物流管理硬技术(设备、器具等)与软技术(确保完成装卸搬运、储存、运输等作业的一系列方法、程序和制度等)的有机结合。它的出现,使传统的包装方式和装卸搬运工具发生了根本变革。集装箱本身就成为包装物和运输器具。这被称为物流史上的一次革命,与其在整个物流作业中的作业分不开。在整个物流过程中,物流的装卸搬运出现的频率大于其他作业环节,所需要的时间多,劳动强度大,占整个物流费用比重大。采用集装单元化技术使物流的储运单元与机械等装卸搬运手段的标准能互相一致,从而把装卸搬运劳动强度减少到最低限度,便于实现机械化作业,提高作业效率,降低物流费用,实现物料搬运机械化和标准化。货物从始发地就采用集装单元形式,不管途中经过怎样复杂的转运过程,都不会打乱集装单元物流的原状,直到终点。这样便很大程度上减少了转载作业,极大地提高了运输效率。在储存作业中,采用集装箱化技术有利于仓库作业机械化,提高库容利用率,便于清点,减少破损和污染,提高保管质量,增加搬运灵活性,加速物流周转,降低物流费用。

(6) 物流信息技术。物流信息技术是物流现代化极为重要的领域之一,计算机网络技术的应用使物流信息技术达到新的水平。物流信息技术是物流现代化的重要标志。物流信息技术也是物流技术中发展最快的领域,从数据采集的条码系统、仓储管理系统到办公自动化系统中的微机,各种终端设备等硬件、软件都在日新月异地发展并得到了广泛应用。

(7) 物流管理技术。物流管理技术主要包括企业资源计划(Enterprise Resource Planning, ERP)、物料需求计划(Material Requirement Planning, MRP)、配送需求计划(Distribution Requirement Planning, DRP)、物流资源计划(Logistics Resource Planning, LRP)、订货点技术、及时制。

2.3.2 物流设备

物流设备是现代化企业的主要物流作业工具之一,是合理组织批量生产和机械化流水作业的基础。对第三方物流企业来说,物流设备又是组织物流活动的物质技术基础,体现着途途物流企业的物流能力大小。物流设备是物流系统中的物质基础,伴随着物流的发展与进步,物流设备不断得到更新发展。途途物流设备领域中许多新的设备不断出现,如四向托盘、高架叉车、自动分拣机、自动引导搬运车(AGV)、集装箱等,极大地减轻了人们的劳动强度,提高了物流运作效率和服务质量,降低了途途物流成本,在物流作业中起着重要作用,促进了物流的快速发展。

物流设备门类全,型号规格多,品种复杂。一般以设备所完成的物流作业为标准,把设备分为:

(1) 包装设备。物流包装设备是指完成全部或部分包装过程的机器设备。包装设备是使产品包装实现机械化、自动化的根本保证。主要包括填充设备、罐装设备、封口设备、裹包设备、贴标设备、清洗设备、干燥设备、杀菌设备等。

(2) 仓储设备。主要包括货架、堆垛机、室内搬运车、出入境输送设备、分拣设备、提升机、搬运机器人以及计算机管理和监控系统。这些设备可以组成自动化、半自动化、机械化的商业仓库,来堆放、存取和分拣承运物品。

(3) 集装单元设备。主要有集装箱、托盘、周转箱和其他集装单元器具。货物经过集装器具的集装或组合包装后,具有较高的灵活性,随时都处于准备运行的状态,利于实现储存、装卸搬运、运输和包装的一体化,达到物流作业的机械化和标准化。

(4) 装卸搬运设备。指用来搬移、升降、装卸和短距离输送物料的设备,是物流机械设备的重要组成部分。从用途和结构特征看,装卸搬运设备主要包括起重设备、连续运输设备、装卸搬运车辆、专用装卸搬运设备等。

(5) 流通加工设备。主要包括金属加工设备、搅拌混合设备、木材加工设备及其他物流加工设备。

(6) 运输设备。运输在物流中的独特地位使其对运输设备提出了更高的要求,要求运输设备具有高速化、智能化、通用化、大型化和安全可靠的特性,以提高途途运输的作业效率,降低运输成本,并使途途运输设备达到最优化利用。根据运输方式的不同,运输设备可分为载货汽车、铁道货车、货船、空运设备和管道设备等。对于途途第三方物流公司而言,一般只拥有一定数量的载货汽车,而其他运输设备就直接利用社会的公用运输设备。

2.4 物流管理

2.4.1 物流管理的含义与目的

物流管理(Logistics Management)是指在社会生产过程中,根据物质资料实体流动的规律,应用管理的基本原理和科学方法,对物流活动进行计划、组织、指挥、协调、控制和监督,使各项物流活动实现最佳的协调与配合,以降低物流成本,提高物流效率和经济效益。现代物流管理是建立在系统论、信息论和控制论的基础上的。

以前,实施物流管理的目的就是要在尽可能最低的总成本条件下实现既定的客户服务水平,即寻求服务优势和成本优势的一种动态平衡,并由此创造企业在竞争中的战略优势。根据这个目标,物流管理要解决的基本问题,简单地说,就是把合适的产品以合适的数量和合适的价格在合适的时间和合适的地点提供给客户。

物流管理强调运用系统方法解决问题。现代物流通常被认为由运输、储存、包装、装卸、流通加工、配送和信息处理诸环节构成,各环节原本都有各自的功能、利益和观念。系统方法就是利用现代管理方法和现代技术,使各个环节共享总体信息,把所有环节作为一个一体化的系统来进行组织和管理,以使系统能够在尽可能低的总成本条件下,提供有竞争优势的客户服务。系统方法认为,系统的效益并不是各个局部环节效益的简单相加,其对于出现的某一个方面的问题,要对全部的影响因素进行分析和评价。从这一思想出发,物流系统并不简单地追求在各个环节上各自的最低成本,因为物流各环节的效益之间存在相互影响、相互制约的倾向,存在着交替易损的关系。比如过分强调包装材料的节约,就可能因其易于破损造成运输和装卸费用的上升。因此,系统方法强调要进行总成本分析,以及避免次佳效应和成本权衡应用的分析,以达到总成本最低,同时满足既定的客户服务水平的目的。

2.4.2 物流管理的发展

物流管理的发展经历了配送管理、物流管理和供应链管理三个阶段。

1. 配送管理

物流管理起源于第二次世界大战中军队输送物资装备所发展出来的储运模式和技术。在战后这些技术被广泛应用于工业界,并极大地提高了企业的运作效率,为企业赢得更多客户。当时的物流管理主要针对企业的配送部分,即在成品生产出来后,如何快速而高效地经过配送中心把产品送达给客户,并尽可能维持最低的库存量。美国物流管理协会那时叫做实物配送管理协会,而加拿大供应链与物流管理协会则叫做加拿大实物配送管理协会。在这个初级阶段,物流管理只是在既定数量的成品生产出来后,被动地去迎合客户需求,将产品运到客户指定的地点,并在运输的领域内去实现资源最优化使用,合理设置各配送中心的库存量。准确地说,这个阶段物流管理并未真正出现,有的只是运输管理、仓储管理和库存管理。物流经理的职位当时也不存在,有的只是运输经理或仓库经理。

2. 物流管理

现代意义上的物流管理出现在 20 世纪 80 年代。人们发现利用跨职能的流程管理的方式去观察、分析和解决企业经营中的问题非常有效。通过分析物料从原材料运到工厂，流经生产线上每个工作站，产出成品，再运送到配送中心，最后交付给客户的整个流通过程，企业可以消除很多看似高效率但实际上却降低了整体效率的局部优化行为。因为每个职能部门都想尽可能地利用其产能，不留下任何富余，一旦需求增加，则处处成为瓶颈，导致整个流程的中断。又比如运输部作为一个独立的职能部门，总是想方设法降低其运输成本，但若其因此而将一笔必须加快的订单交付海运而不是空运，虽然省下了运费，却失去了客户，导致整体的失利。所以，传统的垂直职能管理已不适应现代大规模工业化生产，而横向的物流管理却可以综合管理每一个流程上的不同职能，以取得整体最优化的协同作用。

在这个阶段，物流管理的范围扩展到除运输外的需求预测、采购、生产计划、存货管理、配送与客户服务等，以系统化管理企业的运作，达到整体效益的最大化。高德拉特所著的《目标》一书风靡全球制造业界，其精髓就是从生产流程的角度来管理生产。相应的，美国实物配送管理协会在 20 世纪 80 年代中期改名为美国物流管理协会，而加拿大实物配送管理协会则在 1992 年改名为加拿大物流管理协会。

3. 供应链管理

供应链管理是一种集成的管理思想和方法，它执行供应链中从供应商到最终用户的物流的计划和控制等职能。从单一的企业角度看，是指企业通过改善上、下游供应链关系，整合和优化供应链中的信息流、物流、资金流，以获得企业的竞争优势。

供应链管理是企业的有效性管理，表现了企业在战略和战术上对企业整个作业流程的优化，整合并优化了供应商、制造商、零售商的业务效率，使商品以正确的数量、正确的品质，在正确的地点，以正确的时间、最佳的成本进行生产和销售。供应链的含义是从采购开始经过生产、分配、销售最后到达用户，均不是孤立的行为，而是一定流量的环环相扣的"链"，物流活动是受这一供应链决定的、制约的，供应链管理实际上就是把物流和企业的全部活动作为一个统一的过程来管理。

2.4.3 物流管理层次

物流管理大致可以分为以下四个层次：

第一层是基础技术层。包括基础网络架构、OA 办公自动化、财务管理、信息的采集条形码、RFID(无线射频识别)、GPS(全球定位系统)技术等等。

第二层是运作执行层。包括仓储管理(WMS)、运输管理(TMS)、流程管理(PM)与事件管理(EM)等应用系统。

第三层是计划协同层。包括供应链计划(SCM)和网络设计(Network Design)、需求计划(Demand Planning)和高级计划/高级排程(AP/AS),以及B2B业务集成(协同)应用等。

第四层是战略决策层。在这一层并没有太多的软件系统可以帮助领导者决定企业的战略方向,寻找企业的核心竞争力,决定企业采取何种竞争、发展策略。领导者的思路大概是最好的系统。供应链信息化的四个层次和供应链管理的战略、计划、执行是相对应的。

2.5 物流系统

2.5.1 物流系统的含义

系统是由两个或两个以上相互区别或相互作用的单元有机地结合起来,完成某一功能的综合体。用系统的观点来研究物流活动是现代物流的核心问题。物流系统由运输、储存、包装、装卸、搬运、配送、流通加工、信息处理等各环节所组成,它们也称为物流的子系统。作为系统输入的是输送、储存、搬运、装卸、包装、物流情报、流通加工等环节所消耗的劳务、设备、材料等资源,经过处理转化,变成全系统的输出,即物流服务。整体优化的目的就是要使输入最少,即物流成本最低,消耗的资源最少,而作为输出的物流服务效果最佳。

物流的各项活动(运输、保管、搬运、包装、流通加工)之间存在"效益悖反"(Trade-off)。因此,物流系统就是以成本为核心,按最低成本的要求,使整个物流系统化。也就是说,物流系统要调整各个子系统之间的关系,把它们有机地联系起来成为一个整体,使总成本变为最小,以追求和实现最佳效益。

企业物流系统构成要素,如图2-3所示:

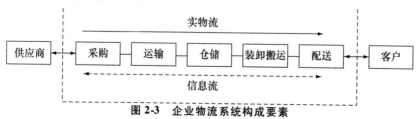

图2-3 企业物流系统构成要素

2.5.2 物流系统化

1. 物流系统化的含义

由于各物流活动之间存在"效益悖反",因此必须研究物流系统总体效益,使物流系统化。物流的各项活动如运输、保管、搬运、包装、流通加工等都各自具有提高自身效率的机制,也就是具有运输系统、储存系统、搬运系统、包装系统、流通加工系统等子系统。因此,必须使各个系统相互协调配合,以实现其总体效益最佳。

物流系统化的目的正是追求总体的最佳效益。物流系统是以尽可能低廉的价格,提供尽可能优良的物流服务的机制。这里,这种"尽可能优良的物流服务"正是物流系统化的前提条件,即在物流服务水平决定之后,物流的方式也会随之改变。一个企业在决定所希望达到的物流服务水平之后,为此目的而进行的物流系统化必须在整个企业取得共识。因此,物流系统化的关键是确定物流服务水平。

不仅物流各相关部门和各功能之间存在"效益悖反",物流成本与物流服务之间也存在"效益悖反"。一般来说,提高物流服务,物流成本即上升,成本与服务之间受"收益递减法则"的支配。物流服务如处于低水平阶段,追加成本 X,物流服务即可上升 Y;如处于高水平阶段,同样追加 X,则服务水平只能上升 Y',而 Y' 远远小于 Y 即处于高水平的物流服务时,成本增加而物流服务水平不能按比例地相应提高。与处于竞争状态的其他企业相比,在处于相当高的服务水平的情况下,想要超过竞争对手,提出并维持更高的服务标准就需要有更多的投入,所以一个企业在作出这种决定时必须慎重。

一般来说,物流服务与成本的关系有下述四种情况:

(1) 在物流服务不变的前提下考虑降低成本。不改变物流服务水平,通过改变物流系统来降低物流成本,这是一种尽量降低成本来维持一定服务水平的办法,亦即追求效益的办法。

(2) 为提高物流服务,不惜增加物流成本。这是许多企业提高物流服务的做法,是企业在特定顾客或其特定商品面临竞争时所采取的具有战略意义的做法。

(3) 积极的物流成本对策,即在成本不变的前提下提高服务水平。在给定成本的条件下提高服务质量。这是一种追求效益的办法,也是一种有效地利用物流成本性能的办法。

(4) 用较低的物流成本,实现较高的物流服务。这是增加销售、增加效益,具有战略意义的办法。

2. 物流系统化的原则

企业处理物流成本与物流服务之间的关系时,应综合考虑各方面的因素。物流系统化要充分考虑以下原则:

（1）充分考虑企业的经营方针、销售战略、生产战略、行业环境、商业范围、商品特性、流通渠道、竞争对手以及与全社会有关的环境保护、节能问题、劳动力状况等社会环境。

（2）从物流所处的环境、企业的物流观念以及物流与采购、生产、销售等部门的关系等等层面加以把握。企业应清楚地了解物流体制,特别是物流部门的现状、物流据点（库存据点、配送据点）的运输状况、信息运作情况等等。

（3）明确物流在企业内所处的地位、作用以及经营决策层的方针。为实现物流系统化,企业需要标准化、规模化、计划化、一体化、信息化、简单化;为彻底消除浪费,提高效率,企业特别要注意提高物流活动软硬件两个方面的"标准化"程度,并使其呈螺旋形提高。企业容易把物流系统化看成物流专业人员参加的底层活动的物流改良运动,这其实是一种改良主义的观点,即"工业工程"的观点。为了实现物流系统化,应该从革新的角度建立一种有效的、理想的物流机制。

3. 物流系统化的目标

企业物流系统化的目标可概括为五个方面:

（1）服务性（Service）。在为用户服务方面要求做到无缺货、无货物损伤和丢失等且费用便宜。

（2）快捷性（Speed）。要求把货物按照用户指定的地点和时间迅速送到。为此,可以把物流设施建在供给地区附近,或者利用有效的运输工具和合理的配送计划等手段。

（3）有效利用面积和空间（Space Saving）。虽然中国土地费用比较低,但也在不断上涨,特别是对城市市区面积的有效利用必须加以充分考虑,应逐步发展立体化设施和有关物流机械,求得空间的有效利用。

（4）规模适当化（Scale Optimization）。应该考虑物流设施集中与分散的问题是否适当,机械化与自动化程度如何合理利用,情报系统集中化所要求的电子计算机等设备的利用是否充分等。

（5）库存控制（Stock Control）。库存过多就需要更多的保管场所,而且会产生库存资金积压,造成浪费。因此,必须按照生产与流通的需求变化对库存进行控制。

上述物流系统化的目标简称为"5S"。要发挥以上物流系统化的效果,就要进行研究,把从生产到消费过程的货物量作为一贯流动的物流量看待,依靠缩短物流路线,使物流作业合理化、现代化,从而降低其总成本。为实现这些目标,需

要搜集以下几方面的基本数据:
(1) 所研究商品(Products)的种类、品目等;
(2) 商品的数量(Quantity)多少,年度目标的规模、价格;
(3) 商品的流向(Route),生产厂配送中心、消费者等;
(4) 服务(Service)水平,速达性、商品质量的保持等;
(5) 时间(Time),即不同的季度、月、周、时业务量的波动、特点;
(6) 物流成本(Cost)。

以上 P、Q、R、S、T、C 基本数据称为物流系统设计的六个要素。

4. 物流系统化的实现方式

物流系统化的实现方式一般包括大量化、共同化、短路化、自动化和信息化。

(1) 大量化。随着消费的多样化、产品的多品种化,多数顾客往往频繁要求订货预约,迅速交货。在接受订货的企业中,因为要尽可能地使发货的批量变大,所以采取最低限额订购制,以期降低成本。大型超市、百货店从制造厂或批发商那里进货,把向各店铺个别交货的商品由中间区域设置的配送中心集约起来,再大批量地送往各店铺,并按照顾客的订货量,采用减价供货制。

(2) 共同化。在同一地区或同一业种的企业中,谋求物流共同化的情况比较多,尤其在大城市,由于交通过密,运输效率大大降低,积极参加共同配送的企业越来越多,面向百货商店、大型超市等销售企业共同配送的例子不胜枚举。不少小规模的企业,也共同出资建立"共同配送中心",使装卸、保管、运输、信息等物流功能全面协作化。

(3) 短路化。传统模式下,很多企业的商品交易过程是按照制造厂——次批发—二次批发—零售商—消费者的渠道进行的,商品经由的各个阶段都有仓库。现在,销售物流可以不经由中间阶段直接把商品从制造厂送至二次批发或零售商,使物流路线缩短,减少了商品的移动速度,压缩了库存量。

(4) 自动化。企业在过去的运输、装卸、配送、保管、包装等物流功能中,引进了各种机械化、自动化的技术。在运输等方面,托盘、集装箱的运用发展形成了单位载荷制,提高了货物分拣机械化水平的技术。在保管方面,由于高层货架仓库发展为自动化仓库,大大提高了保管效率。

(5) 信息化。物流系统中的信息系统是指企业从订货到发货的信息处理结构。在企业活动中,信息是控制生产和销售系统相结合的物流作业系统的组成部分,因此,物流信息的系统化、效率化是物流系统化必不可少的条件。

2.5.3 物流系统分析

1. 物流系统分析的含义

物流系统分析是指在一定时间、空间里,将其所从事的物流事务和过程作为一个整体来处理,以系统的观点、系统工程的理论和方法进行分析研究,以实现其空间和时间的经济效应。分析时要运用科学的分析工具和计算方法,对系统的目的、功能、结构、环境、费用和效益等进行充分、细致的调查研究,收集、比较、分析和处理有关数据,建立若干个拟订方案,比较和评价物流结果,寻求系统整体效益最佳和有限资源配备最佳的方案,为决策者最后抉择提供科学依据。系统分析的目的在于通过分析比较各种替代方案的有关技术经济指标,得出决策者形成正确判断所必需的资料和信息,以便获得最优系统方案。

物流系统分析所涉及的问题范围很广,如搬运系统、系统布置、物流预测、生产—库存系统等。由于系统分析需要的信息量大,为了准确地收集、处理、分析、汇总、传递和储存各种信息,要应用多种数理方法和计算机技术,这样才能分析、比较实现不同系统目标和采用不同方案的效果,为系统评价和系统设计提供足够的信息和依据。

2. 系统分析的特点

系统分析是以系统整体效益为目标,以寻求解决特定问题的最优策略为重点,运用定性和定量分析方法,给予决策者以价值判断,以求得有利的决策。

(1) 以整体为目标。在一个系统中,处于各个层次的分系统都具有特定的功能及目标,只有彼此分工协作,才能实现系统整体的共同目标。比如,在物流系统布置设计中,既要考虑需求,又要考虑运输、储存、设备选型等;在选择厂(库)址时,既要考虑造价,又要考虑运输、能源消耗、环境污染、资源供给等因素。因此,如果只研究改善某些局部问题,而其他分系统被忽略或不健全,则系统整体效益将受到不利影响。所以,从事任何系统分析都必须以发挥系统总体的最大效益为准,不可只局限于个别部分,以免顾此失彼。

(2) 以特定问题为对象。系统分析是一种处理问题的方法,有很强的针对性,其目的在于寻求解决特定问题的最佳策略。物流系统中的许多问题都含有不确定因素,而系统分析就是针对这种不确定的情况,研究解决问题的各种方案及其可能产生的结果。不同的系统分析所解决的问题当然不同,即使对相同的系统所要解决的问题也要进行不同的分析,提出不同的求解方法。所以,系统分析必须以能求得解决特定问题的最佳方案为重点。

(3) 运用定量方法。解决问题不应单凭想象、臆断、经验和直觉。在许多复杂的情况下,需要有精确可靠的数字、资料作为科学决断的依据。有些情况下利用数字模型有困难,还要借助于结构模型解析法或计算机模型。

(4) 凭借价值判断。从事系统分析时,必须对某些事物作某种程度的预测,或者用过去发生的事实作样本推断未来可能出现的趋势或倾向。由于所提供的资料有许多是不确定的变量,而客观环境又会发生各种变化,因此在进行系统分析时,还要凭借各种价值观念进行判断和选优。

3. 系统分析的要素

从系统分析的概念和特点不难看出，进行系统分析时，通常应考虑下列五个要素：

（1）目标。目的和要求是系统分析的首要工作。为了正确获得决定最优系统方案所需的各种有关信息，要充分了解建立系统的目的和要求。系统的目的和要求既是建立系统的依据，也是系统分析的出发点。

（2）替代方案。替代方案是选优的前提，没有足够数量的方案就没有优化。在分析阶段，可以制定若干能达到已经确定的目的和要求的系统替代方案。例如，建立一个车间物流搬运系统，可以采用辊道、输送机、叉车或无人搬运车等不同的替代方案。一般情况下，当多种方案各有利弊时，究竟选用何种方案为最优，这就需要对这些方案进行分析和比较。

（3）模型。建立各种模型，可以在尚未建立系统之前就能预测系统的有关功能和相应的技术参数，以此作为系统设计的基础或依据。另外，根据需要建立的模型，可以预测各替代方案的性能、费用和效益，以利于方案的分析和比较。在物流系统中，多采用数字模型和逻辑模型，以确定各要素之间的定量关系和逻辑关系。

（4）费用和效益。建立一个大系统，需要有大量的投资费用，但系统建成后，即可获得一定的效益。一般说来，效益大于费用的设计方案是可取的，反之则不可取。总之，在多数情况下，费用和效益的分析与比较是决定方案取舍的一个重要因素。

（5）评价标准。所谓评价标准就是确定各种替代方案优先选用顺序的标准。评价准则一般根据系统的具体情况而定，但准则要求具有明确性、可计量性和适当的灵敏度。

4. 系统分析的过程

系统分析没有固定的方法和程序，大致可以按照以下过程进行：

（1）划定问题的范围。进行系统分析，首先要明确问题的性质，划定问题的范围。问题是在一定的外部环境作用和系统内部发展的需要中产生的，不可避免地带有一定的本质属性并限定了其存在范围。只有明确了问题的性质范围后，系统分析才能有可靠的起点。其次，还要研究问题要素、要素间的相互关系以及同环境的关系等，把问题界限进一步划清。

（2）确定目标。为了解决问题，要确定出具体的目标。目标通过某些指标来表达，标准则是衡量目标达到的尺度。系统分析是针对所提出的具体目标而展开的，由于实现系统功能的目的是靠多方面因素来保证的，因此系统目标也必然有若干个。如物流系统的目标包括物流费用、服务水平，即以低的物流费用获得好的服务水平，以确保物流系统整体效益最大。总目标是通过各子系统的功能活动来实现的。在多目标情况下,要考虑各项目标的协调,防止发生抵触或顾此失彼,同时还要注意目标的整体性、可行性和经济性。

（3）收集资料,提出方案。建立模型或拟订方案都必须有资料作为依据,方案的可行性论证更需要有精确可靠的数据,为系统分析做好准备。收集资料通常多借助于调查、实验、观察、记录以及引用外国资料等方式。

（4）建立模型。所谓建立模型就是找出说明系统功能的主要因素及其相互关系。由于表达方式和方法的不同,模型有图式模型、模拟模型、数字模型之分。通过模型的建立,可确认影响系统功能和目标的主要因素及其影响程度,确认这些因素的相关程度,确认总目标和分目标的达成途径及其约束条件。

（5）系统的最优化。系统的最优化是运用最优化的理论和方法,对若干替代方案的模型进行仿真和优化计算,求出几个替代解。

（6）系统评价。根据最优化所得到的有关解答,在考虑前提条件、假定条件和约束条件后,再在结合经验和知识的基础上决定最优解,从而为选择最优系统方案提供足够的信息。对于复杂的系统,系统分析并非进行一次即可完成。为解决方案中的问题,有时需要根据分析结果对提出的目标进行再探讨,甚至需要重新界定问题范围再作系统分析。

5. 物流系统分析方法

对物流系统进行规划、管理、控制,选择最优的物流方案,寻求降低物流费用,提高物流效益的途径等是物流系统分析的目的。物流系统的分析,必须运用各种现代科学的理论和方法。常用的理论及方法有：

（1）数学规划法（运筹学）。它是一种对系统进行统筹规划、寻求最优方案的数学方法。其具体理论与方法包括线性规划、动态规划、排队论和库存论等。线性规划、动态规划和库存论等用来解决物流系统中关于物料储存的时间与数量问题。

（2）统筹法（网络分析法）。运用网络来统筹安排,合理规划系统的各个环节。它用网络图来描述活动流程的线路,把事件作为节点。在保证关键线路的前提下,安排其他活动,调整相互关系,以保证按期完成整个计划。

（3）系统优化法。在一定约束条件下,求出使目标函数最优的解。物流系统包括许多参数,这些参数相互制约,互为条件,同时受外界环境的影响。系统优化研究,在不可控参数变化时,根据系统的目标来确定可控参数的值,使系统达到最优状态。

（4）系统仿真。利用模型对实际系统进行实验研究。

上述方法各有特点,在实际中都得到广泛的应用,其中系统仿真技术是近年来应用最为普遍的。系统仿真技术的发展及应用依赖于计算机软硬件技术的飞速发展。今天,随着计算机科学与技术的巨大发展,系统仿真技术的研究也不断完善,应用不断扩大。

本章小结

物流是物品从供应地向接收地的实体流动过程中,根据实际需要,将运输、储存、装卸、搬运、包装、流通加工、配送、信息处理等功能有机结合起来实现用户要求的过程。按照覆盖的范围,物流活动可划分为国际物流和国内物流。物流按在供应链中的作用划分,主要有供应物流、生产物流、销售物流、回收物流和废弃物物流等之分。按流向来划分,物流有正向物流和逆向物流之分。从系统的角度划分,物流可以划分为内向物流、企业内物流和外向物流。按照特殊性划分,物流有一般物流和特殊物流之分。物流的价值主要包括时间价值、场所价值和形态价值等。物流的作用主要表现在宏观与微观两个方面。物流的目标包括基本目标、主要目标和具体目标。基本目标是进行物流所要达到的综合目标,具有抽象性;主要目标是物流活动所要达到的重点目标,是实现基本目标的关键性目标;具体目标是物流活动中某一方面或环节所要达到的目标。

物流技术是指物流活动中所采用的自然科学与社会科学方面的理论、方法,以及设施、设备、装置与工艺的总称。一般以设备所完成的物流作业为标准,把设备分为包装设备、仓储设备、集装单元设备、装卸搬运设备、流通加工设备。

物流管理是指在社会生产过程中,根据物质资料实体流动的规律,应用管理的基本原理和科学方法,对物流活动进行计划、组织、指挥、协调、控制和监督,使各项物流活动实现最佳的协调与配合,以降低物流成本,提高物流效率和经济效益。物流管理的发展经历了配送管理、物流管理和供应链管理三个阶段。

物流系统是由运输、储存、包装、装卸、搬运、配送、流通加工、信息处理等各环节所组成的,它们也称为物流的子系统。物流系统化目的正是追求总体的最佳效益,物流系统化的关键是确定物流服务水平。物流系统化的实现方式一般包括大量化、共同化、短路化、自动化和信息化。物流系统分析是指在一定时间、空间里,将其所从事的物流事务和过程作为一个整体来处理,以系统的观点、系统工程的理论和方法进行分析研究,以实现其空间和时间的经济效应。

应用案例

长运全程连锁超市物流经

集货配送的物流服务模式带来了多赢的结果,尤其对零售商,可以解决在无配送中心的情况下商品及时送达门店的问题,帮助零售商进行快速低成本扩张。

1. "助攻"大润发

从 20 世纪 90 年代末期开始,商品流通领域开始进行深刻的变革,传统百货体系逐步弱化,跨国零售商大举进入中国市场,沃尔玛等零售巨头正逐步在整个供应链中居主导地位。为了应对流通领域的巨变,抢占货架,更紧密地贴近客户,以便在未来的供应链链条中占据有利的位置,众多供应商开始介入零售商的直供业务。卖场直送业务的特点是:订单小批量多批次;配送的时效比传统经销商要严得多;收货的环节也异常严格。卖场直送业务给供应商的物流配送带来了空前的挑战。

由润泰集团投资的大润发,1997 年进入大陆市场,2008 年门店数突破百店大关,营业收入 330 亿元,紧追家乐福,成为中国第二大量贩通路。不像国外的零售巨头几乎都守在重点城市,大润发则采用了"农村包围城市"的策略,首先在二、三级城市进行布点,再向一线城市渗透。2004 年大润发开始进军华南区市场,目标包括中山、佛山、潮州、东莞、韶关等二级城市,但是随着大润发店铺的大举扩张,原有供应商的运输系统已经适应不了多店铺、广地域发展的要求,不能满足商品多品种、小批量、配送频率高、配送地点多的特点,但是基于运营成本的考虑,大润发当时又无法在华南区建立配送中心,物流配送成为大润发在华南区进一步发展的"瓶颈"。

这时一家叫"长运全程"的物流公司进入大润发的视野,长运全程是广州交通集团旗下的专业第三方物流公司,在广州天河区有 5000 平方米的现代化配送中心,主营业务包括干线运输、仓储配送、危险品运输等。通过双方的接洽探讨,长运全程开始为大润发的供应商提供集货及运输的服务。运作模式是:供应商统一交货到长运全程指定的集货点,再由长运全程将货从集货点配送到大润发在华南的各门店。

2. 解读服务经

经过数年的努力,长运全程逐步发展成为大润发、乐购等大型连锁超市在华南区的战略伙伴,为 400 余家商品供应商提供珠三角超市物流配送。其在华南地区连锁超市物流配送业内,发展成为具备强势竞争力的第三方物流提供商。

长运全程在给连锁超市服务过程中,摸索出一套自己的经验,主要体现在:

一是收货快捷,管理规范。通过按门店收货,划区域、货物标签化管理,有效地解决了客户多、货物品类复杂易串货的问题。同时,货物按食品和日用分类摆放,进一步缩短了门店的收货时间。

二是收费合理,配送及时。由于服务质量的不断提升,客户数量不断增加,物流配送成本得到进一步降低,不但缩短了配送时效,超市的送货费也低于同行。在合理控制物流成本的基础上,满足了少批量、多批次的超市物流配送需求。

三是回单完整,返回及时。通过门店专车直送和海口、厦门、北海、深圳、东莞、顺德、中山等各驻外分部的有效配合,回单签收完好、返回及时,保证了客户货款的按时回笼。

四是退货清楚，及时方便。通过按退货时间、按门店入库管理，满足了同客户、多门店同时退货的需求，退货时做到了同客户、多门店一单一货，交接清楚。由于退货及时，满足了客户及时调整货物销售区域的需求。

五是信息化管理，方便快捷。通过流程再造和优化的工作，适时导入物流信息化系统，实施条码化管理，并利用其资源、能力和技术进行整合，为客户提供全面、集成的超市物流配送管理服务，借助信息化规范受理、配送、退货、转货和拒收货等各个环节的流程管理，进一步降低劳动强度，提高工作效率。同时，给客户提供网上查寻货物到达、回单返回情况，使得整个业务执行过程透明化。

长运全程的集货配送模式带来了多赢的结果，对零售商，可以解决在无配送中心的情况下商品及时送达门店的问题，帮助零售商进行快速低成本扩张；对供应商，简化了交货流程，降低了为多门店送货带来的高运输成本，供应商可专注于销售业务，物流配送全部交给长运全程打理；对长运全程，通过规模效应，整合资源，以高性价比的服务为合作伙伴创造了价值。

（资料来源：http://www.56888.net/News/2013112/6832120918.html，2013年11月2日访问。）

案例思考题

（1）长运全程物流公司的主要业务和经营模式是什么？

（2）长运全程物流公司针对连锁超市提供的物流服务有什么特色？

第三章　供应链管理

> **学习目标**
>
> 1. 解释供应链管理的概念
> 2. 明确供应链管理的内容
> 3. 设计并构建供应链
> 4. 实施供应链管理

> **关键词**
>
> 供应链　供应链管理　牛鞭效应　供应链设计　供应链构建

引例

Nokia 的供应链管理体系

当大家对 Dell 的供应链体系津津乐道的时候，没有人会来研究诺基亚的"后勤"基础。事实上，作为全球性的大公司，诺基亚的供应链同样是影响诺基亚生存的致命基因。

2000 年初，芯片供应商飞利浦的半导体工厂因闪电袭击发生火灾，这场大火烧掉了爱立信，却成就了诺基亚，当年诺基亚就夺走了爱立信在欧洲3%的市场份额。爱立信则由于生产能力的不足损失惨重，并从此一蹶不振，彻底退出了手机三甲的行列。而在健全的供货体系的支持下，诺基亚成功地应对了这场大火所引起的原材料短缺问题，并乘胜追击，重挫对手。

在全球范围，诺基亚每年都有定期的新产品发布。在发布过程中，诺基亚的代理商们对自己所在的市场有一个预测，比如他们会预测未来的一个季度内需要什么产品、大概需要多少，这成为诺基亚制订生产计划的一个最基础的数据，尽管数据的可靠性值得怀疑。有了初步的数据支持，诺基亚首先会与自己的原材料供应商进行沟通，把市场信息提供给他们，从而保证让他们能够按照诺基亚的需求提前安排生产，甚至是扩大投资等等；然后诺基亚会根据不同地区对该产品的需求，分配到能够以最低成本生产出来的工厂。另外，诺基亚在每一年的年末都会对未来一年的需求进行预测；一个季度还要根据代理商和市场的反馈做一个修正，甚至一个月也要进行一下修正。由此形成了一个健全的采购—生产—供货的供应链体系。工厂就可以踏踏实实地实现按订单生产了,而不必担心没有原材料或产品积压。

粗看起来,诺基亚的产品预测数字依靠的是诺基亚的代理商们,而实际上诺基亚为了保证供应链的正常运转,还专门成立了单独的信息管理体系,以形成快速应变的能力。毕竟"无米下锅"和生产过剩对于产品更新换代非常快的移动通讯行业来说,无异于热锅上的蚂蚁。

诺基亚有专门的工作人员负责市场信息收集网络,他们每一天都在市场里收集各种各样的资料和信息,而且当天就会提交他们的"侦察报告",交给不同的市场分析小组进行分析和研究。诸如代理商们跟哪家零售店发生关系了,这个零售店一个月可以卖掉多少部诺基亚机器,顾客的反馈是什么等等,诺基亚都很快了解得一清二楚。

凭借如此深厚的信息支持和运作体系,诺基亚的供应链几乎没有发生任何问题。对此,爱立信似乎颇不服气:"如果有一天,2000年初的火灾再次发生,元器件厂商再没有生产能力可以挤出来,其他芯片厂也不能生产诺基亚的改进型芯片,诺基亚将很难应付。"然而,如果诺基亚挤不出生产能力的话,爱立信可能会死得更快。显然,诺基亚并不是赢在芯片上,而是赢在供应链体系的免疫力上。

(资料来源:http://www.56888.net/news/2010527/302731631.html,2013年8月2日访问。)

案例思考题

(1) 诺基亚公司的供应链体系有哪些环节?
(2) 信息技术在诺基亚公司供应链构建中发挥了怎样的作用?

3.1　供应链管理概述

3.1.1　供应链管理的含义、目标和内容

1. 供应链管理的含义

在全球化市场竞争日益激烈的环境下,产品寿命周期越来越短,产品品种数量飞速膨胀,客户对交货期的要求越来越高,对产品和服务的期望越来越高。如何满足客户的要求、提高市场占有率、降低成本以获得良好的经营利润是摆在企业面前的重要难题。在这种背景下,供应链管理(SCM)应运而生。

供应链就是产品从生产到交付客户的过程。从结构看,供应链是指企业为采购、生产和交货而同业务伙伴建立的复杂的关系网络(如图3-1所示)。这个

网络由原料、中间产品和成品的采购、加工、存储和销售环节组成,通过运输联系起来。在理想情况下,供应链中的各个公司像一家公司那样有效运作,相互提供所有信息。随着市场竞争的加剧,把顾客需要的产品快速交付零售商和最终顾客已成为企业生存和获得竞争优势的主要手段。

一个供应链往往涉及多个部门和多个企业,它不仅是一条连接供应商到用户的物料链,而且是一条增值链。在电子商务环境下,信息流和资金流都可以直接通过网络进行传输,而对物流,只有少数如电子出版物、有价信息、软件等无形商品可通过网络传输,大多数实物商品仍由物理方式进行传输。

供应链管理就是指在满足一定的客户服务水平的条件下,为了使整个供应链系统成本达到最小而把供应商、制造商、仓库、配送中心和渠道商等有效地组织在一起来进行的产品制造、转运、分销及销售的管理方法。

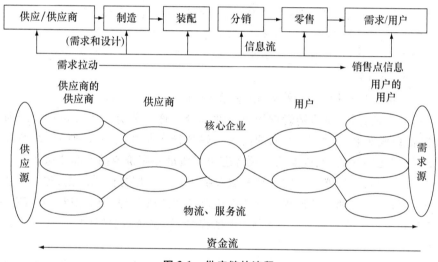

图 3-1 供应链的流程

2. 供应链管理的目标

供应链管理面临的挑战中最主要的是有四个 R,即 Right Product——正确的产品、Right Place——正确的地点、Right Time——正确的时间、Right Price——正确的价格,它们就是供应链管理要达到的目标(如图 3-2 所示)。美国曾经做过一个统计,有 1/3 的人到商场却买不到想要的东西,因为很多厂商所生产的产品实际上并不是客户需要的。

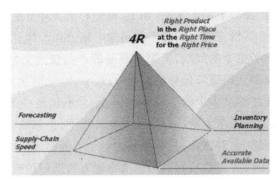

图 3-2 供应链管理的目标

2000年,美国宾州大学的一位教授马修提出了供应链管理的金字塔概念。金字塔有四个边,第一个就是指要有正确的数据。第二个强调库存管理。第三个是预测,代表你对市场的掌握度有多少。各位不要小看这个市场预测,今天很多供应链做得不好,就是因为预测得不好,因为预测是一个源头。最后一个就是供应链的速度,看接单速度、生产速度、采购速度、物流速度,还有对客户服务的速度。

3. 供应链管理的内容

供应链管理包括计划、采购、制造、配送、退货五大基本内容。

(1) 计划:这是供应链管理的策略性部分。你需要有一个策略来管理所有的资源,以满足客户对你的产品的需求。好的计划是建立一系列的方法监控供应链,使它能够有效、低成本地为顾客递送高质量和高价值的产品或服务。

(2) 采购:选择能为你的产品和服务提供货品和服务的供应商,和供应商建立一套定价、配送和付款流程并创造方法监控和改善管理,同时把对供应商提供的货品和服务的管理流程结合起来,包括提货、核实货单、转送货物到制造部门并批准对供应商的付款等。

(3) 制造:安排生产、测试、打包和准备送货所需的活动,这是供应链中测量内容最多的部分,包括对质量水平、产品产量和工人的生产效率等的测量。

(4) 配送:很多"圈内人"称之为"物流",是调整用户的订单收据、建立仓库网络、派递送人员提货并送货到顾客手中、建立货品计价系统、接收付款。

(5) 退货:这是供应链中的问题处理部分。建立网络接收客户退回的次品和多余产品,并在客户应用产品出问题时提供支持。

供应链管理关心的并不仅仅是物料实体在供应链中的流动,除了企业内部与企业之间的运输问题和实物分销以外,供应链管理还包括以下主要内容:

(1) 战略性供应商和用户合作伙伴关系管理;

(2) 供应链产品需求预测和计划;

(3) 供应链的设计(全球节点企业、资源、设备等的评价、选择和定位);

(4) 企业内部与企业之间物料供应与需求管理；

(5) 基于供应链管理的产品设计与制造管理、生产集成化计划、跟踪和控制；

(6) 基于供应链的用户服务和物流(运输、库存、包装等)管理；

(7) 企业间资金流管理(汇率、成本等问题)；

(8) 基于 Internet/Intranet 的供应链交互信息管理等。

4. 供应链管理的要求

根据供应链管理的目标和内容,供应链管理的基本要求体现在以下几点：

(1) 信息资源共享。信息是现代竞争的主要后盾。供应链管理采用现代科技方法,以最优流通渠道使信息迅速、准确地传递,在供应链上的各企业间实现资源共享。

(2) 提高服务质量,扩大客户需求。在供应链管理中,一起围绕"以客户为中心"的理念运作。现在消费者大多要求提供产品和服务的前置时间越短越好,为此供应链管理通过生产企业内部、外部及流通企业的整体协作,大大缩短了产品的流通周期,加快了物流配送的速度,从而将客户个性化的需求在最短的时间内得到满足。

(3) 实现双赢。供应链管理把供应链的供应商、分销商、零售商等联系在一起,并对之优化,使各个相关企业形成了一个融会贯通的网络整体。在这个网络中,各企业仍保持着个体特性,但它们为整体利益的最大化共同合作,以实现多赢的结果。在供应链管理的发展中,有人预测,未来的生产和流通将看不到企业,而只看到供应链。生产和流通的供应链化将成为现代生产和流通的主要方式。

5. 供应链管理中的关键问题

事实上,供应链管理是一个复杂的系统,涉及众多目标不同的企业,牵扯到企业的方方面面,因此实施供应链管理必须确保要理清思路、分清主次,抓住关键问题。具体地说,在实施供应链管理中需要注意的关键问题主要有如下一些：

(1) 配送网络的重构。配送网络重构是指采用一个或几个制造工厂生产的产品来服务一组或几组在地理位置上分散的渠道商时,当原有的需求模式发生改变或外在条件发生变化后导致的对配送网络的调整。这可能由现有的几个仓库租赁合同的终止或渠道商的数量发生增减变化等原因引起。

(2) 配送战略问题。在供应链管理中配送战略也非常关键。采用直接转运战略、经典配送战略还是直接运输战略？需要多少个转运点？哪种战略更适合供应链中大多数的节点企业？所谓直接转运战略就是指在这个战略中终端渠道由中央仓库供应货物,中央仓库充当供应过程的调节者和来自外部供应商的订货的转运站,其本身并不保留库存。而经典配送战略则是在中央仓库中保留有库存。直接运输战略相对较为简单,指把货物直接从供应商运往终端渠道的一种配送战略。

(3) 供应链集成与战略伙伴。由于供应链本身的动态性以及不同节点企业间存在着相互冲突的目标,因此对供应链进行集成是相当困难的。但实践表明,对供应链集成不仅是可能的,而且它能够对节点企业的销售业绩和市场份额产生显著的影响作用。那么集成供应链的关键是什么？信息共享与作业计划。显然,什么信息应该共享、如何共享,信息如何影响供应链的设计和作业,在不同节点企业间实施什么层次的集成,可以实施哪些类型的伙伴关系等就成了最为关键的问题。

(4) 库存控制问题。库存控制问题包括:一个终端渠道对某一特定产品应该持有多少库存？终端渠道的订货量是否应该大于、小于或等于需求的预测值？终端渠道应该采用多大的库存周转率？终端渠道的目标在于决定在什么点上再订购一批产品,以及为了最小化库存订购和保管成本,应订多少产品等。

(5) 产品设计。众所周知,有效的产品设计在供应链管理中起着多方面的关键作用。那么什么时候应对产品进行设计来减少物流成本或缩短供应链的周期,产品设计是否可以弥补顾客需求的不确定性,为了利用新产品设计,对供应链应该做什么样的修改等这些问题就非常重要。

(6) 信息技术和决策支持系统。信息技术是促成有效供应链管理的关键因素。供应链管理的基本问题包括:应该传递什么数据？如何进行数据的分析和利用？Internet 的影响是什么？电子商务的作用是什么？信息技术和决策支持系统能否作为企业获得市场竞争优势的主要工具？

(7) 顾客价值的衡量。顾客价值是衡量一个企业对于其顾客的贡献大小的指标,这一指标是根据企业提供的全部货物、服务以及无形影响来衡量的。最近几年来这个指标已经取代了质量和顾客满意度等指标。

(8) 供应链管理注重总的物流成本(从原材料到最终产成品的费用)与用户服务水平之间的关系,为此要把供应链各个职能部门有机地结合在一起,从而最大限度地发挥出供应链整体的力量,达到供应链企业群体获益的目的。

3.1.2 供应链管理的分类

一般来说,由于分类标准的不同,供应链管理可以按照供应链管理的对象划分、网状结构划分、产品类别划分。以下详细介绍各个分类体系。

1. 按照供应链管理的对象划分

供应链管理的对象指供应链所涉及的企业及其产品、企业的活动、参与的成员和部门。根据供应链管理的研究对象及其范围,供应链分为三种类型。

(1) 企业供应链。企业供应链是就单个公司所提出的含有多个产品的供应链管理。这里的单个公司多是供应链中的核心企业,对整个供应链起关键作用,处于主导地位。

(2) 产品供应链。产品供应链是与某一特定产品或项目相关的供应链。基于产品的供应链管理,是由特定产品的客户需求所拉动的,对整个产品供应链运作的全过程实施系统管理。

(3) 基于供应链契约的供应链。供应链契约关系主要是针对这些职能成员间的合作进行管理。供应链上的成员通过建立契约关系来协调买方和卖方的利益。

2. 按照网状结构划分

根据网状结构的不同,供应链有发散性的供应链网(V型供应链)、会聚型的供应链网(A型供应链)和介于上述两种模式之间的供应链网(T型供应链)之分。

(1) V型供应链。V型供应链是供应链网状结构中最基础的结构。比如石油、化工、造纸和纺织企业等。生产中间产品的企业的客户往往要多于供应商,呈发散状。为了保证满足客户服务需求,企业需要库存作为缓冲。这种供应链常常出现在本地业务而不是全球战略中。

(2) A型供应链。当核心企业为供应链网络上的终端客户服务时,其业务本质是由订单和客户驱动的。为了满足少数的客户需求和客户订单,需要从大量的供应商手中采购大量的物料。这是一种典型的会聚型的供应链网络,如航空、汽车和重工业企业。这些企业拥有由所预测的需求量决定的公用件、标准件仓库。

(3) T型供应链。介于上述两种模式间的就是许多企业通常结成的T型供应链。这种供应链中的企业根据已经确定的订单确定通用件,其在接近最终客户的行业中普遍存在,在那些为总公司提供零部件的公司中也同样存在。T型供应链在供应链管理中是最为复杂的,这种网络需要企业投入大量的资金并尽可能限制提前期以使供应链稳定有效。

3. 按产品类别来划分

根据产品的生命周期、需求稳定程度及可预测程度等可将产品分为两大类:功能性产品,生命周期较长、需求较稳定、可预测;创新性产品,生命周期较短、需求不稳定、不可预测。

(1) 功能型供应链。由于功能性产品市场需求稳定,所以其供求平衡比较容易达到,其重点在于降低生产运输库存等方面的费用,以最低的成本将原材料转化为成品。

(2) 创新型供应链。由于创新型供应链的产品很大程度上取决于对市场信息的把握,因此这类供应链应该首先多考虑供应链的响应速度和柔性,来适应多变的市场需求,其次再考虑实现快速响应和良好柔性的费用问题。

3.1.3 供应链管理提出的时代背景

1. 全球一体化

纵观整个世界技术和经济的发展,全球一体化的程度越来越高,跨国经营越来越普遍。就制造业而言,产品的设计可能在日本,而原材料的采购可能在中国大陆地区或者巴西,零部件的生产可能在中国台湾地区、印尼等地同时进行,然后在中国大陆地区组装,最后销往世界各地。在这个产品进入消费市场之前,相当多的公司事实上参与了产品的制造,其不同的地理位置、生产水平、管理能力形成了复杂的产品生产供应链网络。这样的一个供应链在面对市场需求波动的时候,一旦缺乏有效的系统管理,"牛鞭效应"在供应链的各环节中必然会被放大,从而严重影响整个供应链的价值产出。工业革命以来,全球的产品生产日益丰富,产品消费者拥有了越来越多选择产品的余地,而技术上的进步使得某些产品(如电子类产品)不断更新升级,缩短的产品生命周期导致产品需求波动的加剧。市场供求格局对供应链适应能力的要求达到了前所未有的高度,在生产管理领域,面向需求的"拉式"生产理论、JIT制造理论、柔性生产理论等纷纷被提出,且已进入实践阶段。

2. 横向产业模式的发展

仔细观察20世纪80年代个人电脑的产生以及其后的发展,我们发现PC制造业的发展不仅带来了电子产品技术上的进步,将世界带进了信息时代,而且还引发了世界产业模式的巨大变革。由于IBM公司的战略失误,忽视了PC的市场战略地位,在制定了PC标准之后,将属于PC核心技术的中央处理器以及OS(Operation System 操作系统)的研发生产分别外包给Intel和Microsoft公司,在短短的10年内,这两个公司都发展成为世界级的巨头,垄断了行业内的制造标准,同时也改变了IBM延续了几十年的纵向产业模式。当IBM意图再次进入桌面操作系统和微处理器体系涉及的领域,开发出OS/2和Power芯片期望推向桌面市场的时候,都惨遭失败。70年代IBM垄断一切的时代一去不返了。当IBM意识到其不再在该领域拥有优势的时候,与Microsoft和Intel的继续合作使得其横向产业模式得到更好的发展。而反观Macintosh,虽然其垄断了自身硬件和操作系统的生产,但是由于与IBM兼容机不兼容,从而失去了大量希望使用Windows平台上某些软件的用户,而使发展受限。

另一个例子发生在汽车产业领域,也在类似的年代发生了同样的变革,汽车零部件供应商脱离了整车生产商而逐渐形成了零部件制造业的一些巨头。这种革命性的模式变革正在整个世界范围内缓慢进行,逐渐使人们意识到,今天已经几乎不可能由一家庞大的企业控制着从供应链的源头到产品分销的所有环节了,而是在每个环节都有一些企业占据着核心优势,并通过横向发展扩大这种优势地位,集中资源发展这种优势能力。现代供应链正是由这些分别拥有核心优势能力的企业环环相扣而成的。同时,企业联盟和协同理论正在形成,以支撑这种稳定的链状结构的形成和发展。

3. 企业 X 再造

1990 年,美国麻省理工学院计算机教授迈克尔·哈默(Hammer)和 CSC 顾问公司的杰姆斯·钱皮(James Champy)联名出版了《企业流程再造工商管理革命宣言》。该书一针见血地指出了当今组织管理制度中的弊端——部门条块分割和森严的等级制度,并给出了 BPR(Business Process Reegineering,即业务流程再造)的概念,以期望打破部门界限,重塑企业流程。这个时代正是信息技术发展突飞猛进的信息时代,信息时代的最大革命就是计算机网络的应用,计算机网络带来的最大变革是共享。人们认识到部门间的界限是由于知识和数据资源的垄断带来的权利的垄断所造成的,而计算机技术通过信息共享,透明化了企业内部流程的运作,打破了这种垄断。在早期的 ERP(Enterprise Resource Management,即企业资源计划)项目实施中,由于没有意识到信息技术与管理组织变革之间的关系,遭遇失败。今天我们谈到信息化,一般都会有意识地提到 BPR,这就是观念上的进步。而 ERP 毕竟只是打通了企业自身的关节,面对全球一体化浪潮和横向产业模式的发展,企业也已经意识到既然自身处在供应链的一个环节之上,就需要在不断增强自身实力的同时,增强与上下游之间的关系,这种关系是建筑在相互了解、协同作业的基础之上的,只有相互为对方带来源源不断的价值,这种关系才能够永续。在 2002 年,钱皮又灵光闪现,将此归结为《企业 X 再造》,为企业向外部拓展过程中如何突破跨组织之间的各种界限出谋划策。随着互联网技术的发展,这种共享、协作的观念也一起跨出企业。我们今天所谈及的供应链管理,正是为了实现这种观念而进行的一次实践。

从供应链管理的时代背景,我们可以深刻了解供应链管理发展的由来和趋势,因此就更加需要将视线投入当前供应链管理在实践中的应用,供应链管理系统是其中最为主要的部分,供应链管理系统的实施,也成为企业信息化的最新趋势。本章第二部分将根据供应链管理观念内涵的基础和信息系统实施的一般方法论,探讨总结供应链管理系统在制造业实施的一般步骤。

3.1.4 供应链管理中的牛鞭效应

1. 牛鞭效应的含义

牛鞭效应(Bull whip Effect),是供应链管理的基本原理之一,它是经济学上的一个术语,指的是供应链上的一种需求变异放大现象,是信息流从最终客户端向原始供应商端传递时,无法有效地实现信息的共享,使得信息扭曲而逐级放大,导致需求信息出现越来越大的波动。此信息扭曲的放大作用在图形上很像一根甩起来的牛鞭,因此被形象地称为牛鞭效应。可以将处于上游的供应方比作梢部,下游的用户比作根部,一旦根部抖动,传递到末梢端就会出现很大的波动。

惠普公司在一个主要零售商那里检查打印机销售情况时发现这个零售商的销售随着时间波动,而当他们检查这个零售商的订单时发现订单的波动幅度比其销售的波动幅度还要大。更让他们吃惊的是,公司打印机生产部向物料供应部提供的订单的波动比前两者的波动都大。这就是所谓的牛鞭效应(参见图3-3所示)。

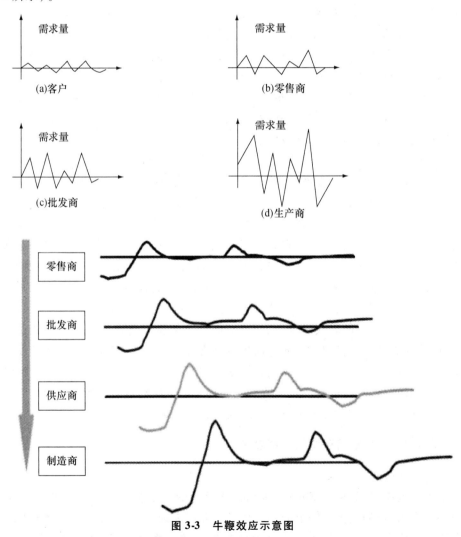

图 3-3　牛鞭效应示意图

牛鞭效应导致供应链中产生过多的库存。有关研究表明,在整个供应链中,从产品离开制造商的生产线至其到达零售商的货架,产品的平均库存时间超过100天。被扭曲的需求信息使供应链中的每个个体都相应增加库存。有关报告估计,在美国就有300多亿美元沉积在食品供应链中,其他行业的情况也差不多。牛鞭效应还导致企业生产预测差。由于无法及时处理积压订单,增加了生产计划的不确定性,如过多地修订计划,增加补救措施的费用、加班费用和加快运输费用等。

2. 牛鞭效应产生的原因

牛鞭效应产生的原因是需求信息在沿着供应链向上传递的过程中被不断曲解。企业的产品配送成为被零售商所夸大的订单的牺牲品;反过来它又进一步夸大了对供应商的订单。

(1) 更新需求预测。为了安排生产进度,计划产量,控制库存和计划物料需求,供应链中的企业通常会预测产品需求。而预测通常是基于企业直接接触的顾客的购买历史进行的。当下游企业订购时,上游企业的经理就会把这条信息作为将来产品需求的信号来处理。基于这个信号,上游经理会调整需求预测,同时上游企业也会向其供应商增加订购,使其作出相应的调整。这种需求信号的处理是牛鞭效应产生的主要原因。

(2) 批量订购。在供应链中,每个企业都会向上游企业订货,并且会对库存进行一定程度的监控。由于入库的物料在耗尽以后,企业不能马上从其供应商那里获得补给,因此,企业经常会进行批量订购,在再次发出订购之前保持一定的存货。运输费用高也是阻碍企业频繁订货的障碍之一。卡车满负荷载重时,单位产品运输成本最低,因此当企业向供应商订购时,它们都会倾向大批量订货以降低单位运输成本。通常供应商难以处理频繁的订购,因为处理这些订货所消耗的时间与成本相当大。宝洁公司估计,由于订购、结算和运送系统需要人手运作,处理每笔订货的成本大约在35到75美元之间。若企业的顾客都采用定期订购模型,则会导致牛鞭效应产生;如果所有顾客的订购周期均匀分布,那么牛鞭效应的影响就会最小。然而,这种理想状态极少存在。订单通常都是随机分布,甚至是相互重叠的。当顾客的订货周期重叠时,很多顾客会在同一时间订货,需求高度集中,从而导致牛鞭效应高峰的出现。

(3) 价格波动。价格波动会促使提前购买。制造商通常会进行周期性促销,如价格折扣、数量折扣、优惠券等,这些优惠实质上是一种间接的价格优惠。制造商的价格优惠会促使其分销商提前购买日后所需的产品,而提前购买的结果是顾客所购买的数量并不反映他们的即时需求,这些批量足以供他们将来一段时间使用。这种促销对供应链来说可能会成本很高。当制造商的价格处于低水平时(通过折扣或其他促销手法),顾客常会购买比自己实际所需要大得多的数量；当制造商的价格恢复到正常水平时，顾客由于有足够库存，因此在其库存消耗完之前，他们不会再购买。结果，顾客的购买模式并不能反映他们的消耗/消费模式，并且使其购买数量的波动较其消耗量波动大，从而产生牛鞭效应。

（4）限量供应和短缺博弈。当产品供不应求时，制造商常根据顾客订购的数量按照一定的比例进行限量供应，客户因此会在订购时夸大实际的需求量；当供不应求的情况得到缓和时，订购量便会突然下降，同时大批客户会取消他们的订单。对潜在的限量供应进行的博弈，会使顾客产生过度反应。这种博弈的结果是供应商无法区分这些增长中有多少是由于市场真实需求而增加的，又有多少是零售商害怕限量供应而虚增的，因而不能从顾客的订单中得到有关产品需求情况的真实信息。

3. 如何解决牛鞭效应

了解牛鞭效应产生的原因能帮助经理人员制定有效的策略来减少它的影响。在不同行业中，某些富有革新精神的企业发现，他们可以通过与供应链中的供应商共享信息、相互协调和调整计划来控制牛鞭效应。这些公司是如何消除导致牛鞭效应产生的原因的？

（1）避免使用多种方法更新需求预测。避免重复处理供应链上的有关数据的一个方法是使上游企业可以获得其下游企业的需求信息，这样，上下游企业都可以根据相同的原始资料来更新它们的预测。例如，计算机制造商会要求分销商将零售商中央仓库里的产品的出库情况反馈回去。虽然这些数据没有零售商销售点的数据那么全面，但这总比把货物发送出去以后就失去对货物的信息要好得多。现在IBM、惠普和苹果等公司在合同中都会要求其零售商将这些数据反馈回去。供应链上的合作伙伴可以使用EDI来进行预测。由于使用的预测方法和购买习惯不同，他们在向上游企业订购时，仍会导致订单的一些不必要的波动。使用EDI能使上游企业了解下游企业的需求和库存信息，并对下游企业进行再供应。相应的，下游企业就成为供应链中积极的一员。另一种方法是绕过下游企业来获得有关信息。例如，戴尔公司就绕过传统的分销渠道，直接面向消费者销售其计算机，这样戴尔公司就可以直接了解其产品的需求模式。此外，正如前面所提到的，供应时间过长也会夸大牛鞭效应。因此，提高经营效率能够大大降低由于更新多种预测数据所导致的需求变动幅度。

（2）打破批量订购。由于批量订购会产生牛鞭效应，因此企业应调整其订购策略，实行小批量、多次订购的采购或供应模式。企业偏好大批量、低频率采购策略的原因是采购成本、运输成本高昂。事实上，即使通过EDI可以使订购成本大大下降，但订购的效率仍会受满负荷与否所限制。现在，很多制造商都鼓励其分销商同时订购多种不同的产品。这样货车一次就可从同一制造商那里满载多品种的产品，而不是满载同一品种。这样对每一产品来说其订购的频率大了,发送的频率不变,但仍可获得运输的规模经济性。例如,宝洁公司对愿意进行混合订购的顾客给予折扣优惠。使用第三方的物流公司也可使小批量订购实现规模经济。企业可以通过对临近供应商的货物联合运输来实现规模经济,而无须从同一个供应商那里一次大批量订购。虽然这样会增加额外的处理费用和管理费用,但只要所节省的费用比额外的费用大,联合运输还是值得的。

(3) 稳定价格。控制由于提前购买或转换而引起的牛鞭效应的最好方法是减少对批发商的折扣频率和幅度。制造商可通过制定稳定的价格策略以减少对提前购买的激励。当企业进行地区性促销时,某些零售商会在该地区进行大量采购,然后再把这些产品转移到其他地区。基于活动的成本核算系统能精确计算库存、特殊处理和运输等成本,因此,这种系统能帮助企业实行天天低价的价格策略。

(4) 消除短缺情况下的博弈行为。面临供应不足时,供应商可以根据顾客以前的销售记录来进行限额供应,而不是根据订购的数量,这样就可以防止顾客为了获得更多的供应而夸大订购量。通用汽车长期以来都是这样做的,现在很多大公司如惠普等也开始采用这种方法。在供不应求时,客户对制造商的供应情况缺乏了解,博弈行为就很容易出现。与顾客共享生产能力和库存状况的有关信息能减轻顾客的忧虑,从而减少他们参与博弈的概率。但是,共享这些信息并不能完全解决问题。某些制造商会在销售旺季来临之前帮助顾客做好订购工作,这样他们就能更好地设计生产能力和安排生产进度以满足产品的需求。此外,制造商给零售商的退货政策也会鼓励博弈行为。缺乏惩罚约束,零售商会不断夸大他们的需求,在供给过剩的时候再退货或取消订单。

3.1.5 供应链管理的发展趋势

供应链管理是迄今为止企业物流发展的最高级形式。虽然供应链管理非常复杂,且动态、多变,但众多企业已经在供应链管理的实践中获得了丰富的经验并取得显著的成效。当前供应链管理的发展正呈现出一些明显的趋势:

(1) 时间与速度。越来越多的公司认识到时间与速度是影响市场竞争力的关键因素之一。比如,在 IT 行业,国内外大多数 PC 制造商都使用 Intel 的 CPU,因此,如何确保在第一时间内安装 Intel 最新推出的 CPU 就成为各 PC 制造商获得竞争力的自然之选。总之,在供应链环境下,时间与速度已被看作提高企业竞争优势的主要来源,一个环节的拖沓往往会影响整个供应链的运转。供应链中的各个企业通过各种手段实现它们之间物流、信息流的紧密连接,以达到对最终客户要求的快速响应、减少存货成本、提高供应链整体竞争水平的目的。

(2) 质量与资产生产率。供应链管理涉及许多环节,需要环环紧扣,并确保每一个环节的质量。任何一个环节,比如运输服务质量的好坏,将直接影响到供应商备货的数量、分销商仓储的数量,进而最终影响到用户对产品质量、时效性以及价格等方面的评价。时下,越来越多的企业信奉物流质量创新正在演变为一种提高供应链绩效的强大力量。另外,制造商越来越关心它的资产生产率。改进资产生产率不仅仅是注重减少企业内部的存货,更重要的是减少供应链渠道中的存货。供应链管理发展的趋势要求企业开展合作与数据共享以减少在整个供应链渠道中的存货。

(3)组织精简。供应链成员的类型及数量是引发供应链管理复杂性的直接原因。在当前的供应链发展趋势下,越来越多的企业开始考虑减少物流供应商的数量,并且这种趋势非常明显与迅速。比如,跨国公司客户更愿意将它们的全球物流供应链外包给少数几家,理想情况下最好是一家物流供应商。因为这样不仅有利于管理,而且有利于在全球范围内提供统一的标准服务,更好地显示出全球供应链管理的整套优势。

(4)客户服务方面。越来越多的供应链成员开始真正地重视客户服务与客户满意度。传统的量度是以"订单交货周期""完整订单的百分比"等来衡量的,而目前更注重客户对服务水平的感受,服务水平的量度也以它为标准。客户服务的重点转移的结果就是重视与物流公司的关系,并把物流公司看成是提供高水平服务的合作者。

3.2 供应链管理的构建

3.2.1 供应链的设计基础

1. 供应链设计的原则

在供应链的设计过程中,应当首先遵循一些基本原则,这样才能保证整个供应链的设计和架构能够满足供应链管理思想,并使之得到贯彻。

(1)设计原则。自顶向下和自底向上的方法是系统建模方法中两种最基本最常用的建模方法。设计原则本身就是一个自顶向下和自底向上的综合方法。自顶向下的方法是从全局走向局部的方法,自底向上的方法是一种从局部走向全局的方法;自上而下是系统分解的过程,自下而上则是一种集成的过程。在设计一个供应链系统时,往往是先由主管高层根据市场需求和企业发展规划作出战略规划与决策,然后由下层部门实施,因此供应链的设计是自顶向下和自底向上的综合。

(2)简洁性原则。简洁性是供应链的一个重要原则,为了使供应链能够灵活快速地适应市场,供应链的每个节点都应是精简而具有活力的,能实现业务流程的快速组合。例如,供应商的选择就应按照少而精的原则,通过和少数的供应商建立战略伙伴关系,降低采购成本,推动实施 JIT 采购法和准时生产。生产系统的设计更是应以精益思想(Lean Thinking, LT)为指导,努力实现从精益制造模式到精益供应链这一目标。

(3)取长补短原则。供应链的各个节点的选择应遵循强强联合、优势互补、取长补短的原则,达到实现资源有效使用的目的。每个企业则集中精力致力于各自的核心业务过程中。这些所谓单独的小企业具有自我组织、自我优化、面向目标、动态运行和充满活力的特点,能够实现供应链业务的快速重组。

(4)动态性原则。不确定性在供应链中随处可见,许多学者在研究供应链运作效率时都提到不确定性问题。由于不确定性的存在,导致需求信息的扭曲,因此要预见各种不确定因素对供应链运作的影响,减少信息传递过程中的信息延迟和失真。增加透明性,减少不必要的中间环节,提高预测的精度和时效性,对降低不确定性的影响都是极为重要的。

(5)合作性原则。供应链业绩好坏取决于供应链合作伙伴关系是否和谐,因此,建立战略伙伴关系的合作企业关系模型是实现供应链最佳效能的保证。合作性原则体现了供应链成员企业之间所形成的合作系统的能动性、合作精神、创造性及系统与环境的总体协调性。只有充分合作的系统才能发挥最佳的效能。

(6)创新性原则。创新性是很重要的一个原则。要产生一个创新的系统,就要敢于打破各种陈旧的思维框框,从新的角度、以新的事业观念,审视原有的管理模式和体系,进行大胆的创新设计。创新设计是系统设计的重要原则,没有创新性思维,就不可能有创新的管理模式,因此在供应链的设计过程中要进行创新设计。要注意几点:一是创新必须在企业总体目标和战略的指导下进行,并与战略目标保持一致;二是要从市场需求的角度出发,综合运用企业的能力和优势;三是发挥企业各类人员的创造性,集体解决问题,并与其他企业共同协作,发挥供应链整体优势;四是建立科学的供应链和项目评价体系及组织管理系统,进行技术经济分析和可行性论证。

(7)战略性原则。供应链管理系统的建模应有战略性观点,通过战略性选择减少不确定的影响。从供应链的战略管理的角度考虑,我们认为供应链建模的战略性原则还体现在供应链发展的长远规划和预见性上。另外,供应链系统的战略发展应和企业的战略规划保持一致,并在企业战略指导下和帮助支持下继续进行。

2. 供应链设计中的几个基本问题

(1)应该用系统论的观点指导整个供应链的设计。系统是由相互作用、相互影响、相互依赖的若干个组成部分按一定规律组成的具有特定功能的统一体。供应链具有整体性,供应链系统的整体功能取决于它的结构系统中各个成员企业或部门间的协调关系;各个企业或者部门系统一致,结构良好,那么作为一个整体的供应链系统就会具有良好的功能。

（2）供应链具有相关性。供应链内部的各个企业或者部门之间相互影响、相互依赖,形成了特定的关系。供应链的性质和功能更多地受到组成供应链各个企业之间关系的影响。这种战略联盟关系的强弱决定了供应链的特性,表现出供应链的相关性。

（3）供应链具有结构性和有序性。供应链是按照供需关系组成的结构,核心企业与供应商之间、供应商与供应商之间等组成层次分布的网络结构。供应链的结构不是杂乱无章的,它呈现出有序的特性。当然,供应链的有序性是显然的。

（4）供应链具有动态性和目的性。供应链内部的信息流、资金流、物流都具有动态性,组成供应链的企业在动态地壮大或者缩小,组成供应链的企业也在不断地变化。供应链系统必然有目的,正如前面分析的那样,供应链的产生就是为了增强供应链中企业的竞争力。这个目的的重要性在于,一旦供应链中的企业认为在这个供应链或者这个联盟中,其不再具有利益或者意义时,它们就有可能退出,供应链就有可能重组。

（5）供应链具有一定的环境适应性。供应链在设计时也许会考虑十分周全,但是在应用中环境因素在变化,并不一定按照预想那样起作用。因此,构建和设计一个供应链,要用发展变化的眼光来设计供应链。供应链的适应性表现在能自我调整,以适应外部条件的变化。

3. 供应链设计策略和设计步骤

目前常见的供应链设计策略主要有:在产品开发初期设计供应链的思想;基于产品的供应链设计策略;基于成本核算的供应链设计策略;基于多代理的集成供应链设计策略。

（1）在产品开发初期设计供应链的思想。在竞争激烈的高新技术企业,产品设计被认为是供应链管理中的一个重要因素。供应链中生产和产品流通的总成本最终取决于产品的设计。因此,必须在产品开发设计的早期就开始同时考虑供应链的设计问题,以获得最大化的潜在利益。

（2）基于产品的供应链设计策略。菲舍尔认为,供应链的设计要以产品为中心,产品生命周期、需求预测、产品多样性、提前期和服务的市场标准等都是影响供应链设计的重要问题。必须设计出与产品特性一致的供应链。不同的产品类型对设计供应链有不同的要求,高边际利润、需求不稳定的革新性产品的供应链设计就不同于低边际利润、有稳定需求的功能性产品。产品供应链可以归纳为八个步骤。第一步是分析市场竞争环境,目的在于找到针对哪些产品市场开发供应链才有效。这一步骤的输出是每一产品按重要性排列的市场特征。同时,对于市场的不确定性要有分析和评价。第二步是总结分析企业现状。第三步是针对存在的问题提出供应链设计项目,分析其必要性。第四步是根据产品的供应链设计策略提出供应链设计的目标。第五、第六步分别是分析供应链的组成和分析评价供应链设计的技术可能性。第七步是设计供应链。第八步是检验供应链,如果检验发现问题,则返回第四步重新进行分析设计。(如图3-4所示)

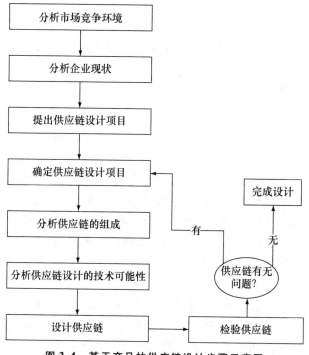

图3-4 基于产品的供应链设计步骤示意图

(3)基于成本核算的供应链设计策略。从成本角度出发的供应链设计策略,包括供应链成本结构及其函数定义、供应链设计的优化成本算法等,涉及大量的计算。

(4)基于多代理集成的供应链设计策略。基于多代理集成的供应链模式的设计策略,采用了动态建模的思想,其基本流程是:多维系统分析、业务流程重构、建模、精简和协调控制。

(5)基于优化方法的供应链设计策略。为了提高供应链运行的绩效,适应市场的变化,增加市场的竞争力,需要对供应链进行重构和优化。首先应明确重构优化的目标,比如缩短订货周期、提高服务水平等;然后进行企业的诊断和重构优化策略的研究。需要强调的是重构优化策略的选择。必须根据企业诊断的结果来选择重构优化,是跃进的还是渐进的。重构的结果都应该获得价值增值和用户满意度的显著提高。图3-5为供应链重构优化流程图。

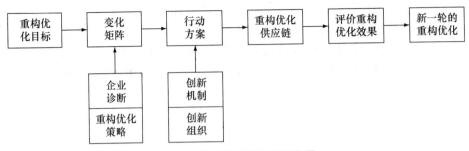

图 3-5　供应链重构优化流程图

3.2.2　供应链构建策略

供应链管理的实现,是把供应商、生产厂家、分销商、零售商等在一条供应链上的所有节点企业都联系起来进行优化,使生产资料以最快的速度,通过生产、分销环节变成增值的产品,到达有消费需求的消费者手中。这不仅可以降低成本,减少社会库存,而且可使社会资源得到优化配置。更重要的是,通过信息网络、组织网络,实现了生产及销售的有效链接和物流、信息流、资金流的合理流动,最终把产品以合理的价格,及时送到消费者手上。计算机产业的戴尔公司就在其供应链管理上采取了极具创新的方法,体现出有效的供应链管理优越性。

构造高效供应链可以从四个方面入手:

1. 以顾客为中心

从某种意义上讲,供应链管理本身就是以顾客为中心的"拉式"营销推动的结果,其出发点和落脚点,都是为顾客创造更多的价值,都是以市场需求的拉动为原动力。顾客价值是供应链管理的核心,企业是根据顾客的需求来组织生产;以往供应链的起始动力来自制造环节,先生产物品,再推向市场,在消费者购买之前,是不会知道销售效果的。在这种"推式系统"里,存货不足和销售不佳的风险同时存在。现在,从产品设计开始,企业已经让顾客参与,以使产品能真正符合顾客的需求。这种"拉式系统"的供应链是以顾客的需求为原动力的。

供应链管理始于最终用户。其架构包括三个部分:客户服务战略决定企业如何从利润最大化的角度对客户的反馈和期望作出反应;需求传递战略则是企业以何种方式将客户需求与产品服务的提供相联系;采购战略决定企业在何地、怎样生产产品和提供服务。

(1) 客户服务战略。第一步是对客户服务市场细分,以确定不同细分市场的客户期望的服务水平。第二步应分析服务成本,包括企业现有的客户服务成本结构和为达到不同细分市场服务水平所需的成本。第三步是销售收入管理。当企业为不同客户提供新的服务时,客户对此会如何反应?是购买增加而需要增加产能,还是客户忠诚度上升,使得企业可以提高价格?企业必须对客户作出正确反应,以使利润最大化。

(2) 需求传递战略。企业采取何种销售渠道组合把产品和服务送达客户,这一决策对于客户服务水平和分销成本有直接影响。而需求规划,即企业如何根据预测和分析,制定生产和库存计划来满足客户需求,是大多数企业最为重要的职能之一。良好的需求规划是成功地满足客户需求,使成本最小化的关键。

(3) 采购战略。关键决策是自产还是外购,这直接影响企业的成本结构和所承担的劳动力、汇率、运输等风险。此外,企业的产能如何规划布置,以及企业如何平衡客户满意和生产效率之间的关系,都是很重要的内容。

2. 强调企业的核心竞争力

在供应链管理中,一个重要的理念就是强调企业的核心业务和竞争力,并为其在供应链上定位,将非核心业务外包。由于企业的资源有限,企业要在各式各样的行业和领域都获得竞争优势是十分困难的,因此它必须集中资源在某个自己所专长的领域,即核心业务上。这样在供应链上定位,成为供应链上一个不可替代的角色。

企业核心竞争力具有以下特点:第一点是仿不了,就是别的企业模仿不了,它可能是技术,也可能是企业文化。第二点是买不来,就是说这样的资源市场上还没有,买不到。所有在市场上能得到的资源都不会成为企业的核心竞争力。第三点是拆不开,拆不开强调的是企业的资源和能力具有互补性,有了这个互补性,分开就不值钱,合起来才值钱。第四点是带不走,强调的是资源的组织性。一些优秀企业之所以能够以自己为中心构建起高效的供应链,就在于它们有着不可替代的竞争力,并且凭借这种竞争力把上下游的企业串在一起,形成一个为顾客创造价值的有机链条。比如,沃尔玛作为一家连锁商业零售企业,高水准的服务以及以此为基础构造的顾客网络是它的核心竞争力。于是,沃尔玛超越自身的"商业零售企业"身份,建立起了高效供应链。首先,沃尔玛不仅仅是一家等待上游厂商供货、组织配送的纯粹的商业企业,而且也直接参与上游厂商的生产计划,与上游厂商共同商讨和制订产品计划、供货周期,甚至帮助上游厂商进行新产品研发和质量控制等方面的工作。这就意味着沃尔玛总是能够最早得到市场上最希望看到的商品,当别的零售商还在等待供货商的产品目录或者商谈合同时,沃尔玛的货架上已经开始热销这款产品了。其次,沃尔玛高水准的客户服务能够做到及时将消费者的意见反馈给厂商,并帮助厂商对产品进行改进和完善。过去,商业零售企业只是作为中间人,将商品从生产厂商处传递到消费者手里,反过来再将消费者的意见通过电话或书面形式反馈到厂商那里。看起来沃尔玛并没有独到之处,但是结果却差异很大。原因就在于,沃尔玛能够参与上游厂商的生产计划和控制,能够将消费者的意见迅速反映到生产中,而不是简单地充当二传手或者传声筒。

沃尔玛的思路并不复杂,但多数商业企业只充当厂商和消费者的桥梁,缺乏参与和控制生产的能力。也就是说,沃尔玛的模式已经跨越了企业内部管理和与外界"沟通"的范畴,而是形成了以自身为核心企业,连接生产厂商与顾客的全球供应链。而这一供应链正是通过先进的信息技术来保障的,这就是它的一整套先进的供应链管理系统。离开了统一、集中、实时监控的供应链管理系统,沃尔玛的直接"控制生产"和高水准的"客户服务"将无从谈起。

3. 相互协作的双赢理念

传统的企业运营中,供销之间互不相干,是一种敌对争利的关系,系统协调性差。企业和各供应商没有协调一致的计划,每个部门各搞一套,只顾安排自己的活动,影响整体最优。与供应商和经销商都缺乏合作的战略伙伴关系,且往往从短期效益出发,挑起供应商之间的价格竞争,失去了供应商的信任与合作基础。市场形势好时对经销商态度傲慢,市场形势不好时又企图将损失转嫁给经销商,因此得不到经销商的信任与合作。而在供应链管理的模式下,所有环节都看作一个整体,链上的企业除了自身的利益外,还应该一同去追求整体的竞争力和盈利能力。因为如果最终客户选择一件产品,整条供应链上所有成员都将受益;如果最终客户不要这件产品,则整条供应链上的成员都会受损失。可以说,合作是供应链与供应链之间竞争的一个关键。

在供应链管理中,除了双赢理念外,更重要的是通过技术手段把理念形态落实到操作实务上,将企业内部供应链与外部的供应商和用户集成起来,形成一个集成化的供应链。而与主要供应商和用户建立良好的合作伙伴关系,即所谓的供应链合作关系,是集成化供应链管理的关键。此阶段企业要特别注重战略伙伴关系管理,管理的重点是以面向供应商和用户取代面向产品,增加与主要供应商和用户的联系,增进相互之间的了解(产品、工艺、组织、企业文化等),相互之间保持一定的一致性,实现信息共享等。企业应通过为用户提供与竞争者不同的产品和服务或增值的信息而获利。供应商管理库存和共同计划、预测与库存补充的应用就是企业转向改善、建立良好的合作伙伴关系的典型例子。通过建立良好的合作伙伴关系,企业可以更好地与用户、供应商和服务提供商实现集成和合作,共同在预测、产品设计、生产、运输计划和竞争策略等方面设计和控制整个供应链的运作。对于主要用户,企业一般建立以用户为核心的小组,这样的小组具有不同职能领域的功能,可以更好地为主要用户提供有针对性的服务。

4. 优化信息流程

信息流程是企业内员工、客户和供货商的沟通过程,以前只能以电话、传真,甚至面见才能达成信息交流的目的,现在能利用互联网进行信息交流。虽然手段不同,但内容并没有改变。计算机信息系统的优势在于其自动化操作和处理大量数据的能力,使信息流通速度加快,同时减少失误。然而,信息系统只是支持业务过程的工具,企业本身的商业模式决定着信息系统的架构模式。

为了适应供应链管理的优化,必须从与生产产品有关的第一层供应商开始,环环相扣,直到货物到达最终用户手中,真正按链的特性改造企业业务流程,使各个节点企业都具有处理物流和信息流的自组织和自适应能力。最后形成贯穿供应链的分布数据库的信息集成,从而集中协调不同企业的关键数据。所谓关键数据,是指订货预测、库存状态、缺货情况、生产计划、运输安排、在途物资等数据。

为便于管理人员迅速、准确地获得各种信息,应该充分利用 EDI、Internet 等技术手段,实现供应链的分布数据库信息集成,达到共享采购订单的电子接受与发送、多位置库存控制、批量和系列号跟踪、周期盘点等重要信息。

思科公司是运用因特网实现虚拟供应链的典范,超过 90% 的公司订单来自因特网,而思科的工作人员直接过手的订单不超过 50%。思科公司通过公司外部网连接零部件供应商、分销商和合同制造商,以此形成一个虚拟的、适时的供应链。当客户通过思科的网站订购一种典型的思科产品如路由器时,所下的订单将触发一系列的消息:给生产印刷电路板的合同厂商,同时分销商也会被通知提供路由器的通用部件如电源;组装成品的合同制造商通过登录到思科公司的外部网并连接至其生产执行系统,可事先知道可能发生的订单类型和数量。信息整合使整个供应链上的企业都能共享有用的信息。例如,沃尔玛与宝洁公司共享宝洁产品在沃尔玛零售网络中的销售信息,使宝洁能够更好地管理这些产品的生产,从而也保障了沃尔玛商场中这些产品的供货。

3.2.3 供应链构建机制

供应链管理要求企业内部要协调分工,形成内部供应链运作一体化,再与外部供应链的企业进行协作与联盟,最终目的是使企业拥有更强的竞争力和更大的效益。供应链中的各个企业在市场竞争中不断成熟和发展。供应链的成员企业通过供应链构建时所形成的合作机制(Cooperation Mechanism)、决策机制(Decision Mechanism)、激励机制(Encourage Mechanism)和自律机制(Bench Marking)等来实现满足顾客需求、使顾客满意以及留住顾客等功能目标,从而实现供应链管理的最终目标:社会目标(满足社会就业需求)、经济目标(创造最佳利益)和环境目标(保持生态与环境平衡)的合一,这可以说是对供应链管理思想的哲学概括。图 3-6 为供应链构建意图。

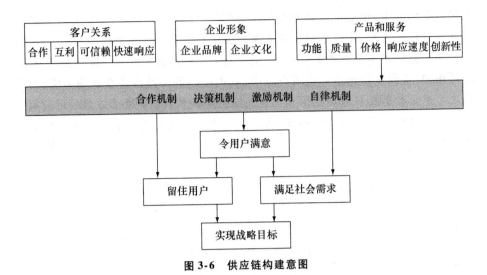

图 3-6 供应链构建意图

(1) 合作机制。体现了战略伙伴关系和企业内外资源的集成与优化利用。基于这种企业环境的产品制造过程,从产品的研究开发到投放市场,周期大大缩短,而且顾客导向化(Customization)程度更高,模块化、简单化产品、标准化组件,使企业在多变的市场中柔性和敏捷性显著增强,虚拟制造与动态联盟提高了业务外包(Outsourcing)策略的利用程度。企业集成的范围扩展了,从原来的中低层次的内部业务流程重组上升到企业间的协作,这是一种更高级别的企业集成模式。在这种企业关系中,市场竞争的策略最明显的变化就是基于时间的竞争(Time-based)和价值链(Value Chain)及价值让渡系统管理或基于价值的供应链管理。

(2) 决策机制。由于供应链企业决策信息的来源不再仅限于企业内部,而是在开放的信息网络环境下不断进行信息交换和共享,达到供应链企业同步化、集成化计划与控制的目的,而且随着 Internet/Intranet 发展成为新的企业决策支持系统,企业的决策模式将会产生很大的变化,因此处于供应链中的任何企业决策模式应该是基于 Internet/Intranet 的开放性信息环境下的群体决策模式。

(3) 激励机制。供应链成员要充分长期地稳定合作,就必须建立风险共担、利益共享的激励机制。供应链伙伴之间不能为了自身利益而不负责任,牺牲他人利益。作为供应链中的核心企业,应积极努力与其他成员一起构建有效的业绩评价和激励机制,充分保证激励机制的作用发挥,调动供应链中所有企业的主动性、积极性与创造性,来为满足最终的客户需求而协同。

(4) 自律机制。自律机制要求供应链企业向行业的领头企业或最具竞争力的竞争对手看齐,不断对产品、服务和供应链业绩进行评价,并不断地改进,以使企业能保持自己的竞争力和持续发展。自律机制主要包括企业内部的自律、对比竞争对手的自律、对比同行企业的自律和对比领头企业的自律。企业通过推行自律机制，可以降低成本，增加利润和销售量，更好地了解竞争对手，提高客户满意度，增加信誉，企业内部部门之间的业绩差距也可以得到缩小，提高企业的整体竞争力。

3.3 供应链管理的实施

3.3.1 供应链管理的实施原则

Andersen 咨询公司提出了供应链管理的七项原则：

（1）根据客户所需的服务特性来划分客户群。传统意义上的市场划分基于企业自己的状况如行业、产品、分销渠道等，然后对同一区域的客户提供相同水平的服务；供应链管理则强调根据客户的状况和需求，决定服务方式和水平。

（2）根据客户需求和企业可获利情况，设计企业的后勤网络。一家造纸公司发现两个客户群存在截然不同的服务需求：大型印刷企业允许较长的提前期，而小型的地方印刷企业则要求在 24 小时内供货，于是它建立了三个大型分销中心和 46 个紧缺物品快速反应中心。

（3）倾听市场的需求信息。销售和营运计划必须监测整个供应链，以及时发现需求变化的早期警报，并据此安排和调整计划。

（4）时间延迟。由于市场需求波动剧烈，因此距离客户接受最终产品和服务的时间越远，需求预测就越不准确，而企业还不得不维持较大的中间库存。例如，一家洗涤用品企业在实施大批量客户化生产的时候，先在企业内将产品加工结束，到零售店才完成最终的包装。

（5）与供应商建立双赢的合作策略。迫使供应商相互压价，固然使企业在价格上受益，但相互协作可以降低整个供应链的成本。

（6）在整个供应链领域建立信息系统。信息系统首先应该处理日常事务和电子商务；然后支持多层次的决策信息，如需求计划和资源规划；最后根据大部分来自企业之外的信息进行前瞻性的策略分析。

（7）建立整个供应链的绩效考核准则。供应链的考核准则不仅仅是局部的个别企业的孤立标准，供应链的最终验收标准是客户的满意程度。

Kearney 咨询公司强调首先应该制订可行的供应链管理实施计划，这项工作可以分为四个步骤：

（1）将企业的业务目标同现有能力及业绩进行比较，发现现有供应链的显著弱点，经过改善，迅速提高企业的竞争力。

（2）同关键客户和供应商一起探讨、评估全球化、新技术和竞争局势，建立供应链的远景目标。

(3) 制订从现实过渡到理想供应链目标的行动计划,同时评估企业实现这种过渡的现实条件。

(4) 根据优先级安排上述计划,并且承诺相应的资源。

Kearney 咨询公司指出,供应链可以耗费整个公司高达 25% 的运营成本,而对于一个利润率仅为 3%—4% 的企业而言,哪怕降低 5% 的供应链耗费,也足以使企业的利润翻番。供应链管理是当前国际企业管理的重要方向,也是国内企业富有潜力的应用领域。通过业务重组和优化提高供应链的效率,降低成本,提高企业的竞争能力。

3.3.2 供应链管理实施原理

1. 资源横向集成原理

资源横向集成原理揭示的是新经济形势下的一种新思维。该原理认为:在经济全球化迅速发展的今天,企业仅靠原有的管理模式和自己有限的资源,已经不能满足快速变化的市场对企业所提出的要求。企业必须放弃传统的基于纵向思维的管理模式,朝着新型的基于横向思维的管理模式转变。企业必须横向集成外部相关企业的资源,形成"强强联合,优势互补"的战略联盟,结成利益共同体去参与市场竞争,以实现提高服务质量的同时降低成本、快速响应顾客需求,给予顾客更多选择的目的。

不同的思维方式对应着不同的管理模式及企业发展战略。纵向思维对应的是"纵向一体化"的管理模式,企业的发展战略是纵向扩展;横向思维对应的是"横向一体化"的管理模式,企业的发展战略是横向联盟。该原理强调的是优势资源的横向集成,即供应链各节点企业均以其能够产生竞争优势的资源来参与供应链的资源集成,在供应链中以其优势业务的完成来参与供应链的整体运作。该原理是供应链系统管理最基本的原理之一,表明了人们在思维方式上的重大转变。

2. 系统原理

系统原理认为,供应链是一个系统,是由相互作用、相互依赖的若干组成部分结合而成的具有特定功能的有机整体。供应链是围绕核心企业,通过对信息流、物流、资金流的控制,把供应商、制造商、分销商、零售商直到最终用户连成一个整体的功能网链结构模式。

(1) 整体性。供应链的系统特征首先体现在其整体功能上,这一整体功能是组成供应链的任一成员企业都不具有的特定功能,是供应链合作伙伴间的功能集成,而不是简单叠加。供应链系统的整体功能集中表现在供应链的综合竞争能力上,这种综合竞争能力是任何一个单独的供应链成员企业都不具有的。

（2）目的性。供应链系统有着明确的目的,就是在复杂多变的竞争环境下,以最低的成本、最快的速度、最好的质量为用户提供最满意的产品和服务,通过不断提高用户的满意度来赢得市场。这一目的也是供应链各成员企业的共同目的。

（3）关联性。供应链合作伙伴之间存在密切关系,这种关系是基于共同利益的合作伙伴关系,供应链系统目的的实现,受益的不只是一家企业,而是一个企业群体。因此,各成员企业均具有局部利益服从整体利益的系统观念。

（4）环境适应性。在经济全球化迅速发展的今天,企业面对的是一个迅速变化的买方市场,要求企业能对不断变化的市场作出快速反应,不断地开发出符合用户需求的、定制的"个体化产品"去占领市场以赢得竞争。新型供应链(有别于传统的局部供应链)以及供应链管理就是为了适应这一新的竞争环境而产生的。

（5）层次性。供应链各成员企业分别都是一个系统,同时也是供应链系统的组成部分;供应链是一个系统,同时也是它所从属的更大系统的组成部分。从系统层次性的角度来理解,相对于传统的基于单个企业的管理模式而言,供应链管理是一种针对更大系统(企业群)的管理模式。

3. 多赢互惠原理

多赢互惠原理认为,供应链是相关企业为了适应新的竞争环境而组成的一个利益共同体,其密切合作是建立在共同利益的基础之上,供应链各成员企业之间是通过一种协商机制,来谋求一种多赢互惠的目标。供应链管理改变了企业的竞争方式,将企业之间的竞争转变为供应链之间的竞争,核心企业通过与供应链中的上下游企业建立战略伙伴关系,以强强联合的方式,使每个企业都发挥各自的优势,在价值增值链上达到多赢互惠的效果。

供应链管理在许多方面都体现了多赢互惠的思想。例如,供应链中的"需求放大效应"使得上游企业所获得的需求信息与实际消费市场中的顾客需求信息存在很大的偏差,上游企业不得不维持比下游企业更高的库存水平。需求放大效应是需求信息扭曲的结果,供应链企业之间的高库存现象会给供应链的系统运作带来许多问题,不符合供应链系统整体最优的原则。为了解决这一问题,近年来在国外出现了一种新的供应链库存管理方法——供应商管理库存(Vendor Managed Inventory,VMI),这种库存管理策略打破了传统的各自为政的库存管理模式,体现了供应链的集成化管理思想,其结果是降低了供应链整体的库存成本,提高了供应链的整体效益,实现了供应链合作企业间的多赢互惠。再如,在供应链相邻节点企业之间,传统的供需关系是以价格驱动的竞争关系,而在供应链管理环境下,则是一种合作性的双赢关系。

4. 合作共享原理

合作共享原理具有两层含义，一是合作，二是共享。合作原理认为：由于任何企业所拥有的资源都是有限的，它不可能在所有的业务领域都获得竞争优势，因而企业要想在竞争中获胜，就必须将有限的资源集中在核心业务上。与此同时，企业必须与全球范围内的在某一方面具有竞争优势的相关企业建立紧密的战略合作关系，将本企业中的非核心业务交由合作企业来完成，充分发挥各自独特的竞争优势，从而提高供应链系统整体的竞争能力。共享原理认为：实施供应链合作关系意味着管理思想与方法的共享、资源的共享、市场机会的共享、信息的共享、先进技术的共享以及风险的共担。

信息共享是实现供应链管理的基础，准确可靠的信息可以帮助企业作出正确的决策。供应链的协调运行建立在各个节点企业高质量的信息传递与共享的基础之上，信息技术的应用有效地推动了供应链管理的发展，它可以节省时间和提高企业信息交换的准确性，减少在复杂、重复工作中的人为错误，因而减少由于失误而导致的时间浪费和经济损失，提高供应链管理的运行效率。共享信息的增加对供应链管理是非常重要的。由于可以做到共享信息，供应链上任何节点的企业都能及时掌握市场上的需求信息和整个供应链的运行情况，每个环节的物流信息都能透明地与其他环节进行交流与共享，从而避免了需求信息的失真现象，消除了需求信息的扭曲放大效应。

5. 需求驱动原理

需求驱动原理认为：供应链的形成、存在、重构，都是基于一定的市场需求而发生的，并且在供应链的运作过程中，用户的需求是供应链中信息流、产品/服务流、资金流运作的驱动源。在供应链管理模式下，供应链的运作是以订单驱动方式进行的，商品采购订单是在用户需求订单的驱动下产生的，然后商品采购订单驱动产品制造订单，产品制造订单又驱动原材料(零部件)采购订单，原材料(零部件)采购订单再驱动供应商。这种逐级驱动的订单驱动模式，使供应链系统得以准时响应用户的需求，从而降低了库存成本，提高了物流的速度和库存周转率。

基于需求驱动原理的供应链运作模式是一种逆向拉动运作模式，与传统的推动式运作模式有着本质的区别。推动式运作模式以制造商为中心，驱动力来源于制造商，而拉动式运作模式是以用户为中心，驱动力来源于最终用户。两种不同的运作模式分别适用于不同的市场环境，有着不同的运作效果。不同的运作模式反映了不同的经营理念，由推动式运作模式向拉动式运作模式的转变，反映的是企业所处环境的巨变和管理者思想认识上的重大转变，反映的是企业经营理念从"以生产为中心"向"以顾客为中心"的转变。

6. 快速响应原理

快速响应原理认为：在全球经济一体化的大背景下，随着市场竞争的不断加剧，经济活动的节奏越来越快，用户在时间方面的要求也越来越高。用户不但要求企业要按时交货，而且要求的交货期越来越短。因此，企业必须能对不断变化的市场作出快速反应，必须要有很强的产品开发能力和快速组织产品生产的能力，源源不断地开发出满足用户多样化需求的、定制的"个性化产品"去占领市场，赢得竞争。

在当前的市场环境里，一切都要求能够快速响应用户需求，而要达到这一目的，仅靠一个企业的努力是不够的。供应链具有灵活快速响应市场的能力，通过各节点企业业务流程的快速组合，加快了对用户需求变化的反应速度。供应链管理强调准时，即准时采购、准时生产、准时配送，强调供应商的选择应少而精，强调信息技术应用等等，均体现了快速响应用户需求的思想。

7. 同步运作原理

同步运作原理认为：供应链是由不同企业组成的功能网络，其成员企业之间的合作关系存在着多种类型，供应链系统运行业绩的好坏取决于供应链合作伙伴关系是否和谐，只有和谐而协调的关系才能发挥最佳的效能。供应链管理的关键就在于供应链上各节点企业之间的联合与合作以及相互之间在各方面良好的协调。

供应链的同步化运作，要求供应链各成员企业之间通过同步化的生产计划来解决生产的同步化问题，只有供应链各成员企业之间以及企业内部各部门之间保持步调一致，供应链的同步化运作才能实现。供应链形成的准时生产系统，要求上游企业准时为下游企业提供必须的原材料（零部件），如果供应链中任何一个企业不能准时交货，都会导致供应链系统的不稳定或者运作的中断，导致供应链系统对用户的响应能力下降，因此保持供应链各成员企业之间生产节奏的一致性是非常重要的。

协调是供应链管理的核心内容之一。信息的准确无误、畅通无阻，是实现供应链系统同步化运作的关键。要实现供应链系统的同步化运作，需要建立一种供应链的协调机制，使信息能够畅通地在供应链中传递，从而减少因信息失真而导致的过量生产和过量库存，使整个供应链系统的运作能够与顾客的需求步调一致，同步化响应市场需求的变化。

8. 动态重构原理

动态重构原理认为：供应链是动态的、可重构的。供应链是在一定的时期内、针对某一市场机会、为了适应某一市场需求而形成的，具有一定的生命周期。当市场环境和用户需求发生较大的变化时，围绕着核心企业的供应链必须能够快速响应，能够进行动态快速重构。市场机遇、合作伙伴选择、核心资源集成、业务流程重组以及敏捷性等是供应链动态重构的主要因素。从发展趋势看,组建基于供应链的虚拟企业将是供应链动态快速重构的核心内容。

本章小结

供应链管理是指在满足一定的客户服务水平的条件下,为了使整个供应链系统成本达到最小而把供应商、制造商、仓库、配送中心和渠道商等有效地组织在一起来进行产品制造、转运、分销及销售的管理方法。供应链管理包括计划、采购、制造、配送、退货五大基本内容。一般来说,由于分类标准的不同,供应链管理可以按照供应链管理的对象划分、网状结构划分、产品类别划分。

在供应链的设计过程中,应当首先遵循一些基本的原则,这样才能保证整个供应链的设计和架构能够满足供应链管理思想,并使之得到贯彻。这些原则包括设计原则、简洁性原则、取长补短原则、动态性原则、合作性原则、创新性原则和战略性原则。构造高效供应链可以从四个方面入手:以顾客为中心、强调企业的核心竞争力、相互协作的双赢理念、优化信息流程。通过供应链管理的合作机制、决策机制、激励机制和自律机制等多种机制,来实现满足客户需求、使客户满意以及留住客户等目标,进而实现供应链管理更加深入的目标。供应链管理实施原理有资源横向集成原理、系统原理、多赢互惠原理、合作共享原理、需求驱动原理、快速响应原理、同步运作原理和动态重构原理。

应用案例

戴尔的"零式供应链"模型

戴尔的核心竞争力是什么?品牌、直销的营运方式,还有戴尔资本。同时,戴尔是一个真正的 Lean Enterprise(零式企业),它非常现代地把所有的资源组合在一起,以链主的身份打造了一条成功的 Lean(零式)供应链。

1. 七小时库存

"整个供应链最关键的地方在于对生产和制造过程的控制中,包括物流。"一位戴尔的员工这样告诉记者。戴尔供应链高度集成,上游或下游联系紧密,成为捆绑的联合体。不同于 IBM(注意力横跨整个设计、制造、分销和市场的全过程),戴尔在装配和市场上做足了功夫。

IT 行业有它的特殊性,"电脑配件放在仓库里一个月,价格就要下降 1 到 2 个百分点"。如果没有一个很好的供应链管理和生产控制,电脑的利润只会更低。

戴尔的营运方式是直销,在业界号称"零库存高周转"。在直销模式下,公司接到订货单后,才将电脑部件组装成整机,而不是像很多企业那样,根据对市场的预测制订生产计划,批量制成成品。真正按顾客需求定制生产,还需要在极短的时间内完成,速度和精度是考验戴尔的两大难题。

戴尔的做法是,利用信息技术全面管理生产过程。通过互联网,戴尔公司和其上游配件制造商能迅速对客户订单作出反应:当订单传至戴尔的控制中心,控制中心把订单分解为子任务,并通过网络分派给各独立配件制造商进行排产。各制造商按戴尔的电子订单进行生产组装,并按戴尔控制中心的时间表来供货。戴尔所需要做的只是在成品车间完成组装和系统测试,剩下的就是客户服务中心的事情了。

"经过优化后,戴尔供应链每20秒钟汇集一次订单。"通过各种途径获得的订单被汇总后,供应链系统软件会自动地分析出所需原材料,同时比较公司现有库存和供应商库存,创建一个供应商材料清单。而戴尔的供应商仅需要90分钟的时间用来准备所需要的原材料并将他们运送到戴尔的工厂,戴尔再花30分钟时间卸载货物,并严格按照制造订单的要求将原材料放到组装线上。由于戴尔仅需要准备手头订单所需要的原材料,因此工厂的库存时间仅有七个小时。

这一切取决于戴尔的雄厚技术基础——装配线由计算机控制,条形码使工厂可以跟踪每一个部件和产品。在戴尔内部,信息流通过自己开发的信息系统和企业的运营过程及资金流同步,信息极为通畅。

精密的直接结果是用户的体验,一位戴尔员工说:"我们跟用户说的不是'机器可能周二或者周三到你们那里',我们说的是'周二上午9点到'。"

"厦门工厂已经成为全球6家工厂里最让戴尔感到自豪的一家——日本的订单也会从厦门供货,它供货的范围还将继续扩大。"

2. 服务外包

与传统供应链相比,戴尔供应链中的一个明显特点是,其下游链条里没有分销商、批发商和零售商这样的传统角色,戴尔直接把产品卖给了顾客。戴尔通过电话、面对面交流、互联网订购直接拿到客户的订单,客户的准确需求被直接反馈到设计、制造等整个营运过程中。而传统的渠道所提供的订货信息往往含混不清。可以说,直销成为戴尔整合供应商的必要条件。

在戴尔的供应链蓝图上,还有一个特别之处,即多出了"代理服务商"这一环节。这些代理服务商并不是向顾客提供产品,而是提供服务和支持,这意味着戴尔把服务也外包了。采用外包的服务策略使得戴尔既能够提供售后服务支持,又避免了公司组织结构"过度庞大"的后果。

2001年,戴尔在中国近1700个城市建立了售后服务中心。他们把服务外包给合作伙伴,用户70%的问题可以用电话从厦门的客户服务中心工程师那里得到解决(这样比较节省客户的时间);剩下30%,通过合作伙伴在当地的工程师解决。这一点同样离不开直销模式。"我们对客户的要求非常清楚,直销和

CRM(Customer Relationship Management)配合得很好。"一位售后支持工程师说。直销的好处在于每一台电脑是直接到用户手里的,戴尔记录了产品的每一个环节,服务和质量很容易控制。而这一点单依靠代理商是做不到的。当一个公司买了电脑之后,戴尔会一直关注用户的发展,隔一段时间,销售会主动询问用户是否有新的需求。这一点上,对大客户来说,戴尔和IBM、HP的做法可能差不多,但是在中小客户方面,直销和通过代理去做,效果完全不同。

(资料来源:http://finance.sina.com.cn/roll/20030916/1023447432.shtml,2013年10月15日访问。)

案例思考题

(1) 戴尔公司如何做到7小时的库存管理周期?

(2) 戴尔公司服务外包在其供应链管理策略上发挥了什么样的作用?

第四章　电子商务物流管理

学习目标

1. 解释电子商务物流的概念
2. 明确电子商务与物流的关系
3. 解释电子商务物流管理的概念
4. 分析电子商务管理的特点

关键词

电子商务物流　电子商务物流管理　物流过程　物流要素

引例

英国零售商 Argos 案例研究：互联网是运营的基础

Argos 成立于 1973 年,是一家知名的零售连锁企业,它所经营的范围非常广泛,五金、婴儿用品、运动用品、娱乐设施,包括 DIY(Do It Yourself)成品都可以在这个平台上找到,可以说,除了食物外,几乎无所不包,共计有 17000 个品种。早在 2002 年 4 月—2003 年 3 月期间 Argos 财报就显示其销售额已经高达 30 亿英镑(约 50 亿欧元),而 2012 年 2 月财报显示,这个数值已经增长到 39 亿英镑。这些数字使得 Argos 一直占据着英国零售商的领跑者地位。

Argos 在市场上的定位很强,作为英国第一家小型家电等产品的零售商,它在发展的过程中又开拓了手工制作、园艺等产品市场,并逐渐发展成这类商品销售的"领头羊"。此外,它在珠宝与运动产品零售市场也占有重要的份额。之所以涉猎范围如此广泛,是因为 Argos 拥有这样的企业理念:通过涵盖货物种类多且分布广泛的零售店,把舒适与方便送给千家万户。

它使用了多种销售渠道,如电视、广播、报纸、杂志、海报,这样一方面可以增加它的销售量,另一方面扩大了影响,从而引来更多的流量。英国人对于 Argos 提供的这些销售渠道颇为喜欢,2002 年期间,Argos 接到了超过 2600 万的电话订单,这个数值还不包括网站上的订单;随着科技的发展,现在人们的购物习惯已经逐渐倾斜到网络端,Argos 以 43 亿/年的点击量成为零售网站的销售先驱。而与之一同迅猛增长的是快递行业,在同一年,快送单增长量高达 33%,其中的

18%是 Argos 所贡献的。

Argos 拥有 750 多家分店,分布在英国和爱尔兰共和国,超过 31000 名员工在这些站点辛勤工作,为 13 亿消费者提供服务。Argos 零售店在英国的分布范围很广,不到 10 公里便可以发现一个它的零售店,数量繁多的零售店为英国约 98%的人口提供着服务,但 Argos 对于目前的规模还不满意,随着时间的推移,它的分店也在持续增加中。除了线下实体店,Argos 在线上也开设了商店,英国有超过 2/3 的家庭在 Argos 线上商店购买过商品。

Argos 的物流系统优化

Argos 面临的一大难题是如何将来自多家供应商的货物分配到英国及爱尔兰的各个分销中心,它选择了一个物流系统来解决这个问题。这个物流系统让 Argos 能够在正确的时间和地点进行销售。

在使用这个系统之前,Argos 的物流非常复杂。每一个供应商都有自己的物流,因此送货时间与程序各不相同,这会直接影响 Argos 的商品出售情况。于是 Argos 决定只使用一个物流系统来管理这些供应商的货物,这家物流公司可以将供应商所提供的货物以及要出售的商品全部有效管理和运送。确认所有订单后,物流公司会将这些订单整合后发给 Argos 自己的集散中心,再由 Argos 进行最后的运送。

这个系统的运行基础是互联网,它的优点如下:

(1)加强了 Argos 的供应链。从整理到运送,所有关于货物的信息都被记载到这个系统里,顾客可以实时查看。

(2)节省了物流费用。这个系统减少了 Argos 的运输费用,如优化物流系统后,它在 2003 年的收益相比 2001 年就增长了 9%。

(3)加强了物流能力。通过使用这个系统,Argos 每年运送将近 15000 辆车的货物,而相同数量的货物如果使用低效率、不精细的系统,大概要使用 55000 辆车来运送。

(改编自肖妍:《英国零售商 Argos 案例研究:互联网是运营的基础》,http://classroom.eguan.cn,2013 年 9 月 27 日访问。)

案例思考题

(1)Argos 公司的物流系统有哪些功能?
(2)互联网在 Argos 公司的物流优化中发挥了哪些优势?

4.1 电子商务物流概述

4.1.1 电子商务物流的概念

电子商务物流就是在电子商务的条件下,依靠计算机技术、互联网技术、电子商务技术以及信息技术等进行的物流(活动)。电子商务物流的研究对象是物流在电子商务和现代科学技术条件下的运作和管理等。电子商务物流又称网上物流,就是基于互联网技术,旨在创造性地推动物流行业发展的新商业模式;通过互联网,物流公司能够被更大范围内的货主客户主动找到,能够在全国乃至世界范围内拓展业务;贸易公司和工厂能够更加快捷地找到性价比最适合的物流公司;网上物流致力于把世界范围内最大数量的有物流需求的货主企业和提供物流服务的物流公司都吸引到一起,提供中立、诚信、自由的网上物流交易市场,帮助物流供需双方高效达成交易。目前已经有越来越多的客户通过网上物流交易市场找到了客户、合作伙伴、海外代理。网上物流提供的最大价值,就是更多的机会。

电子商务物流具有三个主要的标志:一是商业模式的合理性,二是科学技术应用的先进性,三是管理方法的科学性。商业模式的合理性可以用供应链的思想对商业模式进行分析与判断;科学技术应用的先进性是指是否在电子商务物流活动中有效地采用了现代科学技术,特别是现代的信息技术、计算机技术、互联网技术等;管理方法的科学性是指是否在电子商务物流活动中实现了科学化管理。

4.1.2 电子商务物流的特点

从不同的方面看,电子商务物流具有不同的特点。在此我们主要从两个方面来分析电子商务物流的特点:一是与传统物流相比较,二是与电子商务相比较。

1. 与传统物流相比较

与传统物流相比较,电子商务物流具有以下几方面的特点:

(1) 信息化。电子商务时代,物流信息化是电子商务的必然要求。物流信息化表现为物流信息的商品化、物流信息收集的数据库化和代码化、物流信息处理的电子化和计算机化、物流信息传递的标准化和实时化、物流信息存储的数字化等。因此,条码技术(Bar Code)、数据库技术(Database)、电子订货系统(Electronic Ordering System, EOS)、电子数据交换(Electronic Data Interchange, EDI)、快速反应(Quick Response, QR)及有效的客户反映(Effective Customer Re-

sponse，ECR)、企业资源计划(Enterprise Resource Planning，ERP)等先进技术与管理策略在物流中将会得到普遍的应用。

(2) 自动化。自动化的基础是信息化,自动化的核心是机电一体化,自动化的外在表现是无人化,自动化的效果是省力化,另外还可以扩大物流作业能力、提高劳动生产率、减少物流作业的差错等。物流自动化的设施非常多,如条码/语音/射频自动识别系统、自动分拣系统、自动存取系统、自动导向车、货物自动跟踪系统等。

(3) 网络化。物流领域的网络化有两层含义:一是物流配送系统的计算机通信网络,包括物流配送中心与供应商或制造商的联系要通过计算机网络,另外与下游顾客之间的联系也要通过计算机网络通信。比如物流配送中心向供应商提出订单这个过程,就可以使用计算机通信方式,借助于增值网(Value-Added Network,VAN)上的电子订货系统(EOS)和电子数据交换技术(EDI)来自动实现,物流配送中心通过计算机网络收集下游客户的订货过程也可以自动完成。二是组织的网络化,即所谓的组织内部网(Intranet)。比如,我国台湾地区的电脑业在20世纪90年代创造出了"全球运筹式产销模式",这种模式基本是按照客户订单组织生产,生产采取分散形式,即将全世界的电脑资源都利用起来,采取外包的形式将一台电脑的所有零部件、元器件、芯片外包给世界各地的制造商去生产,然后通过全球的物流网络将这些零部件、元器件和芯片发往同一个物流配送中心进行组装,由该物流配送中心将组装的电脑迅速发给客户。可见,物流的网络化是电子商务下物流活动的主要特征。

(4) 智能化。这是物流自动化、信息化的一种高层次应用,物流作业过程中存在大量的运筹和决策,如库存水平的确定、运输(搬运)路径的选择、自动导向车的运行轨迹和作业控制、自动分拣机的运行、物流配送中心经营管理的决策支持等问题都需要借助于大量的知识才能解决。在物流自动化的进程中,物流智能化是不可回避的技术难题。好在专家系统、机器人等相关技术在国际上已经有比较成熟的研究成果。为了提高物流现代化的水平,物流的智能化已成为电子商务下物流发展的一个新趋势。

(5) 标准化。标准化是现代物流的一个重要基础,也是电子商务物流的重要基础。没有物流的标准化,就难以实现电子商务物流的发展。物流标准化不是单一的,而是一个体系从大的方面来考虑,物流标准体系主要包括物流基础标准、物流信息标准、物流设施与技术标准、物流作业流程标准、物流管理标准和物流服务标准等几大类。其中,物流基础标准主要包括物流术语标准、计量单位标准、模数尺寸标准等;物流信息标准包括编码与标识标准、数据采集标准、物流数据结构标准、物流信息交换标准、物流信息系统及相关标准等;物流设施与技术标准主要包括基础设施标准、运输工具标准、储运设备标准、装卸设备标准和包装容器标准等;物流作业流程标准主要包括运输作业标准、包装作业标准、装卸/搬运作业标准、配送作业标准、储存作业标准、流通加工作业标准、关键作业流程标准等;物流管理标准主要包括规划与设计类标准、评估类标准和统计类标准等;物流服务标准主要包括物流服务分类标准、物流服务设计规范、物流服务质量规范以及从事物流管理企业和人员资质标准等。在目前我国物流的标准化建设中,一方面是要建立和健全物流标准体系,加强物流的标准化建设,重点应放在物流术语标准、物流流程标准、物流服务标准,特别是物流服务质量标准和物流信息标准上;另一方面,在建立标准的同时,要加强监督与管理体制的建立,确保电子商务物流严格依照标准来进行。

(6) 柔性化。柔性化本来是为实现"以顾客为中心"理念而在生产领域提出的。但要真正做到柔性化,即要真正地根据消费者需求的变化来灵活调节生产工艺,没有配套的柔性化的物流系统是不可能达到目的的。20 世纪 90 年代,国际生产领域纷纷推出柔性制造系统(Flexible Manufacturing System,FMS)、计算机集成制造系统(Computer Integrated Manufacturing System,CIMS)、制造资源系统(Manufacturing Requirement Planning,MRP-Ⅱ)、企业资源计划(ERP)以及供应链管理的概念和技术,这些概念和技术的实质是要将生产、流通进行集成,根据需求端的要求组织生产,安排物流活动。因此,柔性化的物流正是适应生产、流通与消费的需求而发展起来的一种新型物流模式。这就要求物流配送中心要根据消费需求"多品种、小批量、多批次、短周期"的特色,灵活组织和实施物流作业。另外,物流设施、商品包装的标准化,物流的社会化、共同化也都是电子商务物流模式的新特点。

(7) 全球卫星定位系统的广泛应用。随着全球卫星定位系统的应用,社会大物流系统的动态调度、动态储存、动态运输将逐渐代替企业的静态固定仓库。由于物流系统的优化目的是减少库存直至零库存,这种动态仓储运输体系借助于全球卫星定位系统,充分地体现了未来宏观物流系统的发展趋势。随着虚拟企业、虚拟制造技术的不断深入,虚拟物流系统已经成为企业内部虚拟制造系统一个重要的组成部分。例如,英国一家公司采用三维仿真系统对拟建的一条汽车装配线及其相关的仓储输送系统进行了虚拟仿真,经过不断完善和修改,最终设计定型的物流系统降低了成本,提高了公司的运作效率。

(8) 绿色物流。随着环境资源恶化程度的加深,人类生存和发展面临的威胁越来越大,因此,人们对资源的利用和环境的保护越来越重视。物流系统中的托盘、包装箱、货架等资源消耗大的物品应用出现了以下趋势:① 包装箱材料采用可降解材料;② 托盘的标准化使得可重用性提高;③ 供应链管理的不断完善大大地降低了托盘和包装箱的使用。

2. 与电子商务活动相比较

与电子商务活动相比较,电子商务物流具有如下的特点:

(1) 实体性与虚拟性并存。在过去及现有的条件下,物流活动大都具有一定实体形态,比如进行物流作业的工具、对象都是具有一定物质形态的。在未来的经营环境中,随着电子商务的发展和应用,物流具有虚拟化的特征,如虚拟的管理、虚拟仓库、虚拟物流作业等。物流所输送的产品也可能是无形的信息或可信息化的产品,以数字化的形式进行传输。

尽管在电子商务的背景下,物流具有虚拟性的特点,但是这并不能完全取代过去和现有物流的实体性质。因为,货物以及进行货物运作的工具是不会被"数字化"的,它仍然具有实体的性质。这就是说,在电子商务条件下,物流具有实体与虚拟并存的特点,它所传输的既有实体特征的货物,也有由此形成的虚拟产品——信息和对物流进行虚拟化的管理等。

(2) 实时性与预测性并存。实时性是指在电子商务条件下,进行物流活动的组织可以有效地通过网络系统来实时地掌握和了解内部、外部的各种物流信息和物流作业的动态,并依据环境的变化通过虚拟现实的方法和手段,实时地对企业自身物流活动进行调整和协调。实时性的特点,使物流组织的物流活动更具效率和活力,能更有效地为用户提供优质的服务和实现物流资源的合理配置。网络系统为企业和社会进行物流的实时性运作提供了良好的环境基础。但是,对于物流组织来说,大规模和高频率的实时性运作,需要一定的物流作业设备和相当数量的库存,这必然会带来物流作业成本的大幅上升。因此,要较好地进行实时性的物流运作,物流组织必须具备较强的预测能力,不仅要准确地预测用户的需求规模、时间和地点,还要较好地把握经济的发展趋势。

(3) 合作性与竞争性并存。电子商务的不断发展和用户对物流服务水平要求的提高,对物流组织现有的竞争形态产生了较大的冲击,它要求物流组织不仅要从本企业的角度来考虑物流活动,而且也要从全社会的角度来考虑物流活动。在此状况下,物流组织应转变原有的以自我为中心的竞争业态,树立新的竞争观念,依据自己的实际情况,利用网络系统的优势,联合不同类型的物流企业进行合作,弥补自身在区域和功能上的不足,从而形成一个在较大区域范围内有多种物流功能的物流供应链系统。在这一供应链中,物流组织同其他物流企业之间既存在竞争关系,又存在利益的一致性,既合作又竞争。在合作与竞争的构造上,物流组织一要充分利用和发挥连锁经营这一独特的商业经营方式。在组织形式上,可以功能、区域连锁的形式为主;在服务上,可以提供配送服务为主;在方式上,可根据自身实际情况和其他物流企业的特点,分别采取直接连锁、自愿连锁和特许连锁等方式;在数量上,既要注意规模效益,也要注意连锁企业的观念、实力及服务水平;在空间上,要注意连锁经营的地域范围。二是要积极发展代理经营。物流代理经营的发展,不仅可以有效地扩大物流组织的经营规模,开拓市场,提高企业收益,而且也可以有效地稳定物流组织与其他企业的关系。物流组织在代理经营的构造中,首先要根据自己的实际情况,科学合理地确立自身的物流服务项目和区域范围;其次要合理地选择用户;再次要根据用户的需要及自身提供物流服务的项目和区域,在兼顾双方利益的基础上,制定合理的收费标准;最后要选择合理的代理方式。

(4) 个性化与大众化并存。电子商务为物流组织创造了一种个性化的商务活动,在物流的运作过程中,物流组织可以根据某些用户的特殊需要,为用户提供个性化的物流服务。需要注意的是,物流组织在确定自身的特殊物流服务项目即个性化物流服务项目时,应充分考虑自身物流能力等各方面的因素,谨防为扩大市场份额、吸引用户而过多地设置自身达不到的个性化服务项目,使企业的信誉受损,给企业带来不应有的损失。个性化物流服务尽管为物流组织拓展了市场,带来了用户,但对于物流组织来说,只开展个性化物流服务是远远不够的,还应根据用户对物流服务的共同需求,开展大众化的物流服务。就目前看,这应作为物流组织开展物流服务的重点。这样,物流组织的物流规模才能得到有效扩大,效益才能得到有效提高。

(5) 安全性和开放性并存。开放性是互联网的一大特点,对于物流组织来说,其网络系统也应该具备开放性的特点,用户可通过此网络查询相关的物流信息,掌握物流组织提供的物流服务项目及自身委托物流服务项目的实施等情况;物流组织也可通过此网络掌握和了解用户所需要的物流服务,传输物流信息,与用户进行沟通,对物流活动进行协调。互联网的开放性同时也带来了网络的安全性问题,对于物流组织和用户来说,网上传输和存放的信息可能被非法截取和非法利用,从而泄露商业机密,使双方的利益受到损害。尽管随着技术的发展和网上交易的规范,一系列网上交易的安全规范协议与政策措施(如 SET 协议)已出台,用来保证网上信息传递的安全,但网络不安全现象还是时有发生。因此,对于物流组织来说,如何保证网络系统的安全性,使用户和自身的商业机密不被泄露或被非法截取和使用,将是一个非常值得重视的问题。

(6) 信誉更加重要。信誉是企业形象的标志,也是企业服务质量水平的代表。一个没有信誉的物流组织,在电子商务时代是很难生存和发展的;相反,一个信誉良好的物流组织,将会得到更多用户的青睐和消费者的欢迎。在传统的电子商务活动中,商家和消费者大多在同一地域完成交易活动,物流活动也大多是在同一时间完成的。而在电子商务时代,商家和消费者的交易活动是在网上完成的,物流活动则是在网下进行的。如果一个物流组织在自己提供的物流服务项目中,不能准时根据商家和用户的要求完成物流活动,那么该物流组织将会在商家和消费者中丧失信誉。商家和消费者在下一次交易活动中,将会放弃该物流组织而选择其他物流组织或其他方式来完成自己的物流活动。此外,从经营的角度看,电子商务物流还具有专业化、社会化和一体化的特点。

4.1.3 电子商务物流的发展趋势

电子商务下的物流,有不同于一般物流的明显特殊性,除了具备基本的服务功能外,还要提供增值服务,它要求有高效的组织结构及严格的物流成本控制能力等。电子商务时代的到来,给全球物流带来了新的发展,使物流具有新的发展趋势。

1. 多功能化、系统化

在电子商务时代,物流发展进入集约化阶段,一体化的物流配送中心不只是提供仓储和运输服务,还必须开展包括配货、配送以及各种提高附加值的流通加工服务在内的物流项目,此外还可以按客户的需要提供其他服务。

物流过去一般指产品出厂后的包装、运输、装卸、仓储,而现在提出了物流系统化、供应链管理的概念,并付诸实施,使物流向两头延伸并加速形成新的内涵,使社会物流与企业物流有机地结合在一起,从采购物流开始,经过生产物流,再进入销售物流,经过包装、运输、仓储、装卸、加工配送到达消费者手中。现代物流包含产品从原材料供应到产品送达消费者手中的整个物理交付的流通全过程,即通过统筹协调、合理规划,控制整个商品的流动,以达到利益最大成本最小,同时满足用户需求不断变化的客观要求。

2. 绿色化

物流产业蓬勃发展的同时也带来了环境问题,如废弃物的排放、资源的消耗、噪声污染和交通堵塞等。现代化物流要求采用耗能少、污染小的方式,减轻环境压力,大力发展绿色物流。

3. 双向化

传统的物流方向是产品或服务从起源地向消费地运动。但是,近年来,产品或服务从消费地向起源地运动的逆向物流发展也非常迅速。逆向物流管理是对货物、服务及相关信息从消费地到起源地的有效流动和储存,然后进行计划、执行和控制,以满足再创价值或适当处置的过程。

4. 增值化

物流还必须开展配货、配送和各种提高附加值的流通加工服务项目,也可按客户的需要提供其他服务。

(1) 便利性的服务,一切能够简化手续、简化操作的物流服务都属于此类,如自动订货、传递信息和转账等;

(2) 加快反应速度的服务,在需求方对速度的要求越来越高的情况下,快速

反应已经成为物流发展的动力之一;

（3）延伸服务,向上可以延伸到市场调查与预测、采购及订单处理,向下可以延伸到配送、物流咨询、物流方案的选择与规划等。

5. 一流的服务

在电子商务下,物流业是介于供货方和购货方之间的第三方,以服务作为第一宗旨。从当前物流的现状看,由于顾客需要的服务点不只是一处,而是多处,所以物流企业既要为本地区服务,也要有长距离的服务。因此,如何服务好,便成了物流企业管理的中心问题。配送中心离客户最近,联系最密切,商品都是通过它送到客户手中。发达国家物流企业之所以成功,其中一个很重要的因素就在于它们都十分重视客户服务的研究。

6. 物流的社会化

随着市场经济的发展,专业化分工越来越细,一个生产企业生产某种产品,除了一些主要部件由自己生产以外,大都是外购的,生产企业与零售商所需的原材料、中间产品、最终产品大部分由不同的物流中心、批发中心或配送中心提供,以实现少库存或达到零库存。目前国外由配送中心配送的产品已十分广泛,不仅有生产资料、日用工业品,连图书、光盘也配送。这种配送中心或物流中心、批发中心不仅可以进行集约化物流,在一定半径内实现合理化物流,从而大量节约流通费用,而且可以节约大量的社会流动资金,实现资金流的合理化。

7. 物流的信息化、平台化

由于现代信息技术的不断提升,企业信息化的不断普及,现代物流要求企业之间的信息能够迅速传递,生产资料和商品能够快速流动。电子数据交换技术与国际互联网的应用,使物流效率的提高更多地取决于信息管理技术,为电子计算机的普遍应用提供了更多的需求和库存信息,提高了信息管理科学化水平,使产品流动更加容易和迅速。近年来电子商务兴起,人们对电子商务直接向消费者供货的做法表示了极大关注。物流的信息化是电子商务的必然要求,要想提供最佳的服务,物流系统必须有良好的信息处理和传输系统。良好的信息系统能够提供较好的信息服务,以赢得客户的信赖。大型的配送公司往往建立了 ECR,通过它,公司就可以根据客户反馈的信息及时地决定生产,使生产在适应市场需求上能够采取主动。通过 JIT 系统,可从零售商店很快得到销售反馈信息。配送不仅实现了内部的信息网络化,而且增加了配送货物的跟踪信息,从而大大提高了物流企业的服务水平,降低了成本,从而增强了竞争力。

加快公共物流信息平台建设,可提升物流行业整体服务质量。公共物流信息平台可以让生产商、销售商及物流企业实现物流信息共享,既能节约社会资源,又可满足企业对物流公用信息的需求。同时,物流信息共享还可为政府的宏观规划与决策提供信息支持。公共物流信息平台可以通过建设与整合相结合的方式实现。统一系统和数据形式,整合原有资源,采用新技术,保证物流信息平台的高效性。

8. 物流的网络化、联盟化

物流领域网络化的基础也是信息化。这里指的网络有两层含义:一是指物流配送系统的计算机通讯网络,包括物流配送中心与供应商或制造商的联系以及与下游顾客之间进行的联系都要通过计算机网络通信。二是组织的网络化,物流的网络化是物流信息化的必然,是电子商务下物流活动的主要特征之一。组织网络化的一个可行方式是组建物流联盟,提高电子商务物流业的竞争力,改变单个物流企业竞争力弱,物流业整体水平低下的局面。各物流企业之间通过合作组成物流联盟,可实现"柔性竞争",即每个物流联盟成员为了实现自己的目的,以对方之长补己之短。

9. 物流与商流、信息流一体化

按照流通规律,商流、物流、信息流是三流分离的。商流解决的是商品价值的实现,经过商流,商品变更了所有权;物流解决的是商品生产地域与销售地域的位移,解决的是生产时间与销售时间的变更,所有权没有改变;信息流解决的是流通主体之间的信息传递。但在现代社会,不同产品形成不同的流通方式与营销状态。比如生产资料不仅有直达供货与经销制,即买断,还有代理制、配送制,与人民生活有关的产品还有连锁经营。这就要求物流随之而变化,使物流中心、配送中心实现商流、物流、信息流的统一。

10. 物流的集约化、协同化、全球化

物流企业向集约化、协同化方向发展,主要表现在两个方面,一是大力建设物流园区;二是物流企业兼并与合作。物流园区是多种物流设施和不同类型的物流企业在空间上集中布局的场所,是具有一定规模和综合服务功能的物流集结点。物流园区的建设有利于实现物流企业的专业化和规模化,发挥它们的整体优势和互补优势。

电子商务加速了全球经济的一体化,也致使物流企业的发展到达国际化的阶段。物流的全球化趋势也给企业带来了新的问题。全球化战略的趋势,使物流企业和生产企业更紧密地联系在一起,形成了社会大分工。国际物流市场专家们认为,世界上各行业、企业间的国际联合与并购,必然带动国际物流业加速向全球化方向发展,而物流业全球化的发展走势,又必然推动和促进各国物流企业的联合和并购活动。

新组成的物流联合企业、跨国公司将充分发挥互联网的优势,及时准确地掌握全球物流动态信息,调动自己在世界各地的物流网点,构筑起本公司全球一体化的物流网络,节省时间和费用,将空载率压缩到最低限度,战胜对手,为货主提供优质服务。除了并购之外,另一种集约化方式是物流企业之间的合作并建立战略联盟。

11. 物流专业人才需求增长,教育培训体系日趋完善

在物流人才需求的推动下,一些经济发达国家已经形成了较为合理的物流人才教育培训体系。如在美国,已建立了多层次的物流专业教育,包括研究生、本科生和职业教育等。许多著名的高等院校中都设置了物流管理专业,并为工商管理及相关专业的学生开设物流课程。除去正规教育外,在美国物流管理委员会的组织和倡导下,还建立了美国物流业的职业资格认证制度,所有物流从业人员必须接受职业教育,经过考试获得上述工程师资格后,才能从事有关的物流工作。

12. 物联网技术的应用

物联网(The Internet of Things)的发展是未来十年或二十年的新的经济增长点,将对物流行业具有重要的影响和作用。物联网的概念是在1999年提出的,它的定义很简单:把所有物品通过射频识别等信息传感设备与互联网连接起来,实现智能化识别和管理。实际上是在计算机互联网的基础上,利用RFID、无线数据通信等技术,构造一个覆盖世界上万事万物的"Internet of Things",也即把新一代IT技术充分运用在各行各业之中。具体地说,就是把感应器嵌入和装备到电网、铁路、桥梁、隧道、公路、建筑、供水系统、大坝、油气管道等各种物体中,然后将物联网与现有的互联网整合起来,实现人类社会与物理系统的整合,在这个整合的网络当中,存在能力超级强大的中心计算机群,能够对整合网络内的人员、机器、设备和基础设施实施实时的管理和控制,在此基础上,人类可以以更加精细和动态的方式管理生产和生活,达到"智慧"状态,提高资源利用率和生产力水平,改善人与自然间的关系。

在物联网已经从单纯的技术上升为一种经济形态——物联网经济,物联网产业更成为国家战略的今天,物流业如何正确认识物联网并借助物联网推动自身发展,已经成为目前需要思考的问题,也必然会成为一种趋势。从技术层面来讲,物联网能够促进物品在物流过程中的透明管理,使得可视化程度更高。物流领域运用物联网技术,也使得运输过程中数据的传输更加正确、及时,便于交互。物联网技术对物流行业整体管理水平的提升,特别是物流行业作为服务类行业,在满足更多工商企业的各种需求方面,将起到很好的推动作用。

可以设想这样一幅物联网的未来蓝图:后方管理者通过数字化定位最优线路,并实现对物流车辆及司机的全程监控调度,确保货物在最短时间内到达消费者手中;而消费者通过货物上的数字标签,又可随时查到该货物是否通过质量安全检测等一系列信息。虽然目前物流领域应用物联网还不是很广泛,但是将来物联网应用发展到一定程度,物流或许将在整个物联网产业中发挥巨大作用,占

据重要地位。

事实上,等到物联网技术成熟后,物流领域的应用才能真正体现物联网的价值。因为物流关注的是物品流动过程,而物联网本身就是在物品流通过程中物品和互联网的连接,所以,其在物品流通过程中应用会更广泛。另外,物流可以作为物联网应用中最基础的领域之一,物联网技术如果在物流领域大量应用的话,基础工作一定要跟上。因此,物流标准化建设对整个物联网的标准化进程将起到至关重要的作用,如果物流领域本身标准建设滞后,将会导致物联网中的很多标准无法与物流标准对接。对于物流业来说,一方面,要积极应用物联网降低成本,提高效率,促进自身发展;另一方面,要融入物联网产业经济当中,作为物联网产业的一分子。随着物联网产业的壮大,物流业必将能够得到更广阔的发展空间。

4.2 电子商务与物流的关系

目前,电子商务与物流的关系以及两者之间的相互影响已成为人们研究的课题。电子商务的进一步发展必然为物流发展提供新的契机,并将把物流业提升到前所未有的高度;而物流作为电子商务的重要组成部分,它自身体系的不断完善将会进一步推动电子商务的发展和应用。两者相互影响、相互促进、共同发展。

4.2.1 电子商务与物流的协同关系

1. 电子商务对物流的促进作用

电子商务目前在发达国家已经占到了社会商品营收总额的 30%—40%。虽然我国电子商务落后于国外,但近年来却也表现出强劲的发展势头。近两年我国物流业的增长很大一部分得益于电子商务的发展。以快递业为例,2008年,我国个人网上购物份额达到 1320 亿元,占整个社会商品消费的 1%。2008年,电子商务活动的包裹量已达到 5 亿件,约占包括中国邮政在内的所有快递行业 1/3 的业务量。调查显示,2009 年 6 月 30 日,淘宝网的日交易量已经达到 400 万个包裹,其中 75% 的交易是通过实物的快递方式传递的。

由于电子商务与物流间的密切关系,电子商务这场革命必然对物流产生极大的影响,这个影响是全方位的,从物流业的地位到物流组织模式再到物流各作业、功能环节,都将在电子商务的影响下发生巨大的变化,主要表现在以下方面:

(1) 物流业地位大幅提高。电子商务是高科技和信息化的革命,这必然导致产业大重组。在电子商务环境下,配送行业地位强化,没有配送,电子商务物流就无法实现,电子商务也就无法实现,电子商务的命运与配送行业联结在了一起。同时,电子商务使制造业与零售业实现"零库存",实际上库存是被转移给了配送中心,也就是说,配送中心成为整个社会的仓库,由此可见配送行业的地位大大提高了。

(2)供应链管理变化。电子商务缩短了生产厂家与最终用户之间在供应链上的距离,改变了传统市场的结构。企业可以通过自己的网站绕过传统的经销商与客户直接沟通,不需要设置多层实体分销网络和存货,使物流路径缩短。

(3)第三方物流成为主要的组织形式。第三方物流将在电子商务环境下得到极大发展,因为跨区域物流、电子商务时代的物流重组需要第三方物流的发展。

(4)物流系统成本降低。企业通过电子商务网站直接与客户联系,并安排交货付款等事宜,使得传统分销网络上的人员安排、店铺设置和产品库存等成本大大降低。企业打破传统的营销模式,降低了整个物流系统的成本。

(5)物流业运作效率提高。电子商务使得企业有能力进行物流系统的优化,使商品实体在实际的运动过程中,达到效率最高、费用最省、距离最短、时间最少。如今条码、EDI、GIS、GPS等技术的使用更提高了物流业的运作效率,使物流业充分享受到了技术进步带来的好处,极大地提高了物流的效率。

2. 物流对电子商务的促进作用

电子商务提高了交易效率,降低了交易成本,因此带来了庞大的交易量,除了少数产品(如软件等)能够通过互联网传输外,大多数产品仍需要通过物流配送系统来传递到客户手中。庞大的交易量给物流行业带来了前所未有的发展机遇,与此同时物流也为电子商务的发展提供了坚实的基础。

(1)物流业的发展是电子商务发展的保障。从企业的角度看,高效的物流体系能带来更少的物流成本和更高的服务水平。从客户角度来看,大多数产品实体的最终交付都要通过物流系统来完成。如果物流运作效率低下,那么电子商务的诸多优势就无法体现出来。没有物流业的支持,电子商务就只能成为空中楼阁,无法发挥作用。

(2)物流业的发展扩大了电子商务的市场范围。物流提高了客户的满意度及忠诚度,并能够拓展企业的商务范围,带来新的市场机会。以"淘宝"为例,"淘宝"作为国内电子商务的龙头企业,一直致力于完善物流的覆盖版图,从而扩张其业务版图。以前一些偏远地区,由于量不大,送货难,一般快递公司不愿意派送,但"淘宝"通过给快递公司补贴的方式解决了部分偏远地区的配送问题,既扩大了自己的业务范围,又增加了快递公司的收入,从而实现了双赢。

(3)物流业的发展能够提高电子商务的效率与效益。物流平台系统的效率直接决定了电子商务能否成功,唯有建立起一流的物流管理系统平台,才能提高电子商务的运行质量,保障电子商务的快速发展。

(4) 物流业的发展能够集成信息。物流业的发展能够集成电子商务中的商流、信息流与资金流，促使电子商务成为 21 世纪最具竞争力的商务模式。

4.2.2 电子商务与物流的制约关系

电子商务包括三个步骤，分别是订单、付款和配送，其中配送是最为关键的一环。对于电子商务来说，物流是电子商务运作过程的重要保障，整个电子商务活动过程都需要物流配送来完成。我国电子商务目前采用四种基本的物流模式进行商品的配送，一种是邮政特快专递（EMS），一种是借助第三方物流企业，一种是网站自建配送系统，最后一种是网站与传统商业结合的物流模式。

电子商务由物流、商流、信息流和资金流组合而成，但目前还没有打通物流配送环节，没有形成物流、商流、信息流、资金流的行业生态链。

(1) 商流。在商流方面人们过多地关注于网购，而以电子为载体的电视购物、声讯购物、3G 手机购物等多种电子商务形式却被忽视，缺少开发与应用，即便网上购物也局限于一些大的商家或由厂家提供平台的卖家，而传统的制造商、购货商并没有积极地参与。

(2) 信息流。目前，虽然很多企业建立了自己的网站，但是信息对于行业的联合作用却被忽视。比如企业与上下游的联合、企业与政府之间的联合、企业与客户的联合等尚不畅通，各企业之间的信息流尚不开放，远没有达到共享、联合的程度。

(3) 物流。作为典型传统企业，物流还没有在流程、标准、信息、服务等方面针对电子商务进行改革，比如线下咨询问题、代收货款返款周期问题、客户信息安全问题等亟待进行改革与完善。

(4) 资金流。线上支付取得了很大的成就，但是中国人一手交钱、一手交货的习惯在短时期内很难得到改变。利用线下支付仍然存在很多问题急需解决。

4.2.3 电子商务对物流的影响

1. 对物流理念的影响

把电子商务作为商业竞争环境时，它对物流理念的影响，可以从以下几个方面来理解：

(1) 物流系统中的信息变成了整个供应链运营的环境基础。网络是平台，供应链是主体，电子商务是手段。信息环境对供应链的一体化起着控制和主导的作用。

(2) 企业的市场竞争将更多地表现为以外联网所代表的企业联盟的竞争。换句话说，网上竞争的直接参与者将逐步减少，更多的企业将以其商品或服务的专业化比较优势，参加到以核心企业——或有品牌优势，或有知识管理优势——

为龙头的分工协作的物流体系中去,在更大的范围内建成一体化的供应链,并作为核心企业组织机构虚拟化的实体支持系统。供应链体系在纵向和横向无限扩张的可能性,将对企业提出要求:要么是更广泛的联盟化,要么是更深度的专业化。显然,在电子商务的框架内,联盟化和专业化是互为表里并统一在物流一体化的体系之中的。

(3) 市场竞争的优势将不再是企业拥有的物质资源有多少,而在于它能调动、协调、最后能整合多少社会资源来增强自己的市场竞争力。因此,企业的竞争将是以物流系统为依托的信息联盟或知识联盟的竞争。物流系统的管理也从对有形资产存货的管理转为对无形资产信息或知识的管理。

(4) 物流系统面临的基本技术经济问题,是如何在供应链成员企业之间有效地分配信息资源使得全系统的客户服务水平最高,即在追求物流总成本最低的同时为客户提供个性化的服务。

(5) 物流系统由供给推动变为需求拉动。当物流系统内的所有方面都得到网络技术的支持时,产品对客户的可得性将极大地提高,同时,将在物流系统的各个功能环节上极大地降低成本,如降低采购成本、减少库存成本、缩短产品开发周期、为客户提供有效的服务、降低销售和营销成本以及增加销售的机会等。

2. 对物流系统结构的影响

电子商务对物流系统结构的影响,主要表现在以下几个方面:

(1) 网上客户可以直接面对制造商并可获得个性化服务,故传统物流渠道中的批发商和零售商等中介将逐步淡出,但是区域销售代理将受制造商委托逐步加强其在渠道和地区性市场中的地位,作为制造商产品营销和服务功能的直接延伸。

(2) 由于网上时空的"零距离"特点与现实世界的反差增大,使得客户对产品的可得性的心理预期加大,以至于企业交货速度的压力变大,因此,物流系统中的港、站、库、配送中心、运输线路等设施的布局、结构和任务将面临较大的调整。如尤尼西斯公司在1988年采用了EDI的物料需求计划系统后,将其欧洲区的五个配送中心和十四个辅助仓库缩减为一个配送中心。在企业保留若干地区性仓库以后,更多的仓库将改造为配送中心。由于存货的控制能力变强,物流系统中仓库的总数将减少。随着运管政策的逐步放宽,更多的独立承运人将为企业提供更加专业化的配送服务,配送的服务半径也将加大。

(3) 信息共享的即时性,使得制造商在全球范围内进行资源配置成为可能,故其组织结构将趋于分散并逐步虚拟化。当然,这主要是那些拥有品牌、产品在技术上已经实现功能模块化和质量标准化的企业。

(4) 大规模的通讯基础设施建设,将使那些能够在网上直接传输的有形产品的物流系统隐形化。这类产品主要包括书报、音乐、软件等,即已经数字化的产品的物流系统将逐步与网络系统重合,并最终被网络系统取代。

3. 对客户服务的影响

(1) 要求在客户咨询服务的界面上,能保证企业与客户间的即时互动。网站主页的设计不仅要宣传企业和介绍产品,而且要能够与客户一起就产品的设计、质量、包装、改装、交付条件、售后服务等进行一对一的交流,帮助客户拟订产品的可行性解决方案,帮助客户下订单。这就要求得到物流系统中每一个功能环节的即时信息支持。

(2) 要求客户服务的个性化。只有当企业对客户需求的响应实现了某种程度的个性化对称时,企业才能获得更多的商机。因此,第一,要求企业网站的主页设计个性化。除了视觉感官的个性化特点外,最主要的是网站主页的结构设计应当是针对特定客户群的。这里要把握一个原则,即"并不是把所有的新衣服都穿上身就一定漂亮"。传统市场营销学的对客户细分和对市场细分的一般性原则和方法仍然是企业设计和变换网站主页的基本依据。第二,要求企业经营的产品或服务的个性化。专业化经营仍然是企业在网络经济环境下竞争发展的第一要义。企业只有专业化经营,方能突出其资源配置的比较优势所在,确保向客户提供更细致、更全面、更为个性化的服务。同样,按照供应链增值服务的一般性原则,把物流服务分成基本的和增值的两类,并根据客户需求的变化进行不同的服务营销组合。第三,要求企业对客户追踪服务的个性化。网络时代客户需求的个性化增大了市场预测的离散度,故发现客户个性化服务需求的统计特征将主要依赖于对客户资料的收集、统计、分析和追踪。虽然从技术层面讲并没有什么困难,但因涉及文化的、心理的、法律的等诸多方面,因此建立客户档案并追踪服务本身,就是一项极富挑战性的工作。

4. 对物料采购的影响

企业在网上寻找合适的供应商,从理论上讲具有无限的选择性。这种无限选择的可能性将导致市场竞争的加剧,并带来供货价格降低的好处。但是,所有的企业都知道频繁更换供应商,将增加资质认证的成本支出,并面临较大的采购风险。所以,从供应商的立场看,作为应对竞争的必然对策,是积极地寻求与制造商建立稳定的渠道关系,并在技术或管理或服务等方面与制造商结成更深度的战略联盟。

同样,制造商也会从物流的理念出发来寻求与合格的供应商建立一体化供应链。作为利益交换条件,制造商和供应商之间将在更大的范围内和更深的层次上实现信息资源共享。如LOF公司在建立信息共享机制后,将其产品承运人的数目从534位减少为2位:一家物流服务公司为其安排所有的货运事项;另一家物流公司则为其提供第三方付款服务,负责用电子手段处理账单信息,这不仅可减少运费50万美元,而且消除了7万件文案工作。事实上,电子商务对物料采购成本的降低,主要体现在诸如缩短订货周期、减少文案和单证、减少差错和降低价格等方面。可以说,虚拟空间的无限选择性将被现实市场的有限物流系统即一体化供应链所覆盖。

5. 对存货的影响

一般认为,由于电子商务增加了物流系统各环节对市场变化反应的灵敏度,可以减少库存,节约成本,相应的技术手段也由看板管理和物料需求计划(MRP)等,转向配送需求计划(Distribution Requirement Planing, DRP)、重新订货计划(Reordering Planning, ROP)和自动补货计划(Automatic Replenishment Programs, ARP)等基于对需求信息作出快速反应的决策系统。但从物流的观点看,这实际是借助于信息分配对存货在供应链中进行了重新安排。存货在供应链中总量是减少的,但结构上将沿供应链向下游企业移动,即经销商的库存向制造商转移,制造商的库存向供应商转移,成品的库存变成零部件的库存,而零部件的库存将变成原材料的库存等。因存货的价值沿供应链向下游是逐步递减的,所以将引发一个新的问题:上游企业由于减少存货而带来的相对较大的经济利益如何与下游企业一起来分享。

供应链的一体化不仅要分享信息,而且要分享利益。比如,最著名的虚拟企业耐克公司已经改用EDI方式与其供应商联系,直接将成衣的款式、颜色和数量等条件以EDI方式下单,并将交货期缩短至3—4个月。它同时要求供应布料的织布厂先到美国总公司上报新开发的布样,由设计师选择合适的布料设计为成衣款式后,再下单给成衣厂商生产,而且成衣厂商所使用的布料也必须是耐克公司认可的织布厂生产的。这样一来,织布厂必须提早规划新产品让耐克公司选购。由于布料是买主指定的,买主给予成衣厂商订购布料的时间缩短,成衣厂商的交货期也就越来越短,从以往的180天缩短为120天甚至90天。显然,耐克公司的库存压力减轻了,但成衣厂商为了提高产品的可得性就必须对织布厂提出快速交货的要求。这时织布厂将面临选择:要么增加基本原材料的存货,要么投资扩大其新产品的开发能力。

6. 对运输的影响

在电子商务条件下,速度已上升为最主要的竞争手段。物流系统要提高客户对产品的可得性水平,在仓库等设施布局确定的情况下,运输将是决定性的。由于运输活动的复杂性,运输信息共享的基本要求就是运输单证的格式标准化和传输电子化。由于基本的EDI标准难以适应各种不同的运输服务要求,且容易被仿效,以致不能作为物流的竞争优势所在,所以在物流体系内必须发展专用的EDI能力才能获取整合的战略优势。

专用的EDI能力实际上是要在供应链的基础上发展增值网(VAN),相当于在供应链内部使用标准密码,通过管理交易、翻译通信标准和减少通信连接数目来使供应链增值,从而在物流联盟企业之间建立稳定的定制化渠道关系。为了实现运输单证,主要是货运提单、运费清单和货运清单的 EDI 一票通,实现货运全程的跟踪监控和回程货运的统筹安排,将要求物流系统在相关通讯设施和信息处理系统方面进行先期的开发投资,如电子通关、条形码技术、在线货运信息系统、卫星跟踪系统等。

4.2.4 物流对电子商务的影响

1. 物流是电子商务的重要组成部分

在电子商务环境下,物流、商流、资金流与信息流的处理都可以通过计算机和网络通信设备实现。物流作为四流中最为特殊的一种,是指物质实体的流动过程。对于各种电子出版物、信息咨询服务、有价信息软件等少数商品和服务来说,可以直接通过网络传输的方式进行配送;而对于大多数商品和服务来说,仍要经由物理方式传输,通过一系列机械化、自动化工具的应用。准确、及时的物流信息对物流过程的监控将使物流的流动速度加快、准确率提高,能有效地减少库存、缩短生产周期。

从根本上说,物流电子化应是电子商务的一个重要组成部分。缺少了现代化的物流过程,电子商务过程就不完整。物流在电子商务中的作用有:

(1) 提高电子商务的效益和效率;
(2) 实现电子商务的目标;
(3) 扩大电子商务的市场范围;
(4) 实现基于电子商务的供应链集成;
(5) 集成电子商务的商流、信息流和资金流;
(6) 支持电子商务的快速发展。

随着电子商务的推广和应用,物流对电子商务活动的影响将日益明显。

2. 物流是实现电子商务的保证

目前的电子商务是靠在网上订货,用传统物流系统送货。许多网上商店由于解决不了物流问题,往往就限制了送货范围,从而失去了电子商务的跨地域优势;要求消费者除支付商品费用外,还要额外支付邮寄费,迫使消费者放弃电子商务,选择更为安全可靠的传统购物方式。由此可见,物流是实施电子商务的关键所在。

(1) 服务商流。在商流活动中,自供需双方签订购销合同的那一刻起,商品的所有权就从供应方转移到了需求方,而商品实体还没有移动,所以一般的商流都必须有相应的物流活动,按照需求方的要求将商品实体以适当的方式向需求方转移。在这个过程中,物流实际上是商流的后续服务。没有物流的服务作用,商流活动就不能正常实现。

（2）保障生产。其实在整个生产过程中,物流活动一直存在着。从原材料的采购开始,就需要进行原材料的运输,否则生产不能正常进行;在生产的各个工艺流程之间,均需要原材料和半成品的物流过程;产品生产出来后,储存到仓库中或者进入销售过程,都需要物流过程,显然,整个生产过程实际上就是系列化的物流活动。

（3）方便生活。人们的现实生活中都存在物流。通过不同国家、地区间的运输,人们可以使用到各种商品;通过先进的储藏技术,可以让新鲜的食品保持得更持久;通过多种形式的行李托运业务,让人们的旅途更加休闲等。

3. 物流是实现电子商务中跨区域物流的重点

在商业运行中,不同的交易方式会产生不同的物流模式。在电子商务这种交易方式下,物流模式的特点将使国际物流、跨区域物流不断增加,与之相应,第三方物流模式将成为一种必然选择。对于 B2B 电子商务交易模式,物流成本在商品交易成本中占很大比重,尤其在跨国交易中,如果没有良好的物流系统为交易双方服务,则这种成本增加的幅度会更大。企业组建自己的物流系统,不仅难度大,而且在出入境时仍然存在衔接不畅的问题。跨国性的第三方物流企业可以给交易双方提供最佳的服务,实现门到门的送货。EDI 通过信息将交易双方联系在一起,而第三方物流企业则通过物流将双方联系在一起。可以预见,随着电子商务发展日趋成熟,跨国、跨区域的物流将日益重要,如果没有物流网络、物流设施和物流技术的支持,电子商务将受到极大抑制;如果没有完善的物流系统,即使电子商务能够减低交易费用,也无法降低物流成本,电子商务所产生的效益将大打折扣。

4.3 电子商务物流管理

4.3.1 电子商务物流管理的内涵与原则

1. 电子商务物流管理的内涵

电子商务物流管理,就是对电子商务物流活动进行计划、组织、指挥、协调和控制等。电子商务物流管理的目的就是使各项物流活动实现最佳的协调与配合,从而降低物流成本,提高物流效率和经济效益。简单地说,电子商务物流管理就是研究并应用电子商务物流活动规律对物流全过程、各环节、各方面进行管理。

2. 电子商务物流管理的原则

电子商务物流管理的原则主要包括以下几个方面:

第一,系统效益原则。系统效益原则也称整体效益原则,是管理原理的基本思想。电子商务物流管理也不例外,它不仅要求电子商务物流活动本身效益最大化,而且要求与电子商务物流相关的系统整体效益最大化,包括当前与长远效益、财务与经济效益、经济与社会效益、经济与生态效益等。因此,物流管理人员和部门要确立可持续发展的观念,处理好物流与社会需求、物流耗费与有限资源、当前与长远发展的关系。

第二,标准化原则。电子商务物流按其活动是否具有重复性可分为两大类:一类为重复发生的常规性活动,如物料的领用、发出、配送的路线、搬运装卸等;另一类为一次性或非常规性的活动,如用户需求的随时变化、运输时间的不确定性等。物流管理的标准化要求常规活动按标准化原则实施管理,实现自动化、智能化,以提高效率,降低成本。随着物流技术的不断更新(如人工智能模拟、MRP),电子商务物流信息技术的广泛应用(如GIS、GPS、EDI等),随机性活动亦可逐步实现标准化。

第三,服务原则。即在物流管理的全过程中,努力促使各级各类员工牢固树立服务观念,切实恪守职业道德,严格执行服务标准,通过文明、高效、优质的服务,内强分工体系的协同效应,外塑物流企业的整体形象,确保企业经济效益和社会效益同步提高。

4.3.2 电子商务物流管理的职能

电子商务物流管理和任何管理活动一样,其职能包括计划、组织、指挥、协调和控制等。

1. 计划职能

计划作为未来物流活动的方案,是电子商务物流管理的首要职能,它确定了电子商务物流活动的方向,规定了电子商务物流活动发展的目标和具体进程,保证了电子商务物流活动的条理性与规范性。计划职能重点要解决两个方面的基本问题:一是合理确定电子商务物流的目标,既要具备发展性,又要具备客观性,这是计划的关键;二是确定合理的实施进程,明确计划渐进性,先实施什么、后实施什么,要具有科学性,这是计划的准则。计划工作表现为确定目标和明确达到目标的步骤和过程,包括机会估量、目标建立、行为方案选择等内容。通过计划,管理者为组织设计了一个行动目标,组织中的工作都是围绕着这个目标来实施的。

计划有多种形式,不同形式的计划其作用和范围也不同。按层次划分,有战略计划、业务计划和作业计划;按时间划分,有长期计划、中期计划与短期计划;按业务环节划分,有运输计划、仓储计划、配送计划等。在各种计划中,战略计划占有主导地位,它阐明组织宗旨、确立组织长期目标并确定战略和组织管理上的变革。此外,战略计划还通过策略计划的具体化,逐步取得实际的成果。

2. 组织职能

组织是指完成计划所需的组织结构、规章制度、人财物的配备等,目的是使企业的物流活动协调、有序地进行,不断提高生产经营活动的效益。建立高效、精干的管理组织并使之正常运行,是实现管理目标的重要条件和依托。在电子商务物流管理中,组织职能的主要内容有:第一,确立合理的物流管理体制,建立合理的电子商务物流组织结构,正确划分物流管理层次,设置职能机构;第二,按照业务性质,确定各部门的职责范围,并按所负责任给予各部门、各管理人员相应的权力;第三,明确上下级之间的领导关系和相互之间的协作关系,建立信息沟通渠道;第四,正确挑选和配置各类人员;第五,加强考核培训,实行合理的奖惩制度等。

3. 指挥职能

指挥是指对所属对象的行为进行发令、调度、检查。指挥职能就是运用组织权限,发挥领导的权威作用,按计划目标的要求,把所有的管理对象集合起来,形成一个高效的指挥系统,保证人财物在时间和空间上的相互衔接。在电子商务物流活动中,指挥是物流活动有效进行的一个基本保证,它涉及物流管理部门直接指挥的下属机构和直接控制的物流对象,如产成品、在制品、待售和售后产品、待运和在运货物等。

4. 协调职能

协调是指组织内部的每一部分或每一成员的个别行动都能服从于集体目标,是管理过程中带有综合性、整体性的一种职能。它的功能是保证各项活动不发生矛盾、重叠和冲突,从而建立默契的配合关系,保持整体平衡。与指挥不同,协调不仅可以通过命令,也可以通过调整人际关系、疏通环节、形成共识等途径来实现。协调职能是保证物流活动顺利进行的重要条件。协调的主要内容包括:物流内部各环节、各层次之间的协调,物流与信息流、商流以及资金流的协调,内部与外部的协调等。

5. 控制职能

在电子商务物流活动中,受多种因素的影响,常常使物流活动偏离原来的计划。为了保证目标及为此而制订的计划得以实现,就要对电子商务物流过程进行控制。控制是促使组织的活动按照计划规定的要求展开的过程。控制职能是按照既定的目标、计划和标准,对组织活动各方面的实际情况进行检查和考察,发现差距,分析原因,采取措施,予以纠正,使工作能按原计划进行;或根据客观情况的变化,对计划作适当的调整,使其更符合实际。控制必须具备三个基本条件:一是要有明确的执行标准,如数量、定额、指标、规章制度、政策等;二是要及时获得发生偏差的信息,如报表、简报、原始记录、口头汇报等;三是要具有纠正偏差的有效措施。缺少任何一个条件,管理活动就会失去控制。控制职能与计划职能密不可分。计划是控制的前提,为控制提供目标和标准;控制是实现计划的手段,控制活动为计划的实现提供保证。控制职能是保证物流活动按照预定目标顺利进行的重要保障。控制可以减少物流活动与计划目标的差异,检查计划的执行情况,发现与校正计划在实施中出现的问题。

管理的上述职能是相互关联、不可分割的。计划职能明确组织的目标与方向,组织职能建立实现目标的手段,指挥、协调职能把个人的工作与所要达到的集体目标协调一致,控制职能检查计划的实施情况,保证计划的实现。管理的这几个职能的综合运用,归根结底是为了实现组织的目标。

4.3.3 电子商务物流管理的特点

与传统物流管理相比较,电子商务物流管理具有以下几个方面的特点:

1. 层次扁平化、幅度宽泛化

在管理上,电子商务物流管理的层次少于传统物流管理,但幅度相对大于传统的物流管理。究其原因,主要有三个方面:一是分权管理得到了较大发展,与传统的金字塔状的组织结构及集权管理体制相比较,各层级之间的联系相对减少,各基层组织之间相对独立,扁平化的组织形式能够有效运作;二是扁平化组织更能及时对市场变化作出响应,更快地适应市场变化的需要;三是现代信息技术的发展,特别是电子商务的发展和计算机管理信息系统的出现,为扁平化组织的发展提供了有力的支持。

电子商务物流管理通过对计算机管理信息系统以及网络的应用,解决了传统物流管理无法处理的管理幅度增加后指数化增长的信息量和复杂的人际关系,在同一时点实现信息的共享与交流,并及时地将物流等信息传递给需求者,而不需要通过多个层次的组织才能将信息多次传递,满足了客户的需要,达到了管理层次的扁平化与管理幅度的宽泛化。

2. 过程实时化

过程的实时化就是运用电子商务实现信息的实时共享与交流,并对物流过程进行实时管理。随着网络和电子商务技术的发展,实时化管理将在物流活动中得到广泛的应用。过程的实时化不仅包括信息的实时共享与交流,也包括了实时化的管理;不仅包括物流服务链的管理,也包括服务价值链的管理;不仅包括对自身物流的实时化管理,也包括对客户物流的实时化管理;不仅包括节点内的物流实时化管理,也包括节点外的物流实时化管理。过程的实时化管理,既能及时地对客户的需求作出响应,又能及时以低成本满足客户的需求。

3. 在线虚拟化

在线虚拟化是指通过虚拟技术以及网络的应用,对物流活动作出的反映。虚拟化不是在真实的基础上运行的,但它却是对真实情况的一种虚拟反映。通过对物流活动的虚拟化,可以有效地实现对物流资源的合理配置与应用,提高物流活动的效率、降低物流的成本,更好地满足客户的需要。

网络的发展,在更大的范围内实现了物流的在线虚拟化,使物流资源的整合范围、整合程度得到了进一步的拓展,实现了物流活动在更大范围内的协同与合作。但其复杂程度、管理难度也加大了,所要求的技术支撑条件也提高了。

4. 决策智能化

电子商务物流管理决策支持系统主要面对物流运作以及与此相关的经济行为。物流决策是为了实现物流活动管理的方向、目标、规划、政策策略和重大措施所作的考虑和选择。一般情况下,物流管理决策支持系统应能通过人机交互式接口为物流决策者提供数据收集、存储、加工、模型化、分析、计算以及评价等功能。在人机交互过程中,应强调决策支持系统对决策者提供信息支持的作用,而不是代替决策者,决策者应最充分地发挥主观的经验和判断力,选择最佳决策方案,从而提高决策质量。

对于电子商务物流中的程序化决策,通过优选科学理论和方法、建立有效的反馈和调整机制,就可以依靠计算机系统来自动实现。决策智能化可广泛地应用于物流活动的各个层次与环节,既可用于高层的战略性决策,又可用于基层的操作性决策;既可用于储存管理,也可用于运输、加工以及配送等管理。

5. 手段与方法先进化

手段的先进化是指电子商务物流活动的运作与管理要广泛地使用计算机技术、信息技术等先进的手段。就技术而言,主要包括通信技术、网络技术、视频技术、条码技术、地理信息系统、导航技术等。

方法的先进化是指电子商务活动的运作与管理要采取先进的方法。除一些基本的管理方法外,物流中的现代运作与管理方法主要包括准时制、快速反应、物料需求计划、分销需求计划以及物流资源计划等。

6. 功能核心化

电子商务物流活动包括的内容极其丰富,一个企业仅凭自身的实力和能力是难以完成电子商务物流活动的所有内容的。在此情况下,从事电子商务物流活动的各个企业就应根据自身的情况与优势,按照功能核心化的原则,发挥自身最为擅长的某项功能,以增强竞争优势。与此同时,与其他从事电子商务活动的企业建立一种战略联盟的合作关系,从而延伸物流服务的范围,弥补自身物流功能所存在的不足,为用户提供全方位的服务。

4.3.4 电子商务物流管理内容

电子商务物流管理主要包括对物流过程的管理、对物流要素的管理和物流中具体职能的管理。

1. 物流过程

(1) 运输管理。运输方式及服务方式的选择;运输路线的选择;车辆调度与组织。

(2) 储存管理。原料、半成品和成品的储存策略;储存统计、库存控制、养护。

(3) 装卸搬运管理。装卸搬运系统的设计、设备规划与配置和作业组织等。

(4) 包装管理。包装容器和包装材料的选择与设计;包装技术和方法的改进;包装系列化、标准化、自动化等。

(5) 流通加工管理。加工场所的选定;加工机械的配置;加工技术与方法的研究和改进;加工作业流程的制订与优化。

(6) 配送管理。配送中心选址及优化布局;配送机械的合理配置与调度;配送作业流程的制订与优化。

(7) 物流信息管理。对反映物流活动内容、物流要求、物流作用和物流特点的信息所进行的搜集、加工、处理、存储和传输等。

(8) 客户服务管理。对于物流活动相关服务的组织和监督,如调查和分析顾客对物流活动的反映,决定顾客所需要的服务水平、服务项目等。

2. 物流要素

(1) 人的管理。物流从业人员的选拔和录用,物流专业人才的培训与提高,物流教育和物流人才培养规划与措施的制订。

(2) 物的管理。"物"指的是物流活动的客体,即物质资料实体,涉及物流活动诸要素,即物的运输、储存、包装、流通加工等。

(3) 财的管理。主要指物流管理中有关降低物流成本、提高经济效益等方面的内容,包括物流成本的计算与控制、物流经济效益指标体系的建立、资金的筹措与运用、提高经济效益的方法。

(4) 设备管理。对物流设备进行管理,包括对各种物流设备的选型与优化配置,对各种设备的合理使用和更新改造,对各种设备的研制、开发与引进等。

(5) 方法管理。包括对各种物流技术的研究、推广普及,物流科学研究工作的组织与开展,新技术的推广普及,现代管理方法的应用。

(6) 信息管理。掌握充分的、准确的、及时的物流信息,把物流信息传递到适当的部门和人员手中,从而根据物流信息,作出物流决策。

本章小结

电子商务物流就是在电子商务的条件下,依靠计算机技术、互联网技术、电子商务技术以及信息技术等进行的物流(活动)。与传统物流相比较,电子商务物流具有信息化、自动化、网络化、智能化、标准化以及柔性化等特点;与电子商务相比较,具有实体性与虚拟性并存、实时性与预测性并存、合作性与竞争性并存、个性化与大众化并存、安全性和开放性并存等特点。电子商务物流的发展趋势有多功能化、系统化、绿色化、双向化、增值化,一流的服务,社会化、信息化、平台化、网络化、联盟化,物流与商流、信息流一体化,集约化、协同化、全球化,物流专业人才需求增长、教育培训体系日趋完善,物联网技术的应用等。电子商务与物流之间相互影响、相互促进、相互制约。

电子商务物流管理是指对电子商务物流活动所进行的计划、组织、指挥、协调和控制等;管理的目的就是使各项物流活动实现最佳的协调与配合,从而降低物流成本,提高物流效率和经济效益;管理具有层次扁平化、幅度宽泛化、过程实时化,在线虚拟化,决策智能化,手段与方法先进化和功能核心化的特点。

应用案例

电商物流服务过程全体验

2013年5月16日上午10:38,家住上海市徐汇区中山西路凯旋路附近的袁先生在易讯网下单定购了两台奔腾温热饮水机。按照购物网站"一日三送"的承诺,当天下午6点之前,他应该能收到货。在物流领域,紧抓"快"字诀是当下电商的普遍做法,深夜订货,第二天中午送货上门已是消费者的普遍观感。以袁先生下的订单为例,短短八个小时不到,从下单,到物流分配,到快递送货上门,这条"流水线"究竟如何完成作业?压力有多大?记者亲自体验了电商物流的全过程。

订单生产:精确到分钟

5月16日早上10点,奉贤区易讯华东仓储中心。"净身"进入仓库后,迎面就见到工作人员开着一辆辆小三轮车飞驰在纵横交错的通道间忙碌送货,这些货品都是消费者订购的,正在从拣货区向单货合流区转移。

据易讯华东仓储中心总监李岩介绍,消费者下了订单后,一般会经历几个步骤。首先是系统预分配,将收货地址和快递站点相对应,接着进入客服流程,开票打单,自动审核,第三步,进入分拣流程,经历一次分拣和两次分拣,单货合流,确认打包,进入分拨中心,最后送上配送车。"光光订单生产流程,就有40多个岗位像流水线似地工作。"

开票打单区是拣货员的起点站,他们从发单员手中领取一叠货单,然后根据货单内容开着小三轮车去做一次分拣。所谓的一次分拣,就是按地区接近、物品接近原则去提货,采用的是全人工作业。几年之前,记者曾在亚马逊位于昆山的物流中心体验过类似的拣货,但当时用的是扫描枪,可以"按图索骥"。

在单货合并区,许多员工正在进行二次分拣和打包,按墙头的一块大屏幕上显示着各种数字,每五分钟更新一次,大流量的数字提醒着这繁忙的工作。"要限时速达,订单生产流程需按分钟计算。"李岩给记者举了个例子,比如消费者早上11点下单,订单在五分钟后将到达财务部进行开票分流,10分钟后进入拣货流程,一次分拣的规定时间是13分钟,二次分拣为6分钟,接着是打包装箱,下午1:18,货品准备送上货车驶离仓储中心。根据这样的标准,从消费者下单到出货的时间最短为70分钟。

快递配送:线路精准安排才能"达标"

下午1:18,刘伟忠准时发动了配送车,记者随行这位一线员工,开始了送快递的工作。在大件组工作的他,这天临时负责运送中件商品:"最近网站搞活动,低价的小家电产品卖得特别好,快递不够用,临时顶上。"他说,一般来说这样的中小件商品是送到各站点后,由分站点的快递员骑着助动车去送的。

刘伟忠的任务是,将身后货箱内的货物在下午6点之前送达客户家中。按时间算,这些单子的生成时间是当天凌晨0:30至上午11:00之间。

看着运送清单,刘伟忠心中暗暗盘算起了运送路线:"先送凯旋路上的,再回到中山西路……"虽然送的是徐汇区一小块区域,但身负三十多单快递,如果不好好定制路线,不一定赶得及。他坦言,快递员有"三怕",怕堵车、怕单行道、更怕找不到停车的地方。"特别是周末,有时我在小区里绕两圈都找不到地方停车,碰到好的顾客会下来拿货,碰到任性的顾客,只好将车停得远远的,再徒步十分钟去送货,很浪费时间。"

下午2:10,刘伟忠抵达第一户人家,对方订购的是一箱A4纸、三个无线鼠标,刘伟忠停好车,麻利地搬起箱子乘坐货梯上去。"师傅您好,易迅快递。"在门口敲门等待,对方开了门,刘伟忠主动拆包,让对方清点,签字,交货,一单完成。下午2:23,他抵达了袁先生的住址,将两台奔腾温热饮水机送到了客户手中。上午10点多下单,下午2点半收货,袁先生显然惊讶于物流的速度,但这只是他网上购买无数商品后,产生的无数个快递之一,服务达标理所当然。交了钱,他便转头去忙别的事了。

"客户也有很在意的时候,如果我们没有按时送达或者手机关机不接电话,第二天保证都是投诉。"回到车上刘伟忠说。他已经在看下一个地址,开始赶下一单送货了……

(资料来源:http://www.56888.net/news/201268/332381642.html,2013年11月3日访问。)

案例思考题

(1) 易迅的订单生产流程是什么样的?
(2) 易迅的物流服务是如何与电子商务相融合的?

第五章　电子商务物流模式

> **学习目标**
>
> 1. 解释电子商务物流市场的概念
> 2. 描述电子商务物流的业务流程
> 3. 区分电子商务物流运作的模式
> 4. 理解电子商务系统的内涵
> 5. 分别从企业和消费者角度理解电子商务物流的需求
> 6. 选择电子商务的物流模式

> **关键词**
>
> 电子商务物流市场　电子商务物流活动　电子商务物流系统　电子商务物流需求　电子商务物流模式

引例

连锁型电商企业的物流模式

纵观西方国家的电子商务发展,B2C 销售额占据了美国网购市场的 80%,而包括 C2C 在内的在线零售排名前十位中有一半是实体连锁企业运营的 B2C 网站,它们凭借其品牌和资源优势迅速站在巨人的肩膀上,取得不俗业绩。可以预见,我国网络购物中实体连锁企业进入市场将具有不可比拟的优势。多数连锁型电子商务可对实体经营网点起到补充和扩展作用,将充分利用经营网点和传统渠道供应商的支撑,实现线上购物、就近提货,线上购物、送货到家的运营模式,而物流配送则交由第三方物流或公司掌控的子公司负责。

以网上苏宁易购为例,传统市场的苏宁电器居于 3C 市场前两位,网上苏宁易购的开设依托线下千家连锁门店、100 个物流中心、3000 多个售后服务网点,完善的连锁门店和物流体系建设成为最大的优势。尽管网络渠道是京东等纯电商与苏宁易购角逐的砝码,但前面这些优势是网上商城所不具备的。同时,线下用户受苏宁品牌的感召,对苏宁易购认可度增加,而通过完善的物流服务,认可度会不断提高。凭借 3000 多个售后服务网点,退换货问题这种常常困扰电子商务企业的问题得到了解决。同时,易购的物流体系也满足了以旧换新等个性化需求。

苏宁易购通过整合线下物流服务网络、自有的物流配送中心、售后服务网络形成线上线下合理资源共享是相对其他电子商务企业的最大优势所在。对于用户而言,更是解决了最忧虑的配送、售后服务不到位而无处投诉的顾虑。对连锁型电子商务而言,个性化退换货、良好的售后服务、回款及时、数据实时监控是它们除了基本物流服务之外的物流需求。对于第三方物流企业而言,在连锁企业门店覆盖范围外则存在合作空间。

案例思考题

(1) 连锁型电商企业的物流模式有什么特色?
(2) 苏宁易购的物流服务模式的优势体现在哪些方面?

5.1 电子商务物流市场与物流活动

5.1.1 电子商务物流市场

1. 电子商务物流市场的含义

电子商务物流市场是指在电子商务环境下,构成物流服务的各种交换关系的总和。其中,交换关系中包含了市场主体之间的关系、市场客体之间的关系和市场运行过程中的有关关系三方面的内容。

(1) 市场主体之间的关系包括物流的提供者与需求者,也包括生产者、经营者以及消费者与物流服务提供商之间的关系。

(2) 市场客体之间的关系包括与货物实体运动相关的物流作业服务、物流管理咨询以及支持物流运作的其他服务等之间的关系。

(3) 市场运行过程中的有关关系包括物流市场的运行方式、运行机制以及不同市场态势下的有关关系。

2. 电子商务物流市场的特征

电子商务物流市场是实施电子商务的基础与保障,它具有以下基本特征:

(1) 服务市场的特征:供求弹性大,运行自由度高;
(2) 社会化、专业化特征;
(3) 技术化特征:信息化、自动化、智能化等;
(4) 虚拟化特征:电子商务的虚拟性。

3. 电子商务物流市场的构成

电子商务物流市场的构成包括主体构成、客体构成以及主客体关系三个部分。电子商务物流市场的主体即以独立形态从事、参与物流运作的有关当事人或机构组织,其首先应具有独立的经济利益,能够独立自主地进行自身的经济活动;其次,平等、自愿的权利让渡构成了其行为基础。

电子商务物流市场主体构成按组织性质划分为企业、政府和消费者,按作用划分为物流服务需求者和物流服务提供者(如表5-1和表5-2所示)。

表5-1 物流服务需求者的构成、需求内容和特点

物流需求者		需求内容	需求特点
企业	生产企业	物流作业服务 物流管理咨询	具有稳定性和连续性
	商业企业	物流作业服务 物流管理咨询	具有稳定性和连续性
	网站	物流作业服务 物流管理咨询	具有稳定性和连续性
政府		物流作业服务	稳定性相对差、规模变化较大
消费者		物流作业服务	不稳定、规模小

表5-2 物流服务提供者的构成

物流供给者(物流服务提供商)	
按主导业务	提供物流作业服务
	提供物流信息服务
	提供物流咨询服务
	提供物流技术软件
按综合程度	专业物流服务
	综合物流服务

客体组成按商品的自然属性划分为金属材料、化工材料、机电产品、建筑材料、木材、燃料、机械产品、食品、服装等,按物流服务的内容划分为物流实体作业服务市场、物流信息服务市场、物流咨询服务市场、物流技术软件服务市场和综合物流服务市场等。

5.1.2 电子商务物流活动

物流作业流程与商流、信息流、资金流的作业流程有关,也与商务形式(普通商务、电子商务)有关。电子商务物流的一般流程与普通商务一样,目的都是要将用户所订货物送到用户手中,基本业务是一样的,包括进货、检验、分拣、储存、拣选、包装、分类、组配、装车、送货等。两种模式的不同点在于:电子商务的每个订单都要送货上门,而普通商务则不需要。(如图5-1所示)

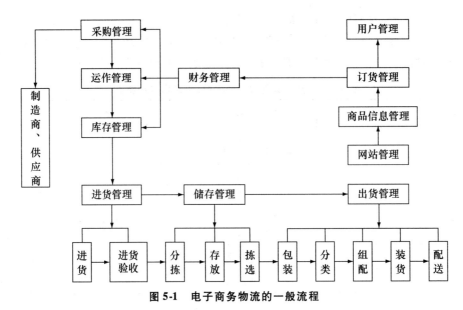

图 5-1 电子商务物流的一般流程

电子商务的最终成功依赖于物流,电子商务下物流活动的构成要素主要包括包装、装卸搬运、流通加工、存储、运输、信息管理等几个方面。

1. 电子商务物流的起点:包装(Packaging)

包装是在物流过程中为保护产品、方便储运、促进销售,按一定的技术方法采用容器、材料及辅助物等将物品包封,并予以适当的装饰标志的工作总称。简言之,包装是包装物及包装操作的总称。基本功能包括防护功能、方便与效率提高功能、促销功能、信息传递功能。包装可分为商业包装和运输包装两种。商业包装以促进销售为主要目的,运输包装以强化运输、保护产品为目的。运输方式的选择将影响包装要求,包括产品的运输与原材料的运输。在权衡运输选择时,物流管理人员要考虑运输方式的改变而引起的包装费用的变化。包装合理化的途径包括:包装轻薄化、包装模数化、包装机械化、防止包装不足或包装过剩、包装绿色化。

2. 电子商务物流的接点:装卸搬运(Handling)

装卸是指物品在指定地点以人力或机械装入或卸下运输设备。搬运是在同一场所内,对物品进行水平移动为主的物流作业。装卸搬运是指在同一地域范围内进行的、以改变物品的存放状态和空间位置为主要内容和目的的活动。具体来说,包括装上、卸下、移送、拣选、分类、堆垛、入库、出库等活动。装卸具有支持、保障与衔接性功能。装卸合理化的途径包括:消除无效搬运;提高搬运活性;利用重力作用,减少附加重量;合理利用机械;保持物流的均衡顺畅;集装单元化原则等。

3. 电子商务物流的价值途径：流通加工(Distribution Processing)

在流通过程中辅助性的加工活动称为流通加工。流通加工是为了弥补生产过程的加工不足，更有效地满足用户或本企业的需求，使产需双方更好地衔接，将这些加工活动放在物流过程中完成，而成为物流的一个组成部分，它是生产加工在流通领域的延伸。流通加工的功能包括促进销售、提高加工设备的利用率、提供原材料的利用率、提高被加工产品的质量、促进物流合理化等。流通加工有效地完善了流通，是物流中的重要利润源，在国民经济中是重要的加工形式，也实现了电子商务物流的价值。

4. 电子商务物流的动脉：运输(Transportation)

运输是物流系统的首要构成要素，在物流系统中具有非常重要的作用。物流中的运输是指通过运输手段使货物在物流节点之间流动，实现买卖行为。其功能是为实现物品的空间位移、创造场所效用、物品存储。按照运输工具的不同，运输方式可划分为公路运输、铁路运输、水路运输、航空运输、管道运输、磁悬浮列车六种基本方式。由于这六种运输方式在运载工具、线路设施、营运方式及技术经济特征等方面各不相同，有各自不同的适用范围，因此，又出现了把各种运输方式联合起来的多式联运。运输合理化的途径主要包括：确定合理的运输距离；确定合理的运输环节；确定合理的运输工具；确定合理的运输时间；确定合理的运输费用；改进运输技术水平，提高运输作业效率；加强各种运输方式的紧密协作，实行多式联运；合理安排运输与其他物流环节间的比例关系。

5. 电子商务物流的中心：存储(Warehousing and Storage)

存储包括两个既独立又有联系的活动：存货管理与仓储，在物流系统中是一个相对传统、完善的环节。在整个生产流通过程中，任何领域都客观存在，不能为其他物流活动所代替。即使在所谓的"零库存"、供应商管理库存的今天，存储也仅仅是由社会再生产的一个领域转移到了另一个领域。因此，存储作业是物流活动中一个不可缺少的重要环节，是任何其他经济活动不能替代的。存储的功能包括供需调节功能、价格调节功能、调节货物运输能力功能、配送和流通加工功能以及陈列展示功能等。存储主要通过各种仓库实现。许多重要的决策都与存储活动有关，包括仓库数目、存货量大小、仓库的选址、仓库的大小等。

6. 其他活动

除上述外，物流活动还包括订单处理(Order Processing)、预测(Forecasting)、生产计划(Production Planning)、采购(Purchasing or Procurement)、客户服务(Customer Service)、选址(Location)、物品回收(Recycling)、废品处理(Waste Disposal)等内容。

5.1.3 电子商务物流运作模式分类

电子商务物流模式主要指以市场为导向、以满足顾客要求为宗旨、获取系统总效益最优化的适应现代社会经济发展的模式。

1. 自营物流

企业自身经营物流,称为自营物流。企业自营物流模式意味着电子商务企业自行组建物流配送系统,经营管理企业的整个物流运作过程。在这种方式下,企业也会向仓储企业购买仓储服务,向运输企业购买运输服务,但是这些服务都只限于一次或一系列分散的物流功能,而且是临时性的纯市场交易的服务,物流公司并不按照企业独特的业务流程提供独特的服务,即物流服务与企业价值链为松散的联系。如果企业有很高的顾客服务需求标准,物流成本占总成本的比重较大,而企业自身的物流管理能力较强时,企业一般不应采用外购物流,而应采用自营方式。

选用自营物流,可以使企业对物流环节有较强的控制能力,易于与其他环节密切配合,全力致力于服务本企业的运营管理,使企业的供应链更好地保持协调、简洁与稳定。此外,自营物流能够保证供货的准确和及时,保证顾客服务的质量,维护企业和顾客间的长期关系。但自营物流所需的投入非常大,建成后对规模的要求很高,大规模才能降低成本,否则将会长期处于不盈利的境地。同时,投资成本较大、时间较长,对于企业柔性有不利影响。另外,自建庞大的物流体系,需要占用大量的流动资金。更重要的是,自营物流需要较强的物流管理能力,建成之后需要工作人员具有专业化的物流管理能力。

2. 物流联盟

物流联盟是制造业、销售企业、物流企业基于正式的相互协议而建立的一种物流合作关系。参加联盟的企业汇集、交换或统一物流资源以谋取共同利益;同时,合作企业仍保持各自的独立性。物流联盟为了达到比单独从事物流活动更好的效果,在企业间形成了相互信任、共担风险、共享收益的物流伙伴关系。企业间不完全采取导致自身利益最大化的行为,也不完全采取导致共同利益最大化的行为,只是在物流方面通过契约形成优势互补、要素双向或多向流动的中间组织。联盟是动态的,只要合同结束,双方又变成追求自身利益最大化的单独个体。选择物流联盟伙伴时,要注意物流服务提供商的种类及其经营策略。

一般可以根据物流企业服务的范围大小和物流功能的整合程度这两个标准确定物流企业的类型。物流服务的范围主要是指业务服务区域的广度、运送方式的多样性、保管和流通加工等附加服务的广度;物流功能的整合程度是指企业自身所拥有的提供物流服务所必要的物流功能的多少,必要的物流功能是指包括基本的运输功能在内的经营管理、集配、配送、流通加工、信息、企划、战术、战略等各种功能。一般来说,组成物流联盟的企业之间具有很强的依赖性,物流联盟的各个组成企业明确自身在整个物流联盟中的优势及担当的角色,内部的对抗和冲突减少,分工明晰,使供应商把注意力集中于提供客户指定的服务上,最终提高企业的竞争能力和竞争效率,满足企业跨地区、全方位物流服务的要求。

3. 第三方物流

第三方物流(Third-Party Logistics,简称3PL或TPL)是指独立于买卖双方之外的专业化物流公司,长期以合同或契约的形式承接供应链上相邻组织委托的部分或全部物流功能,因地制宜地为特定企业提供个性化的全方位物流解决方案,实现特定企业的产品或劳务快捷地向市场移动,在信息共享的基础上实现优势互补,从而降低物流成本,提高经济效益。它是由相对"第一方"发货人和"第二方"收货人而言的第三方专业企业来承担企业物流活动的一种物流形态。

(1)第三方物流的基本运营流程。图5-2就是这一模式的物流运营过程,全部的物流设施均由第三方物流代理公司提供,并以第三方物流公司通过与电子商务服务平台的业务管理部门进行交互沟通,获取显示在网络平台上客户的订货信息,然后对配送地址进行归类,从而运用自身完备的物流设施、专业的管理人员以及反应迅速的配送团队完成对客户的送货及换货服务。采用这一模式的一般是规模比较小且没有物流设施的电子商务服务平台,或是自身规模虽然较大但在其业务遍及一些偏远区域时无法实现业务完全自营配送全面辐射的企业,又或是不愿意分散自身精力投入到非自身核心业务物流领域上的电子商务服务平台。比如淘宝网的卖家一般将其物流配送服务外包给"四通一达"(即申通快递、圆通速递、中通速递、百世汇通、韵达快递)。Dell公司的物流完全外包给第三方物流公司,主要由DHL、BAX、FedEX等跨国性物流企业承担。这些第三方物流公司具有健全的网络、专业化的运营和现代化的管理。通过采用第三方物流的门到门服务,戴尔大大降低了物流成本,提高了物流效率,改善了客户服务水平。再比如亚马逊公司将其国内的配送业务委托给美国邮政和UPS等专业的第三方物流服务提供商,将国际物流委托给国际海运公司等专业物流公司,自己则集中精力去发展主营和核心业务。这样可以减少投资,降低经营风险,又能充分利用专业物流公司的优势,节约物流成本。

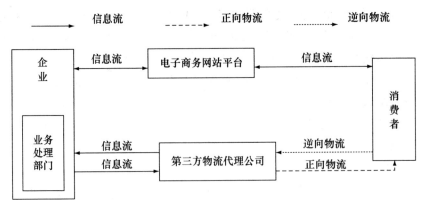

图 5-2　第三方物流运营模式流程图

（2）电子商务第三方物流服务中的关键性因素。电子商务第三方物流服务中的关键性因素主要有服务时间、服务费用、货损率、服务规范与便利、逆向物流等几个方面（如表 5-3 所示）。

目前，第三方物流的发展十分迅速，有几个方面值得关注：第一，物流业务的范围不断扩大。一方面，商业机构和各大公司面对日趋激烈的竞争，不得不将主要精力放在核心业务上，将运输、仓储等相关业务环节交由更专业的物流企业进行操作，以求节约和高效；另一方面，物流企业为提高服务质量，也在不断拓宽业务范围，提供配套服务。第二，很多成功的物流企业根据第一方、第二方的谈判条款，分析比较自理的操作成本和代理费用，灵活运用自理和代理两种方式，提供客户定制的物流服务。第三，物流产业的发展潜力巨大，具有广阔的发展前景。

4. 第四方物流

第四方物流主要是指由咨询公司提供的物流咨询服务，但咨询公司并不就等于第四方物流公司。第四方物流公司应物流公司的要求为其提供物流系统的分析和诊断，或提供物流系统优化和设计方案等。所以，第四方物流公司以其知识、智力、信息和经验为资本，为物流客户提供一整套的物流系统咨询服务。它从事物流咨询服务就必须具备良好的物流行业背景和相关经验，但并不需要从事具体的物流活动，更不用建设物流基础设施，只是对于整个供应链提供整合方案。第四方物流的关键在于为顾客提供最佳的增值服务，即迅速、高效、低成本和个性化服务等。

第四方物流有众多的优势，具体包括：

第一，可对整个供应链及物流系统进行整合规划。第三方物流的优势在于运输、储存、包装、装卸、配送、流通加工等实际的物流业务操作能力，在综合技能、集成技术、战略规划、区域及全球拓展能力等方面存在明显的局限性，特别是

表 5-3 第三方物流在各参与主体中的关键因素汇总表

参与主体	时间	费用	规范与使用	逆向物流	货损率
商品卖出者	物流费结算周期 发件周期 退换货处理周期	物流费结算 部分发货结算	发件贴单与封装 签约物流公司个数 通知收件 收件上门比例	退换货受理	商品残次率
电子商务服务平台提供商	支付保障周期	平台收费结算	服务评价与管理交易安全保障	退款处理	
第三方物流服务提供商	收件周期 快递周期 送件周期 退换件周期	快递费 退货费 货到付款 代收货款 成本费	日发件次数 收发货上门比例 收费标准 订单信息发布	退换货执行	货损率 物流质量管理 赔付标准
商品购买者	退换货等待周期	物流费支付 退换件费支付	物流选择 支付选择 送货上门率 订单跟踪查询	退换货申请	准时送达率 赔付申请

缺乏对整个供应链及物流系统进行整合规划的能力。而第四方物流的核心竞争力就在于其对整个供应链及物流系统进行整合规划的能力,也是降低客户企业物流成本的根本所在。

第二,对供应链服务商进行资源整合的优势。第四方物流作为有领导力量的物流服务提供商,可以通过其影响整个供应链的能力,整合最优秀的第三方物流服务商、管理咨询服务商、信息技术服务商和电子商务服务商等,为客户企业提供个性化、多样化的供应链解决方案,为其创造超额价值。

第三,信息及服务网络优势。第四方物流公司的运作主要依靠信息与网络,其强大的信息技术支持能力和广泛的服务网络覆盖支持能力是客户企业开拓国内外市场、降低物流成本所极为看重的,也是取得客户的信赖,获得大额长期订单的优势所在。

第四,人才优势。第四方物流公司拥有大量高素质国际化的物流和供应链管理专业人才和团队,可以为客户企业提供全面的卓越的供应链管理与运作,提供个性化、多样化的供应链解决方案,在解决物流实际业务的同时实施与公司战略相适应的物流发展战略。发展第四方物流可以减少物流资本投入、降低资金占用。

通过第四方物流,企业可以大大减少在物流设施(如仓库、配送中心、车队、物流服务网点等)方面的资本投入,降低资金占用,提高资金周转速度,减少投资风险,降低库存管理及仓储成本。第四方物流公司通过其卓越的供应链管理和运作能力可以实现供应链"零库存"的目标,为供应链上的所有企业降低仓储成本。同时,第四方物流大大提高了客户企业的库存管理水平,从而降低库存管理成本。发展第四方物流还可以改善物流服务质量,提升企业形象。

5. 物流一体化

物流一体化是指以物流系统为核心,由生产企业、物流企业、销售企业,直至消费者组成的供应链整体化和系统化。它是在第三方物流的基础上发展起来的新的物流模式。20世纪90年代,西方发达国家如美、法、德等国提出物流一体化现代理论,并应用和指导其物流发展,取得了明显效果。在这种模式下物流企业通过与生产企业建立广泛的代理或买断关系,使产品在有效的供应链内迅速移动,使参与的各方企业都能获益,使整个社会获得明显的经济效益。这种模式还能为用户之间的广泛交流供应信息,从而起到调剂余缺、合理利用、共享资源的作用。

在电子商务时代,这是一种比较完整意义上的物流配送模式,它是物流业发展的高级和成熟的阶段。物流一体化的发展可进一步分为三个层次:物流自身一体化、微观物流一体化和宏观物流一体化。物流自身一体化是指物流系统的观念逐渐确立,运输、仓储和其他物流要素趋向完备,子系统协调运作,系统化发展。微观物流一体化是指市场主体企业将物流提高到企业战略地位,并且出现了以物流战略作为纽带的企业联盟。宏观物流一体化是指物流业发展到这样的水平:物流业占到国家国民总产值的一定比例,处于社会经济生活的主导地位,它使跨国公司从内部职能专业化和国际分工程度的提高中获得规模经济效益。

物流一体化是物流产业化的发展形势,它必须以第三方物流的充分发育和完善为基础。物流一体化的实质是一个物流管理的问题,即专业化物流管理人员和技术人员充分利用专业化物流设备、设施,发挥专业化物流运作的管理经验,以求取得整体最佳的效果。同时,物流一体化的趋势为第三方物流提供了良好的发展环境和巨大的市场需求。

6. 综合物流代理模式

综合物流代理模式是由一家在综合物流管理经验、人才、技术、理念上均有一定优势的物流企业,对电子商务交易中供求双方所有物流业务活动进行全权代理,由它全权调配物流资源,制定物流方案,协调调度各方运作。一方面,行使综合性物流代理的物流企业在电子商务的平台上将运输、仓储等运作层面的业务委托给其他专门性物流作业公司;另一方面,综合物流代理企业利用自己的专业管理经验,可以通过电子商务整合供应链流程,其既能为生产商提供产品代理、管理服务和原材料供应等物流服务,又能对销售商全权代理配货、送货物流业务,同时还能完成商流、信息流、资金流、物流的传递。

综合物流代理模式能够避免对场地、设施等固定资产的重复投资,有利于降低企业成本,实现效益最大化。企业之间有共享的利益是企业间物流联盟形成的基础。综合物流代理模式有助于企业学习对方成熟的物流管理经验,提高自身管理水平,打造自身品牌,但其降低了物流控制能力。由于其他企业介入了本企业的采购、生产、分销、售后服务等环节,因此企业对自身的物流控制能力必须降低,如双方协调出现问题,还可能引起物流失控现象。其他企业物流服务介入,直接面对企业的客户,还容易掌握客户信息,可能削弱委托企业同客户的关系。由于企业物资不同,对物流的要求也不同,因而出现比较复杂的物流管理增加了企业的管理难度,成本和费用也会相对较高,这对于缺乏资金的企业特别是中小企业是个沉重的负担。

7. 电子物流模式

所谓电子物流(E-Logistic),是利用电子化的手段,尤其是利用互联网技术来完成物流全过程的协调、控制和管理,实现从网络前端到最终客户端的所有中间过程服务,其显著特点是各种软件技术与物流服务的融合应用。电子物流是物流服务商务活动的电子化、网络化、自动化和智能化,是信息流、资金流和物流服务三者的统一。它包含了物流的运输、仓储、配送等各项业务流程中的组织方式、交易方式、服务方式的电子化。通过对物流业务实现电子化,可以改革现行物流体系的组织结构,通过规范、有序的电子化物流程序,使物流进入一个充分利用现有资源、降低物流成本、提高物流运行效率的良性轨道,它将创造新的利润源泉。从表5-4可以看到电子物流与普通物流的区别。

表5-4 普通物流与电子物流的主要区别

普通物流	电子物流
批量运输	实时运输
收益率偏低	收益率较高(10%—14%)
运送地点受限	运送地点较广
利用堆场堆存	利用保税仓对货物进行包装处理
降低成本	增加价值
使用数码技术传递信息	通过互联网传递信息

电子物流服务可分为四大组成部分:订单管理、仓储、运输、客户服务。各个部分均以组织结构、运算方式和专业技术为依托。

8. 绿色物流模式

绿色物流(Environmental Logistics)是指在物流过程中抑制物流对环境造成危害的同时,实现对物流环境的净化,使物流资源得到最充分的利用。它包括物流作业环节和物流管理全过程的绿色化。从物流作业环节看,包括绿色运输、绿色包装、绿色流通加工等。从物流管理过程看,主要是从环境保护和节约资源的目标出发,改进物流体系,既要考虑正向物流环节的绿色化,又要考虑供应链上的逆向物流体系的绿色化。绿色物流的最终目标是可持续发展,实现该目标的准则是经济利益、社会利益和环境利益的统一。

9. 国际物流模式

国际物流(International Logistics,IL)指组织原材料,使在制品、半成品和制成品在国与国之间流动和转移,也就是发生在不同国家间的物流,它是相对于国内物流而言的。国际物流是国内物流的延伸和进一步扩展,是跨国界的、流通范围扩大的物的流通,有时也称其为国际大流通或大物流。国际物流的总目标是为国际贸易和跨国经营服务,即选择最佳的方式与路径,以最低的费用和最小的风险,保质、保量、适时地将货物从某国的供方运到另一国的需方。作为国际货物价值链的基本环节,国际物流不仅是国际商务活动得以实现的保证,而且为国际贸易带来新的价值增值,成为全球化背景下的"第三利润源泉"。

与国内物流相比,国际物流具有四个特征:

(1)国际物流环境存在差异,复杂性远高于国内物流,不同国家经济和科技发展水平的差异、不同国家的不同标准造成国际间接轨的困难,使国际物流系统的建立困难重重。

（2）国际物流系统的范围广,不仅是地域和空间的扩展,而且所涉及的内外因素更多,所需的时间长,难度和复杂性增加,风险增大。

（3）国际物流必须有国际化信息系统的支持。

（4）国际物流的标准化程度要求高,要使国际物流畅通起来,统一标准至关重要。目前,美国、欧洲基本实现了物流工具、设施的统一标准,既降低物流费用,又降低转运难度。而我国在这方面还有待改进和提高,以便于和国际物流接轨。国际物流的发展具有物流运作全球化、物流技术电子化、物流服务社会化、物流管理现代化、物流系统绿色化及物流人员专业化的趋势。

5.2 电子商务物流系统

5.2.1 电子商务物流系统概述

1. 电子商务物流系统的含义

电子商务物流系统是指在实现电子商务特定过程的时间和空间范围内,由物流各个功能要素及其所需位移的商品或物资、包装设备、装卸搬运机械、运输工具、仓储设施、人员和通信设施等若干相互制约的动态要素所构成的具有特定功能的有机整体。电子商务物流系统的目的是实现电子商务过程中商品或物质的空间效益和时间效益,在保证商品满足供给需求的前提下,实现各种物流环节的合理衔接,并取得最佳经济效益。电子商务物流系统既是电子商务系统中的一个子系统或组成部分,也是社会经济大系统的一个子系统。

2. 电子商务物流系统的构成

如前所述,物流系统是由运输、存储、装卸搬运和配送等各环节所组成的,它们也可以称为物流的子系统。作为物流系统的输入是运输、存储、搬运和装卸等环节所耗费的劳务、设备及材料等资源,经过处理转化成为物流系统的输出,即物流服务。电子商务物流系统与传统的物流系统并无本质区别,不同之处在于电子商务物流系统突出强调一系列电子化、机械化、自动化工具的应用以及准确、及时的物流信息对物流过程的监督,它更强调物流的速度、物流系统信息的通畅和整个物流系统的合理化。电子商务交易过程中,物流的流动过程拥有通畅的信息流可把相应的运输、仓储、配送等业务活动联系起来,使之协调一致,这是提高电子商务物流系统整体运作效率的必要途径。图 5-3 所示是一个简单的电子商务物流系统,其中框中的内容即为电子商务物流系统的主要结构模块。

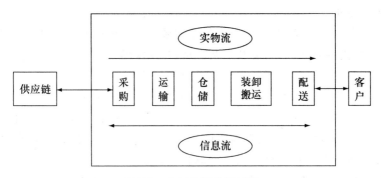

图 5-3 电子商务物流系统

5.2.2 电子商务物流系统的分类

电子商务物流系统主要包括六类:订单管理、仓储与分拨、运输与交付、退货管理、客户服务、数据管理与分析。

(1) 订单管理。订单管理包括接收订单、整理数据、订单确认、交易处理(包括信用卡结算赊欠业务处理)等。

(2) 仓储与分拨。仓储与分拨中心主要有两方面业务:分拣与存货清单管理。

(3) 运输与交付。运输与交付具体包括确认运输需求、设计运输路线、运输作业实施等。

(4) 退货管理。退货管理承担货物的修复、重新包装等任务。

(5) 客户服务。客户服务包括售前和售后服务,主要是对顾客的电话、传真、电子邮件的回复以及货物的安装和维修等工作。

(6) 数据管理与分析。对于顾客提交的订单,电子商务物流系统能对相关数据进行分析,产生深度分析报告。举一个例子来说,客户服务系统是电子商务物流作业系统中比较重要的一个系统,因为它直接面对客户,向客户提供企业的各种产品和多种服务,同时满足客户的要求,解决客户的问题,客户功能的强弱、客户服务水平的高低反映了一个企业的管理和素质,影响着企业的形象,也对企业产品的推广和发展起到比较重要的作用。

第三方物流企业的电子商务网站的客户服务,最起码应当具有以下功能:

(1) 客户登录功能。电子商务网站首先应当具有客户登录功能。登录网站的基本方式有两种:一是任何一个客户可以点击企业的网站地址,进入网站进行一般浏览和输入信息。这种登录不能够打开业务系统页面,不能获取业务信息。这种方式适用于一般客户和新客户。二是为用户设立权限和密码认证,他们登录网站后输入用户名和密码,获得系统认可后可以直接进入企业业务系统的某些功能模块,获取有关的业务信息。这种登录只适用于那些企业认可的老客户和有业务关系的客户。企业通常用所谓会员制来管理他们。所谓会员制,就是那些已经列入企业的客户名册、具有详细可靠信息、已经进入企业客户管理范围,因而享有一定的权利和义务的客户集合。一般客户要想成为会员客户,就得在作为一般客户登录网站后,填写客户信息调查表、输入真实详细的信息后,如此经企业认可就可成为会员客户。一般客户如果想和企业发生业务关系,如想委托物流配送中心为自己提供仓储、运输和配送服务,必然要填写详细真实的客户信息表,因而很自然就成为企业的会员客户。因为对于企业来说,客观上总是存在一般客户和会员客户,因此企业网站上这两种登录方式都是必要的。

(2)客户信息调查和客户留言功能。客户信息调查和客户留言功能,主要是为新客户和一般客户设置的。这些客户可以登录网站,但是不能够进入业务系统。如果他们想获取业务信息,可能的途径只有两条:一是填写客户信息表,说明自己的意向;二是只填写客户留言,说明自己的情况和意向,等待企业的答复。这两个功能是企业收集新客户和一般客户信息的重要途径,对于企业增加会员客户、了解市场信息、扩大客户市场,都有重要的意义。因此,这两个功能也是必需的。

(3)客户呼叫和客户沟通功能。这是一个内容更广泛、更实用也更复杂的功能。客户呼叫和客户沟通,除了包括登录网站、填写信息的单向文字操作功能外,还包括电话、传真、email 等双向交互语音和文字操作功能,电话、传真的普遍使用,使得这种功能更加具有普遍性和实用性。客户呼叫,包括客户呼叫企业和企业呼叫客户两个方向,从呼叫形式上包括电话、传真、email 和信件等基本形式。客户沟通,也称信息交互,包括信息往来和当面交谈两种形式。信息往来,可以通过信件、传真、email、客户留言和答复等形式,这些形式的信息交互在时间上不连续,可以相互错开,交互双方不需要同时在场;当面交谈则可以通过电话、聊天室等形式进行,它们在时间上是连续的,交互双方同时在场。这两个功能,有的需要进入业务系统,留下记录或者执行业务系统的某些功能。例如,客户通过传真、信件、email 等传来订货合同与汇款信息等,通过电话等传进来的客户信息等都要在业务系统中留下记录。企业呼叫客户转送有关的业务信息,需要执行业务系统的有关功能、提取信息发给用户。因此,企业的网站应当具有多媒体转换功能,把语音信息转换成文字信息,把非格式化信息转换为格式化信息,这样才能够留下记录。有的比较高级的客户沟通功能还具有会员俱乐部的功能,即为所有会员客户设立了一个专门页面,让他们自由发表意见,相互交流经验和意见,甚至还提供一些在线娱乐方式,让会员客户在其中尽兴游玩。

(4)广告宣传功能。网站的广告宣传功能,主要是为宣传企业、宣传产品,扩大影响、扩大吸引力,招揽一般客户、开发新客户而设置的。有人称,网上经济是一种"注意力经济",谁的网站最引人注意,招揽的人越多,谁就能够揽得更多客户,因此广告宣传功能的核心,就是要增大注意力和吸引力。这可以采取多种措施,例如:① 网站名字设计得有特色、容易引起人们兴趣、简洁易记;② 页面设计得新颖别致、精美漂亮、点击方便迅速;③ 采用醒目、简洁的文字说明、动画、艺术字体、旗帜广告等宣传企业、宣传产品等;④ 配合音乐、颜色、多媒体等建立一个协调的工作氛围;⑤ 可能的话还可以设计一些趣味娱乐项目、新闻、小说阅读、科普知识和技术咨询、培训项目等,增大网站的吸引力。

(5) 客户信息储存和处理分析功能。网站的客户服务模式中,一个最重要的功能就是客户管理。客户管理的基本内容,一是要开发新客户,二是要管好会员客户。管好会员客户,首先要管好会员名册信息。要妥善收集、储存、维护好客户信息,包括客户基本信息和客户业务往来信息。管好客户基本信息,就是要维护好客户基本信息表。管好客户业务往来信息,就是要维护好业务往来表。要按客户名册对业务往来表进行统计,求出各个客户的业务量、业务信誉程度。如果客户很多,管不过来,要根据客户的业务量和业务的信誉程度将客户分成 ABC 三类,进行分类管理,引入奖励竞争机制,防范客户风险。要根据客户的地区分布情况统计,制定企业的客户市场的开发策略,开发新客户、新市场。

(6) 客户业务处理和信息反馈功能。企业的电子商务网站的一个重要功能就是企业的业务处理信息系统。这是一个最基础的功能,企业的业务处理不好,一切就都谈不上。物流配送中心最基本的业务就是为客户储运配送客户的物资。储运配送的效果如何,是客户最关心的事情。要根据企业的业务处理流程,追踪每一笔业务,留下记录,这些记录可以提供客户查询。客户能看到自己的业务处理进度和质量,如果质量处理得好,就可以提高客户满意程度、培养忠诚客户。忠诚客户的宣传,最容易吸引新客户,扩大客户市场,形成良性循环。当然,如果处理质量不好,也会形成恶性循环,丧失客户。这就要求企业既要搞好网上的运作,也要搞好网下的业务运作。

(7) 网上企业业务处理功能。企业的网上业务处理,就是企业的物流管理信息处理系统,包括企业物资的进货、储存、出库发运业务的信息处理。企业不同,具体的业务也有可能不同。对于一般的第三方物流企业来说,应当具备以下一些基本功能:① 物资编码管理;② 仓库货位管理;③ 车队管理;④ 司机管理;⑤ 物资入库管理;⑥ 物资出库管理;⑦ 运输调度管理;⑧ 运输业务管理;⑨ 客户管理;⑩ 供应商管理;⑪ 结算与成本管理;⑫ 经济效益管理;⑬ 系统维护等。

5.3 电子商务物流需求

5.3.1 电子商务顾客的物流需求

电子商务对物流的需求可分为电子商务企业以及电子商务顾客对物流的需求。服务于电子商务企业的物流表面上只有电子商务企业一个客户,实际是同时服务于电子商务企业与电子商务企业的顾客(以下简称"顾客")两个主体。顾客在物流环节的消费体验影响到其对电商企业整个购物环节的评价,如淘宝商城买家对每一次订单的评分均包括对发货的评价,直接影响店铺的打分。

电子商务顾客对物流的评价直接关系到电子商务企业对物流的评价。物流企业表面是为电子商务企业服务,但电子商务顾客会对电子商务企业的物流作出评价,因为物流服务是顾客签收的重要因素,直接影响到电子商务企业对物流的评价。因此,只有当企业与顾客双方都对物流满意时,物流最后得到的评价才是满意的。

从消费者层面看,网络的一个局限性在于网络中只能让五种感官中的视觉和听觉得到体验,而顾客对网络购物的先前体验(或者第一次体验)会影响到重复网购的信心。第一次的购物体验包括顾客收到的货品品种与数量是否与提交的订单一致、物流公司对订单的包装是否显得用心、物流公司是否提前通知顾客到货时间、物流公司的快递员送货上门时是否足够耐心与温和、送货上门的速度是否和预期一致或者早于预期以及其他个性化的增值服务。电子商务销售完成的环节是包括将货物送到消费者手上,由消费者判断是不是该为所订购商品付款,是不是对服务满意,决定购买的主动权由消费者掌握。而消费者在网上下订单时,恨不得下一秒就收到货。目前因为配送时间过长错过了消费的欲望期,从而导致取消或拒收订单的不占少数。

就 B2C 电子商务而言,其顾客需要的物流服务如表 5-5 所示,可以分为基本服务与个性化服务两类。

表 5-5 电子商务顾客对物流服务的需求

基本服务	个性化服务
商品品种与数量的正确性	支持货到付款
订单包装用心	支持上门刷 POS 机
到货速度与预先约定的一致	可开箱验货或试穿
快递员上门服务耐心、温和	每日限时达,按顾客需要定时达
对出现的物流问题第一时间沟通	支持部分退换货

5.3.2 电子商务企业的物流需求

不同类型的电子商务企业对物流的需求呈现多层次的特点。表 5-6 从物流环节的具体操作层面对需求进行描述,将电子商务的物流需求体现在订单产生后的流程中产生的环节中,通过对传统物流服务瓶颈的分析,可以看出电子商务对物流的要求远超过了传统物流的服务水平。

表 5-6 电子商务物流操作层面需求

类型	物流要求
入库	频繁、交接清新、数据无误、表单充分
盘点	正确率高、周期短
分拣	漏拣错拣率低、效率高
包装	效率高、个性化包装、实用性强、预包装
配送	可控性、时效性、可查性
支付	支持 COD 与 POS 刷卡
退换货	部分退换货、上门退货换、退换货处理流程简化
IT 技术	订单系统与仓库系统无缝对接、订单号与运单号捆绑、条码化管理

在此仅就 B2C 电子商务企业在国内按照销售主体分为以下几类进行需求分析:

1. 综合型电子商务

综合型电子商务是以京东、一号店、易迅网、当当网、亚马逊为代表的多产品线、多类目 B2C 电子商务企业,这类企业的商务交易模式及物流运营模式如图 5-4 所示。

图 5-4 中,从供应链角度看,各类品牌供应商处于上游,综合型电子商务企业处于中游,电子商务顾客属于下游。供应商向综合型电子商务企业提供产品信息,由综合型电子商务企业负责将产品在网络销售平台上进行展示、销售与推广。在物流环节,供应商预先将产品存放于综合型电子商务企业的自有仓库,当有顾客在综合型电子商务企业网上下订单订购商品时,由仓储操作,之后在配送环节可根据配送目的地选择自营还是外包给其他快递供应商。

综合型电子商务企业之间有相似的特征:需要储备品牌商品供应商的货,即花钱压库存;拥有自己的销售平台和仓储,将品牌供应商的销售和仓储都揽下来;传统的第三方物流无法满足需求;仓储内商品品类多,单量大,配送目的地多而杂;高管有相关的物流运营体系的技术背景。

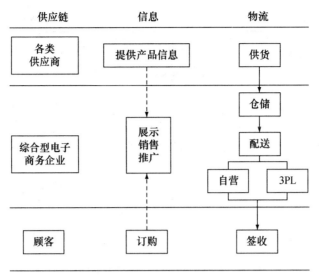

图 5-4 综合型电子商务交易与物流示意图

根据综合型电子商务企业的自建物流模式,对物流的需求有:

(1)配送时效性,加速货物周转,低成本,服务优秀。

(2)返款准时安全,加速资金流转,信息系统无缝对接形成畅通的信息闭环。

(3)能满足顾客的个性化需求。如京东推出的"211 限时达"(指以每日两个 11 点作为时间分割点进行快速投递服务)、上门退换货等服务,1 号店推出的"定时达"与"半日达"等服务。

(4)品牌传播。综合型电子商务企业希望顾客从下订单到收到货物,以及可能的逆向环节,体验到的是统一的品牌形象。

2. 平台型电子商务企业

平台型电子商务企业是指以淘宝、拍拍等电子商务平台为代表的 B2C 电子商务企业,这类企业更像一个 Shopping Mall(超大规模购物中心),电子商务顾客可以订餐、购物,它是开放式的,给你全方位逛的感觉,其交易模式及物流运营模式如图 5-5 所示。

其中,商家、平台型电子商务企业、第三方物流企业处于供应链上游,顾客处于供应链下游位置。平台型电子商务企业为商家提供开设网店的平台,商家在平台上进行店铺装修、推广与商品销售,而第三方物流企业与平台型电子商务企业预先做好有用程序接口对接,当顾客在商家的网上店铺订购商品时,订购信息即进入物流环节。商家可将事先存放于自营仓库或第三方物流企业仓库的商品进行分拣、包装等操作,继而通过第三方物流的配送体系将符合订单信息的商品派送到顾客手中。

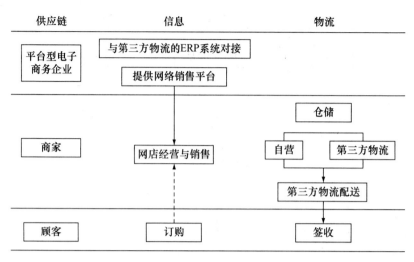

图 5-5 平台型电子商务交易与物流示意图

平台型电子商务企业表现出对物流的需求有：

(1) 可控性强,物流企业可以根据淘宝的需求及时调整策略；

(2) 配送时效性,加速货物周转；

(3) 人力、物力、时间整体总成本低,服务优秀；

(4) 物流企业技术过硬,系统与平台系统对接,订单可自动流转,无须商家手动操作发货,并且配送监控数据时时自动反馈。

(4) 支持货到付款、POS 机刷卡服务。

3. 品牌型电子商务企业

品牌型电子商务企业是指以凡客诚品、麦考林、柠檬绿茶等为代表的诞生于网络的独立品牌电子商务平台,其交易模式及物流运营模式如图 5-6 所示。

品牌型电子商务企业与顾客分别处于供应链的上下游,品牌型电子商务企业往往有独立的电子商务销售网站,同时也会在淘宝网等电子商务平台开设店铺。它们把设计与生产的商品信息发布到网站和店铺,同时把商品存放于仓储中心,仓储中心可以选择自有仓库或者第三方物流的仓库。当有顾客下订单时,订单信息便进入仓储系统,经过分拣包装等环节后,订单将通过品牌型电子商务企业自建的配送网络或第三方物流配送网络送到顾客手上。

完全兴起于网络的品牌型电子商务企业的普遍特征为轻资产,专注于网络销售与推广,更倾向于将物流外包。由于没有实体店铺顾客的积累与品牌口碑的基础,与顾客面对面的物流环节则成为积累顾客与品牌传播的最好机会。除了基本的时效性与送货准确需得到保障外,品牌型电子商务需要个性化的物流服务以增强品牌熟知度,如现场试穿、24 小时送货上门等。

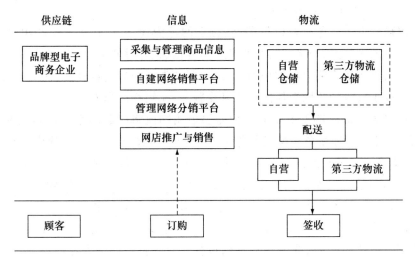

图 5-6　品牌型电子商务交易与物流示意图

4. 连锁型电子商务企业

以苏宁易购、国美在线为代表的由传统连锁企业转变而来的电子商务企业属于连锁型电子商务企业,其物流运营模式如图 5-7 所示。在电子供应链上,供应商处于上游,连锁型电子商务企业处于中游,顾客处于下游。在信息环节,供应商负责将产品信息提供给连锁型电子商务企业,而连锁型电子商务企业负责进行商品的网络销售与推广,当顾客在连锁型电子商务企业网站订购商品时,连锁型电子商务企业通过配送中心检查是否还有商品,如果缺货则向供应商订货;如果库存充足,则通过自营配送团队或第三方配送物流将商品送到顾客手上。

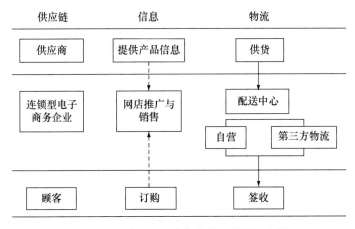

图 5-7　连锁型电子商务交易与物流示意图

5. 团购型电子商务企业

团购型电子商务企业以聚美网、拉手网等为代表。"团购"是 2010 年电子商务行业的大热点,网络团购行业进入门槛低、顾客对低价优惠趋之若鹜的特点促成了当年年底千团大战的局面。其中,服务类团购如美容美发、餐饮等团购模式主要以手机收到团购短信的形式享受服务,无须物流介入。

这里讨论的团购型电子商务为需要借用物流将团购的实物送到顾客手上的情况,其电子商务交易模式及物流运营模式如图 5-8 所示。从供应链角度看,品牌商、团购型电子商务企业、顾客群分别处于供应链的上、中、下游。品牌商将商品信息以及预先约定的折扣信息提供给团购网,由团购网为顾客群提供合作采购平台,有采购需求的顾客在规定的限时折扣时间内加入采购团中。团购采取确认采购意向的模式,顾客群可预先将费用支付到团购网账户或者第三方支付平台,或者选择货到付款。对于订购团购商品的顾客,品牌商提供产品,产品可预先存放于品牌商自营仓库、团购网自营仓库或第三方物流的仓库,经过分拣与包装环节后,由第三方物流企业负责将产品配送到顾客群手中。

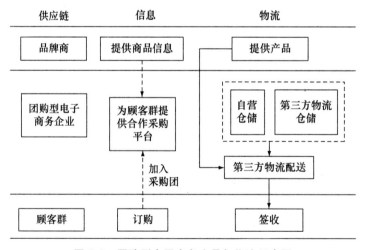

图 5-8 团购型电子商务交易与物流示意图

对于追求长远发展的团购型电子商务企业来说,它们对物流表现出的新需求为:

(1) 仓储快速反应能力。团购订单每天 24 小时不断地产生,团购产品每天一次变化,在面对频繁出入库、不同品种与性质商品的分拣与包装形成对操作能力与效率的挑战、预包装的要求时,要求仓储人员需具备快速反应能力。

(2) 具备技术能力,物流系统能够实时反馈。团购网往往与顾客约定自下单日起七天内到货,对物流公司而言,能够实时将订单的处理通过系统接口反馈到团购网的顾客查询后台,是对顾客及时了解订单物流信息需求的满足。

6. B2C 电子商务物流普遍需求

通过以上分析,我们可以从商品、优劣势、物流等方面对综合型、平台型、连锁型、品牌型、团购型电子商务作出比较(如表 5-7 所示),继而归纳出 B2C 电子商务的物流普遍需求。电子商务物流模式大致可分为四类:

(1)自建与外包物流结合模式:电子商务企业在核心城市自建物流,偏远城市外包物流,以京东为典型;传统连锁店铺一般服务点、自建物流、外包物流三者紧密结合,如苏宁易购。

(2)完全第三方物流模式:大部分平台型的商家,以及品牌型 B2C 电子商务企业都选择完全外包物流。

(3)联盟物流:淘宝网的物流拍档,同时服务于数千家电子商务企业,换个角度说,可以理解为数千家电子商务企业建立了同盟关系,共同使用第三方物流的仓储与配送服务。从这一层面上讲,属于联盟物流的类型。

(4)完全自建物流:国内全部地区自建物流、自主配送,人力、租金、管理、技术成本过高,国内没有哪家电商企业可以一力承担。

尽管不同模式的 B2C 电子商务企业呈现出不同的物流需求,但仍存在普遍的需求。对物流企业而言,B2C 电子商务企业的普遍需求、个性化需求,以及 B2C 电子商务行业的发展特点都应成为其不断改进物流运营的基础。在拣货正确率、发货正确率、发货时效性等基本物流需求得到满足的前提下,电子商务企业对物流表现出的新需求的特点为:

(1)电子商务企业对物流企业的 IT 服务提出了更高的要求,希望物流企业可以提供 API(应用程序接口)服务接口,同时能够做到实时的订单跟踪、售后服务、反馈与处理以及实时库区库存的状态信息。

(2)越来越多的电子商务企业开始在全国范围内实施多库区的运作,以提高服务水准、降低物流成本。

(3)对于全国统一的售后服务的要求,希望物流企业可以提供全国统一的物流服务。由于电子商务企业的顾客来自全国,要求物流企业可以针对全国的所有客户实施统一的配送及售后服务。

表 5-7 B2C 电子商务模式比较

模式	综合型	平台型	连锁型	品牌型	团购型
代表平台	京东 新蛋中国 当当网 亚马逊	阿里淘宝 百度乐酷天 腾讯拍拍	银泰网 苏宁易购 国美在线	凡客诚品 柠檬绿茶 麦包包 七格格	美团网 拉手网 聚美优品网
商品	从垂直型电商转做百货类,销售行货,自行采购、销售、物流	商品采购、开店、发货均由商家或个人卖家自行维护	线上线下结合模式;自主采购、独立运营;产品价格优势明显;销售正品	纯网络品牌,商品与渠道自营,自行销售与推广,加工与制造外包或自营	定时销售折扣力度极大的商品,自行销售与推广,轻资产模式,产品分为虚拟与实物
优劣势	优势:正规发票全国联保,价格保护,售后服务有保障 劣势:线下投资巨大	优势:商家专注网络营销与销售,仓储与配送外包给平台推荐的第三方 劣势:售后服务较难保障,商品品牌知名度不高,商品品质较难保证	优势:依托传统零售商采购平台与强大供应链支撑;较高品牌信誉度;品牌种类更丰富;正规发票,售后保障 劣势:易冲击线下渠道流通与价格体系	优势:市场反应度高;自主品牌;"轻资产""快公司" 劣势:商品线单一,推广成本大;顾客认可度低	优势:口碑传播积累美誉度;掌握大量消费群,与供应商议价空间大 劣势:供应商产品的品质难保障
物流	均开始自建仓储与配送,重点城市自建物流,偏远城市外包物流	与新型电子商务物流企业深度合作,自建仓储,但仓储与配送的管理外包	连锁门店、售后服务店与物流中心是物流优势	物流以外包为主	团购网主要以物流外包为主

(4) 物流环节协助资金加速周转。在货到付款环节;包括使用现金和刷POS机,物流企业能够提供现金流加速服务,让电子商务企业尽早收到应收款项。

(5) 个性化物流服务。成熟的电子商务企业开始重视针对电商顾客的差异化营销,如送货上门试穿、统一的问候语、订单发出与送达短信提醒服务等。

(6) 与物流企业建立深度合作关系,在电子商务企业层面获得更多的增值服务,如与物流企业联合做品牌推广。

5.4 电子商务物流模式选择

5.4.1 电子商务物流模式的选择方法

基于物流对现代企业的重要作用,不同的企业使用不同的物流方式。企业采用适合于自身的物流模式有利于降低成本、提高效益,增强竞争力。分析诸多物流模式,无论是自营还是外包物流,都各有利弊。第三方物流纵然有许多优势,但也并非适合于所有企业。在供应链构建中,需要企业依据各自的战略核心、物流管理能力、物流成本的费用要求等具体情况,作出科学合理的选择。

1. 决策流程法选择物流模式

决策流程法选择物流模式的基本思路是,借助于企业分析和自营或外包物流比较来具体确定模式(如图5-9所示)。

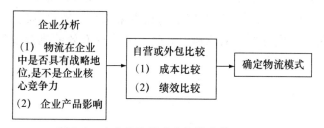

图5-9 企业物流模式选择的决策流程图

依据物流模式的决策流程,企业需要考察以下三方面的问题:

(1)确认物流活动是否在本企业发展中具有核心战略地位。通常电子商务公司多以信息技术为基础和核心,物流不具有核心地位,但当物流业务成为制约电子商务核心业务发展的短板时,对于实现企业未来的发展来说,物流的战略地位就无可避免地呈现出来。

(2)企业物流能力与其产品的性质是否相匹配。通常产品可以分为销路稳定的功能型产品和不断升级变换的创新型产品。功能型产品可以进行稳定的需求预测分析,有较长的产品生命周期,同时竞争也较为激烈,所以物流模式选择的目的应在于尽可能降低成本,专业化物流模式(主要是第三方物流)就成为其首选模式。创新型产品一般具有较高的边际利润,但其需求情况一般无法作准确预测,且生命周期较短,一经上市后很快会被竞争对手模仿而失去竞争力,考虑到时间的紧迫性,创新型产品一般多采用自营模式,以获得较高的物流效率。目前我国企业从事电子商务交易的商品中上述两种产品兼而有之,相比较而言功能型产品更多,所以对第三方物流的效率要求也更高。

(3) 对物流外包还是自营的选择。如果物流不是电子商务企业的主要业务，或者物流对于电子商务企业不具有战略地位，则在物流模式的选择上需进一步比较各种物流模式的成本和绩效，以确定是自营物流还是外包物流。通常来说，大型企业由于自身物流量大，具有一定的规模，在建有自营物流基地的情况下，自营可能会比外包成本更低。但目前我国大多数电子商务企业为中小企业，资金实力薄弱，自营物流效益低，选择物流外包，尤其是高效率的第三方物流应该是中小企业更为迫切的要求。

2. 层次分析法选择物流模式

层次分析法(Analytic Hierarchy Process，AHP)，在20世纪70年代中期由美国运筹学家托马斯·塞蒂(T. L. Saaty)正式提出，是一种定性和定量相结合的、系统化、层次化的分析方法。层次分析法的基本思路与人对一个复杂决策问题的思维、判断过程是一致的，它需要把问题作分层处理，在具体操作过程中，一般先将决策问题分解为目标层、准则层、具体方案层三个层次，然后依据决策者对每一层次不同因素相对重要性的客观判断予以定量表示，得出每一个因素相对重要性的权数，再通过综合计算各因素的权重来选择权数最高的那个方案作为最终目标决策。层次分析法从原理上看是一种十分有效的决策模型，其结构如图5-10所示。

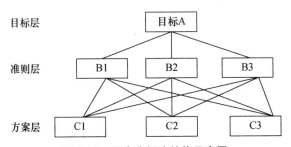

图 5-10 层次分析法结构示意图

企业物流模式的选择受到多方面因素的影响，层次分析法需要提炼出影响物流模式选择的关键因素。当企业处于不同发展阶段，企业产品通常具有不同特征，故其物流模式往往也是有差异的，而选择最适合自身发展的物流模式才是电子商务企业实现长期发展的最终目标。建立企业物流模式选择层次结构如图5-11所示。

目标层应选择适合企业自身长期发展的物流模式，企业可将利润最大化、规模最大化等设为目标，将邮政物流、自营物流、物流联盟、第三方物流、第四方物流确定为方案层，准则层则可考虑成本、竞争力、战略要求等因素。其中成本因素指不同物流模式方案所对应的电子商务企业需要支付的运营成本总额，包括运输、仓储、配送各个环节，可分解为运营成本和交易成本两类；竞争力因素指不

第五章 电子商务物流模式

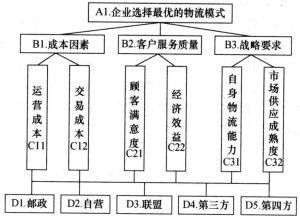

图 5-11　企业物流模式选择层次结构

同物流模式下的客户服务质量,可以分解为客户满意程度和经济效益,高效便捷的服务可以改善企业形象,建立品牌优势,形成核心竞争力,从而直接影响企业的需求;战略要求指电子商务企业的不同战略发展规划,可分解为自身物流能力和市场供应成熟度两个方面,通常企业战略要求的实现要求有很强的物流供应能力和市场实现能力,企业市场的实现可能性越高,对自身物流的要求就越低。

3. 物流需求匹配法

在电子商务快速发展,电子商务物流供需不匹配的情况下,物流企业需要寻找新的创新点以提高自身的竞争力。图 5-12 展示了电子商务、信息、金融、物流四个维度构筑的模型。

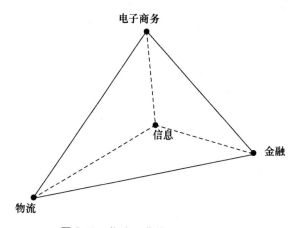

图 5-12　物流运营模式维度图(一)

如上图所示,物流、电子商务、信息、金融均可以存在密切关系。当物流与信息结合,则成为物流信息服务;当物流与金融结合,则成为物流金融服务;当物流与电子商务结合,则成为电子商务物流服务。

供应链中存在着商流、资金流、物流、信息流,信息流是桥梁,商流是载体,资金流是目的,而物流是基础。对物流而言,在面对很多竞争与不断出现新需求的情况下,更多地与其他几个流结合服务,可以有效地提升其竞争优势。借助物流信息整合,通过电子信息技术打通整个物流链,可提高上下游反应速度;以物流金融服务提高资金周转速度,可提高供应链效率,降低供应链成本。

对于电子商务环境下的物流企业而言,除了根据电子商务企业和顾客的需求提供相应的服务外,还有选择地选择与信息、金融结合服务。图 5-13 显示了电子商务、物流、信息、金融四个维度中每三个维度结合而得到的新维度图。

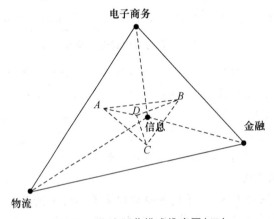

图 5-13　物流运营模式维度图(二)

如图 5-13 所示,点 A 表示电子商务、物流、信息结合的电子商务物流信息服务;点 B 表示电子商务、金融、信息结合的电子商务金融与信息服务;点 C 表示物流、金融、信息结合的物流金融与信息服务;点 D 表示电子商务、物流、金融结合的电子商务物流金融服务。由此可看出,与电子商务和物流结合有关的为点 A 和点 D。本书认为对于电子商务环境下的物流企业而言,除了提供单纯的物流服务外,还能够在物流信息与物流金融方面的服务方面作拓展,是电子供应链四流的进一步集成,为物流企业提供了一种物流模式创新的柔性型运作思路。

从物流企业服务的电子商务企业角度看,其可以为多种类型的电子商务提供服务,也可以专业服务一种类型;电子商务企业可以属于同一行业,也可以属于多个行业。当专业为一个垂直行业服务时,物流企业便成为该垂直行业下的专业物流;当为多个垂直行业服务时,物流企业便成为具备柔性型特征的物流企业。

物流运营模式发展方向可以分为"柔性型"与"专业型"两种类型。电子商务环境下的"专业型"物流企业服务单一化垂直领域,并且提供专业的电子商务物流服务;电子商务环境下的"柔性型"物流企业服务多样化垂直领域,在提供专业的电子商务物流服务的基础上,选择性地与金融、信息服务进行结合,提供电子商务物流信息与电子商务物流金融服务。

5.4.2 电子商务环境下的物流外包决策

1. 物流外包概念

物流外包是指生产或销售等企业为集中资源和精力在自己的核心业务上,增强企业的核心竞争能力,把自己不擅长或没有比较优势的物流业务部分或全部以合同方式委托给专业的第三方物流公司运作的一种物流运作方式。物流外包是一种长期的、战略的、相互渗透的、互利互惠的业务委托和合约执行方式,企业物流外包所推崇的理念是:如果我们在产业价值链的某一环节上不是世界上最好的,如果这不是我们的核心竞争优势,如果这种活动不至于把我们同客户分开,那我们应当把它外包给世界上最好的专业企业去做。

物流外包有利于企业集中精力发展核心业务,分担风险,加速企业重组,实现规模效益。因为第三方物流具有资源优化配置,能提供灵活多样的顾客服务,为顾客创造更多的价值,发挥信息技术优势,因此,物流外包相对于自营物流具有明显的比较优势。

2. 物流外包决策影响因素

企业是否决定外包物流,需要从不少方面来考虑,其影响因素主要包括企业内部影响因素及企业外部影响因素。

(1) 企业内部因素。① 企业发展战略因素。企业的发展战略是对企业未来的发展规划,为企业发展指明方向,具有全局性、长远性,是企业经营理念与思路的表现。物流业务的外包是企业组织结构的重大变化,需要从企业的发展战略角度来衡量。② 企业的规模因素。往往企业规模越大,越容易倾向于自营物流,这和传统经营思维有着很大的关系——形成大而全的管理模式,大型企业的物流业务部门涉及的人员资本较多,存在效率问题。③ 企业物流设施及从业人员因素。大型工业企业规模需要较大的物流设施及较多的从业人员以满足物流业务的需要,在服务功能上与企业产品特征有着较大关联,不过很多企业物流功能只是停留在简单的运输存储上,在企业资源有限的状况下,这些不处于主业地位的物流业务很难得到大量的投资用以提升物流服务能力。随着企业的不断发展,当这些基本的物流服务难以满足企业生产经营的需要时,企业可以考虑把物流业务外包给物流服务功能更强更专业的第三方物流服务企业。④ 企业信息管理能力因素。企业在信息管理方面的能力在外包物流方面体现为对外包物流的控制能力,如果对外包物流业务失去控制,后果将不堪设想,具有很大的风险。

(2) 企业外部影响因素。① 物流外包发展状况因素。随着市场经济的快速发展,物流外包市场在我国存在巨大需求,虽然现阶段从整体来说,我国物流外包市场还不成熟,但其正处于快速发展之中,快速增长的物流市场为物流服务供应商提供了发展的基石,也给企业外包物流带来了机遇。② 物流供应商的服务能力因素。在企业的外层,物流供应商的服务能力是企业是否外包物流业务的重要影响因素,如果物流服务供应商提供的物流服务满足不了企业的相关要求,那么显而易见不能够外包物流。③ 外包交易成本因素。企业外包物流的交易成本主要包括事前信息收集费用、事中谈判及签订契约费用、契约执行费用、事后信息反馈费用。④ 市场经营环境的动态性因素。在激烈的市场竞争环境下,企业的需求具有动态性及高度不确定性,除非是垄断型企业。如果外界市场经营环境具有高度动态性,那么企业内部运作物流风险就会很高,不利于企业应对动态性强的市场,不利于企业的经营。

3. 物流外包决策模型

大型工业企业外包物流业务,需要一个外包决策逻辑,如怎么来作决策,如何有步骤地作出决策等。以下逻辑流程可帮助大型工业企业作出外包物流业务的决策(如图 5-14 所示):

(1) 企业对自身的内部情况进行分析研究,并作出评估。企业在对其内部情况进行分析研究和评估时,主要是确定外包的需求和制定实施的策略。在制定外包策略时要考虑:哪些是核心业务,哪些是核心竞争;哪些领域需要自己控制,哪些可以外包给第三方;哪些是企业的核心业务等问题。

(2) 分析企业所处的外部环境。外部环境包括外部宏观环境和竞争环境,企业需要充分考虑自己所处的环境,要从外包的角度考虑自己相对于竞争者的位置,考虑外部环境对物流外包的影响。

(3) 分析企业的经济因素。经济因素将会影响到企业物流外包决策。企业应该充分考虑和分析自身在设施和资金等方面的能力,成本有无竞争力,另外还应考虑交易成本和商业投资损失。

(4) 企业根据需求评估,选择第三方物流服务商。

(5) 企业对外包物流服务供应商进行监管。在上述外包物流的情况下,由于信息不对称等影响因素,如果企业没有能力对物流供应商进行监督控制,会导致外包风险。这种风险如果企业没有能力预警,或者没有应变能力,企业就应该对物流外包供应商提出警告。企业应该选择后备物流供应商,如果首选物流供应商存在违背契约的行为,企业有权对其进行相关措施的处罚。

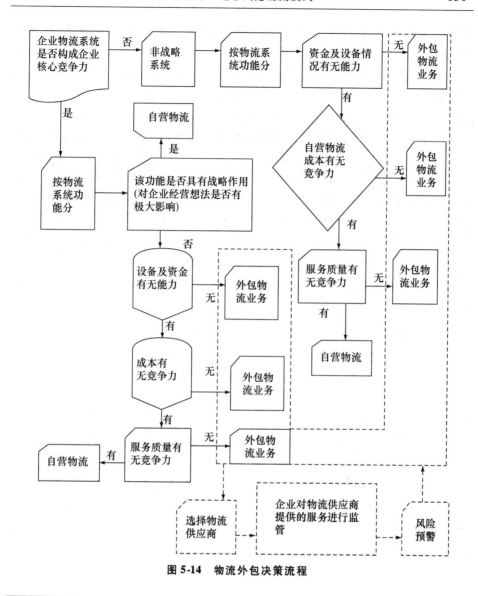

图 5-14 物流外包决策流程

本章小结

电子商务物流市场是指在电子商务环境下构成物流服务的各种交换关系的总和。其中交换关系中包含了市场主体之间的关系、市场客体之间的关系和市场运行过程中的有关关系三方面的内容。电子商务下物流活动的构成要素主要包括包装、装卸搬运、流通加工、存储、运输、信息管理等几个方面。电子商务物流模式主要指以市场为导向、以满足顾客要求为宗旨、获取系统总效益最优化的适应现代社会经济发展的模式。目前电子商务物流模式主要有自营物流、第三方物流、物流联盟、第四方物流、物流一体化、综合物流代理、电子物流、绿色物流等。

电子商务物流系统是指在实现电子商务特定过程的时间和空间范围内,由物流各个功能要素及其所需位移的商品或物资、包装设备、装卸搬运机械、运输工具、仓储设施、人员和通信设施等若干相互制约的动态要素所构成的具有特定功能的有机整体。电子商务物流系统主要包括六类:订单管理、仓储与分拨、运输与交付、退货管理、客户服务、数据管理与分析。电子商务对物流的需求可分为电子商务企业与电子商务顾客对物流的需求。电子商务物流模式的选择方法有流程决策法、层次分析法和需求匹配法等。物流外包是指生产或销售等企业为集中资源和精力在自己的核心业务上,增强企业的核心竞争能力,把自己不擅长或没有比较优势的物流业务部分或全部以合同方式委托给专业的第三方物流公司运作的一种物流运作方式。企业是否决定外包物流,需要从不少方面来考虑,其影响因素主要包括企业内部影响因素与企业外部影响因素。

应用案例

戴尔公司电子商务物流模式选择

1. 企业背景

戴尔计算机公司1984年由企业家迈克尔·戴尔创立,在全球34个国家中拥有大约35800名员工。其理念非常简单:按照客户要求制造计算机,并向客户直接发货,使戴尔公司能够更有效和明确地了解客户需求,继而迅速地作出回应。戴尔公司设计、开发、生产、营销、维修和支持一系列从笔记本电脑到工作站的个人计算机系统。每一个系统都是根据客户的个别要求量身订制的。这种革命性的举措已经使其成为全球领先的计算机系统直销商,跻身业内主要制造商之列。

2. 电子商务物流模式简介

最终消费者直接通过电子商务网站订货,公司按照消费者的需求,个性化地量身订制产品及服务,并通过第三方物流直接送货上门,这就是电子商务物流模式。通过该模式,戴尔公司将供应商和最终消费者整合成一条优化的供应链,通过互联网媒介以及第三方物流的介入,大大提高了产品的竞争力。

(1) 大型的、专业化的第三方物流。一个覆盖面广、反应迅速、成本有效的物流系统是戴尔直销模式成功的重要支柱。戴尔的物流完全外包给第三方物流公司,主要由 DHL、BAX、FedEX 等跨国性物流企业承担。这些第三方物流公司具有健全的网络、专业化的运营和现代化的管理。通过采用第三方物流的门到门服务,戴尔大大降低了物流成本,提高了物流效率,改善了客户服务水平。

(2) 与供应商结成战略联盟。戴尔将供应商视作公司体系中的一环,以维系紧密的供应关系。戴尔采取严格的资格评审,要求供应商不仅在效率上保持先进,在产品质量管理上也要采取量化评估方式,从而确保供应商生产的零部件可以直接进入公司的生产线而无须进行来料抽样检验。通过互联网,戴尔公司与供应商间建立了紧密的虚拟整合关系,从而保证能够按照戴尔本身的标准衡量零部件的品质,迅速有效地管理订货流通和紧急补货所需的存货。同时,戴尔也将最新需求信息和预测信息等实时地传递给供应商。开放地在供应链上共享计划和资源,帮助他们权衡市场,把库存量降到最低。带动供应商共同发展直销模式,实现公司与供应商双赢的合作关系。

3. 戴尔公司电子商务物流模式构建原因及过程

凭借直销模式,戴尔迅速成长为世界顶级的计算机跨国集团。1996 年,戴尔在其网站上嵌入了电子商务功能,从而使其直销模式从传统商务进入电子商务,进一步提高了戴尔公司的服务水平,增强了竞争能力。

戴尔的物流从确认订货开始,确认订货以收到货款为标志,在收到货款之后需要两天时间进行生产准备、生产、测试、包装、发运准备等。物流系统运作委托给第三方物流公司,并承诺在款到后 2—5 天送货上门,某些偏远地区的用户每台计算机要加收运费。戴尔通过供应链的管理与重组,有效减低了库存、缩短了生产周期,大大地提高了竞争力。戴尔通过电话、网络以及面对面的接触,和顾客建立了良好的沟通和服务支持渠道。另外,戴尔也通过网络,利用电子数据交换连接,使得上游的零件供应商能够及时准确地知道公司所需零件的数量、时间,从而大大降低了存货,这就是戴尔所称的"以信息代替存货"。这样,戴尔就和供应商建立起一个"虚拟"的企业。

4. 构建系统的功能

(1) 物流供应链的流程及功能。戴尔对待任何消费者都采用订制的方式销售,其物流服务也配合这一销售政策。具体有以下八个功能:①订单处理。在这一步,戴尔要接收消费者的订单,首先检查项目是否填写齐全,然后检查订单的付款条件,只有确认支付完款项的订单才会立即自动发出零部件的订货并转入生产数据库中,订单也才会立即转到生产部门进行下一步作业。用户订货后,可以对产品的生产过程、发货日期甚至运输公司的发货状况等进行跟踪。②预生产。从接收订单到正式开始生产之前,有一段等待零部件到货的时间,这段时间叫作预生产。预生产的时间因消费者所订的系统不同而不同,主要取决于供应商的仓库中是否有现成的零部件。订货确认一般通过两种方式,即电话或电子邮件。③配件准备。当订单转到生产部门时,所需的零部件清单也就自动产生,相关人员将零部件备齐传送到装配线上。④配置。组装人员将装配线上传来的零部件组装成计算机。⑤测试。检测部门对组装好的计算机用特制的测试软件进行测试,通过测试的机器被送到包装间。⑥装箱。测试完后的计算机被放到包装箱中。⑦配送准备。一般在生产过程结束的次日完成送货准备。⑧发运。将顾客所订货物发出,并按订单上的日期送到指定的地点。

戴尔建立起来的供应链中没有分销商、批发商和零售商,而是直接由生产厂商(戴尔)把产品卖给顾客。这就是戴尔所引以为豪的"把电脑直接销售到使用者手上,去除零售商的利润剥削,把这些省下的钱回馈给消费者"。

(2)"代理服务商"环节。代理服务商并不向顾客提供产品,也不向戴尔公司购买产品。它们只向顾客提供服务和支持。采取直销的模式,就意味着再偏远的区域都会有客户,任何一个订单都要满足。自建一个覆盖面较大、反应迅速、成本有效的物流网络和系统物流,对戴尔来讲是一件耗时耗力的庞大工程,而且戴尔又在物流管理方面不具备核心专长,因送货不经济导致的运作及其他相关成本上升而增加的费用是无法弥补的。面对全球化激烈竞争的趋势,企业的战略对策之一是专注于自己所擅长的经营领域,力争在核心技术方面领先;而本企业不擅长的业务则分离出去,委托给在该领域有特长的、可信赖的合作伙伴。所以,戴尔把物流外包。首先通过多种方式对备选的运输代理企业的资信、网络、业务能力等进行周密的调查,并给初选的企业少量业务试运行,以实际考察这些企业服务的能力与质量,对不合格者,取消代理资格。同时对获得运输代理资格的企业进行严格的月度作业考评。

事实上,在这条供应链上,戴尔处理最多的是信息流,使其既能够集中力量提供优质的售后服务支持,同时又避免了公司面临"过度庞大的组织架构"。零件供应商、戴尔公司和代理服务商三者共同形成了一个"虚拟"的企业,它们通过电子数据交换等方式密切配合,达到了资源的更优化配置,同时也降低了成本,共同为顾客提供优质的产品和服务。

5. 构建的经验

戴尔的销售全是通过国际互联网和企业内部网进行的。电子商务化物流使其可以先拿到用户的预付款,待货运到后货运公司再结算运费(运费还要用户自己支付)。戴尔既占压着用户的流动资金,又占压着物流公司的流动资金,按单生产又没有库存风险。这些因素使其年均利润率超过50%。当然,无论什么销售方式,首先必须对用户有好处。戴尔的电子商务型直销方式对用户的价值包括:一是用户的需求不管多么个性化都可以满足;二是戴尔精简的生产、销售、物流过程可以省去一些中间成本,因此戴尔的价格较低;三是用户可以享受到完善的售后服务。

戴尔公司通过直销模式，以需定产，可以使用户根据自己的情况选择所需要的产品；采取电子商务销售模式，大大缩短了作业时间，也简化了信息在公司内部传递的流程。它开创了电子商务化物流的先河。

（资料来源：《戴尔公司电子商务物流模式选择及构建案例分析》，http://www.360doc.com/content/14/0412/22/16731925_368400692.shtml，2013年10月25日访问。）

案例思考题

（1）戴尔公司的物流模式有什么特点？
（2）戴尔的电子商务物流模式构建过程是怎样的？

第六章　电子商务采购与库存管理

学习目标

1. 解释电子采购的概念
2. 设计电子采购的模块功能
3. 描述电子采购的招标和评标流程
4. 领会电子采购系统的业务模块
5. 综合评价电子商务下的库存管理
6. 分析电子商务库存管理系统

关键词

电子采购　电子采购招标与投标　电子采购系统　库存控制　电子商务下的库存管理

引例

盛虹化纤电子采购系统

盛虹控股集团有限公司是一家大型国家级企业集团,成立于1992年。发展至今,集团拥有石化、纺织、能源、地产、酒店五大产业,旗下拥有研发、生产、投资、贸易、服务等多家公司。

盛虹化纤是盛虹控股集团旗下子公司,负责集团核心产业化纤板块,旗下有盛虹化纤、中鲈科技、国望高科三家子公司。公司拥有世界先进的生产设备和技术、完善的产业链和优质产品,公司已成为全球最大的全消光系列纤维供应商、全球最大的细旦纤维差别化供应商、全球两大弹性涤纶切片生产商之一。集团和公司目前加大对产业投入,打造更具优势的产业链,先后在吴江和连云港投资建厂,为盛虹集团成为世界500强企业奠定了强有力的基础。

1. 客户需求

随着公司的高速发展,围绕生产及非生产物资的采购品种与数量越来越多,各子公司之间采购越来越强调协作,总部对子公司的采购管控需要加强,同时也需要引进更多优质供应商,这些都对整个盛虹化纤的采购管理提出了新的挑战。

虽然公司之前已有成熟的 ERP 系统,同时通过行业网站等平台与供应商联系,但在原有系统和管理中缺少了引进新的优质供应商的通道、快速高效协同工作手段及缺失采购的谈判定价过程管理,使采购过程出现了断层现象。盛虹化纤领导意识到需要建立一个属于自己的公开、高效、透明的采购平台,加强对企业采购环节管理,以更好地保证企业经营。

后来公司决定实施电子采购系统,重点帮助盛虹化纤实现采购业务和采购全过程的执行和监督。

2. 系统价值

盛虹化纤的电子采购系统具有以下价值:

(1) 建立稳定、安全、灵活的谈判定价平台,加强对采购执行管理;

(2) 与企业现有的 EOS 等系统完成对接,实现采购闭环管理;

(3) 建立采购内外部环境高效协同工作平台,保证供需信息的实时性、准确性;

(4) 建立引进优质供应商通道,优化供应商管理;

(5) 提高采购效率,降低采购成本,跟成本要效益。

3. 应用效果

(1) 招标采购、询价采购、竞价采购、协议采购四种采购流程覆盖集团的采购项目,充分满足了公司现有物资网上采购招标。

(2) 公司的供应商准入管理得到了统一,建立和收集供应商资质信息,引进新供应商,加强并优化了供应商管理。

(3) 建立和完善采购执行监督手段。实现采购过程电子化和信息化,使决策过程透明,对采购业务实现全程可控、可监管、可查询、可追溯,提高了采购执行、采购监管效率。

(4) 充分利用企业已有的系统,加强采购业务数据共享,提高采购工作效率。

通过提取采购数量、采购金额等采购分析数据,全面掌握公司的采购状况,采购管理流程不断完善。

(资料来源:《采讯通助力盛虹化纤提高采购工作效率,加强供应商管理》,http://wenku.baidu.com/view/171cbc61336c1eb91a375d97.html,2013 年 10 月 25 日访问。)

案例思考题

(1) 盛虹化纤的电子采购系统的价值体现在哪些方面?

(2) 盛虹化纤的电子采购系统有哪些应用效果?

6.1 电子采购

6.1.1 电子采购概述

1. 电子采购的含义

电子采购是由采购方发起的一种采购行为,是一种不见面的网上交易,如网上招标、网上竞标、网上谈判等。电子采购比一般的电子商务和一般的采购在本质上有了更多的概念延伸,它不仅仅完成采购行为,而且利用信息和网络技术对采购全程的各个环节进行管理,有效地整合了企业的资源,帮助供求双方降低了成本,提高了企业的核心竞争力。可以说,企业采购电子化是企业运营信息化不可或缺的重要组成部分。

2. 电子采购的方式

目前,电子采购的采购方式有很多种,最常见的有下面几种:

(1)招标采购。即主要把传统招标采购流程搬到网上来实施的一种采购方式。招标采购是采购方在平台上最重要的交易模式,采购方通过若干步骤建立买方招标来邀请供应商进行投标交易,该流程具有严谨科学、规范流畅等特点。买方招标主要有以下三种形式:开放式、不公开和密封式。完整的一个招标采购模块应该具备在线招标、在线投标、在线开评标等功能。以密封投标为例,招标采购大致流程如下:采购商制定采购方案,发布招标公告,供应商看到招标公告后,根据自己的情况在线递交加密后的投标文件。开标时,采购商、供应商、专家同时进入评标大厅,供应商通过上传密钥文件对投标文件进行解密。由若干个专家组成的专家组主要负责评标,推荐获胜供应商的工作。在开标大厅中,采购商和投标商均可以在线发言,发言记录系统将自动备案。采购商主要负责监控远程客户端所有评标专家的评标情况,最终在线发布中标公告。

(2)竞价采购。即一种供应商通过在网上相互报价,由报价最低者胜出的基于反向拍卖的采购形式。与招标采购相似,首先由采购商在网上发布竞价公告,供应商提交竞价申请,采购商对供应商进行审核,并制定竞价规则,在采购员开启竞价大厅以后,供应商进入竞价大厅开始报价。对于每轮反向拍卖,在竞价结束前可以无限次提交价格,系统中的价格实时更新。投价时可以看到实时的最低价作参考,但投价不能高于最低价。竞价结束后,由采购员发布中标公告。

(3)直接采购。直接采购主要用于采购市场价格比较透明的产品。采购商品价格和采购对象一般比较稳定,所以直接采购的重点不在于双方的协商,而更注重于如何加快采购流程,缩短采购周期。因此,直接采购一般提供供应商在线提交订单,采购商在线确认订单等一系列能够加快采购流程的功能。

(4)目录采购。目录采购是采购商在平台上进行的一种最基本的交易模式。采购商直接从目录中选择产品进行交易,具有操作简便、界面直观等特点。

(5)谈判采购。它主要是一种通过与供应商在线谈判而实现采购目的的一种采购方式。可以是商务谈判,如针对价格、质量保证、售后服务、交货付款等的谈判;也可以在技术谈判如技术指标、技术性能等确定后,再进行商务谈判。随着信息技术的发展,越来越多的谈判采购支持语音谈判和视频谈判。这些新技术大大促进了谈判采购的发展。

3. 电子采购的模式

(1)买方模式。买方模式是指采购方在互联网上发布所需采购产品的信息,供应商在采购方的网站上登录自己的产品信息,以供采购方评估,并通过采购网站双方进行进一步的信息沟通,完成采购业务的全过程。买方模式中采购方承担了建立、维护和更新产品目录的工作。买方模式适合大型企业的直接物料采购,因为首先,大企业一般已经运行着成熟可靠的企业信息管理系统,应该与相应的电子采购系统有着很好的集成性,能够保持信息流的通畅;其次,大企业往往处于所在供应链的核心地位,核心供应商较为集中,并且大企业的采购量巨大,因此供需双方需要进行紧密合作;最后,一般来说只有大型企业才有能力承担建立、维护和更新产品目录的工作。

(2)卖方模式。卖方模式是指供应商在互联网上发布其产品的在线目录,采购方通过浏览来取得所需的商品信息,以作出采购决策并下订单,确定付款和交付选择。在这个模式里,供应商必须要投入大量的人力、物力和财力,用以建立、维护和更新产品目录,对于采购方来说,则不必花费太多力气就能得到自己所需的产品,但对于拥有几百个供应商的买方来说,就要访问众多的网站才能采购到需要的产品。同时,卖方模式需要面临B2B电子采购与企业内部信息系统无法很好集成的问题,因为采购方与供应商是通过供应商的系统进行交流的,由于双方标准不同,供应商系统向采购方传输的电子文档不一定能为采购方的信息系统所识别,延长了采购时间。

(3)市场模式。市场模式是指供应商和采购方通过第三方设立的网站进行采购业务的过程。在这个模式里,无论是供应商还是采购方,都需要在第三方网站上发布自己提供或需要的产品信息,第三方网站则负责产品信息的归纳和整理,以便于用户使用。市场模式又分为两类门户:① 垂直门户。垂直门户是经营专门产品的市场,如钢材、化工、能源等,它通常由一个或多个本领域内的领导型企业发起或支持。② 水平门户。水平门户集中了种类繁多的产品,其主要经营领域包括维修和生产用的零配件、办公用品等。水平电子市场一般由电子采购软件集团或间接材料和服务供应领域的领导者发起或支持。

4. 电子采购的特点

（1）公开性：因特网有公开性的特点，既然在网上采购，全世界就都可以看到采购方的招标公告，谁都可以前来投标。

（2）广泛性：网络没有边界，所有的供应商都可以向采购方投标，采购方也可以调查所有的供应商。

（3）交互性：电子商务采购过程中，采购方与供应商网上联系非常方便，可以通过电子邮件或聊天方式进行信息交流。

（4）低成本：网上操作可以节省大量人工业务环节，省人、省时间、省工作量，总成本最小。

（5）高速度：网上信息传输方便，速度又快。

（6）高效率：以上几点综合起来，显然是高效率。

当前，电子采购处在快速的成长阶段，许多的企业和公司出于自身业务的急剧成长或竞争需要，纷纷对电子采购进行大量的投资。这些投资包括对企业原有的ERP系统改造或自行构建新的商务系统。

5. 电子采购的步骤

电子采购过程的一般步骤如图6-1所示，具体包括以下环节：

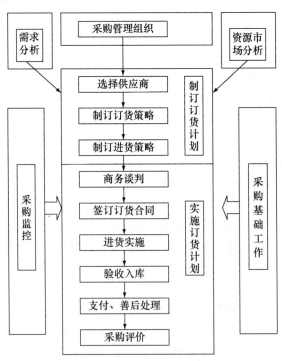

图6-1 电子商务采购步骤

(1) 建立企业内部网、管理信息系统,实现业务数据的计算机管理;
(2) 建立企业的电子商务网站功能中,应当有电子商务采购的功能;
(3) 利用电子商务网站和企业内部网络收集企业内部各个单位的采购申请;
(4) 对企业内部的采购申请进行统计整理,形成采购招标任务;
(5) 针对既定的电子商务采购任务进行网上采购的策划和计划;
(6) 进行网上采购的实施:① 设计采购招标书;② 发布招标公告;③ 各个供应商编写投标书,向采购方的电子商务网站投标;④ 采购方收集投标书,并且进行供应商调查和信息联系;⑤ 组织评标小组进行评标;⑥ 把评标结果在网上公布;⑦ 通知中标单位,订立采购合同;⑧ 采购合同实施。

在上述网上采购过程中,在企业的内部,采购申请主要通过 Intranet 进行传递。在申请被批准并形成订单后,则在企业外部的因特网上进行网上采购,途径也十分多样化。目前,国际流行的网上采购数据传送途径主要包括以下几种形式:电子商务网站招标;人工向供应商发送通过书面文件或电话、传真订购;向供应商发送电子邮件订单;向供应商的站点提交订单;与供应商的 ERP 系统进行集成;电子交易平台等,但最常用的还是电子商务网站招标。我国主要采用这一种形式。以电子商务网站作为交易平台,其优点是显而易见的,它为买方和卖方提供了一个快速寻找机会、快速匹配业务和快速交易的电子商务社区。供需双方能够快速建立联系,从而使企业采购操作能快捷方便地进行。在电子商务交易平台中,所有的供应商都能得到相同质量的服务,并遵照共同标准的协议进行交易处理,体现了公开、公平、公正。另外,利用电子商务交易平台,商家之间的信息沟通更加便利。

6. 电子采购的安全性

在上面的论述中我们多次提到采用网络发布消息、传递文件,在这个传递的过程中,很有可能被攻击者截获、修改,更有甚者,发送伪造的各种文件等,这些都会给电子商务采购造成破坏和损失。因此,电子商务采购的安全问题是一个非常重要的问题。为了保障交易各方的合法权益、保证能够在安全的前提下开展电子商务采购,电子商务采购系统必须达到下列安全控制要求:

(1) 有效性要求。必须保证电子商务采购活动所传输的数据在确定的时刻、确定的地点是有效的。

(2) 可用性要求。安全管理人员能够控制用户的权限,分配或终止用户的访问、操作、接入等权利,被授权用户的访问不能被拒绝以保障合法用户的权益。

(3) 机密性要求。信息在存取和传输过程中不能被非法窃取、泄漏;应当保证公共网络商信息的机密性;信息发送和接收是在安全的通道内进行,保证通信双方的信息机密;交易的参与方在信息交换过程中没有被窃听的危险,非参与方不能获取交易的信息。

(4) 完整性要求。电子交易各方的信息完整性是电子商务采购的基础。应该防止对信息的随意生成、修改和删除,同时,要防止数据传送过程中信息的丢失和重复,并保证信息传送次序的统一。

(5) 真实性要求。交易方的身份不能被假冒或伪装,要能有效鉴别确定交易方的身份,能甄别信息、实体的真实性。

(6) 反抵抗性要求。电子商务方式下,必须在交易信息的传输工程中为参与交易的个人、企业或服务部门提供可靠的标识。有第三方提供的数字化过程记录,信息的发送方就不能抵赖曾经发送的信息,不能否认自己的行为。

(7) 可控制性要求。能控制使用资源的人或实体的使用方式。

(8) 健壮性要求。对病毒或非法入侵有一定的抵抗能力。

(9) 审查能力。根据机密性和完整性的要求,应对数据审查的结果进行记录。

6.1.2 电子采购的一般流程

电子采购的一般流程如图 6-2 所示。

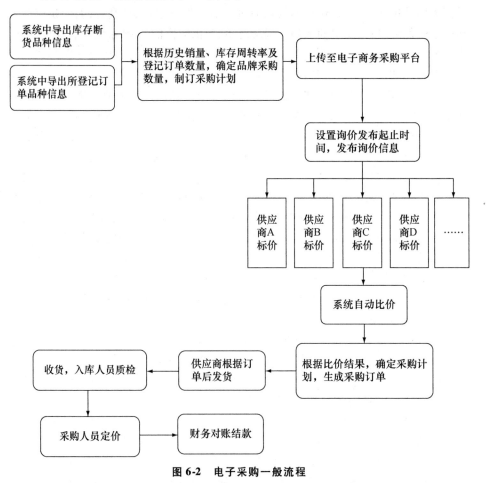

图 6-2 电子采购一般流程

(1) 采购人员根据库存状况和销售人员登记的订单,从系统中导出断货品种目录。

(2) 根据月销量、销售订单数量和库存周转率,确定采购品种的数量,制作采购计划单。

(3) 上传至电子商务采购平台,并设置询价起止时间。

(4) 在询价时间内,由各个上游供应商对订单品种进行标价,询价结束后,由系统自动比价。

(5) 采购人员,以比价结果为依据,结合供应商资信情况、配送能力和协议状况等,确定采购订单。

(6) 供应商接收到采购订单后,完成发货—配送—收货—质检—入库—定价—销售—对账付款等一系列工作。

电子采购流程节省了传统采购中大量的人力、物力和财力消耗,将原本需要花费大量人工费用和电话、传真费用的询价比价环节一步完成。同时减少了采购过程中的人为因素,使整个采购过程留下痕迹,方便了企业管理者对药品采购工作进行管控和分析。此外,通过系统的询价比价环节,使企业获得了更多的信息资源,使原来的"货比三家",发展为"货比多家",并扩大了供应商的范围,使得企业降低了采购成本,整合内外部的资源,优化了供应链的管理。

6.1.3 电子采购的招标与评标

在采购过程中,招标方式作为主要的采购方式,已被证明是促进公平竞争,节约采购资金,保证采购过程公开、透明,抑制腐败行为最为有效的方式。电子商务采购工作采取招标方式不仅更能体现招标采购的目的,而且更能为投标与招标的双方节约成本。作为招标方,借助电子商务网站,在Web上发布招标信息,节省了各种费用、时间,减少了企业招标的工作量。作为投标方,可以迅速了解招标信息,而且这种获得的信息对谁都是一样的,这就体现了招标工作的公开与公正。投标方投标也可以采取网络传输的方式,既节省时间,也节省费用。当前,市场资源供应相对宽松,可供选择的供货厂商较多,这是全面推行招标采购的客观条件。网上招标评标流程如图6-3所示。

1. 网上采购的招标工作

(1) 由招标办公室拟订招标采购工作计划,其主要内容包括:招标物资名称、规格、数量、技术质量标准、估价金额、用途、招标时间、聘请专家人数,然后报公司主管领导批准后,按确定的招标方式开展招标活动。

(2) 招标工作要本着"公开选购、公平竞争、公正交易"的原则,严格按程序办事,任何人不得更改程序和私自插进未经确定的单位参加投标,不得私自与供应厂商串通,泄露招标秘密,如有违反者,严肃处理。

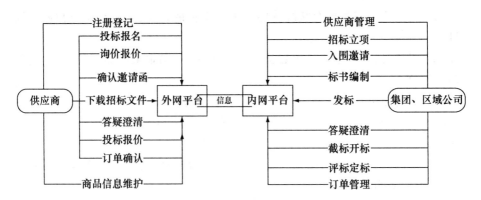

图 6-3　电子商务的招标与评标

（3）招标办公室于投标截止日前若干个工作日在网上发布招标公告。凡是与招标有关的内容，需要向投标人公开的，一律在网上发布；不能公开的，则不能私下泄漏给任何投标方。

（4）物资采购主办单位应当根据采购项目的要求认真编制招标文件。招标文件分为两个部分，即"招标标书"和"投标须知"。

（5）物资采购的标底由招标办公室负责人会同主管领导共同编制，并密封保存，在定标前不得泄密。

（6）招标办在向投标供应商提供招标文件前，应按招标文件要求对投标供应商资信进行预审。供应商的投标程序大致如下：① 根据招标文件的要求编制投标文件。投标文件内容主要包括：投标物资明细价格表、投标项目方案及说明、技术和服务响应书、投标资格和资信、投标保证书等。② 投标文件加盖供应商单位印章并由法定代表人或其授权代理人签署后，以电子文档的方式在投标截止时间前，通过加密邮件发送到招标指定的邮箱。③ 在招标规定的截止时间前按招标所规定的金额或比例交纳投标保证金，通过网上电子银行汇入招标办公室指定银行账户上。④ 投标截止时间前，供应商可以提供补充、修改文件（亦按规定密封），也可以书面申请撤回投标，这些文件也可以采用加密邮件传送到招标办公室指定的邮箱。

2. 采购项目的开标、评标和定标工作

（1）招标办公室按规定时间和地点组织开标，开标由招标负责人主持，评委会成员、采购部门、使用单位、社会公证机构参加。开标前宣布开、评标方法和标准，该标准应当发布在网上。

（2）开标时应当众检查和启封投标书，宣读供应厂商投标文件的主要内容，宣布评标、定标原则和办法。开标时发现投标文件不符合规定要求的应宣布该投标书无效。公开招标、邀请招标、协商招标均应有两个以上有效投标才能成立。

(3) 评标委员会依照"公正、科学、合法"的原则和招标文件要求进行评标。所有的投标书的相关内容亦应公布在网上,以提高公正性。在满足招标文件各项要求的情况下,接近标底最低投标价中标。对于可能引起误会的做法,企业应当给予说明。招标办公室对评标过程进行记录,并作出裁决书,由招标负责人、评标委员会成员签名并备案。

(4) 评标结束后,招标办公室应在三个工作日内以电子文档的形式向中标厂商发出"中标通知书",同时向落标厂商发出"落标通知书"。

(5) 中标单位在接到"中标通知书"后,应按通知指定时间、地点,签订物资供需合同。

评标是招投标活动中十分重要的阶段,评标是否真正做到公平、公正,决定着整个招投标活动是否公平和公正,而且关系到投标的成败。所以,评标委员会的组成和工作程序必须有严格的规定。依照《招标投标法》第37条的规定,评标委员会必须有技术、经济等方面的专家,且人数不得少于成员总数的2/3。供应商通过技术咨询对项目的提前介入,不可避免地使用户具有某种程度上的倾向性。此外,从用户的角度来说往往也希望技术先进一些,指标高一些,这在主观上也会造成评标结果的不公。因此,缺乏技术专家参与评标委员会往往会导致在技术上倒向一边,并造成评标委员会中商务与技术两方面的对立。

由于专家评委在评委会中所占比例最重,所以,选好专家评委是评委会组成的重要环节。目前,招标投标活动集中在政府采购和国家投资的基本建设项目上,因此,法规对专家评委资格的规定也主要针对上述两类招标活动。对于一般的企业来说,因为招标活动的行业特色强,专业要求高,以及从成本的角度考虑,不可能建立较大范围的专家库,故而在企业生产采购的实际操作过程中,就应当适当选择专家及其数量。

3. 供应商评价与选择

通过招标确定采购的项目一般是一次性的采购项目,更多的采购项目可能是具有某种特殊联系的企业之间的长期采购。企业之间是一种长期合作的关系,是战略伙伴,也就是通常说的供应链关系。对于这样的采购,一个很重要的工作就是对供应商的评价与选择。对供应商的综合评价与选择可以归纳为以下几个步骤,企业必须确定各个步骤的开始时间,每一个步骤对企业来说都是动态的(企业可自行决定先后和开始时间),且对于企业来说都是一次改善业务的过程(如图6-4所示):

(1) 分析市场竞争环境(需求、必要性)。有需求才有必要性。建立基于信任、合作、开放性交流的长期采购合作关系,必须首先分析市场竞争环境,目的在于找到针对哪些产品进行市场开发。要保证采购合作关系有效,必须知道现在的产品需求是什么,产品的类型和特征是什么,以确认用户的需求,确认是否有

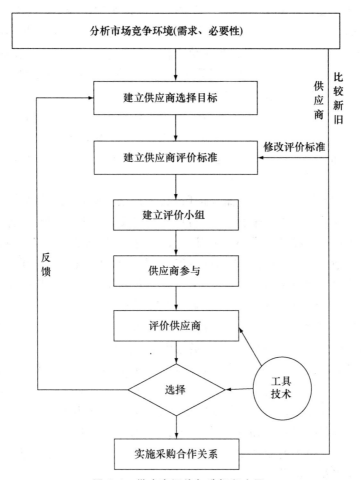

图 6-4　供应商评价与选择程序图

建立采购合作关系的必要;如果已建立采购合作关系,则应根据需求的变化确认采购合作关系有无变化的必要,从而确认供应商评价选择的必要性,同时分析现有供应商的现状,分析、总结企业存在的问题。

(2) 建立供应商选择目标。企业必须确定供应商评价程序如何实施、信息流程如何、谁负责,而且必须建立实质性、实际的目标。其中降低成本是主要目标之一,供应商评价、选择不仅仅是一个简单的评价、选择过程,它本身也是企业自身、企业与企业之间的一次业务流程重构过程,实施得好,可带来一系列的利益。

(3) 建立供应商评价标准。供应商综合评价的指标体系是企业对供应商进行综合评价的依据和标准,是反映企业本身和环境所构成的复杂系统不同属性的指标,按隶属关系、层次结构有序组成的集合。应根据系统全面性、简明科学性、稳定可比性、灵活可操作性的原则,建立集成化供应链管理环境下供应商的综合评价指标体系。不同行业、企业、产品需求、环境下的供应商评价应是不一样的,但不外乎都涉及供应商的业绩、设备管理、人力资源开发、质量控制、成本控制、技术开发、用户满意度、交货协议等可能影响采购合作关系的方面。对供应商的评价,一般可以从四个方面的表现来衡量:① 质量;② 成本;③ 交货;④ 合作关系。具体的评价指标如表 6-1 所示。

表 6-1 供应商评价指标体系

类别	衡量	说明
质量	Q_1 交货质量(PPM)	一定时间内次品的数量,包括退回或更新的零件
	Q_2 质量让步(PPM)	一定时间内质量让步的产品数量
	Q_3 交货质量(事故)	一定时间内发现次品的事故次数
	Q_4 质量让步(事故)	一定时间内发现质量让步的次数
	Q_5 客户投诉	一定时间内由供应商所引起的客户投诉次数,即外部某公司的投诉和其他供应商的投诉
	Q_6 严重事故的处理	一定时间内由于次品造成严重事故处理的次数
	Q_7 质量问题的解决方法	在衡量时期,问题解决的 1/3 进程中供应商已经达到了最高级
	Q_8 质量和环境保护管理系统	供应商所拥有的证书和管理系统的级别
成本	C_1 总购买成本	为购买某一产品所耗费的时间、精力、体力以及所支付的货币资金等,它包括货币成本、时间成本、精神成本和体力成本
	C_2 服务质量	对商务问题回应的快慢和灵活性
交货	D_1 交货一致性	相对于总订单量,准时交货的批次数占全部订单要求的百分比
	D_2 扫描	相对于总订单量,零部件准时交货的数量占全部订单要求的百分比
	D_3 交货问题解决办法	在衡量时期,供应商在解决质量问题的 1/3 进程中升到最高级别
合作关系	P_1 设计和开发的评估	研究、设计和开发的质量
	P_2 项目管理	为获得诀窍的项目管理表现
	P_3 管理的评估	参照期望的管理模式来对比供应商的实际动作情况
	P_4 物流方面响应程度	物流方面的响应、灵活性和努力的程度

注:① 每种衡量的得分都是以供应商的实际表现为基础的,评分的标准可以是:优秀 = 100 分;标准 = 60 分;低于标准 = 33 分;不满意 = 1 分;不适用 = 0 分。② 每一个部分都应该用加权系数来反映其相对重要性。

(4) 建立评价小组。企业必须建立一个小组以控制和实施供应商评价。组员以来自采购、质量、生产、工程等与采购合作关系密切的部门为主,组员必须有团队合作精神、具有一定的专业技能。评价小组必须同时得到制造商企业和供应商企业最高领导层的支持。

（5）供应商参与。一旦企业决定实施供应商评价，评价小组必须与初步选定的供应商取得联系，以确认他们是否愿意与企业建立采购合作关系，是否有获得更高业绩水平的愿望。企业应尽可能早地让供应商参与到评价的设计过程中来。然而，因为企业的力量和资源是有限的，企业只能与少数的、关键的供应商保持紧密的合作，所以，参与的供应商应尽量少。

（6）评价供应商。评价供应商的一个主要工作是调查、收集有关供应商的生产运作等各方面的信息。在收集供应商信息的基础上，就可以利用一定的工具和技术方法进行供应商的评价了。在评价的过程后，有一个决策点，即根据一定的技术方法选择供应商，如果选择成功，则可开始实施采购合作关系；如果没有合适的供应商可选，则返回到"建立供应商选择目标"，再开始评价与选择。对供应商的评估可分为主观法和客观法两种。主观法根据个人的经验和印象来对供应商进行评判，评判的依据非常笼统；客观法根据事先已制定的标准对应供应商的实际情况，进行量化考核，最后审定。典型的客观法有调查表法和现场评估法。调查表法指事先根据自己的需求制定一些标准格式的调查表，由供应商填写完，收回进行深入分析，常用于招标、询价以及对供应商的情况进行初步了解；现场评估法指事先准备好一些问题，并将其按照一定的格式编排好，组织相关部门的专业人员到现场进行核查和确认。对多数供应商来说，较合理的方法是用调查表法，但对主力产品、买断商品或战略商品，要采用调查表法和现场评估法相结合的方法。如果对供应商的评估结果可以接受，价格、商品样品及合同的相关条款都得到认可，那么即可将该供应商作为合作对象进行正式采购，开始商品试供应。

（7）实施采购合作关系。在实施采购合作关系的过程中，市场需求将不断变化，可以根据实际情况的需要及时修改供应商评价标准，或重新开始供应商评价选择。在重新选择供应商的时候，应给予旧供应商以足够的时间适应变化。

6.1.4 电子采购系统的业务模块

电子商务采购业务的基本流程如图6-5所示。在此流程模型中，采购部门必然是其中的主体，它负责采购的订单管理、合同管理、收获管理以及招投标管理等业务。

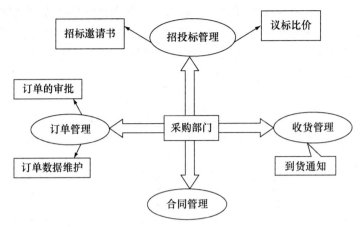

图 6-5　企业采购管理数据流程图

1. 采购订单数据处理模块

当采购计划到达采购员处理工作界面时,如果物料信息在系统已有原先维护好的供应商,则由协议供应商继续供货;如果是新产生物料或价格波动较大的物料,则需采购员进行招标工作。招标内容一般通过 ERP 系统传递给供应商,供应商经过研究后会将合理的价格发给采购员。这样采购员根据合格公正的原则筛选合适的供应商,进行三方甚至多方比价,最终确定供应商后,制定采购订单。采购订单通过物资供应中心领导的三层审批后,便可通知确定供应商进行送货,同时与该供应商签订供货合同。图 6-6 是采购订单处理流程。

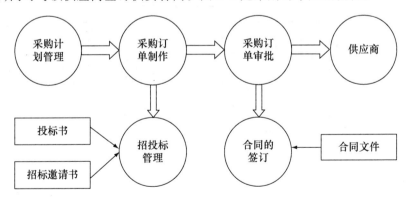

图 6-6　电子商务采购订单处理流程

2. 招标/投标管理模块

这个模块的功能主要是对供应商的筛选过程,采购人员将企业要采购的材料通过互联网在 ERP 上发布后,供应商可以登录系统检索自己所能提供的物料及报价,经系统管理员同意后,提交标书,参与几家的价格角逐。当合适的供应商提供标书完毕后,竞标工作开始。采购人员根据选择价格合适、高信誉供应商的原则,最终确定中标单位。当中标者被选定后,系统向其他供应商发出竞标结束信息,并将竞标结果公示在系统上,这样可以使供应商开展更加公正、公开的竞争。其模块划分如图 6-7 示。

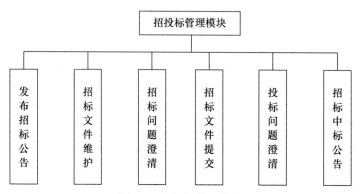

图 6-7 招投标管理模块

3. 合同管理模块

在制定好采购订单后,采购员便可以找中标的供应商签订采购合同,内容包括交货时间、有效期限、包装物、责任违约等内容,一式三份,需有物资供应中心审计科的签章和供应商的业务合同章以作证明。图 6-8 是合同管理模块图。

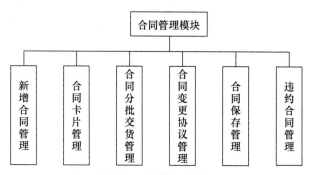

图 6-8 合同管理模块

4. 采购到货管理模块

当对采购订单进行收货处理时,采购人员应先查看系统上的采购订单是否经过几级批准后通过,若通过,便可开具到货通知单,然后通知质检部门进行验货,并将到货数量结果自动反馈到相应的采购订单中。图 6-9 为收货管理流程。

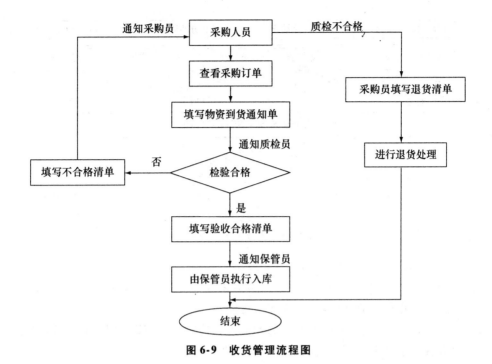

图 6-9 收货管理流程图

对于检验合格的物品,保管员可将物资进行分类排放完成分配入库工作,自动生成相应入库单,并将入库单号记录在到货单上的入库单号信息栏中,便于以后跟踪、查询、调用。对于检验不合格的物品,根据检验部门的建议和部门评审的意见进行退/换货处理,通过退货单,在明细栏中表明每样物品是退货还是换货,并将退/换货单号记录在到货单上的处理单号信息栏中,便于以后跟踪、查询、调用。

6.1.5 电子采购系统的建设

1. 电子采购系统的功能层次架构

电子采购可以是买方主导的电子采购模式,也可以是卖方主导的电子采购模式,或者是市场主导的电子采购模式。一个企业要想让自己能够方便地对历史采购数据进行分析、判断、学习、管理等操作,就必须构建买方主导的电子采购模式,并在企业内部构建一个适宜电子采购的信息系统。图 6-10 是一个典型的电子采购系统的功能层次架构图。

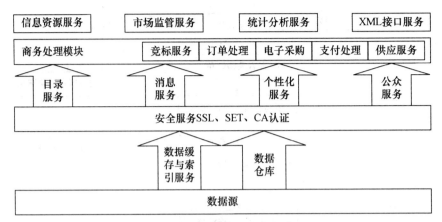

图 6-10 典型电子采购系统

第一,最底层的是数据采集层,通过集中与分布相结合的数据存储方式来收集和采集信息。利用数据缓存与索引服务来加速数据查询服务,同时数据仓库的应用使大容量的数据检索、分析成为可能。

第二,安全服务。通过可选择的 SSL 加密传输方式、SET 认证方式、CA 数字证书等安全手段来保证传输和辅助应用的安全。

第三,以目录服务、消息传输服务、个性化服务和公众服务为基础,电子采购的商务处理模块在完成竞标采购之后,总的标准订单处理模块构成电子采购的通用流程。

第四,最上层是用户的应用层,包括信息资源服务、市场监管服务、统计分析服务、行业商务 XML 规范接口的标准服务。

2. 系统的基础功能服务

系统的基础功能服务描述如下:

第一,目录服务。系统目录服务的设计要针对其主要交易的产品,充分考虑行业的特殊性,对于上网企业的资质、供应产品的合法性进行严格审核,保证上网交易或发布信息的企业及产品的合法性和有效性。系统的目录一定要实现灵活全面的查询和自动匹配功能,通过个性化、基于浏览器的用户界面及方便快捷的企业客户自助方式,提供全天候的服务。

第二,商务处理。系统提供的商务处理服务基于互联网,可以使行业企业改变以传统方式进行的采购/销售行为,代之以一套高效的标准化电子商务解决方案。商务处理模块可独立实施,也可以与企业现存的 ERP 或 MIS 相结合,以实现企业的采购/销售等商务活动的电子化和信息化。

第三,信息服务。系统提供的信息服务功能收集、提取商业决策所需的情报,利用商务数据集中存储和在线分析处理的优势,为企业提供市场分析、产品评测、采购及销售建议等一系列的商业信息。

第四,统计分析。通过数据挖掘帮助企业从交易形成的数据资源中识别和提炼有价值的信息,找到以前未知的、有效的、可行的业务情报(如购买行为、隐藏的关系和新的商业趋势)。

第五,在线竞标。系统的在线竞标主要包括商务会员管理、产品目录汇总服务、企业商务 XML 标准接口服务、订单管理、支付处理、监管审核服务、信息资源服务、统计分析等功能。

6.2 电子商务下的库存控制与库存管理

6.2.1 库存控制

1. 库存控制的概念

库存控制(Inventory Control)又称库存管理,是对制造业或服务业生产、经营全过程的各种物品、产成品以及其他资源进行管理和控制,使其储备保持在经济合理的水平上。传统的狭义观点认为,库存控制主要是针对仓库的物料进行盘点、数据处理、保管、发放等,通过执行防腐、温湿度控制等手段,达到使保管的实物库存保持最佳状态的目的。这只是库存控制的一种表现形式,或者可以定义为实物库存控制。

从广义的角度去理解库存控制应该是为了达到公司的财务运营目标,特别是现金流运作,通过优化整个需求与供应链管理流程,合理设置 ERP 控制策略,并辅之以相应的信息处理手段、工具,从而实现在保证及时交货的前提下,尽可能降低库存水平,减少库存积压与报废、贬值风险的目的。从这个意义上讲,实物库存控制仅仅是实现公司财务目标的一种手段,或者仅仅是整个库存控制的一个必要环节;从组织功能的角度讲,实物库存控制主要是仓储管理部门的责任,而广义的库存控制应该是整个需求与供应链管理部门乃至整个公司的责任。

2. 库存控制的目标

库存控制的目标是在保证企业生产、经营需求的前提下,使库存量经常保持在合理的水平上;掌握库存量动态,适时、适量提出订货,避免超储或缺货;减少库存空间占用,降低库存总费用;控制库存资金占用,加速资金周转。库存控制避免库存量过大或者库存量过小问题的产生,库存量过大所产生的问题包括增加仓库面积和库存保管费用,从而提高了产品成本;占用大量的流动资金,造成资金呆滞,既加重了货款利息等负担,又会影响资金的时间价值和机会收益;造成产成品和原材料的有形损耗和无形损耗;造成企业资源的大量闲置,影响其合理配置和优化;掩盖了企业生产、经营全过程的各种矛盾和问题,不利于企业提高管理水平。

库存量过小所产生的问题包括造成服务水平的下降,影响销售利润和企业信誉;造成生产系统原材料或其他物料供应不足,影响生产过程的正常进行;使订货间隔期缩短,订货次数增加,进而提高订货(生产)成本;影响生产过程的均衡性和装配时的成套性。

3. 库存管理思想

库存管理作为供应链管理的重要环节,一般包括入库管理、出库管理、收付款管理、商品资料管理、用户信息以及客户资料管理、其他收入管理、支出管理,还有各种明细账查询等环节。库存管理运营的好坏,直接关系到供应链管理的顺畅,关系到企业的整体运作水平和竞争能力。

库存管理一般追求货物安全、库存准确、货品完好、作业及时、运营高效、成本最低,纳入到供应链管理当中,客户满意、库存最优、成本最低才是最终目标。因此,满足客户需求,消除各类浪费应是库存管理的指导思想,其关键内容可概括为:一个核心、三个重点、一大保证。即以库存管理为核心,以仓库布局管理、现场作业管理和在库保管为工作重点,以改善管理为提升的保证。

4. 库存管理模型分类

库存管理指根据供应和需求规律,确定生产和流通过程中经济合理的物资存储量的管理工作。库存管理应起缓冲作用,使物流均衡通畅,从而既保证正常生产和供应,又能合理压缩库存资金,以得到较好的经济效果。

1915 年,美国的 F. W. 哈里斯发表关于经济订货批量的模型,开创了现代库存理论的研究。在此之前,意大利的 V. 帕雷托在研究世界财富分配问题时曾提出帕雷托定律,用于库存管理方面的即为 ABC 分类法。随着管理工作的科学化,库存管理的理论有了很大的发展,形成许多库存模型,应用于企业管理中已得到显著的效果。

库存管理模型的分类如下:

(1)不同的生产和供应情况采用不同的库存模型。按订货方式分类,可分为五种订货模型:① 定期定量模型:订货的数量和时间都固定不变。② 定期不定量模型:订货时间固定不变,而订货的数量依实际库存量和最高库存量的差别而定。③ 定量不定期模型:当库存量低于订货点时就补充订货,订货量固定不变。④ 不定量不定期模型:订货数量和时间都不固定。⑤ 有限进货率定期定量模型:货源有限制,需要陆续进货。

(2)库存管理模型按供需情况分类可分为确定型和概率型两类。确定型模型的主要参数都已确切知道;概率型模型的主要参数有些是随机的。

(3)按库存管理的目的又可分为经济型和安全型两类。经济型模型的主要目的是节约资金,提高经济效益;安全型模型的主要目的则是为保障正常的供应,不惜加大安全库存量和安全储备期,使缺货的可能性降到最小限度。

库存管理的模型虽然很多,但综合考虑各个相互矛盾的因素求得较好的经济效果则是库存管理的共同原则。

5. 几种主要的库存控制方法

(1) ABC 分类管理。一般在仓库中,仓储的物资品种繁多,每个品种的价格不同,各自的库存量也不尽相等。对所有库存品种采取同等程度的重视和管理是不经济的。为了使有限的资源得到充分利用,必须对仓储物资进行分类管理和控制,这就是 ABC 分类管理的基本思想。ABC 分类管理方法就是将库存物品按品种和占用资金的多少分为特别重要的库存(A 类)、一般重要的库存(B 类)和不重要的库存(C 类)三个等级,然后针对不同等级分别进行管理与控制。分类可以根据物资价值、销售难易程度、缺货产生的后果或者综合几种因素进行。这里举例说明:把某企业的物资按其金额大小分为 A、B、C 三类,然后根据重要性分别对待:A 类物资:品种少、实物量少而价值高的物资,其成本金额约占 70%,而实物量不超过 20%。C 类物资:品种多、实物量多而价值低的物资,其成本金额约占 10%,而实物量不低于 50%。B 类物资:介于 A 类和 C 类之间,成本金额约占 20%,实物量不超过 30%。在库存管理中,A 类物资应在不缺货的前提下,尽可能减少库存、小批量订货、每月盘点;C 类物资进行一般管理、大批量订货、年终盘点;B 类物资介于两者之间,半年盘点一次。

(2) 定期订货法。定期订货法是按预先确定的订货间隔订货补充库存的方法。它是基于时间的订货控制方法,根据库存控制目标和往年的库存管理经验,预先确定一个订货间隔周期,每经过一个订货周期进行一次订货。每次订货的数量可以不同,视情况而定。在定期订货法下,多种商品同时采购,可以降低订单处理成本和运输成本。这种订货法需要经常检查库存和盘点,适用于品种数量少、平均占用资金额较大的 A 类库存物品。

(3) 定量订货法。定量订货法是指当库存量下降到预定的最低库存量(订货点)时,按规定数量(一般以经济批量为标准)进行订货补充库存的方法。定量订货法主要靠控制订货点和订货批量来控制订货。首先确定一个订货点,当库存下降到该点时,就发出一个订货批量,即经济批量。订货点的确定公式为:

$$订货点 = 需求预测量 + 安全库存量$$

所谓经济批量就是使库存总成本达到最低的订货数量,它是通过平衡订货成本和储存成本两方面得到的。其计算公式为:

$$Q^* = \sqrt{\frac{2DS}{C}}$$

其中 Q^*——经济订货批量(EOQ);

D——商品年需求总量;

S——每次订货成本；
C——单位商品年保管费。

6.2.2 电子商务下的库存管理综合评价体系

电子商务行业的库存管理目标,既有和一般性企业所共有的基本要求,又有其特殊性。

(1) 实现"零库存"管理,降低运营成本。作为电子商务公司,如果能使大部分产品储存量达到或接近"零库存"的要求,就解决了仓库库存管理的一系列问题,诸如节省库存空间,降低管理费用,减少存货的维护、保管、装卸、搬运等费用,降低库存资金占用,减少库龄老化、损失、变质等。

(2) 库存信息的高度准确性与实时呈现性。电子商务行业的库存信息的特点是库存信息公开呈现在客户面前,客户需要库存信息及时而准确,丝毫的库存差异都会引来客户的抱怨和投诉。所以,拥有准确而及时的库存信息,对提升服务,塑造公司形象,稳定和培育客户关系至关重要。

对一个公司库存管理作出评价,必须综合各个方面的因素,如此才能有个全面、客观的评价。可以对实行新库存管理模式的前后作出对比,以时间为维度进行各库存管理主要参数的对比,以公司目标为参照进行横向对比,来判断新库存管理体系改进的有效性与实用性。

1. 库存准确率

综合反映后台系统和仓库管理系统(Warehouse Management Systemt, WMS)对接后库存管理水平的上升情况。

2. 商品周转率

反映整个供应链供销计划的周密性。用(月度售出的商品成本/月度平均库存总值)×100%表示,主要关注价值的变化。

3. 商品动销率

(动销品种数/库存总品种数)×100%,可以用来衡量整个仓库的销售情况,也可以用来指导品牌、品类的管理。

4. 库存耗损率

商品损耗率又称库存商品自然损耗率,是指在一定的保管条件下,某商品在储存保管期中,其自然损耗量与入库商品数量的比率,以百分数或千分数表示。

$$商品损耗率 = \frac{商品损耗量(t 或 kg 或件数)}{商品在库总量(t 或 kg 或件数)} \times 100\%$$

或

$$商品损耗率 = \frac{商品损耗额(元)}{商品在库总额(元)} \times 100\%$$

5. 物流成本占比

物流成本核算的目的是要促进企业加强物流管理,提高管理水平,创新物流技术,提高物流效益。物流成本核算贯穿于企业整个物流活动的全过程,因为企业的物流活动包括运输、仓储、装卸、搬运、包装、流通加工、配送和信息处理等多个环节。通常用(物流成本/当期销售额)×100%来表示物流成本占比,多分解为以下几种方式表示:

(1) 运输配送成本占比:TCR =(运输费/当期销售额)×100%;
(2) 仓储成本占比:WCR =(仓储租赁费/当期销售额)×100%;
(3) 包装费用占比:PER =(包装耗材总价值/当期销售额)×100%;
(4) 人事费用率:PCR =(人工成本总额/销售收入)×100%。人事费用率是指人工成本总量与销售(营业)收入的比率。本书所指人事费用率主要为物流及仓库员工的人事费用率。

6. 及时发货率

$$TDR = \frac{实际发出的订单数(或件数)}{当期应发出的订单数(或件数)} \times 100\%$$

本指标既能反映仓库员工的操作效率,也能反映因缺货而导致的发货迟滞。

7. 无误交货率

ADR = 当月准确按照顾客订单发货次数/当月内发货总次数。在实际操作中,人们应该保证能够正确按照客户的订单来交货。这能从另一侧面反映库存信息的准确与操作的无误。

8. 客户投诉率(与库存管理关联)

$$CCR = \frac{客户投诉的次数(或订单数)}{总的产品或者服务的数量(或订单数)} \times 100\%$$

这主要指与库存管理相关联的客户投诉,如发货错误、短缺、发货迟滞等。

9. 仓库缺货率

某家经营式的公司,客户需要的货源因缺货或种种原因没有按时达到,一段时间后,统计缺货的数量与总发货量的比例,就是缺货率。

$$仓库缺货率 = (缺货量/需求量) \times 100\%$$

仓库缺货率也可以用缺供客户数与供货客户数的百分比表示,即:

$$仓库缺货率 = (缺供客户数/供货客户数) \times 100\%$$

6.2.3 电子商务企业的仓库功能与选址

1. 电子商务企业仓库的功能

电子商务企业的仓库是一种多功能、集约化的物流据点。它是为服务网络销售而专门组织的仓储、配送物流方式,把收货验货、储存保管、分拣包装、配送交接和信息处理有机地结合起来,形成多功能、集约化和全方位应对网络销售服务的物流枢纽。通过发挥其各项功能,能降低整个系统的物流成本,提高订单发货能力,提高网络销售的客户整体服务水平。它主要具备如下功能:

(1) 收货验货功能。服务于网络销售的电子商务仓库面向的是终端消费者,消费者只会选择购买适合自己的物品,不可能像门店一样,以组合箱为单位要货。而传统物流仓库,通常以组合箱进行管理,所以仓库并不拆箱检查验货。电子商务仓库因为要将货物单件发送给消费者,所以必须对每一件商品进行检查验货,以免顾客收到错品、次品而引起投诉和纠纷。因此,电子商务仓库在收货验货这一环节具有很强的专业性和复杂性,必须拆箱逐一扫描并检验后才能确认收货。

(2) 储存功能。电子商务仓库的布局要服务于快速分拣货,因此要以 SKU(Stock Keeping Unit,即最小库存单位)为单位进行存放,在入库收货验货之后,就要把这些商品按 SKU 为单位分别上架。比如对服装类电子商务企业而言,通常是具体到一款服装的颜色和尺码,同一款服装只要不同色不同码就要分开存放。当然,如果一个 SKU 数量很大,可以只把部分数量上架,剩余的 SKU 以箱存放在大型库位上,之后根据销售情况,及时灵活补架即可。

(3) 分拣包装功能。在品种繁多的库存中,根据每一个顾客的订单,将所需 SKU(比如指定款式、指定颜色、指定尺寸),按订单数量分别挑选出来并装箱,这种作业称为分拣。电子商务仓库的分拣工作在整个电子商务物流占有重要地位,因为电子商务配送要求迅速、及时、正确无误地把订货装箱发给每一个顾客。由于电子商务配送的对象众多,可能遍及全国任何一个省市,而 SKU 种类十分繁多,每张订单的数量又很小,要求发货时间却十分紧迫,必须限期送到,在这种情况下,分拣是一项非常复杂的作业。传统的分拣方法有两种,一种是摘取式,一种是播种式。摘取式分拣的具体做法是:作业人员拉着集货箱(或称分拣箱)在排列整齐的仓库货架间巡回走动,按照配送单上所列的品种、规格、数量等将客户所需要的货物拣出及装入集装箱内。摘取式分拣的工艺过程:储物货位相对固定,而拣选人员或工具相对运动,所以又称人到货前式工艺。形象地说,类似于人们进入果园,在一棵树上摘下熟了的果子后,再转到另一棵树前去摘果。播种式分拣货物的具体做法是:将数量较多的同种货物集中运到发货场,然后,根据每个货位货物的发送量分别取出货物,并分别投放到每个代表用户的货位上,直到配货完毕。播种式分拣的工艺过程:用户的分货位固定,而分货人员或工具携货物相对运动,所以又称货到人前式工艺。形象地说,类似于一个播种者,一次取出几亩地所需要的种子,在地中边巡回边播种,所以称之为播种方式。一般在订单数量大而商品种类少的情况下,采取播种式分拣的比较多;在订单数量少而商品品种多的情况下,则采取摘取式分拣的比较多。比较复杂的情况下,也会采取播种式与摘取式相结合的复式方式进行分拣。例如,一般超市门店配送会先把订单分成几组,先以组别采取摘取式拣出总量,每一组再按播种式分配到每个订单。

(4) 配送交接功能。电子商务仓库不能像传统仓库一样,自己组织车辆车队送货上门,而是通过快递公司将订单发送到全国各地。因此,电子商务仓库主要承担配送交接的任务,即将装箱完毕的订单与快递公司进行交接。需要注意的是,在装箱的时候,需要打印快递单并粘贴在箱子上,同时还要记录快递单号和订单的关联,否则交接之后无法跟踪。这个过程是比较复杂而且容易出错的。由于目前国内快递水平参差不齐,所以通常企业要委托几家快递公司来派送,这些快递公司一般可以按省来划分,但是除了中国邮政的 EMS(指快递服务)可以到达任何一个地点之外,一般的快递公司总会有偏僻地区的盲点存在,这些盲点就要转给 EMS 来承担。哪些区域归哪个快递公司配送,哪个区域是盲点要转给 EMS 来承担,这些信息必须正确掌握和使用,否则订单就无法及时准确地送到消费者手中。需要说明的一点是,目前我国的快递公司信息化水平还不高,只能提供印刷好单号的快递单供仓库使用。而在日本,快递公司是可以接受企业自己生成的快递单号(建立在一定的规则基础上)的,这样可以大大方便订单和快递单的关联,提高工作效率。

(5) 信息处理功能。即使是传统仓库,也需要拥有相当完整的信息处理系统,才能有效地为整个流通过程的控制、决策和运转提供依据。而电子商务仓库,消费者本身就是通过信息化渠道生成订单的,也必然要在信息化渠道中跟踪订单的整个过程,对信息系统的要求就更高了。无论在收货验货、储存保管、分拣包装、配送交接等一系列物流环节的控制上,还是在物流管理和费用、成本、结算方面,均需要实现信息共享。另外,电子商务仓库要与企业生产系统、客服管理系统、电子商务平台等相关上游系统建立信息直接交流,以及时得到各类信息,如此才能及时有效地应对订单变化和紧急信息,同时还可将销售和库存信息迅速、及时地反馈给上游系统及决策部门,以制定和调整销售策略。

2. 电子商务仓库选址的含义

仓库选址,是指运用科学的方法决定仓库的地理位置,使之与企业的整体经营运作系统有机结合,以便有效、经济地达到企业的经营目的。仓库选址,首先要确定两个问题:

(1) 选择一个单一的仓库还是选择多个仓库。只有一个仓库在覆盖全国发货时将面临物流成本过高,大部分地区送货效率低下的问题,而设置多仓库可以节约物流成本、提高配送效率。

(2) 自建仓库还是租赁仓库。自建仓库初期投入较大,后期使用成本较低,稳定性高。租赁仓库没有初期投入,但使用成本相对较高,具有不稳定性。由于电子商务在高速发展,随着订单数量的不断增加,需要及时有效地调整分仓数量及分布,这种情况下,对仓库的选择要更灵活,因此租赁仓库更加合适。

一般仓库选址包括两个层次的问题：首先是选位，即选择在什么城市设置仓库，是在上海，还是在北京等。其次是确定地址。当确定了仓库设置的城市以后，需要确定在该城市的哪个具体位置来设置仓库，是郊区还是市中心，是北边还是南边等。

对于电子商务而言，由于最后的配送环节依赖于快递，而不是自己组织车队车辆进行配送，因此相对选位而言，确定地址并不十分重要。因为只要在一个城市里，那么快递的效率和服务是相差不大的。这时候只要着重考虑价格因素和服务质量因素即可。

3. 电子商务仓库选址的原则

仓库的选址必须按照一定的原则来进行，这样最终选择的结果才是有现实意义的，才能够实现选址的目的。仓库选址一般有以下一些原则：

（1）费用原则。经济利益对于任何一个以经营为目标的企业来说都是十分重要的一个考虑因素。费用的高低直接影响到企业的经济效益，仓库选址需求最直接的目的之一就是要降低物流成本，因此费用原则是非常现实的。

（2）接近用户的原则。对于服务性的企业来说，必须遵循这一原则，因为这是保证服务质量的一个十分重要的保证，是能够提高企业市场占有率的一个重要依据。这恰恰是仓库选址需求的另一个主要目的——缩短货物送达时间，提高顾客满意度。

（3）长远发展的原则。对于一个企业来说，近期的经济效益非常重要，因为其关系到企业的发展，但更加重要的是符合企业和市场环境的发展，所以在仓库选择决策时必须要有战略眼光，要顾及未来几年企业和市场环境的发展前景。

4. 电子商务仓库选址的影响因素

在仓库选址原则的指导下，还有很多因素对仓库选址有影响。如城市规划等政策因素。一个城市的规划是一个比较长期的过程，所以在进行仓库地址选择的时候一定要注意到这一点。如果这个城市对电子商务、物流有很大的热情，那么可以预期在将来一段时间里，政策、税收都会有一个比较持续稳定的倾向和保护性。这无疑对企业的发展是非常有利的。

除了城市规划等政策因素之外，仓库的租赁成本和运作成本因素也是不得不考虑的问题。上海等国际大都市的地价成本居高不下，仓储租赁成本、工人的工资自然也水涨船高，一些劳动密集型的企业正逐步从核心城市向内地迁徙，这些都是电子商务企业在仓库选址时必须考虑到的因素。

好在电子商务仓库对具体地点的要求并不高，一些发达城市郊区、边界城镇的仓库租赁和运作成本还在可以接受的范围之内，但是必须对未来的发展有所考虑。

5. 电子商务仓库的选址标准

结合对电子商务物流与传统配送物流共性与差异的探讨、对电子商务仓库的物流特性的分析、对仓库选址问题的讨论,电子商务仓库的选址标准可以总结如下:

(1) 该地区订单集中。目前,越来越多的快递公司可以做到同城限时到达了,同城的配送时间目前最长可以控制在 24 小时内,而且价格便宜。如果同城的订单集中,就可以为比较多的顾客提供最满意最及时的服务。因此,该地区的订单集中,可以看作仓库选址的一个重要标准。

(2) 该地区周边地区及省份订单(快递隔日达所能覆盖的区域)也比较集中。目前一般快递物流,多数地区对本省及相邻省份大部分地区可以做到隔日达,而隔日达是大多数顾客最理想的物流时间。根据新浪频道的网购满意度调查结果,54.9%的消费者反映网购时最不满意的环节就是送货服务。在专门针对快递满意度的调查中,47.1%的被调查者对快递不满意。不满意的原因有:送货不及时、货物有损坏、货物丢失、快递人员态度差、不送上门、借口路远索要费用、不签收就不让验货等。而排在第一位的就是"送货不及时",因此,仓库选址的目标之一就是确保尽可能多的订单可以在隔日达的覆盖范围之内。

(3) 物流基础好,是快递行业地区级的集散中心。快递物流的配送方式,是从收单地区汇集到收单地区附近的地区级集散中心,再从收单地区附近的地区级集散中心发往接单地区临近的地区级集散中心,再由接单地区临近的地区级集散中心分发到收单地区。例如,天天快递就有 20 余个集散中心,分别设在北京、上海等地,这些集散中心每天承担着对周边地区的货物中转收发工作,是整个快递物流网络的核心枢纽。因此,如果仓库位于一个地区级集散中心,就可以节省一段快递物流配送路径并提高配送效率。

6.2.4 电子商务库存管理系统分析

1. 电子商务库存管理系统的功能架构

电子商务库存管理系统旨在实现库存管理的基本功能,主要包括三个基本功能模块:采购入库、库存情况、库存调拨。

(1) 采购入库管理模块:主要包括采购进货、添加商品、增加商品信息。主要分为日常备货采购和业务员要求采购备货两类。日常备货采购指商务部根据仓库商品库存和市场行情主动备货;业务员要求采购备货指业务员根据销售需要向商务部提出采购备货。

(2) 库存情况管理模块:主要分为进退货查询、当前库存查询、库存明细、库存盘点、库存报警查询等。进退货查询主要是详细记录每天进货的信息和退货的信息,并且将相关的信息进行计算合并,然后获得当前库存的详细信息,并相应记录详细的库存明细。同时将库存盘点功能记录盘点的结果和原系统的记录进行对比。系统记录每次商品进入和调出仓库的情况,如果该商品的数量低于设置的最低数量,则系统自动报警。

(3) 库存调拨管理模块:主要包括库存调拨单、库存调拨情况查询。该项管理功能主要记录每天的仓库中商品进入和调出的详细信息。通过填写库存调拨单来记录每天的商品信息,然后通过数据库记录每天的商品进出库信息,最后对每天的商品进出库情况进行查询。系统的功能架构如图 6-11 所示。

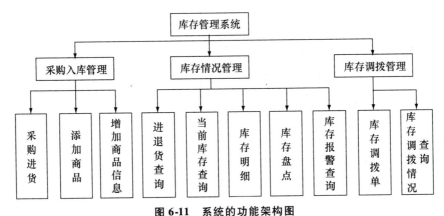

图 6-11　系统的功能架构图

2. 采购入库功能分析

采购入库包括三项基本功能:采购进货、添加商品和增加商品信息。采购入库功能需求和业务流程分别如表 6-2 和图 6-12 所示。

表 6-2　采购入库功能需求表

功能名称	基本描述
采购进货	录入供货的名称;录入收货仓库的名称;录入进货日期;添加新的商品条目;录入商品的名称、单位、规格型号、单价、数量、折扣率和总金额
添加商品	查询商品的名称,然后将查询的结果添加到右侧的所选商品中去;添加新的商品
增加商品信息	录入商品所属类别;录入商品编号;录入商品名称;录入单位;录入规格型号;录入商品条码;预设进价,预设售价

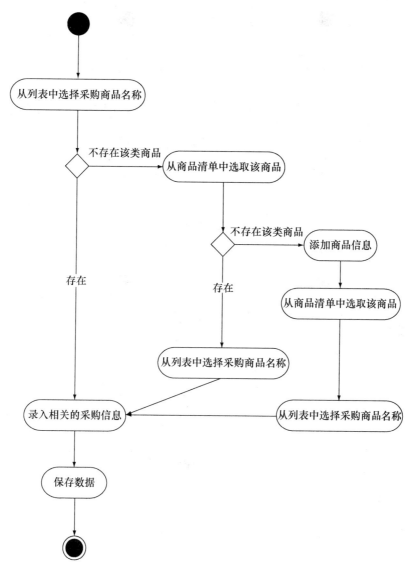

图 6-12　采购入库业务流程图

3. 库存情况功能分析

库存情况有五项基本功能，其需求如表 6-3 所示，该功能业务流程如图 6-13 所示。

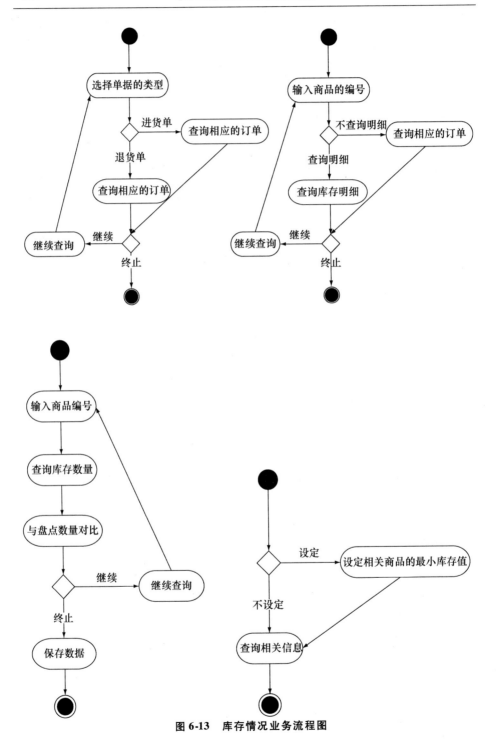

图 6-13 库存情况业务流程图

表 6-3　库存情况功能需求表

功能名称	基本描述
进退货查询	查询订单的单号、时间、供货商名称、仓库名称、应付金额、实付金额、单据类型、经办人
当前库存查询	查询商品编号、商品名称、库存量、销售总数、成本均价、生产厂商
库存明细	查询商品入库的日期、单据号、说明、供货商、入库数、出库数、经办人
库存盘点	商品编号、商品名称、库存数量、盘点数量、所在仓库、生产厂商
库存报警查询	商品编号、商品名称、单位、规格型号、当前库存、最低库存

4. 库存调拨功能分析

库存调拨主要有两项基本功能,如表 6-4 所示。该功能业务流程如图 6-14 所示。

表 6-4　库存调拨功能需求表

功能名称	基本描述
库存调拨单	用户在"调出仓库""调入仓库""调拨日期""经办人""备注"选项中选择或输入调拨的基本信息
库存调拨情况查询	对已经输入的库存调拨单进行查询

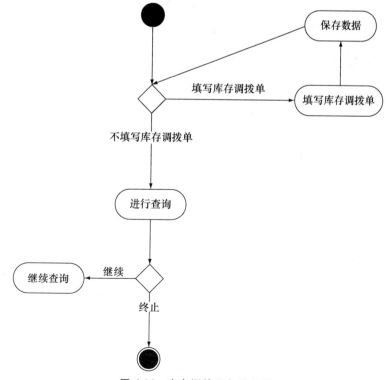

图 6-14　库存调拨业务流程图

本章小结

电子采购是由采购方发起的一种采购行为,是一种不见面的网上交易,如网上招标、网上竞标、网上谈判等。根据参与主体的不同,电子采购可以分为卖方模式、买方模式和市场主体。按照流程,网上采购可以划分为企业内部采购申请、采购审批和采购管理三个功能模块。更多的采购项目可能是具有某种特殊联系的企业之间的长期采购,对于这样的采购,一个很重要的工作就是对供应商的评价与选择。电子采购系统的业务模块包括采购订单数据处理模块、招标/投标管理模块、合同管理模块和采购到货管理模块。库存控制又称库存管理,指对制造业或服务业生产、经营全过程的各种物品、产成品以及其他资源进行管理和控制,使其储备保持在经济合理的水平上。

电子商务企业的仓库是一种多功能、集约化的物流据点,具有收货验货、储存、分拣包装、配送交接和信息处理功能。电子商务仓库选址一般遵循费用原则、接近用户的原则和长远发展的原则。电子商务仓库的选址标准有地区订单集中标准、周边地区及省份订单(快递隔日达所能覆盖的区域)也比较集中标准和物流基础好且是快递行业地区级的集散中心标准等。电子商务库存管理系统旨在实现库存管理的基本功能,主要包括三个基本功能模块:采购入库、库存情况、库存调拨。

应用案例

Zulily 公司的零库存管理

1. Zulily 是家什么公司?

都说赚女人和小孩的钱是最好的生意,Zulily 就是一家专门为母亲和 10 岁以内的孩子提供服装、玩具及家庭摆设的闪购电商。"闪购"即产品在线时间短,折扣力度大,每日定时更新的新电商模式,称为电商 2.0。Zulily 作为一家母婴用品闪购电商,每天早晨 6 点定时更新产品,平均在线 3 天时间,有超过 50% 的折扣,为母亲和孩子提供每日都有惊喜的购物体验。

这家有着浓烈互联网背景的公司在 2012 年 7 月的 D 轮融资中融资 8500 万美元,并被估值 10 亿美元。2012 年还亏损 1030 万美元的 Zulily,2013 年上半年已实现 230 万美元的盈利。

2. 零库存管理

Zulily 采用了零库存管理方式,刷新了电商行业的利润率、资产周转率、资本回报率记录。如果横向对比电商,其目前 30% 的毛利率、3% 的净利率和 3.5 倍的资产周转率都高于亚马逊、唯品会和当当网。

电商的库存和物流系统成本是最大的一块成本费用,相当于传统百货公司的商场租金。但 Zulily 的闪购模式,是在确认了客户订单之后再进行商品采购、检测、包装、分发、物流等程序,因而缩短了商品的平均在库时间,节省了库存处理成本(库存尾货打折处理会拖累毛利率),提高了产品的毛利率,与此同时也降低了仓库和库存商品所占用的资本金,提高了资产周转率和资本回报率。

从下表可以看出,Zulily 的库存周转天数只有短短的 9 天时间,远低于同行,其毛利率和净利率也是行业内最高的。Zulily 于 2010 年成立,2012 年第 4 季度便实现了盈亏平衡,比行业内的几家电商都要高。同时,Zulily 的总资产周转率高达 3.5 倍,轻资产运行且资本利用效率高,ROE(Rate of Return on Common Stockholders Equity,即净资产收益率)按照目前的 1.7 倍财务杠杆来算是 18%。从 Zulily、亚马逊、唯品会与当当网四个公司的资产分布看,也可以看得出 Zulily 是相对轻资产的公司。

但零库存管理牺牲的是时间。Zulily 接到订单之后,需要完成采购、检测、包装、分发、物流等一系列动作,耗时 10 天。而这对于其他几家电商来讲,都是一天可以搞定的,因为其采购、检测和包装都是提前完成的。这也是网络购物评论对 Zulily 最大的意见。同时,庞大的多点采购,会使得每单采购的质量控制的难度以及物流成本大幅上涨,这也是其商业模式的弊端。

同行对比	业务本质	库存天数	毛利率	净利率	总资产周转率
Zulily	母婴闪购	9	30%	3%	3.5
亚马逊	网络综合商场	44	28%	0.0%	2.1
唯品会	品牌闪购	73	23%	2.6%	2.4
当当	网络综合商场	125	17%	-4.3%	1.5

(改编自黄海平:《分解 Zulily:原来电商也可以这样盈利》,http://www.nbeca.org.cn/news/industry/773,2013 年 10 月 25 日访问。)

案例思考题

(1) Zulily 公司的零库存收购模式的相对优势是什么?
(2) Zulily 公司的零库存收购模式的相对劣势是什么?

第七章　电子商务仓储与配送管理

学习目标

1. 解释电子商务仓储管理的概念
2. 简述电子商务仓储管理作业流程
3. 简述电子商务物流配送的流程
4. 了解电子商务物流配送的类型
5. 解释电子商务物流配送中心的概念和功能
6. 熟悉电子商务物流配送中心的规划程序

关键词

仓储管理　物流配送　第三方物流　物流配送中心

引例

沃尔玛为网络订单建仓储中心追赶亚马逊

北京时间 2013 年 10 月 1 日下午消息：全球零售巨头沃尔玛正打算建造两个仓储中心，旨在有效处理来自网上的订单，并加速其物流。这是沃尔玛力争迎头赶上竞争对手亚马逊所推出的最新举措。

沃尔玛网站美国 CEO 乔尔·安德森（Joel Anderson）表示："沃尔玛所建造的这两大订单履行中心（Fulfillment Center）将有助于沃尔玛以更快速更便宜的方式处理来自客户的需求。"据了解，其中一家订单履行中心将在 10 月于美国得克萨斯州的沃思堡（Ft. Worth）开业，这两大中心将处理即将到来的冬季假期所面临的订单。第二家分销中心位于美国东海岸，将在 2014 年初于宾夕法尼亚州的 Bethlehem 开业，这距离亚马逊打造的利哈伊谷（Lehigh Valley）仓储中心只 10 英里之遥。

据悉，沃尔玛进军电子商务领域已有十年多的时间，但网上销量水平依然仅只在其总营业收入中占据很小的比重。统计数据显示，沃尔玛总的营业收入共计 4690 亿美元。据美国权威网络零售商杂志 *Internet Retailer* 发布的数据显示，在 2012 年，沃尔玛网店的销售额达到了 77 亿美元，而亚马逊的网店销售额高达 610 亿美元。沃尔玛表示，预计 2013 年网上销售额将达到 100 亿美元。2013 年

3月,沃尔玛规划了一项方案,将按照每股9美分的标准,投入合计近4.3亿美元的税前资金用于对其电子商务领域的投资。

沃尔玛的网店销售额增速并不足够强劲,部分原因在于提升效率以及更为经济有效地处理来自网店的订单物流存在一定的难度。直到近期,沃尔玛还仅仅只有一家美国分销中心来处理网店订单。而与此形成鲜明对比的是,亚马逊在美国共有超过40家仓储中心。由于自身订单履行中心的缺乏,沃尔玛有时不得不依靠第三方仓储来帮助其处理订单。但依靠第三方机构容易增加成本,沃尔玛网店每份包裹的成本在5美元至7美元,而亚马逊的包裹单价只有3美元至4美元。沃尔玛重申,其不会试图模仿亚马逊的商业模式。

事实上,沃尔玛计划有效整合其商店、现有分销中心以及新工厂进其"下一代履行网络"架构中。对于沃尔玛计划打造多少家仓储中心,乔尔·安德森拒绝透露,但表示,随着业务的增长,仓储中心的数量也会随之增长。据了解,目前,沃尔玛半数的网店订单都是由消费者到其商店自提,或者通过沃尔玛传统的分销网络进行运输,然后再从商店中发出。

沃尔玛表示,在过去的两年里,该公司已将物流速度提升了15%,成本削减了10%。新的网上订单履行中心的建立将允许沃尔玛向网络买家提供更多的产品种类。数据显示,在2013年,沃尔玛的网店商品种类将比前一年增长一倍多至500万个。

(资料来源:http://www.ebrun.com/20131002/82813.shtml,2013年10月20日访问。)

案例思考题

(1) 传统零售巨头沃尔玛构建两家大型订单履行中心的目的是什么?
(2) 沃尔玛和亚马逊的仓储配送服务有什么不同?

7.1 电子商务下的仓储管理

7.1.1 仓储管理概述

1. 仓储管理的含义

"仓"也称为仓库,为存放物品的建筑物和场地,可以为房屋建筑、大型容器、洞穴或者特定的场地等,具有存放和保护物品的功能;"储"表示收存以备使用,具有收存、保管、交付使用的意思,当适用有形物品时也称为储存。仓储就是在特定的场所储存物品的行为。

仓储管理是指对仓库和仓库中储存的货物进行管理,具体来说,仓储管理包括仓储资源的获得、仓储商务管理、仓储流程管理、仓储作业管理、保管管理、安全管理等多种管理工作及相关的操作。从广义上看,仓储管理是对物流过程中货物的储存以及由此带来的商品包装、分拣、整理等活动进行的管理。从供应方的角度看,作为流通中心的仓库从事着有效率的流通加工、库存管理、运输和配送等活动;从需求方的角度看,作为流通中心的仓库必须以最大的灵活性和及时性满足各种类顾客的需要。在新经济新竞争形势下,企业在注重效益,不断挖掘与开发自己的竞争能力的同时已经越来越注意到仓储合理管理的重要性。精准的仓储管理能够有效控制和降低流通和库存成本,是企业保持优势的关键助力与保证。

由于现代仓储的作用不仅是保管,更多的是物资流转中心,仓储管理的重点也因此不再仅仅着眼于物资保管的安全性,而应更多关注于如何运用现代技术,如信息技术、自动化技术来提高仓储运作的速度和效益。仓储业务核心内容可分为入库作业、仓储管理、出库作业、财务结算和查询报表五个主要部分。对于第三方物流企业的需求,则不能简单地停留在上述基本功能上,它们还应向客户提供各类统计信息,如保质期报告、安全库存报告、货位图、货品流动频率等各类信息。

2. 仓储管理的原则

仓储管理作业是一项组织严密、技术性强的工作,需要精心组织、科学安排,从而达到以下的管理目标:

(1) 仓储空间利用的最大化;

(2) 劳动力和设备的有效使用;

(3) 货物的方便存取;

(4) 货物的有效移动;

(5) 货物的良好保养。

因此,在进行仓储管理作业时需要遵循以下作业原则:

(1) 先进先出(First in First out, FIFO)、一次出库原则。先入库存放的物料,配发物料时优先出库,以减少仓储物料质量风险,提高物料使用价值;物料出库必须准确、及时及一次性完成,生产线领用物料必须要拉回自己的生产线所属位置,不能再堆放在仓库的范围,以免造成混乱和差错。

(2) 锁定库位原则。某物料固定摆在某库位,实物所放库位必须与ERP系统中的一致,而且不得随意挪用对应订单物料。库位编码就像一个人的家庭地址一样重要,没有固定库位,就无法快速地找到相关物料;对于物品的品种、数量以及保管位置(如货架编号、层次等)应清楚明晰地表示,以便作业人员容易地找到物品存放的位置,进而提高物品存放、拣出等作业的效率。

(3) 库存的ABC管理原则。A类物料的数量可能只占库存的10%—15%,但货值可占库存价值的60%—70%;B类物料的数量可能只占库存的20%—

35%,但货值可占库存价值的 15%—20%；C 类物料的数量可能占库存的 50%—70%,但货值可能占库存价值的 5%—10%。因此,要严格控制关键的少数和次要的多数,也就是要严格控制好 A、B 两类。

(4)"六不入"原则。有送货单而没有实物的不能办入库手续；有实物而没有送货单或发票原件的不能办入库手续；来料与送货单数量、规格、型号不同的不能办入库手续；IQC 检验不通过的,且没有领导签字同意使用的,不能办入库手续；没办入库而先领用的,不能办入库手续；送货单或发票不是原件的不能办入库手续。

(5)"五不发"原则。没有提料单的,或提料单是无效的,不能发放物料；手续不符合要求的,不能发放物料；质量不合格的物料,除非有领导批示同意使用,否则不能发放；规格不对、配件不齐的物料,不能发放；未办理入库手续的物料,不能发放。

(6)面向通道、分层堆放原则。它要求同一品种在同一地方保管：为提高作业效率和保管效率,同一物品或类似物品应放在同一地方保管,员工对库内物品放置位置的熟悉程度直接影响着出入库的时间,将类似的物品放在邻近的地方也是提高效率的重要方法。为使物品出入库方便,容易在仓库内移动,基本条件是货垛以及存放物品的正面尽可能面向通道；为提高库容利用效率,也为了保证作业的安全性、防止物品受损,需要利用货架等保管设备进行分层堆放保管,同时应注意遵守物品要求的堆码极限。根据物品重量安排保管的位置。安排放置场所时,当然要把重的东西放在下边,把轻的东西放在货架的上边,需要人工搬运的大型物品则以腰部的高度为基准,这对于提高效率、保证安全是一项重要的原则。依据形状安排保管方法。依据物品形状来保管也是很重要的,如标准化的商品应放在托盘或货架上保管。

(7)周转频率相对应原则。它要求根据出库频率选定物品存放位置。出货和进货频率高的物品应放在靠近出入口、易于作业的地方；流动性差的物品应放在距离出入口稍远的地方；季节性物品则依其季节特性来选定放置的场所。

3. 仓储管理的内容

仓储管理的对象是仓库以及库存物料,管理的手段既有经济的又有技术的,具体包括如下几个方面：

(1)仓库的选址与建筑问题。包括仓库选址的原则、仓库建筑面积的确定、库内运输道路与作业区域的布置等。

(2)仓库的机械作业与配置问题。包括如何根据仓库作业特点和所储存物资的种类及其他特性选择机械装备以及应该配备的数量,如何对这些机械进行管理等。

(3)仓库的业务管理问题。包括如何组织货物入库前的验收、存放入库物资、对库存物资进行保管、将物资发放入库,以及分拣配送等。

(4) 仓库的库存管理问题。包括如何根据企业生产需求状况储存合理数量的物资,既不因为储存过少引起生产中断而造成损失,又不因为储存过多而占用过多的流动资金等。

(5) 仓库的安全管理问题。包括仓库的治安保卫、仓库消防以及仓库安全作业等。

此外,仓库业务考核问题,新技术、新方法在仓库管理中的运用问题等都是仓储管理所涉及的内容。

4. 仓储的基本功能

(1) 保证社会再生产顺利进行。随着社会经济的发展,现代化大生产呈现出企业生产专业化程度不断提高和集团生产集中这些特点,需要在商品流通中不断进行品种上的组合,在数量上不断加以集散,在地域和时间上进行合理安排。储存保管能够衔接商品生产和消费时间上的不一致,调节商品生产和消费方式上的差异,使社会简单再生产和扩大再生产能建立在一定的商品资源的基础上,保证社会再生产的顺利进行。

(2) 调整生产和消费的时间差别、平衡市场供求关系。从物流过程看,储存保管可以解决社会生产与消费在时间上的差异。它既是物流过程的一个中心环节和物流系统的一项重要功能,又是物流过程中的一项主要作业活动,并通过其各项作业活动,为物流提供时间效用,保证了物流过程的正常进行,实现物流系统的整体功能。流通储存可在供过于求时吸纳商品、增加储存,供不应求时吐放商品,从而有效地调节供求关系、缓解矛盾。这样既可保证生产的稳定性,又可防止物价的大起大落,避免生产供应的恶性循环。

(3) 衔接流通过程。在采购、生产、销售的不断循环过程中,储存保管使各个环节相对独立的经济活动成为可能。同时,仓储可以调节各个环节之间由于供求品种及数量的不一致而发生的变化,使采购、生产和销售等企业经营的各个环节连接起来,起到润滑剂的作用,进而缩短从接受订单到送达的时间,以保证优质服务,同时又防止脱销。

(4) 企业市场信息的"传感器"。高效的企业管理已经进入供应链管理时代,企业间建立战略合作伙伴关系成为主流,这样企业之间可以做到信息共享,储存保管中的库存信息反馈可以使供应链上的下游企业准确把握市场需求的动向,是企业了解市场需求的重要途径之一。

7.1.2 仓储管理作业流程

简单地说,仓储管理作业流程比较简单,主要分为货物入库、货物在库保管、货物出库这三个主要环节,如图 7-1 所示。

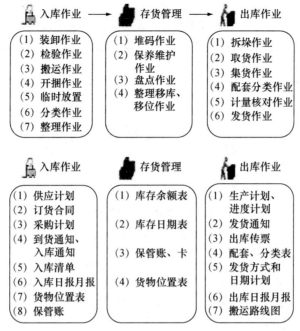

图 7-1　仓储管理作业流程

1. 入库作业

入库作业是仓储作业的开始,主要内容包括核验单据、装卸、搬运、分类、验收,确认商品后,将商品按预定的货位储存入库的整个过程。商品入库作业是后续作业的基础和前提,入库工作的质量直接影响到后续作业的质量。其作业流程主要包括:

(1)入库前的准备。主要包括货位的准备、清扫、垫垛;接货现场准备;装卸搬运设备的准备;工作人员的安排等等。

(2)接货与卸货。即接收货物、卸货。

(3)货物验收。根据实际情况对货物进行计量、检验检测,有的可能还要进行挑选整理工作,对验收合格的货物进行标示。

(4)货物堆垛。使用人工或机械设备将货物搬运至指定货位进行堆垛存放,有的货物可能还要使用货架或特殊的存放器具。

(5)核对单据。根据货物验收情况,填写入库单据,并与货物运单进行核对,确认验收入库商品的品种、规格、数量、质量、包装等是否与运单保持一致。若有出入,如发错货物、数量不对、包装破损等,必须记录并反馈,便于及时进行处理。

(6)入库信息处理。登记台账,并将有关单据反馈至其他有关部门,如财务、采购等。当然,信息化程度比较高的企业,其入库信息的获取和传递可以依靠计算机系统和网络来进行。

2. 在库管理

商品入库以后,在库管理非常重要,这是仓储管理工作的核心。最基本的要求就是保证在库商品的数量和质量。基本作业流程如图 7-2 所示。

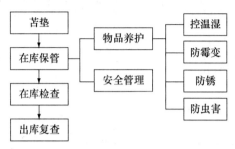

图 7-2 在库作业管理流程

(1) 苫垫。"苫"指在货垛上加上遮盖物,"垫"指在商品垛底加衬垫物。苫垫是防止各种自然因素对库存物品质量产生不良影响的必要措施。如露天存放的物品在苫垫后就可以减轻雨、露和潮气的侵蚀,免受日光暴晒的危害。

(2) 在库保管。在库保管中,物品养护是防止其质量变化的重要措施,是一项经常性的工作。

(3) 在库检查。检查在库物品可以掌握商品保管过程中的质量变化情况,便于及时发现问题并采取相应措施。

(4) 出库复查。货物出库时,应认真仔细复查。

3. 出库作业

商品出库作业是依据客户服务部门或业务部门开出的发货单、提单、领料单等商品出库凭证,按其所列的商品编号、名称、规格、数量或生产日期等项目组织商品出库的一系列活动。商品出库作业的完成标志着商品保管工作的结束。商品出库作业包括两个内容,即出库前的准备工作和商品出库工作。

(1) 出库前的准备工作。① 合理安排装车空间。② 检查车辆装载条件、是否满足卫生要求。③ 准备装车工具,如推车、渡板、叉车、托盘等。④ 安排装车所需工作人员。

(2) 商品出库工作。① 检查装车单据。确认出库单据是否真实,项目是否齐备,手续是否完善等。② 按照装车图配货装车。将要装车的货物从相应货位取出并装车,装车时应当按照装车图进行配载,以充分利用运输工具的容积空间和载重能力。在装车过程中应遵循装卸作业标准,规范操作。③ 核实装车商品数量、质量。装车时或装车结束后要核实装车商品的品种、规格、数量、质量等,以确保与出库单据一致,避免差错。④ 与送货人员或接货人员确认出库事宜。双方确认出库商品,签字盖章以明确责任。⑤ 登记台账。登记商品库存台账,并向财务、销售或者生产等部门反馈相关信息。

7.1.3 仓储合理化

1. 仓储合理化目标

仓储合理化是指用最经济的办法充分实现仓储的功能。合理仓储的实质是用最小的投入保证仓储功能的实现。仓储合理化的标志有以下几点：

（1）质量标志。保证仓储物的质量是仓储功能的根本要求。只有这样，商品的使用价值才能得以最终实现。现代物流系统已经拥有十分有效的维护货物质量及保证货物价值的技术手段和管理手段。

（2）数量标志。在保证仓储功能实现的前提下有一个合理的数量范围，现代科学管理的方法可以在各种约束条件下计算出合理的仓储数量范围。

（3）时间标志。在保证仓储功能实现的前提下，必须寻求一个合理的仓储时间。时间过长意味着商品积压，成本增加。常用周转速度指标来反映时间标志，如周转天数、周转次数等。

（4）结构标志。不同商品间往往存在一定的相关性，同类商品内部也常存在不同的品种、规格和花色。它们之间特别是相关性很强的商品必须保证一定的比例。所谓结构标志是指通过上述相关商品的仓储数量的比例关系来判断仓储的合理性。

（5）分布标志。不同地区对同种商品的需求是不同的，只有符合本地区实际需求的仓储商品，才能真正实现仓储的合理化。所谓分布标志是指通过不同地区仓储的数量与当地需求比例来判断仓储对需求的保障程度。

（6）费用标志。只有通过对仓租费、维护费、保管费、损失费以及资金占用利息支出等财务指标的考察，才能从实际费用上判断仓储是否合理。

2. 仓储合理化的实施

一般来说，仓储合理化的实施要点可以归纳为以下几个方面：

（1）进行仓储物的 ABC 分类。

（2）在 ABC 分类的基础上实施重点管理。

（3）在形成了一定规模的前提下，追求经济规模，适度集中库存。所谓适度集中库存，是利用仓储规模优势，以适度集中仓储代替分散的小规模仓储来实现合理化。

（4）进行科学的库存管理控制，保持合理库存。所谓库存控制是指在保障仓储物品供应的前提下，为维持合理库存量所采取的经济技术措施。库存控制的重点是对库存量的控制。库存量过多将导致许多问题出现，如占用过多的流动资金，增加利息成本；增加仓储费、保险费等费用支出。但是，库存量过少又会增加缺货的风险。因此，进行科学的库存管理对于实现仓储合理化是非常必要的。

（5）加速物资总的周转，提高单位产出。如采用单元集装存储，建立快速分拣系统等做法都利于实现快进快出，大进大出。目前企业一般都采用有效的"先进先出"方式。先进先出指先入库的物资先发出，保证货物的仓储期不会过长，这对于感光材料、食品等保质期较短的商品来说尤其重要。先进先出已成为仓储管理的准则之一。有效的先进先出方式主要有：① 贯通式货架系统。② "双仓法"仓储，给每种被储物准备两个仓位或货位，轮换进行存取，再配以必须在一个货位中取光才可补充的规定，可以遵循信号实现先进先出。③ 计算机存取系统。采用计算机管理，在存储时向计算机输入时间记录，编入一个简单的按时间顺序输出的程序，取货时计算机就能按时间标志给予指示，以保证先进先出。

（6）提高仓储密度，提高仓库的利用率。减少仓储设施的投资，提高单位仓储面积的利用率，以降低成本，减少土地占用。一般做法是增加储存高度，减少仓库内通道的数量和通道面积。

（7）采用有效的仓储定位系统。仓储定位的含义是被储物位置确定。仓储定位系统可采取先进的计算机管理，也可采取一般人工管理。如果定位系统有效，能大大节约寻找、存放和取出的时间，节省人力，防止差错。行之有效的方式主要有以下两种：① "四号定位"方式。这是用一组四位数字来确定存取位置的固定货位方法，是我国手工管理中采用的科学方法。这四个号码分别是：序号、架号、层号、位号。这就使每一个货位都有一个组号，在物品入库时，对其进行编号，记录在账卡上，提货时按四位数字的指示，可以很快地将物品拣选出来。② 计算机定位系统。计算机定位系统利用计算机储存容量大、检索迅速的优势，在入库时，将存放货位输入计算机，出库时向计算机发出指令，按计算机的指示即可准确找到仓储物品。

（8）采用有效的监测清点方式。这是确保账物相符，进行科学库存控制的需要。主要做法有以下三种：① "五五化"堆垛。这是我国手工管理中采用的一种科学方法。所谓"五五堆垛"就是以"五"为基本计数单位，堆成总量为"五"的倍数的垛形，如梅花五、重叠五等。大的商品堆码成五五成方，小的商品堆码成五五成包；长的商品堆码成五五成行，短的商品堆码成五五成堆，带眼的商品堆码成五五成串。这种堆垛方式过目成数，清点简便准确，适用于按件计量的商品。② 光电识别系统。在货位上设置光电识别装置，该装置对被储物扫描，并将准确数目自动显示出来。这种方式不需人工清点就能准确掌握库存的实有数量。③ 计算机监控系统。按计算机指示存取，可以防止人工存取易出现的差错，如果在被存物上采用条码技术，使识别记数和计算机连接，每存取一件物品时，识别装置就自动将条形码识别并将其信息输入计算机，计算机会自动进行存取记录。这样，通过计算机查询，就可以了解所存物品的准确情况。

（9）根据被储物的特性采用现代存储保养技术。常用的现代存储保养主要有气幕隔潮、气调储存、塑料薄膜封闭等。

（10）采用集装箱、集装袋和托盘等运储一体化的方式。集装箱等集装设施的出现给储存带来了新的观念，集装箱本身就是一个仓库，不需要再有传统意义的库房，在物流过程中省去了入库、验收、清点、堆垛、出库等一系列储存作业，因而是仓储合理化的一种有效方式。

（11）借助现代先进的信息技术来实现仓储管理最优化。如条码技术的应用较好地解决了数据录入和数据采集的"瓶颈"问题，为供应链的管理和电子商务最基础的对象——数字化提供了有利的技术保证。在产品入库管理中，识读商品上的条码标签，同时录入商品的存放信息，将商品的特性信息及存放信息一同存入数据库。通过条码传递信息，可有效避免人工录入的失误，实现数据的无损传递和快速录入。在产品出库管理中，产品出库时要扫描商品上的条码，对出库商品的信息进行确认，同时也记录了库存动态变化。在库存管理中，条码可用于存货盘点。通过手持无线终端扫描物品条码，收集盘点商品信息，然后将收集到的信息由计算机进行集中处理，从而形成盘点报告。

7.1.4 电子商务环境下的仓储作业

信息化是电子商务环境下仓储管理的基础。电子商务弥补了传统供应链的不足，它不仅局限于企业内部，而且延伸到供应商和客户，甚至供应商的供应商和客户的客户，建立起一种跨企业的协作，覆盖了产品设计、需求预测、外协和外购、制造、分销、储运和客户服务等的全过程。储存保管作业的效率成为供应链企业间双赢的基础。

电子商务对仓储管理技术提出了变革的要求，企业需要按照流通管理的信息化要求进行储存保管操作与管理，具体内容包括充分利用互联网、无线通信、条形码等现代信息技术，对储存保管实行统一管理，建立快速的、以信息技术为基础的专门服务于电子商务的储存保管服务系统。

1. 电子商务环境下的入库作业

现代化的商品流通要求快速、准确。电子商务环境下的入库作业由于采用了先进的控制手段和作业机械，采用最快的速度、最短的距离送取货物，使商品出入库的时间大大地缩短。同时，仓库作业准确率高，仓库与供货单位、用户能够有机地协调，这有利于缩短商品流通时间。电子商务环境下的管理信息系统中，入库管理模块支持采用条码、射频等先进的物流技术，对出入仓库的货物进行联机登录、存量检索、容积计算、仓位分配、损毁登记、简单加工、盘点报告和自动仓租计算等仓储信息管理，并定期生成业务完成情况质量统计表。具体体现在以下几个方面：

（1）入库单数据录入。入库单可包含多份入库分单,每份入库分单可包含多份货载单元数据。入库单的基本结构是每个货载单元上放一种货物,这样会使仓储的效率更高、流程更清晰。

（2）条码打印及管理。条码打印及管理的目的是避免条码的重复,以使仓库内每一个货载单元货物的条码都是唯一的标识。

（3）货物货载单元数据登录录入。入库单的库存管理系统可支持大批量的一次性到货,运作过程是:批量到货后,首先要分装,然后进行货载单元数据的登录注记。所谓货载单元数据的登录注记是指对每个货载单元货物分别给予一个条码标识,登录注记时将每个货载单元上装载的货物种类、数量、入库单号、供应商、使用部门等信息与其唯一的条码标识联系起来。注记完成后,条码标识即成为在库管理的关键,通过扫描该条码可得到该货载单元货物的相关库存信息及动作状态信息。

（4）货位分配及入库指令的发出。货载单元资料录入完成后,该货载单元即进入待入库状态,系统将自动根据存储规则（如货架使用区域的划分）为每一个货载单元分配一个适当的空货位,并使手持终端发出入库操作的要求。

（5）占用的货位重新分配。当所分配的货位实际已有货时,系统会指出新的可用货位,通过手持终端指挥操作完成。

（6）入库成功确认,入库登账管理。从录入完成至手持终端返回入库成功的确认信息前,该货载单元的货物一直处于入库状态。直到收到确认信息,系统才会把该货载单元货物的状态改为正常库存,并相应更改数据库的相关记录,进而进行入库登账管理。

（7）入库单据打印。打印实际收货入库单。

2. 电子商务环境下的盘点作业

储存保管作业中物品处于不断进、存、出的动态中,在作业过程中产生的误差会导致库存资料反映的数据与实际数量不相符。有些物品因存放时间太长或保管不当使其质量受到影响。为了对库存物品的数量进行有效控制,并查清商品在库中的质量状况,必须定期或不定期地对各储存场所进行清点、查核,这一过程称为盘点作业。电子商务环境提供循环盘点并支持不停业盘点,保证盘点准确和操作简单。

（1）盘点作业的目的。电子商务环境下储存保管作业周转量大,通过盘点可以发现企业在作业和管理中存在的问题,进而解决问题,达到提高管理水平,并减少损失的目的。第一,可及时查清实际库存数量,并根据盈亏调整使库存账面数量与实际库存数量一致。第二,可及时计算企业资产的损益。第三,当发现储存保管管理中存在的问题时,可及时解决问题,改善作业流程和作业方式,提高人员素质和管理水平。

（2）盘点作业的内容。一般来说，盘点作业主要包括以下内容：第一，查数量。系统可根据事先设定的产品分类，自动产生或人工选择产生盘点任务表，进行盘点作业。盘点作业主要扫描产品标签和相应的库位信息。数据上传后，系统会自动列出已盘产品与未盘产品，并根据需求进行盘盈、盘亏等操作。通过点数计数查明商品在库的实际数量，核对库存账面资料与实际库存数量是否一致。第二，查质量。检查在库物品质量有无变化，有无超过有效期和保质期，有无长期积压等现象，必要时还必须对物品进行技术检验。第三，查条件。检查保管条件是否与各种物品的保管要求相符合。第四，查安全。检查各种安全措施和消防设备、器材是否符合安全要求，建筑物和设备是否处于安全状态。

（3）盘点作业的基本步骤。盘点作业的步骤主要包括盘点前的准备、盘点时间的确定、盘点方式的确定、盘点人员的培训、清理盘点现场、盘点商品、查清盘点差异的原因和盘点结果的处理。传统库存盘点主要通过工作人员直接进行点数来完成，不仅效率较低，而且也容易出现误差。电子商务的发展、条码技术以及扫描器等的应用，不仅大幅度地提高了盘点效率、降低了误差，而且也可以及时进行数据的处理与应用。目前在盘点作业中，手持式资料终端机得到了广泛应用。其轻小、无线、可随身携带，不仅具有收集和读取的功能，而且还配有CPU微处理器和记忆装置，兼具资料储存及处理的功能，并可依各企业的管理模式修改程序。

（4）盘点误差分析。盘点的主要目的是希望通过盘点来检查目前仓库中物品的出入库及保管状况，并由此发现和解决管理及作业中存在的问题。需要通过盘点了解的问题主要有：① 实际库存量与账面库存量的差异有多大；② 这些差异主要集中在哪些品种；③ 这些差异对公司的损益造成多大影响；④ 平均每个品种的物品发生误差的次数情况如何。通过对上述问题的分析和总结，找出在管理流程、作业程序、人员素质等方面需要改进的地方，进而改善物品管理的现状、降低物品损耗、提高经营管理水平。

3. 电子商务环境下的出库作业程序

一般来说，在电子商务环境下，出库作业程序如下：

（1）出库操作员根据买主的购货要求将出库单（品种、数量或重量等）信息输入出库终端，并自动传送给主管理计算机。主管理计算机根据收到的出库单信息，进行库存查询，并按先进先出、各巷道均匀出库和巷道内就近出库等原则选择出库的货载单元、货位地址及相应的出货台，形成出库命令。

（2）现场计算机根据当前出库作业的情况，对出库命令及其他作业命令（如入库、空盘操作等）进行作业的优化调度，编制出库指令，安排各巷道的作业次序，并下载到数据终端。

（3）作业人员按数据终端提示，到达指定库位。

(4) 从库位上取出指定数量的货物,改写库位标签内容。

(5) 货物运送到出口处,取下货物标签,等待进行下一个作业。

(6) 向现场计算机发回完成出库作业信息。

(7) 更新中心数据库,将收到的完成信息进行销账处理,实现"动态账本"功能。

7.2　电子商务物流配送

7.2.1　电子商务物流配送概述

1. 电子商务物流配送的含义

配送作为连接下游客户的"最后一公里"直接面向客户提供物流服务,其服务的效率高低与质量优劣将直接影响到下游客户对上游物流服务提供方的最终评价。因此,配送活动不仅影响着物流的经济效益与社会效益,甚至可以说物流成果主要是通过配送来实现的,它是将事物的物质特性转换为经济价值的过程。物流配送是指按用户的订货要求,在物流节点进行分拣、配货等工作,并将配好的货物以最合理的方式送交收货人的过程。

以网络为基础的电子商务催化着传统物流配送的革命。回顾配送的发展历程,可以说经历了三次革命。初期阶段就是送货上门。为了改善经营效率,国内许多商家较广泛地实现了把货送到买主手中,这是物流的第一次革命。第二次物流革命是伴随着电子商务的出现而产生的,这是一次脱胎换骨的变化,不仅影响到物流配送本身,也影响到上下游的各体系,包括供应商、消费者。第三次物流革命就是物流配送的信息化及网络技术的广泛应用所带来的种种影响,这些影响是有益的,使物流配送更有效率。

电子商务中的物流配送,是指物流配送企业采用网络化的计算机技术和现代化的硬件设备、软件系统及先进的管理手段,针对社会需求,严格地、守信用地按用户的订货要求,进行一系列的分类、编配、整理、分工、配货等理货工作,定时、定点、定量地交给没有范围限度的各类用户,满足其对商品的需求,即信息化、现代化、社会化的物流配送,也可以说是一种新型的物流配送。电子商务物流配送定位在为电子商务的客户提供服务,根据电子商务的特点,对整个物流配送体系实行统一的信息管理和调度,按照用户订货要求,在物流基地进行理货工作,并将配好的货物送交收货人的一种物流方式。这一先进的、优化的流通方式对流通企业提高服务质量、降低物流成本、优化社会库存配置,从而提高企业的经济效益及社会效益具有重要意义,配送作为现代物流的一种有效的组织方式,代表了现代市场营销的主方向,因而得以迅速发展。

2. 电子商务物流配送的特征

在传统的物流配送企业中,大量的人从事简单的重复劳动,人是机器、数字和报表的奴隶,劳动的辛苦是普遍存在的。在网络化管理的新型物流配送企业,这些机械的工作都交给了计算机和网络,既减少生产企业库存,加速资金周转,提高物流效率,降低物流成本,又刺激了社会需求,有利于整个社会的宏观调控,也提高了整个社会的经济效益,促进市场经济的健康发展。这种新型物流配送除具备传统物流配送的特征外,还具备以下基本特征:

(1) 信息化。通过网络使物流配送信息化。实行信息化管理是新型物流配送的基本特征,也是实现现代化和社会化的前提保证。

(2) 网络化。物流网络化有两层含义,一是物流实体网络化,指物流企业、物流设施、交通工具、交通枢纽在地理位置上的合理布局而形成的网络。电子商务的物流配送要根据市场情况和现有的运输条件,确定各种物流设施和配送中心的数量及地点,形成覆盖全国的物流配送网络体系。二是物流信息网络化,指物流企业、制造业、商业企业、客户等通过互联网等现代信息技术连接而成的信息网。

(3) 现代化。电子商务的物流配送必须使用先进的技术设备为销售提供服务,这些技术包括条码、语音、射频自动识别系统、自动分拣系统、自动存取系统、自动导向、货物自动跟踪系统等,只有采用现代化的配送设施才能提高配送的反应速度,缩短配送的时间。同时,随着生产、销售规模的扩大,物流配送对技术、设备的现代化要求也越来越高。

(4) 社会化。社会化程度的高低是区别新型物流配送和传统物流配送的一个重要特征。很多传统的物流配送中心往往是某一企业为给本企业或本系统提供物流配送服务而建立起来的,有些配送中心虽然也为社会服务,但同电子商务下的新型物流配送所具备的真正社会性相比,具有很大的局限性。

(5) 虚拟性。电子商务物流配送的虚拟性来源于网络的虚拟性。通过借助现代计算机技术,配送活动已由过去的实体空间拓展到了虚拟空间,实体配送活动的各种职能和功能都可以在计算机上进行模拟,人们不仅可以看到配送活动的图像,而且还可以进行配送的操作演示,通过各种组合方式,寻求配送的合理化,使商品实体的实际配送过程能够达到效率最高、费用最少、距离最短、时间最少。

(6) 实时性。虚拟性的特性不仅有助于决策者获得高效的决策信息支持,还可以实现配送信息的代码化、数据库化。通过建立信息系统和虚拟配送网络,企业可以实现对配送活动的全程实时监控,对实体作业人员发送信息指令,并接受作业人员的实时反馈信息和请求,使得实体物流配送活动更加高效与合理。

(7) 个性化。个性化配送是电子商务物流配送的重要特性之一,在电子商务环境下,配送企业能够完全按照客户的不同需求做到一对一的配送服务。这一特性开创了传统物流配送的新时代,它不仅使普通的大宗配送业务得到发展,而且还能够适应客户需求多样化的发展趋势和潮流。个性化的电子商务物流配送服务主要是通过共同筛选技术和神经网络匹配技术来实现的。共同筛选技术可以把不同客户要求的配送习惯、喜好的配送方式等加以比较,从而为每一位客户量身制订配送方案;神经网络匹配技术通过模仿人的大脑程序,识别复杂数据中的隐含模式,使提供配送服务者能够迅速与每一位客户进行有效沟通,从而更好地了解并满足客户所期望的特殊配送服务。

(8)增值性。除了传统的分拣、备货、配货、加工、包装、送货等作业以外,电子商务物流配送的功能还向上游延伸到市场调研与预测、采购及订单处理,向下延伸到物流咨询、物流方案的选择和规划、库存控制决策、物流教育与培训等附加功能,从而为客户提供更多具有增值性的物流服务。

3. 电子商务物流配送的优势

相对于传统的物流配送模式而言,电子商务物流配送模式具有以下优势:

(1)能够实现货物的高效配送。在传统的物流配送企业内,为了实现对众多客户大量资源的合理配送,需要大面积的仓库来用于存货,并且由于空间的限制,存货的数量和种类受到了很大的限制。而在电子商务系统中,配送体系的信息化集成可以使虚拟企业将散置在各地分属不同所有者的仓库通过网络系统连接起来,使之成为"集成仓库",在统一调配和协调管理之下,服务半径和货物集散空间都放大了。在这种情况下,货物配置的速度、规模和效率都大大提高,使得货物的高效配送得以实现。

(2)能够实现配送的实时控制。传统的物流配送过程是由多个业务流程组成的,各个业务流程之间依靠人来衔接和协调,受人为因素的影响,问题的发现和故障的处理都会存在时滞现象。而电子商务物流配送模式借助于网络系统可以实现配送过程的实时监控和实时决策,配送信息的处理、货物流转的状态、问题环节的查找、指令下达的速度等都是传统的物流配送无法比拟的,配送系统的自动化程序化处理、配送过程的动态化控制、指令的瞬间到达都使得配送的实时控制得以实现。

(3)物流配送过程得到了简化。传统物流配送的整个环节由于涉及主体众多以及关系处理的人工化,所以极为烦琐。而在电子商务物流配送模式下,物流配送中心可以使这些过程借助网络实现简单化和智能化。比如,计算机系统管理可以使整个物流配送管理过程变得简单和易于操作;网络平台上的营业推广可以使用户购物和交易过程变得效率更高、费用更低;物流信息的易得性和有效传播使得用户找寻和决策的速度加快、过程简化。很多过去需要较多人工处理、耗费较多时间的活动都因为网络系统的智能化而得以简化,这种简化使得物流配送工作的效率大大提高。

4．电子商务对传统物流配送的影响

电子商务以数字化网络为基础进行商品、货币和服务交易，目的在于减少信息社会的中间商业环节，缩短周期，降低成本，提高经营效率和服务质量，使企业有效地参与竞争。配送定位于为电子商务客户提供服务，需要根据电子商务的特点，对整个配送体系实行统一的信息管理和调度。这一先进的、优化的流通方式对流通企业提高服务质量、降低物流成本、优化社会库存配置，从而提高企业的经济效益具有重要意义。配送制作为现代物流的一种有效的组织方式，代表了现代市场营销的主导方向，因而得以迅速发展。电子商务对物流配送的冲击和影响可概述为以下几点：

（1）颠覆了传统的物流配送观念。传统的物流配送企业需要置备大面积的仓库，而电子商务系统网络化的虚拟企业将散置在各地的分属不同所有者的仓库通过网络系统连接起来，使之成为"虚拟仓库"，进行统一管理和调配使用，服务半径和货物集散空间都放大了。这样的企业在组织资源的速度、规模、效率和资源的合理配置方面都是传统的物流配送所无法比拟的，相应的，其物流观念也必须是全新的。

（2）网络对物流配送的实时控制代替了传统的物流配送管理程序。一个先进系统的使用，会给一个企业带来全新的管理方法。传统的物流配送过程是由多个业务流程组成的，受人为因素影响和时间影响很大。网络的应用可以实现整个过程的实时监控和实时决策。新型物流配送的业务流程都由网络系统连接，系统的任何一个神经末端收到一个需求信息，该系统都可在极短的时间内作出反应，并可以拟订详细的配送计划，通知各环节开始工作。这一切工作都是由计算机根据人们事先设计好的程序自动完成的。

（3）物流配送的持续时间在网络环境下会大大缩短，因而对物流配送速度提出了更高的要求。在传统的物流配送管理中，由于信息交流的限制，完成一个配送过程的时间比较长，随着网络系统的介入，这个时间会变得越来越短，任何一个有关配送的信息和资源都会通过网络管理在几秒钟内传到有关环节。

（4）网络系统的介入，简化了物流配送过程。传统物流配送整个环节极为烦琐，网络化的新型物流配送中心可以大大缩短这一过程：网络支持下的成组技术在网络环境下可以更加淋漓尽致地被使用，物流配送周期会缩短，其组织方式也会发生变化；计算机系统管理可以使整个物流配送管理过程变得简单和容易。随着物流配送业的普及和发展，行业竞争的范围和残酷性大大增加，信息的掌握、信息的有效传播和其易得性，使得用传统的方法获得超额利润的可能性越来越少；网络的介入，使人们的潜能得到充分的发挥，自我实现的需求成为多数员工的工作动力。在传统的物流配送企业中，大量的人从事简单的重复劳动;网络化管理的新型物流配送企业,这些机械的工作都会交给计算机和网络,留给人们的是能够给人以激励、挑战的工作。人类的自我实现的需求得到了充分的满足。

7.2.2 电子商务物流配送的业务流程

电子商务物流配送流程与传统意义上的物流配送存在着显著区别,即从货物输入配送中心到货物送达客户手中的整个业务流程都处于信息的监控中,是在信息驱动下开展实体作业。比起传统的物流配送活动,具有更高的效率与服务质量。虽然因配送对象的性质、特点、企业状况以及客户要求不同而有所不同,但在一般情况下,电子商务物流配送的实体作业流程都包括进货、储存、分拣、配货、配装、送货等步骤,如图7-3所示:

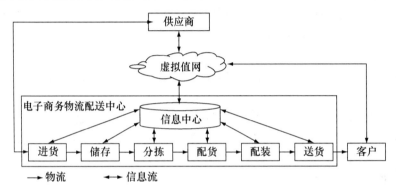

图 7-3 电子商务物流配送的一般业务流程

1. 进货

进货也称备货,是配送的准备工作,包括筹集货源、订货或购货、集货及有关的质量检验、结算、交接等。备货是决定配送成败的前期工作,如果备货成本过高,会大大降低配送的效益。进货作业的具体步骤如图7-4所示:

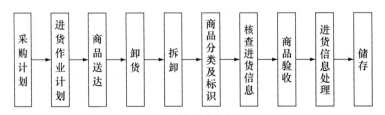

图 7-4 进货业务流程

2. 储存

货物在配送中心有不同程度的停留,包括储备及暂存两种形态。配送储备是按一定时期的配送经营要求,形成对配送的资源保证。这种类型的存货数量较大,结构较为完善,根据货源及到货情况,可以有计划地确定周转储备及安全储备的结构和数量。暂存是执行配送时,按分拣配货要求,在理货场地进行少量储存,待分拣、配货等作业完成后立即转入待发运状态,因此暂存的时间不会太长。

3. 分拣及配货

分拣及配货是完善送货、支持送货的准备性工作。电子商务物流配送中心的分拣及配货多采用自动化、机械化的方式操作。分拣作业的具体步骤如图7-5 所示:

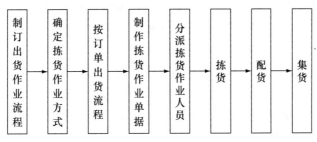

图 7-5　分拣业务流程

4. 配装

在单个配送数量达不到车辆的有效运载负荷时,就存在如何集中不同用户的配送货物,进行搭配装载以充分利用运能、运力的问题,这就需要配装。

5. 送货

送货是短距离、小规模的运输形式,是通过运输工具将装好的货物送达目的地的活动。在进行送货作业时,选择合理的运输方式以及运输工具对于提高送货的服务质量和作业成本至关重要。

6. 其他作业

除以上一般性作业以外,还包括:流通加工作业,这是提高设备设施利用效率、增加客户满意度的重要措施;物流信息处理作业,对上下游客户传递过来的信息进行分类、整理、挖掘后,再分别向上下游客户输出;退货处理作业,对于客户的退货进行相关处理作业,如重新发运、拆装、销毁、更换破损等。

7.2.3　电子商务物流配送的分类

电子商务物流配送由于配送者、配送对象、服务对象以及流通环境等的不同,可以按不同的标志划分为不同的类型。

1. 按配送组织者的不同分类

(1) 商店配送。组织者是商业或物资的门市网点,随着电子商务业务的开展,这些网点除了线下的实体销售以外,还拓展了网上销售业务,通过门户网站获得销售订单,随后开展网下的实体配送。由于这类网点主要承担商品的零售,规模一般不大,但经营品种齐全。除日常的零售业务外,还可根据用户的要求将商品经营的品种配齐或是代用户外订外购一部分本商店平时不经营的商品,和商店经营的品种一起配齐送给用户。这种配送组织者的实力有限,往往只配送小量、零星的商品,很难与大型配送中心建立计划配送关系。其配送半径较短,比较机动灵活,可以承担生产企业非主要生产物资的配送及对个人消费者的配送,是配送中心配送的有益补充形式。

(2) 配送中心配送。这类物流配送的组织者是专业化的配送中心。这种配送中心面对成千上万的供应厂商和消费者以及瞬息万变的市场,承担着为众多用户配送商品并满足客户不同需求的任务。配送中心通过强大的信息网络与上下游的企业保持密切联系,不仅承担着货物聚集与发散的功能,还承担着上下游企业信息交换的功能。在配送中心的内部,自动分拣输送系统与数码仓库设备能够适应市场的动态化需求,柔性化的作业系统、信息系统与管理系统能够为客户提供更完美的服务,在多用户、多品种、少批量、高频率、准确、迅速、灵活等服务方面具有独特的优势。

(3) 生产企业配送。现在多数企业都设立了自己的网站,开展网络营销业务。当网上交易完成后,这些生产企业便可以按用户的要求直接开始配送,从而减少中间环节,降低企业成本。

(4) 仓储配送。组织者是仓储企业,可以是仓库完全改造成配送中心,或是以仓储功能为主,增加一部分配送功能。

2. 按配送商品的种类和数量分类

(1) 单(少)品种大批量配送。单(少)品种大批量配送是指在一次配送业务中所配送商品的种类只有一种(或少数几种),但配送数量较大的配送业务。由于配送的品种较少、批量大,单独一个或少数几个品种就可以达到较大的输送量,因此可以实行整车运输。这种商品往往不需要再与其他商品搭配,可由专业性很强的配送中心实行配送。配送中心内部设置、组织、计划等工作较为简单,配送成本较低。在电子商务环境下,这种配送形式将会越来越少。

(2) 多品种、少批量配送。多品种、少批量配送是指在一次配送业务中所配送的商品种类较多,但每种商品的配送数量较少的配送业务。这是电子商务物流配送的一个重要特性。电子商务环境下客户需求变得多样化与个性化,所订商品的数量在逐渐减少,甚至是单个商品的订购,但订购的品种在增加。因此,多品种、少批量配送是按照客户要求,将所需的各种物品(每种需要量不大)配备齐全,凑整装车后由配送据点送达客户。这种配送配货作业水平要求较高,配送中心设备较为复杂,计划难度大,要有高水平的组织工作保证和配合。在各种配送方式中,这是一种高水平、高技术的方式。

(3) 成套配送。当用户尤其是装配型企业需要多种配件和成套设备时,可以采用成套配送的形式。将企业生产每一件产品所需的全部零部件配齐,按生产节奏定时送达生产企业,生产企业随即可将此成套零部件送入生产线装配成成品。在这种配送方式下,配送企业承担了生产企业大部分供应工作,使生产企业专注于生产,与多品种、少批量配送效果相同。

3. 按配送时间及数量分类

(1) 定时配送。定时配送是指按规定的时间间隔进行配送,每次配送的品种及数量可按计划执行,也可在配送之前以商定的联络方式(如 EDI 网络、电子商务网站等)通知配送的品种及数量。这种方式由于时间固定,易于安排工作计划,易于计划使用车辆,对客户来讲,也易于安排接货力量(如人员、设备等)。需要注意的是,如果备货的要求下达较晚,配货、配装的难度较大,在要求配送数量变化较大时,也会使配送运力安排出现困难。

(2) 定量配送。定量配送是指按规定的批量在一个指定的时间范围中进行配送。由于配送的数量相对固定,时间范围较为宽松,配送方可以在有效的时间范围内利用电子商务技术进行备货、配装、配载,合理使用配送设备、节约运力和选择节省运输时间的线路,提高配送效率,节约配送成本。对于货物的接收方来说,每次接货都处理同等数量的货物,也有利于人力、物力的准备。

(3) 定时、定量配送。定时、定量配送是指按照规定的配送时间和配送数量进行配送。这种方式兼有定时配送和定量配送的优点,但要求高,特殊性强,计划难度大,适合采用的对象不多。

(4) 定时、定线路配送。定时、定路线配送是指在规定的运行路线上制订到达时间表,按运行时间表进行配送,用户可按规定路线及规定时间接货和提出配送要求。采用这一配送方式有利于计划安排车辆及驾驶人员。在配送用户较多的地区,也可免去过分复杂的配送要求所造成的配送组织工作及车辆安排的困难。对于用户来说,既可在一定路线、一定时间进行选择,又可有计划安排接货力量。不过,由于受到时间和线路的双重制约,要求配送方有较强的配送能力,因此,其应用领域也受到一定限制。

(5) 即时配送。即时配送是指完全按用户要求的时间和数量进行配送的方式。这种配送方式是电子商务环境下最普遍的配送方式。它是以某天的任务为目标,在充分掌握了当天需要配送的地点、需要量及种类的前提下,及时地安排配送路线并安排相应的配送车辆,实行配送。

4. 按电子商务交易模式分类

(1) B2B 配送。B2B 配送是 B2B 电子商务交易模式下采取的配送方式。电子商务交易的双方都是企业,其交易具有量大、稳定以及对交易标的物的质量、到货时间等因素要求较高的特点,因此,这类型的配送业务一般是由交易一方的企业来承担或是交由专业的第三方物流服务公司来承担,以保证货物需求方能够按质按量按时接收到所采购的货品。B2B 电子商务物流配送是电子商务交易模式下的主要物流配送方式。

（2）B2C 配送。B2C 配送是 B2C 电子商务交易模式下采取的配送方式。B2C 电子商务模式下，交易的双方一方是企业，另一方为个人，这种交易模式具有频率高、客户分散、交易量小、品种多样的特点，因此，这类型的配送业务主要是由作为卖方的企业或是专业的第三方物流公司来承担，更多时候交由第三方物流公司来操作。通过第三方物流公司的配送中心进行货物的分拣、配货、配装以及流通加工等作业，以实现客户的个性化订制与规模化配送，达到降低成本、提高服务水平的目的。从实际业务运作的角度看，B2C 电子商务企业物流配送业务从客户下单到完成交易的全过程，可被拆分为订单信息处理、配送中心处理、配送运输、终端配送四大步骤，如图 7-6 所示。

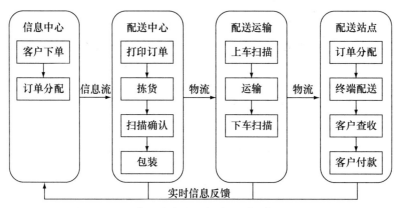

图 7-6　B2C 电子商务企业物流配送业务运作流程图

（3）C2C 配送。C2C 配送是 C2C 电子商务交易模式下采取的配送方式。C2C 电子商务模式下，交易的双方都是个人，这种交易模式具有规模小、价值低、不确定的特征，因此，这类型的交易如果发生在同城范围内，一般由买家上门提货，对于非同城的交易一般通过第三方物流公司进行配送，如中国邮政。

5. 按经营主体分类

从物流业务运作主体构成及其来源的角度，电子商务物流配送模式可以分为如图 7-7 所示的六种。

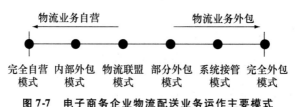

图 7-7　电子商务企业物流配送业务运作主要模式

（1）完全自营配送模式。完全自营模式是指企业针对自身运营过程中的物流服务需求，设立相应的物流管理运作部门为企业自身提供物流服务的模式（如图7-8所示）。这种模式下，企业的物流部门一般仅满足企业自身的物流服务需求，不对外提供社会化的物流服务；企业自身的物流需求完全由其物流部门来满足，不存在任何形式的外包。采用完全自营模式的企业，对物流部门有绝对的控制权，风险低，可靠性高。但是，完全自营模式需要企业对物流系统进行大量投资，在企业规模不大、物流服务需求量未达到一定水平时，会造成物流费用和成本的居高不下。

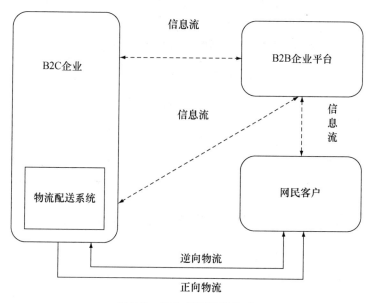

图7-8 完全自营配送模式

（2）内部外包配送模式。内部外包模式是指企业将其物流系统与本企业剥离，在其基础上成立独立子公司，子公司为母公司提供物流服务的同时对外提供社会化物流服务的模式。采用内部外包模式的企业，对其物流子公司有较高的控制力，风险较低，可靠性高。同时，与完全自营模式相比，物流子公司在满足母公司物流需求的同时，又可服务于其他企业，使企业的物流资源投入得到充分利用，降低了运作成本和费用。物流子公司参与社会化的物流服务市场的竞争，还能够增强自身实力，促进服务水平的提升。例如，当当网正在组建的开放式物流服务平台，就是将其原有的物流资源独立出来，成为独立运营模块，在为当当网自己的商品销售提供物流服务的同时，又为当当商城平台上的其他商家提供物流服务。这种运营模式在提高了当当网物流资源利用率的同时，也可以掌握商品的销售信息，挖掘商品信息背后的巨大价值，带来新的利润增长点。

（3）物流联盟配送模式。物流联盟模式是指两个或两个以上的企业，根据自身需要，按照互惠互利的原则，将物流资源整合，形成共用的物流服务系统，为联盟中的各企业提供物流服务（如图7-9所示）。这种模式可以提高企业物流资源的利用率，节约新的物流资源的投入，同时通过资源整合也提高了物流系统的业务能力。缺点是由于物流联盟模式形成的物流服务系统由联盟中的各企业出资组成，因而各企业对物流系统的控制能力较低，也增加了管理的复杂度和难度，公司还要承担由物流联盟失败而带来的风险。

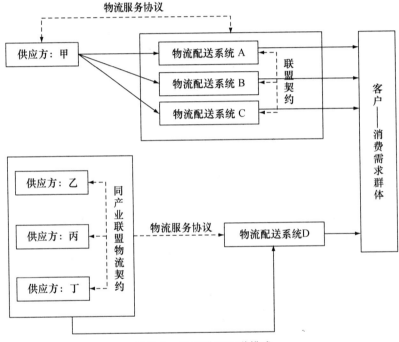

图7-9 物流联盟配送模式

（4）部分外包配送模式。部分外包模式是指企业将物流业务中的一部分外包给专业的第三方物流公司，其余部分仍由企业自身完成的模式。采用这种模式的企业一般都将其自身较为薄弱的环节进行外包，而将其操作能力较强且较为关键的环节自身独立完成，因而能够扬长避短，通过部分利用外部资源使企业物流系统的整体服务能力得到快速提升。该模式下，企业的大部分物流业务仍由自己完成，因而具有较强的控制力。相对于完全自营模式而言，该模式能够有效利用社会物流资源，减少不必要的资源投入带来的浪费。但部分外包模式下的企业对外包出去的物流业务缺乏控制力，出现问题时有可能影响到企业的供应和销售。

（5）系统接管配送模式。系统接管模式是指企业将其物流系统转卖或承包给专业的物流服务商,由物流服务商接管物流系统,并为企业提供物流服务。系统接管模式下,企业能够降低投入、增强战略灵活性、降低企业管理的复杂度。同时,物流服务商能够通过其丰富的物流管理经验,提高物流服务水平,为企业提供优质的物流服务。与单纯的外包模式相比,系统接管模式的物流服务可靠性以及与企业关系的稳定性均较高,但企业对物流系统的控制力较弱、风险较高。

(6) 完全外包配送模式(或称第三方物流配送,如图7-10所示)。完全外包模式是指企业通过外包的形式,将其物流业务完全交给第三方物流公司进行运作,是最彻底的外包运作模式。对于企业而言,完全外包模式可以最大限度地减少其在物流系统的投入,减轻管理的复杂性。同时,通过企业间的专业化分工,第三方物流公司能够为企业提供高水平的物流服务,满足企业的物流服务需求。缺点是企业的物流业务完全不受自身掌控,风险最高。

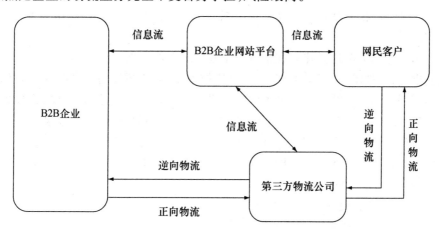

图 7-10 第三方物流配送模式

上述各种物流业务运作模式各有特点,表7-1从九个方面对其进行了比较。

表 7-1 B2C 电子商务企业不同物流配送模式对比

比较内容	完全自营	内部外包	物流联盟	部分外包	系统接管	完全外包
企业参与程度	高	高	中	中	低	低
控制力度	强	强	中	中	弱	弱
管理复杂性	高	较高	较高	中	低	低
交易成本	低	较低	中	中	高	高
资源投入程度	多	多	较多	较多	少	无
专业化分工程度	低	低	中	中	高	高
关系稳定性	高	高	中	中	较高	低
服务可靠性	高	高	中	中	低	低
服务能力	低	低	中	中	高	高

7.2.4 电子商务配送新模式——第三方物流配送

1. 第三方物流配送的概念

电子商务更多地采用第三方物流模式实现商品的高效配送。第三方物流配送是指以第三方物流企业为物流主体进行配送业务的物流模式。生产企业通过物流外包,一方面可以借助第三方物流企业的专业水平,提高配送效率,降低配送成本;另一方面,可以节约大量资源,集中力量发展其核心竞争力。

第三方物流配送一般包括备货、储存、分拣、配货、包装、加工、配送、运输等基本功能要素。第三方物流企业采用集中库存和集中配送的方式能加速企业内部资金周转,提高干线运输能力。根据不同的活动区域,可将第三方物流配送主要分为:直接配送模式和存储配送模式,前者是直接把客户需要的物资从企业配送到指定地点,重点针对时效性强的鲜活物资;后者是将货物先存放至配送中心,集中库存,根据客户实际需求来组织共同配送,体现规模效益,减少库存,降低配送成本。

第三方物流配送是建立在信息技术基础之上的一项系统工程。在物流配送过程中,条码技术、电子数据交换、数据库技术、企业资源计划等多项技术都得到了普遍应用。当今计算机网络技术的普及更是为企业建立自己的物流配送网络提供了良好的外在环境,提高了物流系统的服务质量和配送速度,通过建立物流自动化设施(GPS、GIS)对物流信息进行实时采集和在途跟踪,则提高了整个物流系统的管理和监控水平。跨国生产的环球市场的逐渐形成,更为物流配送的国际化奠定了未来的发展趋势。

2. 第三方物流配送企业类型

从行业的来源来分,大体可以把我国目前的第三方物流配送企业分为以下几类:

(1) 以运输为基础的物流公司,主要都是由一些综合性运输企业通过利用公司的运输资产,扩展运输功能,来提供更为综合性的一套物流服务。

(2) 以仓库和配送业务为基础的物流公司,其以传统的公共或合同仓库业务为基础,介入存货管理、仓储与配送等物流活动。

(3) 以国际货运代理为基础的物流公司,一般无大量固定资产,非常独立,但其与许多物流服务提供商有来往,同时对市场和客户端的需求非常敏感,又具备丰富的物流操作和管理经验,因此往往能够为客户提供全方位、多层次的服务。当前,它们已逐步开始从货运中间人角色转为范围更广的第三方物流服务公司。

(4) 还有一类是物流咨询公司,其源于越来越多的第三方物流公司扩大提供服务的内容,这一趋势是指纵向的,而不是横向发展的,也就是说,是服务的深度,而非广度。最初第三方物流通常只注重物流操作的任务,后来由于内外两方面的需求推动,它们开始强调概念上和战略上的物流计划能力,于是便形成了用来提供这些能力的新的部门或公司。

7.3 电子商务物流配送中心

7.3.1 配送中心的概念和功能

1. 配送中心的概念

配送中心作为物流网络的结点,其合理选址不仅影响到配送中心本身的运营成本、运营绩效、竞争战略和未来的发展,而且还影响到配送中心上游的供应商、下游的分销商或零售商的物流成本,以及物流战略和竞争战略,甚至影响到区域经济的发展。因此,配送中心选址问题在当今经济和社会发展中占有十分重要的地位。

配送中心是物流系统中不可缺少的一个环节,它从上游的产品提供者那里接收商品,然后对接收到的商品进行处理、加工等一系列操作,再按照下游用户的需要,给予用户满意、高效、及时的服务,从而使整个系统成为一个有机的结合体。配送中心的作用如图 7-11 所示:

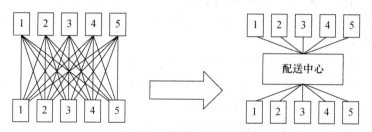

图 7-11 配送中心的作用

2. 配送中心的功能

(1) 采购功能。配送中心必须首先采购所要供应配送的商品,才能及时并准确无误地为其用户即生产企业或商业企业供应物资。配送中心应根据市场的供求变化情况,制订并及时调整统一的、周全的采购计划,并由专门的人员与部门组织实施。

(2) 仓储保管功能。储存,一是为了解决季节性货物生产计划与销售季节性的时间差问题;二是为了解决生产与消费之间的平衡问题,为保证正常配送的需要,满足用户的随机需求,在配送中心不仅应保持一定量的商品储备,而且要做好储存商品保管保养工作,以保证储备商品的数量,确保质量完好。配送中心的服务对象是为数众多的生产企业和商业网点(比如连锁店和超级市场),配送中心需要按照用户的要求及时将各种配装好的货物送交到用户手中,满足生产和消费需要。为了顺利有序地完成向用户配送商品的任务,更好地发挥保障生产和消费需要的作用,配送中心通常要兴建现代化的仓库并配备一定数量的仓储设备,存储一定数量的商品。某些区域性的大型配送中心和开展代理交货配送业务的配送中心,不但要在配送货物的过程中存储货物,而且它所存储的货物数量更大、品种更多。配送中心所拥有的存储货物的能力,使得存储功能成为配送中心中仅次于组配功能和分送功能的一个重要功能之一。

(3) 商品配送功能。商品拣取包装处理好以后,需由运输设备送达客户手中,故商品配送时需包括派车计划及出货路线选择、装车调度等。其中派车计划包括该次出货商品所需配送车辆品种及数量,计算机管理系统中应有路线选择系统来决定配送顺序,装车人员还可据此顺序装载商品。此外还需开发配送途中配送状况的信息传输,以便在商品配送途中进行商品的跟踪、运送设备的监控管理及意外状况的处理。

(4) 商品流通加工功能。配送中心的流通加工作业包括分类、磅秤、大包装拆箱改包装、产品组合包装、商品和标签粘贴作业等。配送过程中,为解决生产中大批量、少品种和消费中的小批量、多样化要求的矛盾,应按照用户对货物的不同要求对商品进行分装、配装等加工活动。

(5) 物流信息提供功能。它为管理者提出更加准确、及时的配送信息,也是用户与配送中心联系的渠道。系统可提供下列三种信息:绩效管理、经营规划、配送资源计划。

(6) 结算功能。配送中心的结算功能是配送中心对物流功能的一种延伸,配送中心的结算功能不仅仅只是物流费用的结算,在从事代理、配送的情况下,配送中心还要替货主向收货人结算贷款等。

(7) 需求预测功能。自用型配送中心经常负责根据配送中心商品进货、出货信息预测未来一段时间内的商品进出库量,进而预测市场对商品的需求。

(8) 物流系统设计咨询功能。公共型配送中心要充当货主的物流专家,因而必须为货主设计物流系统,代替货主选择和评价运输商、仓储商及其他物流服务供应商。国内有些专业物流公司正在进行这项尝试,这是一项增加服务价值、增加公共配送中心竞争力的服务。

(9) 物流教育与培训功能。配送中心的运作需要货主的支持与理解,通过向货主提供物流培训服务,可以培养货主对配送中心经营管理者的认同感,可以提高货主的物流管理水平,可以将配送中心经营管理者的要求传达给货主,也便于确立物流作业标准。

3. 配送中心的地位

无论从现代物流学科建设方面还是从经济发展的要求方面来讲,都需要对配送中心这种经济形态有一个明确的界定。

(1) 层次定位。在整个物流系统中,流通中心定位于商流、物流、信息流、资金流的综合汇集地,具有非常完善的功能。配送中心则定位于物流、信息流、资金流的综合设施,其涵盖面较流通中心低,属于第二个层次的中心。配送中心如果具有商流职能,则属于流通中心的一种类型;如果只有物流职能则属于配送中心的一个类型,可以被流通中心或配送中心所覆盖,属于第三个层次的中心。

(2) 横向定位。从横向看,和配送中心作用大体相当的物流设施有仓库、货栈、货运站等等。这些设施都处于末端物流的位置,用于实现资源的最终配置。不同的是,配送中心是实行配送的专门设施,而其他设施可以实行取货、一般送货,而不是按照配送要求有完善组织和设备的专业化流通设施。

(3) 纵向定位。配送中心在物流系统中的纵向位置应该是:如果将物流过程按纵向顺序划分为物流准备过程、首端物流过程、干线物流过程、末端物流过程,则配送中心处于末端物流过程的起点。它所处的位置是直接面向用户的位置,因此,它不仅承担直接对用户服务的功能,而且根据用户的要求,起着指导全物流过程的作用。

(4) 系统定位。在整个物流系统中,配送中心在系统中的位置决定着整个系统的运行水平。尤其是现代物流利用集装方式在很多领域中实现了"门到门"的物流,将可以利用集装方式提高整个物流系统效率的物流对象做了很大的分流,所剩下的主要是多品种、小批量、多批次的货物,这种类型的货物是传统物流系统难以提高物流效率的对象。在包含着配送中心的物流系统中,配送中心对整个系统的效率提高起着决定性的作用。所以,在包含了配送系统的大物流系统中,配送中心处于重要的位置。

(5) 功能定位。配送中心的功能,是通过配货和送货完成资源的最终配置。配送中心的主要功能是围绕配货和送货而确定的,而有关的信息活动、交易活动、结算活动等,虽然也是配送中心不可或缺的功能,但是它们必然服务和服从于配货和送货这两项主要的功能。因此,从功能来说,配送中心是一种末端物流的结点设施,通过有效地组织配货和送货,使资源的最终端配置得以完成。

4. 配送中心的分类

物流配送中心按照运营主体的不同,大致可以分为以下四种类型:

(1) 以制造商为主的配送中心以家用电器、汽车、化妆品、食品等国有工厂为主。流通管理能力强的厂商,在建立零售制度的同时,建立了通过配送中心使物流距离缩短,并迅速向顾客配送的体制。其特点是环节少、成本低,但对零售商来说,因为从这里配送的商品只局限于一个生产厂家的产品,难以满足销售的需要,是一种社会化程度较低的配送中心。

(2) 以批发商为主的配送中心是指专职流通业务的批发商把多个生产厂家

的商品集中起来,作为批发商的主体商品。这些产品可以单一品种或者搭配向零售商进行配送。这种形式,虽然多了一道环节,但是一次送货,品种多样,对于不能确定独立销售路线的工厂或本身不能备齐各种商品的零售店,是一种有效的办法。

(3) 以零售商为主的配送中心一般是指为大型零售店或集团联合性企业所属的配送中心,即从批发部进货或从工厂直接进货的商品,经过零售店自有的配送中心,再向自己的网点和柜台直接送货。为保证商品不脱销,零售店必须有一定的"内仓"存放商品,配送中心可以及时不断地向商店各部门送货,不仅有利于减轻商店内仓的压力,节约内仓占用的面积,而且库存集中在配送中心,还有利于减少商店的库存总量。

(4) 以仓储运输业者为主体的配送中心。这种配送中心最强的是运输配送能力,地理位置优越,如港口、铁路和公路枢纽,可迅速将到达的货物配送给用户。它提供仓储储位给制造商或供应商,而配送中心的货物仍属于制造商或供应商所有,配送中心只是提供仓储管理和运输配送服务。这种配送中心的现代化程度往往较高。

根据物流配送中心的服务区域和范围分类,可以将配送中心分为城市物流配送中心和区域物流配送中心。

(1) 城市物流配送中心。该配送中心的配送范围为城市区域,配送距离较短,配送量也较少,一般都是直接配送到终端用户。该类配送中心也比较适合业务范围只在当地的企业,如我国已建的"北京食品配送中心",便属于该类型。

(2) 区域物流配送中心。该类配送中心一般辐射范围较广,服务范围是全省、全国乃至国际范围。区域物流配送中心配送规模较大、分拣配送能力强,通常是将货物发送到物流中转站而非直接到终端客户,如美国马特公司的配送中心、蒙克斯帕配送中心等。

按配送中心的主要服务功能,可以将配送中心分为仓储型配送中心、流通型配送中心和加工型配送中心。

(1) 仓储型配送中心。该类配送中心通常占地面积与库存规模较大,库存资源充足,着重于配送中心中的储存这个传统功能。

(2) 流通型配送中心。该类配送中心起到一个集散中转地的作用,将需要配送的货物集中后,及时地配送到客户手中。配送中心面积不大,要求反应及时。

(3) 加工型配送中心。该类配送中心需要按照客户要求,对货物进行配组、加工,既出售商品也出售服务,加工可以为配送中心创造更多的额外价值。

根据物的流向分类,可以将配送中心分为供应物流配送中心和销售物流配送中心。

（1）供应物流配送中心。该类配送中心专门为某个或某些组织供应货物，如专门负责为大型连锁超市供货的物流配送中心便属于该类。

（2）销售物流配送中心。该类配送中心的目的是将销售出去的货物配送到用户手中，如将销售出去的大件电器或家具等运送到客户家中。

根据服务的适应性分类，可以将配送中心分为专业物流配送中心和柔性物流配送中心。

（1）专业物流配送中心。该类配送中心包含两方面的含义，一是指配送的对象集中在某一范畴内，专门配送该类物资；二是指配送中心只负责配送，没有其他的增值服务功能。

（2）柔性物流配送中心。该类配送中心与前一种不同的是，它不固定物流配送中心的职能，没有专业化的要求，能随时响应顾客需求的变化，能较好地适应各种突发状况。

5．配送中心物流流程

配送中心强调物流过程中"配送"的管理。其管理内容涵盖企业订单、仓储、配货、分拣、任务分配、车辆调度、运营投递、费用结算、货物跟踪等物流过程及其发生的增值服务。在保证商品配送时效、控制配送成本的前提下，使企业物流、信息流、资金流达到并保持在最佳状态。在配送行业，综合性物流仓储配送中心的库存品种较多，其仓储特点包括：包装完整、货物存放不能混放、要求有特殊的存储区域和拆零区域、批号要求比较严格、货物存储周期在5—30天之间等。这些特点决定了存储方式的多样性，因此，该行业的仓储配送合理化重点在于ABC货物的分类以及A类货物的储存策略、库存控制、拣选策略和拣选方式的选择等。配送中心内部的流程如图7-12所示：

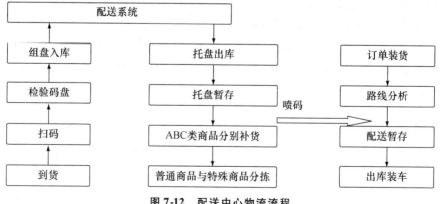

图7-12　配送中心物流流程

7.3.2 电子商务物流配送中心规划的程序

1. 前期准备

前期准备工作是为配送中心规划提供必要的基础资料,主要内容包括:(1)收集配送中心建设的内部条件、外部条件以及潜在的客户信息;(2)分析配送中心经营商品的品种、货源、流量及流向;(3)调查物流服务的供需情况、物流产业的发展状况等。

2. 确定目标及原则

确定配送中心建设的目标是配送中心规划的第一步,主要是依据前期准备工作中收集的资料确定配送中心建设的近期、中期、远期目标。目标规划可以分为两个层次:一是根据企业组织战略及目标,对配送中心的经营功能进行定位,如明确配送中心服务的客户对象、物品对象、地域范围,同时结合分销策略与生产策略制定相应的物流策略;二是在此基础上明确配送中心所要实现的目标,体现为一定的客户服务水平。

3. 功能规划

功能规划是将配送中心作为一个整体的物流系统来考虑,指依据确定的目标,规划配送中心为完成业务应该具备的物流功能。作为电子商务物流配送中心,除了传统的物流功能外,还应该具备独特的电子商务功能,通过前台商务系统与后台资源管理系统将企业的内外部连接起来,使电子商务物流配送中心在信息流的带动下实现商流、物流、资金流的合理流动。

4. 选址规划

配送中心拥有众多的建筑物、构筑物以及固定机械设备,一旦建成就很难搬迁,如果选址不当,将付出巨大代价。因此,配送中心选址规划是配送中心规划中至关重要的一步。选址规划的主要内容包括:

(1)分析约束条件。包括自然环境因素,如气象条件、地质条件、水文条件、地形条件等;经营环境因素,如经营环境、服务水平等;基础设施状况,如交通条件、公共设施状况等;其他因素,如国土资源利用、环境保护要求、防火要求等。

(2)确定评价标准。选址方案的评价标准主要包括经济指标、物流合理化指标和社会发展指标等。

(3)选择选址方法。对单一节点的选址方法有重心法、因素分析法;对多节点的选址方法有多重心法、集合覆盖法、最大覆盖模型、奎汉—哈姆勃兹模型、鲍摩—瓦尔夫模型、CFLP 模型等。本书将对使用重心法进行单一节点选址进行介绍。

(4)得出选址结果。

5. 作业流程规划

作业流程规划是配送中心规划的重要步骤,确定了配送中心作业的详细要求,如设施配备、场所分区等,对持续的建设具有重要影响。对传统物流企业作业流程进行重组,提高物流作业效率,降低物流成本,是传统物流配送中心向电子商务物流配送中心转变的重要途径。不同类型的配送中心,其作业流程有着较大的差别,因此,在实际的规划过程中应结合具体的配送中心类型及客户的需求进行。

6. 信息系统规划

信息系统规划是电子商务物流配送中心规划的核心环节,是配送中心今后作业效率与功能实现的前提保证。配送中心的信息系统规划既要考虑到中心内部作业的要求,以提高物流作业效率,也要考虑到与外部信息系统的衔接,方便配送中心及时获取和处理各种经营信息。一般来讲,信息系统规划主要包括:(1)配送中心的网络平台架构;(2)配送中心内部的管理信息系统分析与设计。

7. 设施设备规划

设施设备是保证配送中心正常运转的硬件支撑,设施设备规划涉及建筑模式、空间布局、设备安置等多方面问题,需要运用系统分析的方法以获得整体效果最优。在进行设施设备规划时应当注意尽量减少货物在中心内部的搬运,简化操作流程,减少不必要的成本发生。配送中心的设施设备规划一般包括以下几方面工作:

(1)原有设施设备分析;

(2)配送中心的功能划分;

(3)设施的内部布局;

(4)设备规划;

(5)公用设施规划。

7.3.3 电子商务物流配送中心选址

1. 配送中心选址的目标

配送中心选址是物流系统规划的重要环节,它的合理与否将直接影响到整个配送中心乃至整个企业未来的发展。因此,在配送中心选址过程中,必须首先明确配送中心选址的目标,然后再围绕这个目标来确定影响配送中心选址的因素、配送中心选址原则等问题,从而进行配送中心选址决策并作出最终选择。配送中心选址的目标主要有四种,即效益最大化、服务最优化、物流量最大化、发展空间最大化。下面对这四个目标进行详细的介绍。

(1)效益最大化。效益最大化是配送中心选址的首要目标,主要是因为创造良好的社会效益和经济收益是企业在经营中所追求的。经济效益最大化主要有提高物流服务价格和降低物流服务成本两个方面的实现途径。社会效益最大化则主要表现为区域经济发展中配送中心所体现的作用,具体表现为就业机会的增加、对相关产业的推动以及对城市交通压力的缓解。

(2) 服务最优化。配送中心的利润来源于为商业企业、物流企业和制造企业提供高效优质的物流服务,而物流配送中心的选址对物流服务质量的影响很大,如配送中心交通的便利性对货物的可达性的影响;配送中心距离分销商、零售商或供应商的远近对货物配送及时性和响应性的影响。因此,在进行配送中心选址时,为了保持在提供优质物流服务的同时系统总成本最小,就必须考虑与机场、港口、铁路网、公路网等的衔接程度,临近分销商、零售商或是供应商的程度等因素,以免造成物流服务在空间上的瓶颈,影响配送中心的长远发展。

(3) 物流量最大化。物流量的大小受到商业企业、物流企业以及附近制造企业的数量、规模和配送中心所在区域经济的影响,同时它也是评价配送中心关键性的经营绩效指标。因此,在进行配送中心选址时,必须充分考虑商业企业的规模和数量、附近制造业和物流市场需求状况等因素,使得各物流配送中心的物流设施的利用率达到最大,同时也使得物流量最大。

(4) 发展空间最大化。随着我国经济的蓬勃发展,现有的仓库设施已经不能满足民众日益增长的对物流的要求,从而造成原来的仓库必须要在原有基础上进行扩展,为企业经营带来了不必要的成本。因此,在选址过程中就得给配送中心留有足够的拓展空间,把发展空间最大化作为选址的一个必要考虑,将有助于企业的长远发展。

2. 配送中心选址模型

(1) 单设施选址模型。单设施选址是指在物流配送体统中只有一个配送中心,所有客户需要的货物都由这个配送中心来完成,这种集中型的配送形式,有利于规模经济的实现,配送中心管理费用相对会节省一些,但运输成本所占比重较大,具体形式如图7-13所示。单设施选址无须考虑竞争力、设施之间的需求分配,是一类较简单的选址模型。运输成本是要考虑的首要因素。该类模型也称为重心法,选址因素只包括运输费率和该点的货物运输量,属于静态的连续选址模型,其数学模型可以表示为:

$$\text{MinTC} = \sum_i V_i R_i d_i$$

其中,TC 为运输总成本;V_i 为 i 点的运输量;R_i 为 i 点的运输费率;d_i 为从配送中心到 i 点的距离。该模型可以用迭代法求解,关键是给出物流配送中心初始地的位置坐标,计算过程较为复杂。除了重心法外,其他的单设施选址方法还包括图表技术法和近似法,这些方法对现实情况的把握程度、计算速度、难度以及获得最优解的情况,各不相同。单设施选址模型虽然比较简单,但存在一定的缺陷:模型一般根据运输费用这一可变成本来进行选址,没有区分在不同地点建设物流设施所需要的建设成本以及与不同地点经营有关的其他成本,如劳动力成本;总运输成本通常是假设随运输距离成比例增加,但实际上大多数运价是由不随运距变化的固定部分和随运距变化的可变部分组成的;模型假定配送中心和各需求点之间的路线是直线的,但实际路况往往不是这样的,因而有时获得的解可能是在街道中间或江河上。所以,经过分析和数据验证,认为将重心法作为单一物流设施选址方法是不妥当的,正确的计算方法是对总运输费用求偏导,得到微分方程,再进行迭代计算,得到最佳的地址。

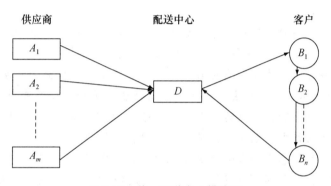

图 7-13　单一配送中心模式图

（2）多设施选址模型。对大多数企业而言,其面临的问题往往是必须同时决定两个或多个设施的选址,且这些物流设施之间并不是相互独立的,虽然问题更加复杂,却更加接近实际情况。所谓多设施选址是指在一个物流系统中,有多个物流设施,将客户按一定原则加以分区,归属特定的物流设施的过程,具体形式如图 7-14 所示。多设施选址一般通过模拟法和启发法两种方法来进行求解。模拟法对实际问题的描述更为准确和全面,它以代数和逻辑语言作出对物流系统的数学表述,再用计算机对模型进行处理和计算。模拟模型试图在给定多个配送中心、多个配送路径方案的条件下反复使用模型以找出最优的网络设计方法。启发法是将经验原则运用在选址问题上,虽然不能保证一定能找到最优解,但使用该方法带来的合理的计算机运算时间和内存要求,可以很好地表现实际情况,一定条件下可以考虑使用这种方法。常见的启发式算法有:构造算法、两阶段法、不完全优化算法和改进算法。

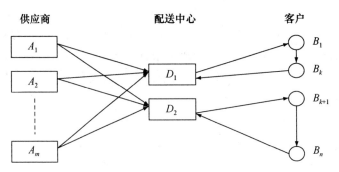

图 7-14　多个配送中心模式图

本章小结

仓储管理是指对仓库和仓库中储存的货物进行管理，具体来说，仓储管理包括仓储资源的获得、仓储商务管理、仓储流程管理、仓储作业管理、保管管理、安全管理等多种管理工作及相关的操作。仓储作业流程主要分为货物入库、货物在库保管、货物出库这三个主要环节。仓储合理化是指用最经济的办法充分实现仓储的功能。仓储合理化的标志有质量标志、数量标志、时间标志、结构标志、分布标志和费用标志。电子商务对仓储管理技术提出了变革的要求，企业需要按照流通管理的信息化要求进行储存保管操作与管理，具体内容包括充分利用互联网、无线通信、条形码等现代信息技术，对储存保管实行统一管理，建立快速的、以信息技术为基础的专门服务于电子商务的储存保管服务系统。

电子商务物流配送定位在为电子商务的客户提供服务，根据电子商务的特点，对整个物流配送体系实行统一的信息管理和调度，按照用户订货要求，在物流基地进行理货工作，并将配好的货物送交收货人的一种物流方式。电子商务物流配送的实体作业流程包括了进货、储存、分拣、配货、分放、配装、送货等步骤。电子商务物流配送由于配送者、配送对象、服务对象以及流通环境等的不同，可以按不同的标志划分为不同的类型。电子商务更多地采用第三方物流模式实现商品的高效配送。第三方物流配送是指以第三方物流企业为物流主体进行配送业务的物流模式。配送中心是物流系统中不可缺少的一个环节，它从上游的产品提供者那里接收商品，然后对接收到的商品进行处理、加工等一系列操作，然后按照下游用户的需要，给予用户满意、高效、及时的服务，从而使整个系统成为一个有机的结合体。配送中心选址的目标最主要有四种，即效益最大化、服务最优化、物流量最大化、发展空间最大化。

应用案例

美零售商 Sears 推出自营物流配送服务

2013年3月26日消息,Sears 控股公司目前推出了 Fulfilled(物流配送)服务,欲与亚马逊的 Fulfillment 物流配送服务相较量。日前,Sears 控股公司推出了自营物流配送服务系统。公司执行副总裁 Imran Jooma 称,此项服务使零售商卖家可以通过 Sears 的仓库和商店完成线上线下的订单。

不仅 Sears.com 网上商城的卖家可以使用 Fulfilled 物流配送服务,Sears 实体商场的卖家也可以使用此服务来配送其他电商网站或实体店的订单。Jooma 称:"我们有能力更快更高效地配送货物订单。"尽管 Jooma 并不愿对亚马逊的物流配送服务发表评论,但他表示 Sears 打算从物流配送的价格方面去竞争。

据亿邦动力网了解,Sears 的 Fulfilled 物流配送服务是一种现收现付制服务,只有当零售商需要配送订单,把产品存放在 Sears 配送中心时才产生费用。存放费为每立方英尺 45 美分到 60 美分,整理和打包费为每件 1 美元,每磅商品的处理费为 35 美分。另外,商场卖家每月还向 Sears 支付 39.99 美元的销售费用以及销售回扣。对于非 Sears.com 网站产生的订单,同样为每立方英尺 45 美分到 60 美分的存放费,但整理和打包费更高,为每件 3 美元。

Sears 把陆运订单处理费定为 1.5 美元,两日内送达的运送费为 7.5 美元,次日发货的运送费为 1.9 美元。这是由于两日内送达业务要使用空运,其打包成本高。Fulfilled 另外也提供火车运送服务。除此之外,零售商卖家也需要自己负责运送产品到 Sears 物流配送中心的费用以及从配送中心到买家地址的运送费,但是可以享受数量折扣。公司方面表示,Fulfilled 服务没有最低运送量限制。

(资料来源:http://www.ebrun.com/20130326/70100.shtml,2013 年 5 月 21 日访问。)

案例思考题

(1) Sears 公司的 Fulfilled 物流配送服务包含哪些内容?

(2) Sears 公司的 Fulfilled 物流配送服务有什么特色?

第八章　电子商务回收与低碳物流

学习目标

1. 描述逆向物流的概念
2. 解释电子商务与逆向物流的关系
3. 描述回收物流的概念
4. 说明电子商务下再生资源回收利用网络的类型
5. 阐述低碳物流的概念和特征
6. 描述绿色物流的含义和内容
7. 分析说明零售业绿色物流运作系统的功能

关键词

逆向物流　再生资源回收物流　低碳物流　绿色物流

引例

电器制造商 Henderson 的回收物流

家用电器商 Henderson 最近开发了一套逆向物流系统，以管理其来自主要经销商的返品。尽管有一些产品是在顾客那里损坏的，但主要的损坏还是来自运送途中。作为逆向物流领域的一个新丁，公司为此从头开始设计了一个高效信息系统，这对公司来说多少有点奢侈。这个系统帮助 Henderson 公司将每个顾客的每一个返品都同初始订单、初始制造厂和制造商的数据联系起来。公司的产品和质量工程师利用这些数据评定制造上的缺陷，提高流程，甚至重新设计包装以杜绝以后低劣产品的出现。公司的最终目标是消除运送途中造成的返品，因为这类返品的比率极高。例如，当某种类型的损坏时常发生时，工程师就会重新设计产品包装以防止运输途中类似情况的再发生。这种改革极大地节约了成本，提高了公司过去两年的收入。

在新系统中最有趣的是，它允许 Henderson 根据顾客所贡献的长期价值进行区别对待。管理层也意识到，一些顾客的服务成本明显高于其他顾客。Henderson 能根据返品历史来评估经销商，这也可以帮助 Henderson 评估其经销商对公司的贡献。滥用 Henderson 返品政策的经销商会发现，它们不得不另寻供应商了。通过更有效地管理每个经销商在返品上给公司造成的服务成本，Henderson 已经看到明显的成本改进了。

Henderson 还在其逆向物流系统里构筑了另外一个复杂元素:极大化其返品利润的能力。收到损坏的返品后,产品工程师立即定位损坏之处,计算零部件的成本和将产品修复到初始状态所需耗费的劳动。例如,当一个冰箱因为底板损坏而不能使用时,工程师马上计算要花多少费用,才能更换掉底板并使它能够重新使用。基于以上的修复成本,Henderson 制定了电器是需要修复,还是在二手市场销售,或者是拆成备品备件的一般原则。通过这种方式,Henderson 能够最小化存货成本,并保证返品能够给公司带来最大收入。

总的来说,对于收入和成本管理能给公司带来的正面影响,Henderson 有着充分的认识。而在不久以前,这家电器制造商还是简单地将其返品销毁掉。现在,修复处理和再营销已经成为公司有利可图的活动了。

(资料来源:http://www.chinawuliu.com.cn/xsyj/200911/03/141510.shtml,2013 年 4 月 25 日访问。)

案例思考题

(1) Henderson 公司的逆向物流系统包含哪些功能?
(2) Henderson 公司的逆向物流系统能为公司带来哪些价值?

8.1 电子商务逆向物流

8.1.1 逆向物流

1. 逆向物流定义

逆向物流是一种物流活动,它包含了产品退回、物料替代、物品再利用、废弃处置、再处理、维修与再制造等流程。它是以正确处置废弃产品或重新获得产品的使用价值为目的,将原材料、半成品、制成品等物资从产品消费点一端返回到产品的来源点一端的过程。如图 8-1 所示,它由回收逆向物流和退货逆向物流组成,具体有退货、检验、分类以及一系列后续回收和再利用等处理方式和流程。

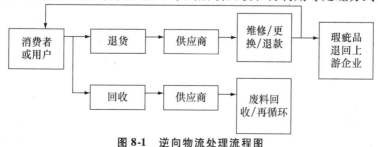

图 8-1　逆向物流处理流程图

2. 逆向物流的特征

逆向物流管理与正向物流的管理有所区别,具有以下显著的特点:

(1) 不确定性。逆向物流的不确定性来自各个方面,首先是时间的不确定,因为最终消费者的退货是随机的,企业很难预测和把握;其次是地点的不确定,废旧物资可能产生于生产领域、消费领域或流通领域,并且可能涉及任何部门和个人;除此之外还有废旧物资数量的不确定和质量的不确定。这些共同构成了逆向物流的不确定性。

(2) 复杂性。逆向物流的恢复过程和方式按产品的生命周期、产品特点、所需资源设备、所需资源等条件的不同而复杂多样,因此比正向物流中的新产品生产过程存在更多的不确定性和复杂性。

(3) 高成本性。逆向物流中的产品所涉及的成本包含广泛,而且由于产品返回的原因各有不同,对于各种回收产品要进行适当的处理后才能重新进入流通渠道,因而产生了很高的回收处理费用,这就导致逆向物流的成本核算复杂且可控性较弱。

(4) 缓慢性。逆向物流的缓慢性主要因为逆向物流具有复杂的回收产品处理过程的特性,并具有产品价值恢复的缓慢性。逆向物流所搜集的物品开始有数量少、种类多的特点,需要通过不断积聚才能形成较为大规模的物资流动。废旧物资的收集与整理过程的复杂性也是一个较为棘手的问题。废旧物资的产生也如新产品的构建一样需要经过产品加工或产品改制等环节,并不能立即满足人们对它重复使用的要求,这一过程需要较长的时间。

8.1.2 电子商务与逆向物流的关系

1. 电子商务活动中产生逆向物流的原因

退货逆向物流和回收逆向物流是现代物流根据回收物的处理对逆向物流进行的分类。退货逆向物流基本上包括两种,一种是由于各种原因而产生的从消费者处回到零售商处的退货,另一种是从零售商那里返回到生产厂家的商品。回收逆向物流一般指的是对最终消费者持有的废旧物品进行回收,分类到供应链上各节点企业,再进行处理和再利用的过程。在电子商务活动中产生的逆向物流一般是指退货逆向物流。

因为电子商务具有线上经营的特殊性,所以引起退货的原因与传统经营中产生的退货原因相比较,不尽然相同。在电子商务活动中产生逆向物流的主要原因有以下几个:

(1) 信息不对称。进行网上购物时,消费者往往只能看到相关商品的某一角度的平面图片或者描述性的文字说明,对于商品只有一个比较片面的直观认识,而不能对所购买商品有一个全面的了解。这种情况下,很容易发生收到的商品与在网上看到的不一致的情况,从而导致消费者退货。这也是电子商务产生逆向物流最主要的原因。

(2) 法律规范。出于保护环境,促进资源的循环利用的目的,同时为了对网站行为进行规范以及保护消费者的利益,许多国家都立法规定电子商务网站在售后服务环节必须制定相应的退货政策。这些法律法规不仅包括政府制定的法律法规,还包括某些协会或者社会团体发起的一些要求规定。

(3) 消费者利益驱动。这个原因在实体商务活动中也存在。当消费者购买了自己不想购买的商品或者购买商品后希望获得更好的产品型号时会引起退货。此外,还有零售商或者分销商将积压、过季、滞销的商品退还给供应商而引起的退货。

(4) 增加竞争优势。为了吸引更多的消费者,增加自身竞争优势,各路商家竞相推出各种有利于消费者的退货条件,如"七天内无条件退货"等。虽然这些优惠措施减少了消费者购物的后顾之忧,但是也造成了不少的退货逆向物流。

(5) 商品自身原因。这类退货的原因就是指:商品自身质量不过关、存在瑕疵;商品已经过了供应商标明的保质期限;物流配送过程中的疏忽造成商品破损或送错商品,等等。

2. 逆向物流存在的问题

和正向物流相比,逆向物流有许多和它相似的地方,如物流的一些基本环节:打包、分拣、运输、仓储等,但是逆向物流也有一些不同于正向物流的特质,而正是这些特质,使得逆向物流面临更大的挑战。

(1) 企业内部忽视。近几年来,尽管有很多企业设立了专门的回收部门和逆向物流系统,不过我们仍能很清楚地看到,大部分的企业并没有把逆向物流活动纳入企业战略发展范畴。有些企业对逆向物流的认识还停留在正向物流的陪衬和附属品上,更有甚者视逆向物流为负担,认为其产生的成本为额外费用。

(2) 逆向物流系统本身的高复杂性。在逆向物流系统中,消费者或者是最终市场回收产品这一环节在时间和数量上具有高度的不确定性。同时,逆向物流系统内部环节是互相影响的,这就导致对整个系统很难有效地控制,并且企业对要回收的产品数量等其他情况无法作出预测。所以我们很难将现有的一些预算技术和数学模型应用到逆向物流的管理中去。

(3) 缺少经验。逆向物流在我国的发展还处在初级阶段,尤其是在电子商务模式下。我国物流行业的实践者们缺少逆向物流的管理经验,就传统的正向物流而言,他们已经有了一个完善的统计分析系统,但是对于逆向物流,他们不知道要从何下手。怎么统计逆向物流的数据?如何进行管理?专业的IT企业也还没有研发出对其行之有效的管理信息系统,造成现在逆向物流管理低效的局面。

3. 电子商务与逆向物流的关系

电子商务和逆向物流的发展相辅相成,一方面逆向物流为电子商务提供了物质基础,另一方面电子商务的发展也会促进逆向物流的进一步发展。日新月异的科技进步,推动了电子商务的飞速发展,这种形式的商务活动开发了一个巨大的在线交易市场,并且能够突破地域和国家的界限,为现代物流的发展带来新的契机。但是,网上购物的虚拟性是一把双刃剑,在为消费者带来了很多实惠和便捷性的同时,也给消费者带来了更大的购物风险。网络购物的虚拟性的后果就是退货量大于实体商务活动。这甚至成为制约电子商务发展的因素,因为有很多消费者因为退货问题而放弃网络购物。为了提高客户满意度,提高企业的综合竞争力,很多公司都采取了逆向物流的策略来吸引消费者。在处理逆向物流的过程中,电子商务企业不仅能收集更多的客户信息,而且能为客户提供更好的服务。总而言之,电子商务的高速发展离不开逆向物流的物质支持,逆向物流市场扩大也依赖于电子商务。表 8-1 通过一个简单的比对,给出了电子商务与逆向物流之间的关系。

表 8-1 电子商务与逆向物流的关系

电子商务的功能	逆向物流目标
广告	广告可以为逆向物流收集信息,并为逆向物流的产品作宣传
交易	寻找供应者或用户、进行信息交换、谈判、结算、送货等
客户服务	对产品进行售后跟踪、信息反馈,对用户进行服务支持等

8.1.3 电子商务环境下的逆向物流模式

电子商务环境下的逆向物流主要是指退货逆向物流,与正向物流的流程步骤完全相反,即将不符合客户订单要求的产品退还给供应厂商的一种做法。其示意图如图 8-2 所示:

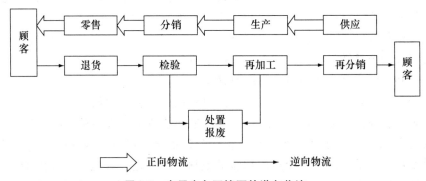

图 8-2 电子商务环境下的逆向物流

（1）电子商务环境下的逆向物流自营模式。该模式指生产企业建立自己独立的逆向物流体系,自己管理退货业务。在自营模式下,企业不但重视产品的生产销售和售后服务,还重视产品售出之后的废旧物品以及包装材料的回收和处理。企业建立了遍及所有本企业产品销售区域的逆向物流网络,以便回收各种回流物品和不符合消费者要求的产品,并将其送到企业的回流物品处理中心进行集中处理。具体流程如图8-3所示。该模式的运作机理为:消费者向在线客服(或在线卖家)提出网上退货申请,在线客服收到申请后通知生产企业,由他们上门检验并回收退货产品,交由自建退货处理中心验收。验收后将货款退给在线客服(或在线卖家),在线客服(或在线卖家)再通过支付宝等网上结算软件将货款退还给消费者。

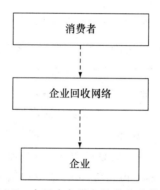

图 8-3 电子商务逆向物流自营模式

（2）电子商务环境下的逆向物流联营模式。该模式是指生产企业与其他生产相同产品或者相似产品的同行企业结成战略合作伙伴关系,共同承担风险,共同分享收益,共同来完成逆向物流。企业之间不完全采取导致自身利益最大化的行为,也不完全采取导致共同利益最大化的行为,只是在逆向物流方面通过契约形成优势互补、要素双向或多向流动的中间组织。具体流程如图8-4所示。该模式的运作机理为:消费者向在线客服(或在线卖家)提出网上退货申请,在线客服收到申请后通知联合回收中心,由他们上门回收退货产品,再交由联合处理中心验收。联合处理中心验收后通过退货信息系统将退货信息传递给生产企业,生产企业将货款退给在线客服(或在线卖家),在线客服(或在线卖家)再通过支付宝等网上结算软件将货款退还给消费者。与此同时,退货产品由联合处理中心退至生产企业。

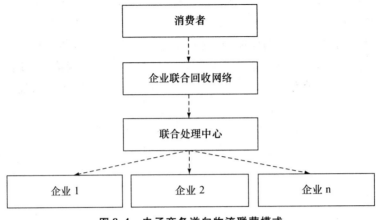

图 8-4　电子商务逆向物流联营模式

(3) 电子商务环境下的逆向物流外包模式。该模式是指生产企业通过协议形式,将其回流产品的回收处理中的部分或者全部业务,以支付费用等方式交由专门从事逆向物流服务的企业负责实施。具体流程如图 8-5 所示。该模式的运作机理为:消费者向在线客服(或在线卖家)提出网上退货申请,在线客服收到申请后通知第三方物流企业(快递公司等),由他们上门检验并回收退货产品,第三方物流企业验收后通过退货信息系统将退货信息传递给在线客服(或在线卖家),在线客服(或在线卖家)再将退货信息传递给企业。企业收到信息后将货款退给在线客服(或在线卖家),在线客服(或在线卖家)再通过支付宝等网上结算软件将货款退还给消费者。在退款的同时,退货产品由第三方物流企业经在线客服(或在线卖家)退至生产企业。

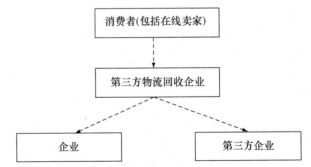

注:图中下方左边的指代"电子商务企业",右边的指代"生产企业"

图 8-5　电子商务逆向物流外包模式流程图

(4) 电子商务环境下的逆向物流共同模式。该模式是指生产企业与电子商务运营商结成战略合作伙伴,与电子商务运营商的加盟企业结成战略伙伴群,共同建立覆盖全球区域的逆向物流回收网络,共同承担风险,共同分享收益,共同来完成逆向物流(如图 8-6 所示)。其中,共同建立覆盖全球区域的逆向物流回收网络有两种形式:一种是企业共享其自身逆向物流系统,与其他加盟企业共享的逆向物流系统构成共同的回收网络,由电子商务运营商负责运营,进行协调控制,其他未共享或没有自身逆向物流系统的加盟企业以支付费用的方式来利用共同回收网络完成逆向物流;另一种是加盟企业共同出资,由电子商务运营商牵头兴建共同回收网络,加盟企业共同承担风险,共同分享收益,共同完成逆向物流。该模式的运作机理为:消费者向电子商务运营商提出网上退货申请,电子商务运营商收到申请后通知共同回收网络中离消费者退货地址最近的处理中心,由他们上门检验并回收退货产品,处理中心验收后通过退货信息系统将退货信息传递给电子商务运营商以及加盟企业,同时将退货产品交由共同配送中心进行新的配送。电子商务运营商在接到退货信息后通过支付宝等网上结算软件将货款退还给消费者。电子商务运营商定期根据网络销售量与其加盟企业进行货款结算。

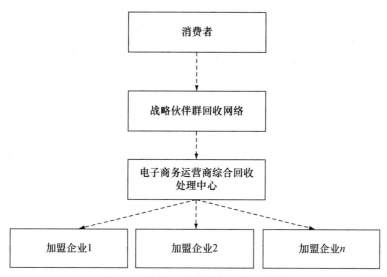

图 8-6 电子商务逆向物流共同模式

8.1.4 电子商务环境下的逆向物流管理

对于电子商务环境下产生的逆向物流如何来管理这个问题,已经有不少学者进行了深入研究。研究方向基本上从以下的两个角度出发:预防逆向物流发生的事前角度和处理已经发生的逆向物流的事后角度。前者关注的是怎样避免和减少电子商务中的逆向物流;后者则将注意力投注在电子商务中已经产生的逆向物流上,考虑如何采用合适的方式来处理。

1. 预防逆向物流

避免和预防电子商务中产生逆向物流,现下主要的解决办法还是从网站设计入手。在设计电子商务网站之初就要充分考虑到所收商品的退货问题。具体来说,应该注意以下几个方面:

(1) 尽量克服信息不对称的弊端,在允许的范围内,网站方面提供的商品信息越详细越好。这是因为在网上购物的消费者不能见到、触摸到商品,收到商品之后,往往会发现实物和网上发布的商品信息不符。当电子商务企业提供的信息越详细,越接近实物,那么消费者对于所购产品不满意的可能性就越小,退货的可能性也就越小。德国科学家利用先进的技术手段,开发出了"在线试衣间"这样的系统。通过这个系统,消费者可以上传自己的照片,然后"试穿"从网上看到的新衣,看看是否合体。相信随着科技发展,将来还会开发出更多的工具来帮助消费者进行网上购物。

(2) 提供同类商品的对比功能,消费者进行充分的对比之后再选择,就比较容易挑选到最满意的商品。目前大部分的电子商务网站已经设置了这项功能。

(3) 有一套成熟的,为消费者考量的订单系统。当消费者在网上下了一份订单之后,要有一个流程让消费者确定自己的购买意向,给消费者一段时间来考虑是否真的需要所订购的商品。如果消费者反悔,要允许其在给定时间内取消所下的订单。从表面上看,这样会减少订单的数量,但是实际上却可以避免退货带来的各种成本。

2. 处理已经产生的逆向物流

处理已经产生的逆向物流则要注意战略和战术两方面。从战略上看要制定积极的退货政策;从战术上来说要建立合适的回收商品系统。只要把握好这两个方面,商家就能给客户留下一个对售后服务的良好印象和体会,进一步提高客户满意度和客户忠诚度。

在处理逆向物流过程中,要注意两个方面:

一方面,在电子商务网站醒目的位置上设置介绍退货政策的链接。在相关页面上详细说明公司的退货或换货政策,以及方法和途径。这样做能让消费者在购买商品前就了解退货的有关规定,做到明明白白放心购物。

另一方面,最好能在售出的商品包装上详细标明退货政策和方式,这样一旦消费者对商品不满意,有退货的需要,就能在最短的时间内选择最适合自己的方式进行退货,并获得退回的货款。

总而言之,在电子商务中,逆向物流与客户满意度和客户忠诚度关系密切。而在商业社会,客户就是上帝。因此,任何电子商务企业都不能忽视逆向物流的管理问题。目前国内关于这方面的研究并不多,但是相信随着电子商务市场的不断扩大以及科学技术的快速发展,逆向物流的问题将会得到越来越多企业和学者的重视。

电子商务逆向物流的发展存在着管理难度大、占用时间长、实施可行性差等问题。针对这些问题,提出以下策略:

1. 由政府保障和促进电子商务环境下逆向物流的发展

(1) 健全相关的法律法规。由于我国现代逆向物流尚处于起步阶段,迫切需要政府部门对现有的逆向物流管理制度认真研究,建立一个适应现代逆向物流发展的法律法规,使得逆向物流运作有法可依,使企业明确实施逆向物流的目的及责任,使得社会资源流动合理、社会经济发展可持续。学习借鉴发达国家的法律法规,组织编写相关资料和教材,组织逆向物流设备、软件、企业的展览等,为我国逆向物流的长久发展打下坚实的基础。

(2) 建立必要的激励措施,鼓励电子商务企业实施逆向物流管理。政府政策引导对产业发展有重要的作用,对于逆向物流这一新兴行业,更是离不开政策有意识的引导,以强化民众、商家、厂家等各主体的节约意识。从发达国家所采用的优惠政策措施看,主要包括财政补贴、贷款融资、税收优惠政策等。作为发展中国家,电子商务环境下的逆向物流必然成为物流中的重点课题,唯有不断鼓励,才能吸引电子商务企业在正确的引导下完成逆向物流的科学发展。

2. 由电子商务企业建立完善的逆向物流管理体系

企业在享受电子商务带来的便利的同时,应该普及逆向物流思想,以政府的规章政策为导向,积极处理电子商务环境下的逆向物流问题,建立完善的逆向物流管理体系。

(1) 完善网站信息,诚信服务,尽可能减少退货逆向物流的产生,因为退货一旦发生,对买卖双方都会带来负面影响。根据电子商务的特点,应把重点定位在网站设计上,让客户在线购买过程中接触到的所有关于商品的信息都是真实、可信、详细的,也可以提供同类商品的对比功能,让客户在货比三家的情况下选择。通过网站所展示出来的信息,客户作出正确的购买决策,在源头上避免退货的产生。

(2) 制订科学的退货政策。既然在电子商务环境下逆向物流不可避免,且退货政策宽松程度、退货价格合理性、退货程序难易程度以及退货回款快慢都会直接影响到商家的竞争力,则企业可以针对退货问题制订科学合理的应对政策,让客户在需要退货的时候,清楚自己该采取什么方式维护自己的利益。对于已经发货的商品,在制订退货策略时应考虑商品种类与退货率高低,如退货率较高的服装、电子产品等商品,为了方便客户在决策前充分了解所购商品特性,可在网页中详细介绍公司的退货或换货政策、方法和途径,让客户心中有数;也可以将退货政策或方式在商品包装上注明,缩短客户退货的时间。对于尚未发货但已网上下订单的商品,在合理的时间范围内,企业可为客户提供方便的取消订单的渠道,避免商品无效流通增加物流成本。

（3）建立信息系统,完善逆向物流管理系统。现代物流最大的特点就是高度信息化,逆向物流的发展也不例外。电子商务使得交易场所、时间、对象复杂多样化,没有完善的信息系统来支撑,逆向物流无法以较高的效率完成退货任务。逆向物流信息系统的建立,可利用条形码、EDI、POS、GPS 等信息技术对商品进行合理的编码管理,建立有用的基本资料库,做好逆向物流记录工作,实现生产厂商和各节点之间,乃至企业内部各部门之间共享退货信息;对于要求退货的商品,通过建立逆向物流信息跟踪系统,分析判断商品被退的原因,所退商品还有没有可能再次销售,对于无法销售的商品作何处理,等等。

3. 由第三方物流服务商承包电子商务企业的逆向物流业务以提高服务水平

第三方物流凭借专业的人才、先进的技术设备、较高的物流管理水平、高密度的物流服务网络,可为电子商务企业节约逆向物流成本,缩短退货时间,取得电子市场竞争优势。由于逆向物流信息具有复杂性,因此设计第三方物流企业在电子商务环境下的逆向物流运作应着眼于建立以信息网络为支撑的逆向物流系统,借助连通的网络设施,退货请求可在最终消费者、电子商务企业、物流中心、制造商中顺利完成并获得及时响应,如图 8-7 所示：

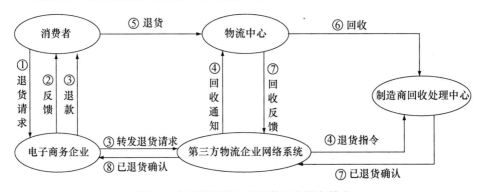

图 8-7 电子商务逆向物流第三方服务模式

首先由客户向电子商务企业提出退货请求,电子商务企业对请求作出反馈（确定或拒绝）,如同意退货则转发退货请求给第三方物流企业,第三方物流企业的信息网络收到转发的退货请求后,分别向下属的物流中心发出回收通知和向制造商发出退货指令,消费者此后将所退商品退回到物流中心,再由物流中心向制造商发出回收指令,并告知第三方物流企业货已发出,制造商收到商品后,向第三方物流企业网络系统反馈已退货信息,据此再由第三方物流企业网络系统反馈已退货信息给电子商务企业,电子商务企业据此向消费者退还货款。

8.2 电子商务下的再生资源回收物流

8.2.1 回收物流概述

1. 回收物流含义

对产品再使用和循环的逆向物流控制研究是过去的十几年里才开始的。其中较知名的论著有罗杰斯的《回收物流趋势和实践》,佛雷普的《物流计划和产品再造》等。在我国,由国家质量技术监督局发布、2001 年 8 月 1 日起正式实施的《中华人民共和国国家质量标准物流术语》中所讲的"逆向物流",从广义上来讲,分为两个部分:回收物流和废弃物物流,二者在收集回收物过程、加工过程以及再销售过程当中存在较大的不同,具体表述如下:

(1) 回收物流(Returned Logistics):指的是返修及退回那些不合格物品,把可以重复使用的包装容器返回到产品供应方所形成的物流。例如集装箱和托盘、客户的退货、收集容器、零部件加工中的缺陷在制品等的反向流动过程。回收物流中,产品是由于质量问题、维修需要,以及运输工具回收等原因而回收的产品,这种逆向流动过程或多或少会对制造商、供应商和零售商造成损失。一般来说,回收得越多,损失得越大。本章的研究重点是消费品市场退货以及换货的逆向物流网络规划,属于回收物流的范畴。

(2) 废弃物物流(Waste Material Logistics):指的是把那些失去原有使用价值的物品送到专门处理场所时形成的物品实体流动,并且包括在派送前所做的收集、分类、加工、包装、搬运、储存等工作。

2. 再生资源回收物流的含义

再生资源回收物流是指废旧物资或物品从终端的消费者到供应链上的各节点企业处所发生的收集/回收、装卸搬运、运输、流通加工、配送等物流活动。从物流的流向上来说,它属于逆向物流,是自下而上从消费者到回收节点各企业的物流活动,同正向物流是刚好相反的。但是从物流的流体上来说,它又是废弃物物流中产品可以再利用、再制造、整修、物料再生、废品处置等的活动,以及伴随这些活动所产生的物流活动。

3. 再生资源回收物流的特点

(1) 逆向性。从图 8-8 可知,再生资源回收物流是基于反应的,它通常不是企业计划或者决策的结果,而是对消费者行为或供应链下游成员的反应,它的流向是从用户/消费者—零售商—批发商—制造商—供应商的,同一般商品的流向恰恰相反。

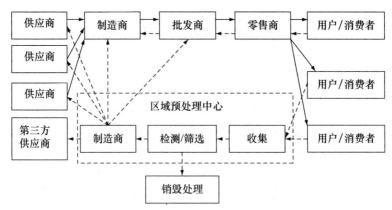

图 8-8　再生资源回收物流流向

（2）不确定性。在再生资源回收物流中，再生资源的供应通常是由外部变量决定的。回收者什么时间收集到多少数量通常是由消费者决定的，发生回收物流的地点通常较为分散、无序，不可能集中一次向接收点转移，并且很多再生资源的回收状况无历史数据可以借鉴，因此对再生资源的供应状况很难进行预测。另外，由于缺乏成熟而且专业化的市场，再生资源的再分销没有稳定的顾客群，没有特定的分销回收产品市场，因此对再生资源的需求有很高的不确定性，这也增加了预测的难度。

（3）处理难度高。主要体现在两个方面：一是流体初始数量小，分布相对散乱，这些特点决定了回收物流需要缓慢聚集，在形成一定的规模之后才具备回收的经济性。另一方面是再生资源的处理过程或者技术手段复杂多样，不但要满足重新进入市场的基本标准和用户需求，还要在人身安全和环境保护方面有所保障。这就决定了再生资源需要较长的收集、分类、检测、处理时间。

（4）价值的可视度低。对再生资源而言，经过回收处理以后可以重新获得新的使用价值，从价值论的角度来看，具有非常大的市场开发潜力，经济收益也较大。但是再生资源（即使是同类产品）所涉及的成本内容广泛，对各种产品的价格与成本的核算也不尽相同，而且不同的回收处理方法会产生大小不同的价值恢复作用，这导致其处理成本的不明晰，回收利用的价值可视度相对较低。

从以上分析可以看出，再生资源回收物流的复杂性非常明显，不但体现为其自身特点导致的回收不确定性、不可预见性、成本和价值的低可视性，同时体现为回收处理过程的多变性、困难性和处理手段的特殊性、多样性。

4. 再生资源回收物流形成的原因

（1）从社会因素来看，废旧产品的无序回收以及原始落后的拆解处理造成的资源浪费使环境污染情况十分严重。对废旧产品进行分散的、不规范的拆解，只能提取部分易于回收的贵金属，而大量难以回收的有用资源将被当做垃圾随意丢弃或者填埋;废旧产品中含有的有毒、有害物质没有能够进行专门的处理,特别是拆解过程中的"三废"直接排放,给周边环境及居民健康造成了危害。另外,再生资源回收物流可以为社会创造更多的财富,缓解资源紧缺的压力。

(2)从政策法规来看,为了减少废弃物被填埋或焚烧给生态环境带来的危害,越来越多的国家制定了环境保护法规或运用税收政策来控制容易造成环境污染的产品及包装物,促使企业以"循环使用"理念取代"一次使用"的观念。政府制定的环境保护法等能有效地促使企业对其制造的产品的整个生命周期负责。企业也没有消极地应对强制性法规的实行,而是在为下一代的环境法案作准备,积极地思考它们在产品管理中的地位、责任和机会。当政府正式推行该项法规时,以往产品的归属权与责任权的转移问题将不复存在,买者和卖者的关系也将永久性地转变。

(3)从企业经济利益来看,社会对于商业道德的呼声越来越高,一个企业在创造利润的同时,不能忘记自己作为社会人的责任。实施再生资源回收物流足以体现企业不仅是对于所售出的产品负责,同时它们也对生态环境负责。这种责任感能够传达给消费者,在社会上树立良好的企业形象,增强竞争优势。另外,各国制定的环境保护法规为企业的环境行为规定了一个约束性标准,企业的环境业绩已成为评价企业运营绩效的重要指标。另外,资源供求矛盾日益突出,由于废旧产品的回购价格低、来源充足,对这些产品回购加工可以大幅度降低企业的物料成本,增加企业效益。

5. 再生资源回收物流的业务流程

(1)收集、回收阶段。这是再生资源回收物流的第一个环节。该环节面临的最大困难是再生资源数量、所处位置、使用情况的不确定性。消费者将他们所持有的再生资源以无偿、有偿、响应政策的方式回流给销售商。目前,无论是由上游的制造商或者供应商,还是由下游的零售商来负责回收物流的收集、回收工作均不合适,不能发挥企业各自的竞争优势,未来的发展趋势是由第三方回收物流企业来完成该环节。

(2)预处理阶段。在对再生资源收集、回收后,要根据其使用状态进行分类,对于那些质量比较好或者不需做什么处理的产品,可投放到市场中再次使用。对于需要再处理的产品,要通过检测检验明确对其的决策处理是直接投放市场、简单修理、拆解再利用、还是作垃圾填埋。在此过程中,要从各种可行的处理方案的成本效益分析出发,确定最佳的预处理方案。

(3)再处理阶段。方式大致有三种:维修、拆解、再循环。对于使用状况较好,稍微加工即可再次使用,并投放到市场的再生资源可以选择维修处理,这样的方式收益很大,也是企业比较愿意接受的。对于只有部分零部件可以回收利用的再生资源来说,需要进行拆解再加工处理。而再循环则是从再生资源中提取原料或者物质,重新投入到生产环节。

(4) 再分配阶段。通过再处理过程生产出来的产品经过包装、储存、运输等环节重新投入市场供消费者再次使用的过程就是再分配。该过程是对有经济价值的再生资源的最终处理。对于那些没有再利用可能或者严重危害环境的再生资源中间处理物资则需要以焚烧或者填埋的方式安全处理。

8.2.2 再生资源回收利用网络

1. 网络结构

可以将再生资源回收利用网络分为业务层级与管理层级。其中业务层级网络由物流网络、信息网络和回收、加工、再利用三个环节组成。三个环节有各自的组成体系,回收环节有废弃物回收网络,加工环节有各种再生资源加工中心,再利用环节有各再利用企业。连接再生资源回收利用三个环节的是物流、信息流与资金流。资金流是再生资源回收利用网络存在的必要条件,物流在三个环节中的流动产生形态的变化以及价值的转变,信息流使得网络的运作更加顺畅。管理层级网络包括再生资源回收利用企业级的管理层、再生资源企业联盟级管理层以及再生资源行业级管理层,各级管理层之间没有物流,只有信息流动,其信息来源是经过信息整合的再生资源回收利用基础业务数据。

根据以上分析,我们确定再生资源回收利用网络由物流网络与信息网络构成。再生资源回收利用物流网络的基本构成为:回收部分、存储与预处理部分、加工部分、再利用部分,对应的物流网络中的节点分别为回收网点、回收中心、加工中心和再利用企业。再生资源回收利用信息网络中的节点包括物流网络的各节点以及管理层的相关节点。完整的再生资源回收利用网络结构如图8-9所示,企业的业务级各节点之间有物流与信息流相关联,其物流业务信息构成整个网络的数据基础,经过信息整合,产生企业级、企业联盟级与行业级的管理部门节点所需要的再生资源回收利用信息。

2. 再生资源回收利用网络的功能

再生资源回收利用物流网络的功能由回收、存储、加工与再利用四个部分组成,各部分功能明确,联系紧密,具体功能和作用如下:

(1) 回收部分。回收网点负责收集各类废弃物并进行简单的分类,居民、企事业单位都是废弃物的产生源,回收网点将废弃物从分散的产生源处收集集中,运送至回收中心指定的存储地。

(2) 存储部分。每个回收中心可以设置一个或多个存储站,用于对下属回收网点所收集的废弃物进行集中存储,并对各种废弃物进行简单的分类、打包工作。

(3) 加工部分。加工部分是连接再生资源回收利用上下游的纽带,也是生

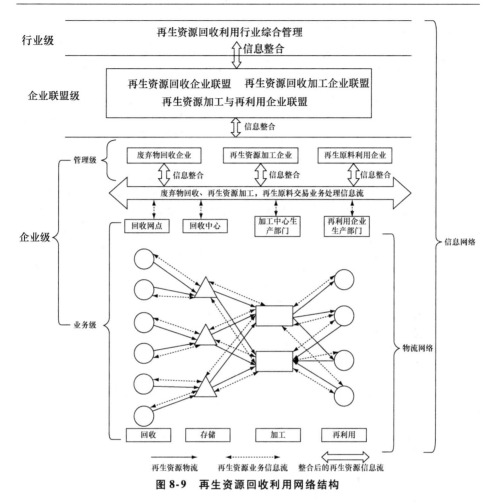

图 8-9 再生资源回收利用网络结构

资源能否获得高资源化率的关键。加工的对象是经过回收环节简单分类的废弃物(也称为再生资源)。再生资源经过资源化加工后转变为再生原料,销售到利用企业作为生产原料。资源化加工是再生资源回收利用的核心环节。

(4) 再利用部分。资源化加工产出的再生原料被提供给相关再利用企业,加工成各种再生产品,经流通市场到达消费者手中。

3. 再生资源回收利用信息网络的组成节点及信息流

再生资源回收利用信息网络是在信息平台的支持下,再生资源在回收、加工、交易等环节中信息流过的节点的组合。信息网络的节点除了物流网络中现实存在的节点外,还包括交投废弃物的公众以及与再生资源产业相关的管理机构。企业业务层级信息网络的节点设置与物流网络中各部分的功能及管理层次相关。节点之间流通的信息流包括废弃物回收信息、再生资源加工信息以及再生原料的交易信息。管理层的信息网络节点信息流与其管理职能相关。信息网络的节点及其间信息流的描述见表 8-2 所示：

表 8-2　再生资源回收利用信息、网络的节点及信息流描述

节点	信息流类型	信息流向的节点	描述
公众	废弃物回收信息	回收网点 回收中心	公众是信息网络的废弃物信息源，发布废弃物交投信息，并可得到交投信息处理的反馈
回收网点	废弃物回收信息	公众 回收中心	处理公众的废弃物交投信息
回收中心	废弃物回收信息 再生资源加工信息	加工中心 再生资源管理机构	汇总下属回收网点的废弃物回收信息，生成待加工的再生资源数据
加工中心	再生资源加工信息 再生原料交易信息	再生原料利用企业 再生资源管理机构	接收相应回收中心传递的待加工再生资源数据，通过加工系统产生再生原料数据，并向再生资源交易平台发布再生原料信息
再利用企业	再生原料交易信息	加工中心 再生资源管理机构	从再生资源交易平台获取再生原料信息，并与加工中心产生交易信息
企业管理级	整合后的再生资源回收利用信息	统计报告	对企业管理层提供决策支持
企业联盟管理级	整合后的再生资源回收利用信息	统计报告	对企业联盟管理提供决策支持
再生资源管理机构	整合后的再生资源回收利用信息	统计报告	支持政策法规的规定 协调再生资源回收利用网络的动作

8.3　低碳物流

8.3.1　低碳物流概念和特征

1. 低碳物流概念

随着全球气候问题的日益严重，"低碳革命"逐渐兴起，加上哥本哈根环境大会对绿色环保、低碳经济的大力倡导，"低能耗、低污染、低排放"的低碳经济理念被越来越多的国家和地区认可并执行，世界各地的人们正以自己的实际行动履行着承诺。在这一背景下，低碳物流横空出世，成为世人关注的焦点，它顺应了低碳经济潮流，符合可持续发展、生态环保、和谐共赢的思想，具有明显的优越性和先进性。

"低碳物流"（Low Carbon Logistics）是在"低碳经济"基础上衍生出来的概念，可以理解为，在可持续发展理念指导下，通过能源技术和节能减排技术创新、

产业结构调整和产业升级等多种手段,利用先进低碳物流技术规划并实施低碳物流活动,在物流活动中通过减少煤炭、石油等高碳能源消耗和温室气体排放,最终实现物流领域的低污染、低能耗、低排放,达到经济社会发展与生态环境保护共赢的一种物流产业发展模式。一般可从两个层面来理解低碳物流的含义:一是减少物流领域的碳排放;二是通过优化的方式来运作物流系统。低碳物流包括物流作业环节和物流管理过程两个方面。其中,物流作业环节主要包括低碳交通运输、低碳包装、低碳仓储、低碳装卸搬运、低碳流通加工等;物流管理过程主要从节能减排的目标出发,改进物流体系,促进供应链上正向和逆向物流体系的低碳化(如图8-10所示)。

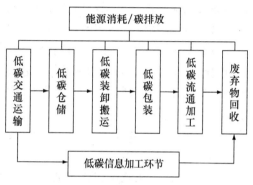

图 8-10　低碳物流的基本环节

2. 低碳物流的特征

(1)系统性。系统是指为了实现一定的目标而由相互作用和相互影响的若干要素组成的有机整体。而低碳物流是以低能耗、低污染、低排放为目标,由低碳运输、低碳仓储、低碳包装等功能要素所组成的系统。从系统观点来看,物流系统的每个功能环节都实现低碳,整体实现了资源最充分的利用,才符合低碳物流的内涵。低碳物流系统既是物流系统的一个子系统,其本身也是由多个子系统,如低碳运输子系统、低碳仓储子系统、低碳包装子系统等所构成。这些子系统之间也存在着物流系统固有的效益悖反现象,相互影响。另外,低碳物流由于具有系统性,所以也会受到外部环境的影响,外部环境对低碳物流的实施将起到约束或推动作用。

(2)双向性。低碳物流具有双向性是指低碳物流包括正向物流与逆向物流两个方向的低碳化。正向物流低碳化是指通过"生产—流通—消费"的路径满足消费者需求的物的流向过程中所有活动的低碳化;逆向物流低碳化是指物在正向物流过程中产生了各类衍生物,合理处置这些衍生物所产生的物流活动的低碳化,主要包括回收、分拣、净化、提纯、商业或维修退回、包装等再加工、再利用和废弃物处理等环节的低碳化。早期人们对于物流的认识主要局限在正向物流,忽视了逆向物流的节能减排和资源有效利用。而低碳物流的双向性要求物流低碳化必须从正向物流和逆向物流两个方面实现。

(3) 多目标性。低碳物流为了实现可持续发展的最终目标,其主要准则是经济利益、消费者利益、社会利益和生态环境利益四个目标的统一。低碳物流作为社会经济活动的一种,追求经济利益是其根本,但从可持续发展的观点来看,还应注重消费者利益、社会利益和生态环境利益。从系统观点看,这四个目标往往是相互制约、相互冲突的。低碳物流需要在这么多个目标之间进行平衡,其中生态环境效益是其他目标实现的保证,也是低碳物流得以实现的关键。

(4) 标准性。低碳物流的节能减排在不同的功能环节具体的要求是不一样的。低碳物流要求在不同的物流功能环节制定各类标准,进行统一协调,提高低碳物流系统管理水平。另外,低碳物流所使用的能效技术、可再生能源资源和节能减排技术在国家层面也制定了统一的标准。现在我国主要城市和大部分行业都在研究碳排放限值、审核、评估及验证领域的标准体系建设。标准化是低碳物流发展的基础。低碳物流标准化对降低物流成本、提高物流资源利用、节能减排具有重大的决定性作用。

(5) 技术先进性。低碳物流以能效技术、可再生能源技术和温室气体减排技术的开发和运用为核心。低碳物流的实现,离不开先进的技术应用。这些技术可以是硬技术,也可以是软技术。硬技术包含物流设备的使用,如叉车、托盘、货架、分拣机、绿色运输车等设备的使用,软技术的使用主要是指先进而又合适的软件、操作方法、作业标准和业务流程等。没有先进的低碳技术的使用,实现低碳物流就是一句空话。

8.3.2 发展低碳物流的途径

1. 发展低碳物流的微观途径

低碳物流的主要功能环节包括低碳运输、低碳仓储、低碳流通加工、低碳装卸搬运、低碳包装、废弃物回收等。实施低碳物流,必须从这几个方面入手。

(1) 低碳运输。交通运输工具使用过程中能源消耗巨大,在整个运输过程中排放大量的有害气体,产生噪音污染等,这些都会对环境造成很大的影响。运输低碳化主要表现在三个方面:一是运输工具所使用的能源低碳化处理;二是运输工具的能效技术创新;三是运输合理化。运输工具使用的能源低碳化,主要是指尽量选择清洁燃料,进行新能源开发,用可再生能源或低碳化能源,减少煤炭石油等高碳能源使用。运输工具的能效技术创新,是指提高能源利用效率技术的研发与创新,通过资源的充分利用降低能源消耗与碳排放。运输合理化的宗旨是从整体减少运输活动和缩短运输路线,通过减少运输工具的使用时间降低运输对环境的危害。低碳运输主要强调物流网点和运输线路的合理布局和规划,尽量缩短运输路线,减少车辆运行,使用清洁燃料,选择可再生能源作为动力,选择低污染车辆,选择合理的运输方式,提倡共同配送,有效降低物流运输环节对资源的消耗和对环境的污染。

(2) 低碳仓储。储存在物流系统中起着缓冲、调节和平衡的作用,是物流的一个中心环节。低碳仓储要求仓库布局要科学,选址要合理,以节约运输成本。布局过于密集,会增加运输的次数,从而增加资源消耗;布局过于松散,则会降低运输的效率,增加空载率,从而增加碳排放量。另外,在仓储设施与设备选择上,尽量选择电动力设备,减少仓储设备使用的能源消耗与碳排放。

(3) 低碳流通加工。流通加工指为了满足消费者个性化的需求,在流通领域中对流通的商品进行生产性加工。流通加工的内容一般包括分割、计量、分拣、刷标志、拴标签、组装等。流通加工低碳化主要包括:一是加工过程低碳化,包括加工工艺流程的优化和加工设备的选择等,减少加工过程中的能源消耗和资源浪费;二是使流通加工实现规模经济,变分散加工为专业集中加工,减少加工场所,提高资源利用效率,以减少流通加工对环境的污染;三是集中处理商品加工过程中产生的边角废料等,合理回收利用,减少废弃物污染。

(4) 低碳装卸搬运。装卸是跨越运输和物流设施而进行的,发生在输送、储存、包装前后的物品取放活动。实施低碳装卸首先要求企业在装卸过程中进行正确装卸,避免货物的损坏,从而避免资源浪费以及造成废弃物导致环境污染;其次,要求企业提高装卸效率,避免延迟运输工具的等待时间而产生资源浪费与环境污染。另外,低碳装卸还要求企业消除无效搬运,提高搬运的灵活性,合理利用现代化机械,保持物流的均衡顺畅。

(5) 低碳包装。低碳包装指节约资源、保护环境的包装,主要指提高包装材料回收利用率,有效控制资源消耗,避免环境污染。按照包装的基本构成,低碳包装可进一步分解为包装材料的低碳化、包装方式的低碳化和包装作业过程的低碳化三个方面。包装低碳化应采用"减量化""重复使用""再循环""可降解"的原则。鼓励企业尽量采用简化的、可降解材料制成的包装,包装应该进行标准化处理,形成可重复使用的单元式包装,并且包装材料要求能回收再利用。

(6) 废弃物回收。在整个物流活动中,尤其是仓储、流通加工以及包装环节,不可避免会出现边角余料、废渣废水、废弃包装物等,对这些废物进行合理处置,回收再利用,是低碳物流中的重要组成部分。另外,在回收过程中也需要注意废弃物产品回收运输的低碳化。

2. 发展低碳物流的宏观思路

我国物流业的起步较晚,在低碳物流的服务水平和研究方面更是处于起步阶段,与国际上先进国家在低碳物流的观念、政策以及技术上均存在较大的差距,主要表现在:

(1) 观念上的差距。一方面,领导和政府的观念仍未转变,仅有物流的思想而没有绿色化的概念,还缺乏发展的前瞻性,与时代的步伐存在差距。另一方面,经营者和消费者对域外物流绿色经营消费理念仍非常淡薄,低碳物流的思想几乎为零。

(2) 政策性的差距。尽管我国自20世纪90年代以来一直致力于环境污染方面的政策和法规的制定和颁布,但针对物流行业的还不是很多。另外,由于物流涉及的有关行业、部门、系统过多,而这些部门又都自成体系,独立运作,各做各的规划,各搞各的设计,各建各的物流基地或中心,导致物流行业的无序发展,造成资源配置的巨大浪费,也为以后物流运作上的环保问题增加了过多的负担。

(3) 技术上的差距。低碳物流的关键所在,不仅依赖物流绿色思想的建立,物流政策的制定和遵循,更离不开绿色技术的掌握和应用。而我国的物流技术距离绿色要求相差甚远,如我国的物流业还没有什么规模,基本上是各自为政,没有很好的规划,存在物流行业内部的无序发展和无序竞争状态,对环保造成很大的压力;在机械化方面,物流机械化的程度和先进性与低碳物流要求还有距离;物流材料的使用上,与低碳物流倡导的可重用性、可降解性也存在巨大的差距;在物流的自动化、信息化和网络化环节上,低碳物流更是无从谈起。

实施低碳物流,要发挥政府的引领和导向作用,把社会经济全过程的绿色环保作为施政的基本策略,不能只强调生产和消费的绿色化,而忽视物流的绿色化。政府在物流绿色化刚起步阶段,要给予重视和支持,使物流绿色化能顺利进行,可以在以下方面进行管制:

(1) 制定中国物流发展大纲,出台物流产业政策。这方面我国应该借鉴日本的做法,对物流的各个方面和环节作一个宏观统一的规范,指导低碳物流良性发展。

(2) 加强与国际物流行业组织的联系、交流,并进行多方面合作,根据我国实际情况完善目前国内物流发展现状。

(3) 控制物流活动中的污染发生源。物流活动引起环境污染的主要原因在于车辆运输量的增加。政府应该采取有效措施,从源头上控制物流的运输、包装、仓储、流通加工和装卸等几个环节造成的污染。制定相应的环境法规,对废气排放量及车种进行限制;采取措施促进使用符合限制条件的车辆;普及使用低公害车辆;对车辆产生的噪音进行限制。例如,对现有车辆进行治理改造以降低废气排放,增加车辆检测频次,按排污量收取排污费,限制城区或居住区货车的行驶等,不排除使用行政手段和经济手段进行强制执行。

(4) 统一规划物流配送,建立现代化的物流中心,政府指导企业采用合适的运输方式,在区域内发展共同配送。增加单个车辆的装载,减少车辆的空载,节省资源,提高效率,降低物流的运输成本。

（5）对交通流的管理。政府投入相应的资金,合理规划城市道路,制定有关道路停车管理规定,采取措施实现交通管制系统的现代化,开展道路与铁路的立体交叉发展,以减少交通堵塞,提高配送的效率,达到环保的目的。

（6）加强物流方面的技术研究,提高物流技术水准。尤其要在包装和流通加工方面进行技术更新,并大力推进低碳物流理论研究。还要进一步促使物流信息化、网络化,提高物流过程的计划、执行、控制效率。

（7）推进物流的标准化。我国物流设施和装备标准化滞后主要表现在：一是各种运输方式之间装备标准不统一,尤其是集装箱标准不统一；二是物流包装标准与物流设施标准之间不配套,不能充分使物流设施得到利用。

8.4 绿色物流

8.4.1 绿色物流含义与内容

1. 绿色物流的含义

绿色物流,是指在商品物流过程中减少对环境造成的损害,实现物流环境的净化,使物流资源得到最充分的利用。绿色物流是将环境管理导入物流业的各个系统,通过管理和监督物流业中的保管、运输、包装、装卸搬运、流通加工等作业环节,有效遏止物流发展造成的污染和资源浪费,实现节约资源、保护环境的目标。

绿色物流的英文是"Environmental Logistics",可直译为"环境友好的物流",故又称环保物流,它特别强调全方位对环境的关注,从环境的角度对物流系统进行改进,从而形成与环境共生的物流管理系统。环境共生型物流管理系统建立在保护环境和可持续发展的基础上,它改变了原来经济发展与物流的单向作用关系,在抑制传统直线型的物流对环境造成危害的同时,采取与环境和谐相处的全新理念,设计和建立循环的物流系统,使传统物流末端的废弃物质能回流到正常的物流过程中来,故又称循环物流。

2. 绿色物流的内容

绿色物流包括绿色运输、绿色仓储、绿色包装和绿色回收(逆向物流)。绿色物流追求以尽可能小的资源消耗和环境成本,获得尽可能大的经济效益和社会效益。绿色运输主要解决运输过程中的燃油消耗、尾气排放和噪声等对环境的污染；绿色仓储要求仓库布局合理,以节约仓储成本；绿色包装以国际公认的3R1D 为指导原则,即:减量化(Reduce)原则、重复利用(Reuse)原则、回收再生(Recycle)原则和可降解(Degradable)原则,具体要求企业在包装的规范化、重复利用、包装工艺和包装材料上都遵循环保原则,节约能耗；绿色回收要求企业选择最佳的回收处理方案,实现最小的付出成本,获得最高的回收价值。

3. 电子商务环境下发展绿色物流的措施

(1) 树立绿色物流理念,完善政府规制。政府应强化宣传环保的重要性和紧迫意识,企业应着眼于自身和社会的长远利益,将节约资源、减少废物、避免污染等作为长远发展目标。根据发达国家的经验,政府对物流的规制主要分为:① 发生源的规制,主要包括促进使用符合规制条件的低公害车船,对噪音进行规制等;② 交通量的规制,主要是发挥政府的指导作用,推进企业从自用车运输向营业用车运输转化,发展共同配送,建立现代化的信息网络,统筹物流中心的建设等,最终实现物流的高效化;③ 交通流的规制,主要目的是通过建立都市中心环状道路、道路停车规制以及实现交通管制等来减少交通堵塞。

(2) 搭建物流网络平台,加强信息化、标准化建设。① 物流网络平台大力发展电子商务,建立以现代科学技术和高科技装备为主体的现代化物流系统,建立物流网络平台是科技兴国的要求。物流平台分三个层次:物流基地、物流中心和配送中心。物流基地是以全国为对象,承担全国性的物流集散和服务功能的大城市。② 物流标准化体系是资源整合的基础工作,包括两个方面的内容:一是软件标准化,具体指物流术语标准、商品代码标准、接口标准、统一的操作规程等;二是硬件标准化,具体指相关机器设备的标准化,装卸、运输、储存作业的集装单元化,托盘、集装箱、卡车车厢尺寸的标准化,以及仓库、堆场、货架的规范化等。

(3) 设计绿色回收体系,提高企业竞争力。电子商务是一把双刃剑,一方面提供给顾客便捷的网上购物,另一方面也给企业增加了退货的可能性。据查,一般零售商的退货率是5%—10%,而通过网上购物的产品退货率则高达35%。鉴于此,因特网的零售商们要想在竞争激烈的市场中立于不败之地,建立完善的绿色回收体系,及时处理顾客的退换货要求是重中之重。对于绿色回收体系的设计可以从以下方面着手:第一,充分考虑退货的可能性,在设计网站时,在"购买"键旁边创建"取消"键,让顾客有改变主意的可能。第二,产品包装盒提供具体的退货规定,让顾客感到如同在商场实地购物。同时,供应商应提供在线订单追踪,还可通过电子邮件、传真等方式积极主动征询顾客意见。第三,提供在线产品配置的站点。顾客在配置产品的过程中必然经过深思熟虑,大大降低了退货的风险。第四,同时提供在线和离线两种退货方式。一方面顾客可以在线直接向供应商提出其退货要求,电子零售商通过信息系统找到客户有关资料后可及时处理退货;另一方面客户也可以通过退货服务实际地点退货,代替包裹交货。

8.4.2 零售业绿色物流运作系统

通过调查分析,结合物流系统理论,根据当前零售业物流运作的具体情况,构造出如图8-11所示的包含四个物流参与主体(供应商、零售商、第三方物流、消费者)和六个最必要的物流活动实施要素(绿色采购、绿色包装、绿色运输、绿色仓储、逆向物流、绿色消费)的零售业绿色物流运作系统框架模型。

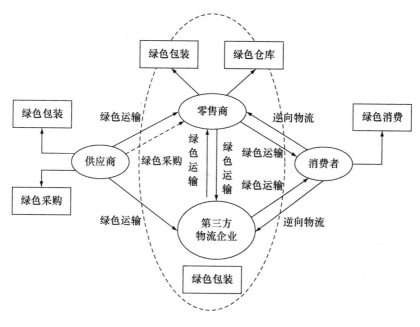

人、财、物、技术、信息

图8-11 零售业绿色物流运作系统框架模型

此系统的四个参与主体是供应商、零售商、第三方物流以及最终消费者。采购、包装、运输和仓储是现代物流运作的主要环节,对这些环节的相应管理是物流管理的主要工作,在物流管理研究领域也主要是对这些环节进行研究、思考和探索新的、更有效的管理途径,这些是物流作业管理的核心要素。发展绿色物流,不仅要对已有的物流管理方法进行改进,而且要考虑其他与绿色物流密切相关的物流作业环节,像逆向物流和绿色消费也是实施绿色物流必不可少的运作环节。

对零售业实地调查的结果分析表明,绿色物流的实施主要集中在采购、包装、运输、仓储、逆向物流和消费这几个方面,结合物流运作管理的有关理论,我们从以上几个方面介绍和分析零售业绿色物流的运作活动,进而研究它们之间的关系和运作机制。先对这几个活动要素的概念作一个界定。

(1) 绿色采购。零售业的采购是指从供应商处购买产品的行为。绿色采购是指基于绿色环保的物流理念,在购入产品时考虑产品的环保因素(这些因素包括产品本身是否为环保型产品,例如产品元件是否有毒,是否对环境造成污染,产品是否有环保作用,产品的包装是否考虑到绿色环保,产品的运输是否可以达到环保要求等),有选择性和倾向性地采购产品的行为。这是家电零售业绿色物流实施的第一步,也是最本质的一步。

(2) 绿色包装。绿色包装是20世纪80年代提出来的解决包装与环境问题的一个概念,也称为生态包装或环境友好的包装,是指以天然原料制成的易于降解且能够再循环和再利用的,并在使用周期中对生态和人畜的健康无害的一种环保型包装。在此我们使用王长琼的定义:是指包装产品从材料选择到生产制造再到使用和废弃的整个周期中均符合环保要求,是一种无公害的包装。绿色包装可以做到节约资源,利于资源的再生,同时又强调尽量减少废弃物,从而保护了生态环境。从环境学的角度看,绿色包装技术是一种环境友好型的技术;从生态学角度看,绿色包装是一种生态包装;从生态经济学角度来看,绿色包装就是根据环境价值并利用现代科技的全部技术潜力进行的包装。

(3) 绿色运输。运输是物品空间位置的转移,它通过各种设备和工具实现物品从某一地向另一地的运送,运输中的燃油消耗和尾气排放是其对环境产生负面影响的主要原因。绿色运输作为实现绿色物流的重要环节,以节能减排为特征。通过对货运网点和配送中心的布局规划,绿色运输能够降低汽车的空载率并缩短运输路线,还能通过制定运输车辆和燃料的标准提高能效,此外这一过程还着重考虑运输中的破损与泄漏问题,防止危害环境。

(4) 绿色仓储。仓储是指在货物入库到发放之间,以尽量少的代价管理、贮藏好物品,为企业正常的经营活动提供稳定、可靠的货物供应,并尽量减少短缺、积压、破损和变质等情况。运输改变了"物"的空间状态,而仓储则是以改变"物"的时间状态为目的的活动,从而克服供需之间的时间差异,获得更好的效用。仓储过程本身会对周围环境产生影响,另外仓库布局不合理也会给其他物流环节带来压力从而引起不必要的环境污染。绿色仓储是一种科学合理的仓储保管体系,旨在避免存储中物品的损耗或布局不合理带来的成本增加,同时减少仓储对周围环境的污染和对人员的辐射。由于仓库布局松散会增加空载率,降低运输效率,而布局过于密集会增加运输的次数,消耗过多资源,所以绿色仓储要求仓库布局合理,以此来节约运输成本。此外,为保护仓库所在地的环境,仓库建设应进行环境影响评价。

(5) 逆向物流。如前所述,逆向物流是一种物流活动,包含产品退回、物料替代、物品再利用、废弃处置、再处理、维修与再制造等流程。它以正确处置废弃产品或重新获得产品的使用价值为目的,是将原材料、半成品、制成品等物资从产品消费点一端返回到产品的来源点一端的过程。

(6) 绿色消费。绿色消费强调消费行为既要适应经济社会的可持续发展，又要与自然环境相协调。中国消费者协会将绿色消费的含义概括为，倡导选择消费未受污染或有益于健康的绿色产品，注重对消费产生的垃圾的处置避免污染环境，转变消费观念将注重生活便利与环保节约并重，最终实现可持续消费。绿色消费既是一种消费质量又是一种消费意识，这种绿色的消费需求无疑对商品和物流环节都提出了绿色环保的要求。

本章小结

逆向物流是一种物流活动，它包含了产品退回、物料替代、物品再利用、废弃处置、再处理、维修与再制造等流程。退货逆向物流和回收逆向物流是现代物流根据回收物的处理对逆向物流进行的分类。退货逆向物流基本上包括两种，一种是由于各种原因而产生的从消费者回到零售商的退货，另一种是从零售商那里返回到生产厂家的商品。回收逆向物流一般指的是对最终消费者持有的废旧物品进行回收，分类到供应链上各节点企业，再进行处理和再利用的过程。在电子商务活动中产生的逆向物流一般是指退货逆向物流。电子商务逆向物流一般有自营模式、联营模式和共同模式三种。

回收物流指的是返修及退回那些不合格物品，把可以重复使用的包装容器返回到产品供应方所形成的物流。废弃物物流指的是把那些失去原有使用价值的物品送到专门处理场所时形成的物品实体流动，并且包括在派送前所做的收集、分类、加工、包装、搬运、储存等工作。再生资源回收物流是指废旧物资或物品从终端的消费者处到供应链上的各节点企业处所发生的收集/回收、装卸搬运、运输、流通加工、配送等物流活动。低碳物流是在"低碳经济"基础上衍生出来的概念，可以理解为，在可持续发展理念指导下，通过能源技术和节能减排技术创新、产业结构调整和产业升级等多种手段，利用先进低碳物流技术规划并实施低碳物流活动，在物流活动中通过减少煤炭、石油等高碳能源消耗和温室气体排放，最终实现物流领域的低污染、低能耗、低排放，达到经济社会发展与生态环境保护共赢的一种物流产业发展模式。绿色物流，是指在商品物流过程中减少对环境造成的损害，实现物流环境的净化，使物流资源得到最充分的利用。绿色物流是将环境管理导入物流业的各个系统，通过管理和监督物流业中的保管、运输、包装、装卸搬运、流通加工等作业环节，有效遏止物流发展造成的污染和资源浪费，实现节约资源、保护环境的目标。

应用案例

垃圾华丽变身　废旧回收成功驾驭电商模式

就连不起眼的回收小贩居然也开始倒腾起了洋玩意,做起了电子商务,这让很多业界人士不禁惊叹,电子商务模式并不是一种放诸四海皆准的生存方式,废旧回收进军电子商务模式靠谱吗?

最早出现的废旧回收电子商务网络平台来自深圳淘绿环保团队,2009年4月以"电子商务"方式高起点进军回收产业链,以废旧手机回收为切入点,推出以逆向物流为导向的电子商务新模式,同时对接金融超市,成为中国回收服务第一平台。

有知情人士透露,前期淘绿单纯的线上线下回收模式并没有引起过大的反响,更别说引起行业的青睐,众多猜疑、否定让淘绿几经周折不断摸索,才渐渐在废旧回收领域总结出一套特色回收体系,结合当前中国废旧回收现状,实施以委托交易、委托采购的双向服务为基础的逆向物流体系。

逆向物流是将电子产品生产——回收——拆解过程反之,即以拆解为导向,在全国范围内开展回收,再循环再利用生产新产品,实行一站式的回收生产链条。据了解,这种以逆向物流为基础的电商模式主要以废旧手机回收为切入点,借助线上线下的专业、高效多项服务的支撑,与回收链上下游企业和个人开展战略合作关系,最终形成商流、物流、资金流、信息流为一体的逆向物流体系。

用户在网上进行一个简单的手机测评,以系统提供的价格区间为准则,决定是否回收。投废成功后,用户通过回收订单、物流信息等可轻松追踪废旧手机信息,监控投废流程,直至最后的拆解提炼过程。不仅如此,回收个体或者商贩也可以通过网络下单、委托交易的方式进行报废机型的处理,跟踪货物的物流信息和交易情况。而如此强大的功能,更可通过手机app、微信、微博等多渠道多端口实现。随着近几年的发展,这套备受质疑的系统日趋成熟,并表现出了更为强劲的发展势头。

这种模式给废旧回收的散兵游勇提供了更多销售渠道,增加了回收信心,同时为后端的拆解商提供了更为集中的货源,实现了回收产业链的真正畅通,激励着回收产业的正规有序发展,最大范围内实现废旧电子的规范回收。

有了稳定的销售渠道,拓展业务成了必经之路。而版图的扩大需更多资金支持,对于未成规模的单枪匹马独闯侠来说,是个纠结的问题。不过,以服务客户为第一准则的行业平台,早就作出了相应的支持。有消息透露,淘绿已经联合汕头金融超市设立结算中心,为废旧回收者提供先行结算、信用担保、股权投资的一站式金融服务,以解决废旧回收个体回收资金的流通问题。

回收对接金融模式对于金融界来说算得上是一个新的突破。从使用者的角度来看,回收对接金融这一动作将他们无价值的"垃圾"直接转化为有形价值,回收平台在提供回收服务的同时,辅助提供金融服务,成为信用担保的重要渠道,必要时甚至能够通过金融中心进行股权融资,对实现资金的高效流通,起到了重要的桥梁作用。

(资料来源:http://www.chinawuliu.com.cn/information/201310/21/260856.shtml,2013年11月2日访问。)

案例思考题

(1) 淘绿环保团队的回收物流模式的流程是什么样的?

(2) 淘绿环保团队的回收物流模式对企业自身和客户有哪些价值?

第九章　电子商务物流技术与信息管理

> **学习目标**

1. 明确物流条码的编码规则
2. 明确射频技术的原理及其在电子商务物流中的应用
3. 理解电子数据交换技术和 POS 技术的原理与应用
4. 明确地理信息系统和智能运输系统的原理与应用

> **关键词**

物流条形码　无线射频技术（RFID）　电子数据交换技术（EDI）　POS　地理信息系统　全球定位系统　智能运输系统

引例

雨润：全程冷链铸新模式

雨润是全国最早实现信息化建设的食品企业，现已形成了产、供、销、物流、财务、人事、行政管理等全覆盖的信息管理系统。雨润集团又斥巨资引入 SAP 信息管理系统，用于实施厂商高度协同，共享资源，帮助业务伙伴提升经营的信息化水平与业务运营能力。

业内深知，作为食品安全与新鲜的保证，冷链运输是其中最为重要的一个环节，也是农产品运输的最佳选择。近年来，中国的肉类消费正在向终端品牌化发展，消费习惯也由农贸摊位向品牌店转移，餐饮食堂对品牌的诉求越来越强烈，采购方式也从自购转向供应配送。作为肉制品龙头企业，雨润在冷链管理战略上采取"两手抓"，一方面采用自身物流系统进行肉制品运输，另一方面与第三方合作，整合冷链资源。比如，雨润不仅自购数百辆各种型号的全自动控制冷藏车辆，并在所有车辆安装了温度跟踪仪；通过温度跟踪仪反馈的数据，对产品在途温度控制做到了全程监控；通过物流 ERP 系统、车辆 GPS 定位系统，做到冷链物流科学管理，对冷藏车辆实时控制；通过遍布各地的基地网络，坚持 300 公里半径的有效冷链覆盖，实现产地和市场的有效对接，全程 GPS 卫星定位导航，24 小时 0—4 摄氏度自动控温，全方位保持产品的安全和新鲜。

正是基于全程冷链方面优势资源的全方位支撑，雨润才能保证餐饮渠道专营商模式的高效运转。雨润相关负责人说,基于全程冷链的独特整合,将为专营商打通上下游环节,这种模式在业内还是首次提出。

(资料来源:http://www.chinawuliu.com.cn/xsyj/201304/28/224851.shtml,2013 年 6 月 2 日访问。)

案例思考题

(1)雨润在冷链管理上采用了哪些信息技术管理手段?
(2)雨润在冷链管理上采用的物流技术与信息管理系统为公司带来了哪些价值?

9.1 条形码技术

9.1.1 条码技术概述

1. 条码技术概念

条码是由一组按一定编码规则排列的条、空及字符组成,用以表示一定信息的条状代码。条码系统是由条码符号设计、制作及扫描阅读组成的一类自动信息识别系统。条码技术 BC(Bar Code)是在计算机的应用实践中产生和发展起来的一种自动识别技术,它是为实现信息的自动扫描而设计的,是实现快速、准确、可靠采集数据的有效手段。条码技术是为解决数据录入与数据采集而产生的一类自动信息读取技术。条码技术具有输入速度快、信息量大、准确性高、成本低及可靠性强等优点,是商品的产、供、销各环节信息传递的通用语言。条码技术提供了一种对物流中的物品进行标识和描述的方法,借助自动识别技术、POS 系统、EDI 等技术手段,公司可以随时了解有关产品在供应链上的位置,并即时作出反应。条码是实现 POS 系统、EDI、电子商务及供应链管理的技术基础,是物流管理现代化、提高企业管理水平和竞争能力的重要技术手段。

2. 条码技术的特点

条码的条纹由若干个黑色"条"和白色"空"的单元组成,其中黑色"条"对光的反射率低,而白色"空"对光的反射率高,再加上"条"与"空"的宽度不同,就能使扫描光线产生不同的反射效果,在光电转换设备上转换成不同的电脉冲,形成可以传输的电子信息。由于光的运动速度极快,所以可以准确无误地对运动中的条码予以识别。条码技术具有操作简单、信息采集快、采集信息量大、可靠性高、灵活实用、自由度大和设备结构简单、成本低等特点。

3. 条码的分类

(1)按条码有无字符符号间隔,可分为连续性条码和非连续性条码。

(2) 按字符符号个数固定与否,可分为定长条码和非定长条码。

(3) 按扫描起点的可选性,可分为双向条码和单向条码。

(4) 按条码的码制不同,可分好多种条码,目前世界上流行的有几十种,如 UPC 条码、EAN 条码、三九条码、库德巴条码、二五条码、四九条码、一一条码、EAN-128 条码等。

(5) 按条码应用的领域不同,可以分为消费单元条码和物流单元条码。

4. 条码技术的应用领域

条码技术是集计算机、光、机、电、通信技术为一体的高新科学技术,伴随着 IT 技术的发展而发展。其应用的领域也很广泛,主要在计算机管理的各个领域,即商业、工业、物资管理、交通运输业、邮电通信业、仓储、医疗卫生、安全检查、餐饮旅游、票证管理,以及军事装备、工程项目等国民经济各行各业和人民日常生活中。

(1) 商业领域。不论是商品的入库、出库、上架,还是和顾客结算的过程,都要面对如何将数量巨大的商品信息输入计算机的问题。条码技术在这里就显出了其优越性。商店一般都有自动销售管理系统(销售点管理系统)(Point of Sale,POS)。

(2) 工业领域。企业管理中,条码识别设备是数据采集的有利手段,如企业的人事管理(如考勤管理、工资管理、档案管理)、物资管理(如仓库自动化管理系统)、生产管理(如产品生产中的工耗、能耗、材耗、加工进度)等。此外,在生产过程的自动化控制系统中,条码技术更是重要的数据采集手段。

(3) 物资流通领域。各个物流中心、仓储中心等,都需要对物品的入库、出库和盘点进行计算机处理。

(4) 交通运输业。国际运输协会已作出规定,货物运输中,物品的包装箱上必须标有条码符号。铁路、公路的旅客车票自动化售票及检票系统、公路收票站的自动化系统等,都须应用条码技术。

(5) 邮电通信业。在邮件上贴上或印制上条码符号,就能用条码阅读设备输入相应的信息,保证及时准确地完成邮件揽收与投递,确保邮件装车的正确性,提高同城速递的效率,保证邮件服务系统业务数据的及时更新,实现自动化管理。我国的大中城市,在包裹与挂号信等邮件上已开始应用条码技术。

(6) 其他领域。在图书出版业,从 1994 年起,一切书刊及音像制品都要统一印上条码符号,前缀码为"977"的是期刊代码,"978"的是图书代码。在图书管理系统、血库管理系统和旅游业相关系统中,也在广泛应用条码技术。另外,无论在证照防伪方面,如护照、身份证、挂号证、驾驶执照、会员证、识别证的防伪,还是在税务申报,医院、暂住人口管理等方面,条码技术都得到了人们的普遍关注,发展速度十分迅速。条码技术的使用,极大地提高了数据采集和信息处理的速度,提高了工作效率,为管理的科学化和现代化作出了很大贡献。

9.1.2 物流条形码的标准体系

1. EAN-13 商品条码

EAN-13 商品条码是企业最常用的商品条码,由左侧空白区、起始符、左侧数据符、中间分隔符、右侧数据符、校验符、终止符、右侧空白区及供人识别字符组成,如图 9-1 所示。

图 9-1 EAN-B 商品条码的结构

通常,EAN-13 由 13 位数字及相应的条码符号组成,这 13 位条码包括:

(1) 前缀码(X13X12 或 X13X12X11)。EAN 分配给国家或地区编码组织代码。EAN 分配给中国物品编码中心的前缀码由 3 位数字组成,目前 EAN 已将"690—695"分配给中国物品编码中心使用。

(2) 制造厂商代码,由 4 位数字组成,为我国物品编码中心统一分配并统一注册,"一厂一码"。

(3) 商品代码,由 5 位数字组成,表示每个制造厂商的商品,由厂商确定。

(4) 校验码,由 1 位数字组成,用以校验前面各码的正误。

2. EAN-8 商品条码

EAN-8 商品条码只用于商品销售包装,其前缀码和校验码与 EAN-13 码相同。EAN-8 商品条码无企业代码,只有商品代码,由国家物品编码管理机构分配。EAN-8 商品条码结构如图 9-2 所示:

EAN/UCC-8 商品条码又称缩短版商品条码,用于标识小型商品,它由 8 位数字组成。从代码结构上可以看出,EAN/UCC-8 代码中用于标识商品项目的编码容量要远远小于 EAN/UCC-13 代码。以"690"打头的商品标识代码为例,就 EAN/UCC-8 代码来说,除校验位外,只剩下 4 位可用于商品的编码,即可标识 10000 种商品项目;而以"690"打头的 EAN/UCC-13 代码,除厂商识别代码和校验位外,还剩 5 位可用于商品编码,即可标识 100000 种商品项目。可见,EAN/

图 9-2　EAN-8 商品条码结构

UCC-8 代码用于商品编码的容量很有限。

在以下几种情况下,可采用 EAN-8 商品条码:

(1) EAN-13 商品条码的印刷面积超过印刷标签最大面面积的四分之一或全部可印刷面积的八分之一时;

(2) 印刷标签的最大面面积小于 40 cm^2 或全部可印刷面积小于 80 cm^2 时,或产品本身是直径小于 3 cm 的圆柱体时。

3. UCC/EAN-128 码

UCC/EAN-128 码是目前可用的最完整的、高密度的、可靠的、应用灵活的字母数字型一维码制之一。它允许表示可变长度的数据,并且能将若干个信息编码在一个条码符号中。相关的 EAN/UCC 应用标识符以及属性数据都可用 UCC/EAN-128 码制表示。可以根据需要采用条码应用标识符的不同部分来表示需要的信息。图 9-3 所示的条形码标签表示了系列货运包装箱代码、保质期、批号等信息。

4. 二维条形码

一维条形码所携带的信息量有限,如商品上的条形码仅能容纳 13 位(EAN-13 码)阿拉伯数字,更多的信息只能依赖数据库的支持,离开了预先建立的数据库,这种条形码就没有意义了,因此在一定程度上也限制了条形码的应用范围。基于这个原因,在 20 世纪 90 年代发明了二维条形码。二维条形码除了具有一维条形码的优点外,同时还有信息量大、可靠性高、保密、防伪性强等优点。目前二维条形码主要有 PBF417 码、Code49 码、Code16K 码、DataMar-rix 码、MaxiCode 码等,主要分为堆积式(或层排式)和矩阵式(或棋盘式)两大类,如图 9-4、9-5 所示。

第九章 电子商务物流技术与信息管理

图 9-3 条形码标签

图 9-4 堆积式二维条形码

图 9-5 矩阵式二维条形码

二维条形码作为一种新的信息存储和传递技术,从诞生之时就受到了国际社会的广泛关注。经过几年的努力,现已应用在国防、公共安全、交通运输、医疗保健、工业、商业、金融、海关及政府管理等多个领域。

二维条形码依靠其庞大的信息携带量,能够把过去使用一维条形码时存储于后台数据库中的信息包含在条形码中,可以直接通过阅读条形码得到相应的信息,并且二维条形码还有错误修正技术及防伪功能,增强了数据的安全性。另外,在海关报关单、长途货运单、税务报表、保险登记表上也都有使用二维条形码技术来解决数据输入及防止伪造、删改表格的例子。在我国部分地区的注册会计师证和汽车销售及售后服务等方面,二维条形码也得到了初步的应用。

5. 物流条码

物流条码是指由 EAN 和 UCC 制定并用于商品单元的全球统一标识的条码。商品单元由消费单元、储运单元和货运单元组成。

物流条码标识的内容主要有项目标识(货运包装箱代码 SCC-14)、动态项目标识(系列货运包装箱代码 SSCC-18)、日期、数量、参考项目(客户购货订单代码)、位置码、特殊应用(医疗保健业等)及内部使用。国际通用的物流条码有消费单元条码、储运单元条码和货运单元条码。

6. UPC 条码

UPC 条码是由美国统一代码委员会制定的一种代码,主要用于美国和加拿大。

7. ITF 条码

ITF 条码主要用于运输包装,是印刷条件较差,不允许印刷 EAN 和 UPC 条码时选用的一种条码。

9.2 射频(RFID)技术

9.2.1 RFID 技术概述

1. 认识无线射频原理

RFID 是 Radio Frequency Identification 的缩写,即无线射频识别,常称电子标签、电子条码等。它是一种非接触式的自动识别技术,通过射频信号识别目标对象并获取相关数据,识别工作无需人工干预。作为条形码的无线版本,RFID 技术具有条形码所不具备的防水、防磁、耐高温、使用寿命长、读取距离大、标签上数据可以加密、存储数据容量更大、存储信息更加自如等优点。

RFID 系统由电子标签(Tag)、阅读器(Reader)、天线(Antenna)组成。与传统条形码识别技术相比,RFID 的优势包括:快速扫描;体积小型化、形状多样化;抗污染能力和耐久性强;可重复使用;穿透性和无屏障阅读;数据的记忆容量大;安全性高。

2. RFID 的工作原理

RFID 系统的工作过程是这样的:读写器在一个区域发射能量形成电磁场,射频标签经过这个区域检测到读写器的信号后发送储存的数据,读写器接收射频标签发送的信号,解码并校验数据的准确性以达到识别的目的(如图 9-6 所

示)。具体包括以下几个步骤:

(1) 读写器将设定数据的无线电载波信号经过发射天线向外发射。

(2) 当射频标签进入发射天线的工作区时,射频标签被激活后即将自身信息代码经天线发射出去。

(3) 系统的接收天线接收到射频标签发出的载波信号,经天线的调制器传给读写器。读写器对接到的信号进行解调解码,送后台电脑控制器。

(4) 电脑控制器根据逻辑运算判断该射频标签的合法性,针对不同的设定作出相应的处理和控制,发出指令信号控制执行机构的动作。

(5) 执行机构按电脑的指令动作。

(6) 通过计算机通信网络将各个监控点连接起来,构成总控信息平台,根据不同的项目可以设计不同的软件来完成要达到的功能。

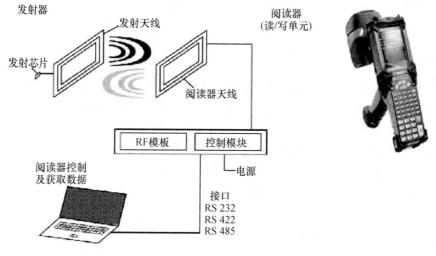

图 9-6　RFID 的工作原理

3. RFID 的应用范围

RFID 技术目前广泛应用于零售业,车辆自动识别,自动化的生产流水线,粉尘、污染、寒冷、炎热等恶劣环境中,物流和供应链的管理中,身份识别上(如在医疗领域的医疗器械管理、病人身份识别和婴儿防盗等),以及产品防伪上,如贵重物品(烟、酒、药品)的防伪、票证的防伪等。

9.2.2　RFID 在电子商务物流中的应用

1. RFID 在物流管理中应用的优势

RFID 的广泛应用能够使公司获得丰厚的收益,主要包括减少库存和销售人员方面的成本,降低读码劳动力成本,存货节余,减少偷窃和脱销情况的发生等,具体表述如下：

（1）减少库存和销售人员方面的成本。一般情况下，库存及销售成本占到零售商运营费用的2%—4%，利用读写器来读取货盘、容器、纸箱和个体物品，可取代极耗人力的条形码识别过程。RFID技术能够使销售人员的数量减少30%以上。

（2）存货节余。准确的存货清单能减少账面价值故意降低情况的发生。RFID能够有效地降低存货错误，大大提高存货报告的有效性。通过使用RFID技术来准确地追踪商品，公司能够清楚地掌握产品销售的历史记录，并且提高对实际所需存货预测的准确性。

（3）降低读码劳动力成本。使用RFID技术能帮助零售商减少劳动力成本以及定期货物管理和货架存货的服务费。对应用RFID技术的产品来说，通过提高自我服务，减少检查时间和错误，能改进目前这种"自动扫描"的检查方式。

（4）减少脱销情况的发生。对于某个零售商来说，某件商品脱销意味着顾客失望而归，或者到竞争对手那里购买该商品。目前，食品杂货店每年由于商品脱销而造成的损失占全部销售额的4%。而RFID技术能够做到产品追踪、清晰的存货清单以及准确的供需预测，使库存量科学合理，零售商若改进客户服务及其满意度，其销售额必将大幅提升。供应商可以将商品型号、原产地、生产厂家和产品批次等商品详细信息写入电子标签，当贴有标签的货箱经过读写器时，标签便将产品数据传递给读写器，读写器再将数据下载到中央处理器，生成企业货品清单管理数据库。这样，可以清楚地了解和掌握商品从生产、运输到销售的全过程，从而使采购、仓储、配送过程更加便捷。同时，借助RFID技术，公司还可以实现对原材料、半成品、成品、运输、仓储、配送、上架和最终销售，甚至退货处理等环节进行实时监控，从而合理地控制产品库存，实现物流的智能管理。

（5）减少偷窃情况的发生。对于零售商来说，仅商品被偷窃一项，每年造成的损失就高达300多亿美元，保守估计它将占到全部销售额的1.5%。采用了RFID技术后，可以在供应系统中实时追踪商品，指明某个时刻某件商品所处的具体位置，并且减少存货中的出货遗失。RFID技术已在部分商店中得到了成功的应用，尤其适用于那些具有较高利润或价格昂贵的商品。

（6）将RFID系统与条码系统结合，可用于智能仓库货物管理，有效解决与仓库及货物流动有关的信息管理，不但可增加一天内处理货物的件数，还能监看这些货物的一切流动信息。一般而言，射频卡贴在货物要通过的仓库大门边上，读写器天线放在叉车上，每个货物都贴有条码，所有条码信息都被存储在仓库的中心计算机里，该货物的有关信息都能在计算机里查到。当货物被装走运往别地时，由另一读写器识别并告知计算机中心它被放在哪个拖车上，这样管理中心可以实时了解到已经生产了多少产品和发送了多少产品，并可自动识别货物，确定货物的位置。

2. RFID 与条形码的比较

条形码因为生产便利且价格低廉,得到广泛应用,相比之下,目前 RFID 系统中标签的价格较高,因而不能满足零售产品的商业化需求。除了价格,RFID 与条形码相比,存在着绝对优势:

(1) 不需要光源,甚至可以透过外部材料读取数据;
(2) 使用寿命长,能在恶劣环境下工作;
(3) 能够轻易嵌入或附着在不同形状、类型的产品上;
(4) 读取距离更远;
(5) 可以写入及存取数据,写入时间比打印条形码更少;
(6) 标签的内容可以动态改变;
(7) 能够同时处理多个标签;
(8) 标签的数据存取有密码保护,安全性更高;
(9) 可以对 RFID 标签所附着的物体进行追踪定位。

除此之外,RFID 相对于其他很多识别技术也有自己独特的优势,各种识别技术的比较如表 9-1 所示:

表 9-1　常见识别技术参数对比

类别	条码	OCR	磁卡	IC 卡	RFID
信息载体	纸、塑料金属表面	物质表面	磁性物质	EEPROM	EEPROM
信息量	小	小	一般	一般	大
读写性	只读	只读	读/写	读/写	读/写
保密性	差	差	较差	好	最好
读取式	CCD 激光束扫描	光电转换	电磁转换	电擦除,写入	无线通信
智能化	无	无	无	有	有
抗干扰能力	差	较差	较差	好	更好
寿命	较短	较短	短	长	最长
成本	最低	较低	低	较高	高

3. RFID 在应用中可能存在的问题

(1) 隐私权问题。隐私权支持者最大的忧虑之一,就是识别使用信用卡购买商品的射频识别技术标签,会将顾客和商店数据库的特定产品联系在一起,商家可以使用这些数据准确地跟踪客户购买的产品,甚至包括产品的颜色、尺寸、款式、价格和其他使用条形码不能获取的信息。这些射频识别技术得出的数据将和特定的销售绑定在一起,能更好地追踪客户,同时也可能会暴露某些客户的个人偏好、购买倾向等隐私。

(2)失业问题。企业采用的射频识别系统将接手原来由人工完成的工作并进一步取代人工操作,其带来的问题将是许多劳工面临失去工作的危机。

(3)技术问题。机构 Auto-ID Center 所做的一项调查显示,即使贴上双重卷标,RFID 卷标牌仍有 3% 无法判读;只贴一个标签的吊牌则只有 78% 能正确判读。此外,射频识别标签与读取机具有方向性及射频识别讯号容易被物体所阻断,亦为射频辨识技术未来发展的一大挑战。

(4)成本问题。现在,射频识别系统中芯片的成本较高,阻碍了射频识别技术的应用,因此,降低 RFID 成本是大面积应用其技术的前提。

4. 数字分拣技术

数字分拣技术 DPS(Digital Picking System)中常用的是电子标签辅助拣货技术,它是一种无纸化的拣货系统,可分为摘取式数字分拣技术和播种式数字分拣技术。电子标签辅助拣货系统是在拣货操作区中的所有货架上,为每一种货物安装一个电子标签,并与分拣系统的其他设备连接成网络,然后控制电脑可根据货物位置和订单清单数据,发出出货指示并使货架上的电子标签亮灯,操作员根据电子标签所显示的数量可及时、准确、轻松地完成以"件"或"箱"为单位的商品拣货作业。

9.3 电子数据交换技术与 POS 技术

9.3.1 EDI 技术与系统

1. EDI 的含义

EDI 是参加商业运作的双方或多方按照协议,对具有一定结构的标准商业信息,通过数据通信网络在参与方计算机之间所进行的传输和自动处理。EDI 电子传输的核心内容是商业信息和商业单证,如订单、发票、付款通知、付款凭证、交货凭证等。EDI 使商业伙伴之间的关系更加密切,从而使企业销售人员的角色发生微妙变化,如网上在线订单系统和网上在线客户信息系统将会对拥有庞大对外销售的行业产生重要影响。

EDI 技术在贸易中的应用代替了传统的人工处理方式,使交易行为更加快速、安全和高效。这表现在三个方面:第一个方面是由于 EDI 的使用,避免了数据的重复录入,使业务数据自动传输、自动处理,提高了信息处理的准确性与快速性。它消除了贸易过程中的纸面单证,从而避免了制作文件的费用,EDI 也因此被称为"无纸贸易"。第二个方面是应用 EDI 技术可以确保有关票据、单证的处理安全、迅速,提高海关、商检、卫检、动植物检验等口岸部门的工作效率,加快货物的验放速度,从而空前提高了商流和物流的速度,加速了资金周转。第三个方面是改善了企业的信息管理及数据交换的水平,有助于企业实施诸如实时管理或零库存管理等全新的经营战略。EDI 是信息技术向商贸领域渗透并与国际商贸实务相结合的产物。利用 EDI 订购商品的过程如图 9-7 所示:

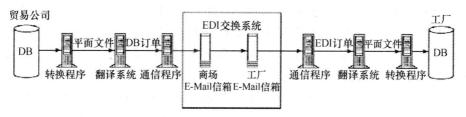

图 9-7 用 EDI 订购商品的过程

2. EDI 系统结构

(1) EDI 标准。目前,世界上通用的 EDI 标准有两个:一个标准是由联合国欧洲经济委员会于 1986 年制定的 EDIFACT(EDI for Administration, Commerce and Transportation),最早在西欧使用;另一个是由美国国家标准局(ANSI)主持制定的 X.12 数据通信标准,主要在北美使用。这两个标准都包含了 EDI 标准的三要素:数据元、数据段和标准报文格式。近年来,鉴于 EDI 有助于推动国际贸易程序与文件的简化,经有关标准化组织的工作,EDIFACT 已被作为事实上的 EDI 国际标准。

(2) EDI 软件构成。EDI 软件具有将用户数据库系统中的信息译成 EDI 的标准格式,以供传输交换的能力。EDI 软件由转换软件、翻译软件和通信软件构成。转换软件可以帮助用户将原有计算机系统的文件,转换成翻译软件能够理解的中间文件(flat file),或是将从翻译软件接收来的中间文件,转换成原计算机系统中的文件。翻译软件将中间文件翻译成 EDI 标准格式,或将接收到的 EDI 标准格式翻译成中间文件。通信软件将 EDI 标准格式的文件外层加上通信信封(Envelope),再送到 EDI 系统交换中心的邮箱(Mailbox),或 EDI 系统交换中心将接收到的文件取回。

(3) EDI 的硬件。构成 EDI 系统所需的硬件设备大致有计算机、调制解调器及电话线。

3. EDI 的特点

经过 20 多年的发展与完善,EDI 作为一种全球性的具有巨大商业价值的电子化贸易手段,具有无纸化贸易、缩短交易时间、加速资金流通、提高办公效率等优点,并具有以下几个显著的特点:

(1) 单证格式化。EDI 传输的是企业间格式化的数据,如定购单、报价单、发票、货运单、装箱单、报送单等,这些信息都具有固定的格式与行业通用性。这样,以电子单证取代邮寄的纸证,实现了无纸贸易,减少了人工操作的差错,提高了效率。

（2）处理自动化。EDI 信息传递的路径是计算机到数据通讯网络,再到商业伙伴的计算机,信息的最终用户是计算机应用系统,它自动处理传递来的信息,因此这种数据交换完全自动化处理,不需人工干预。

（3）报文标准化。EDI 传输的报文符合 EDI 国际标准,所有定购单、报价单、发票、货运单、装箱单、报送单等都符合 EDI 的电子单证标准并可实现标准转化,这是计算机能自动处理的前提条件。已传输的文件具有跟踪、确认、防篡改、防冒领、电子签名等一系列安全保密功能,文本具有法律效力,具有存储转发功能。

（4）软件结构化。EDI 功能软件由五个模块组成:用户界面模块、内部 EDI 接口模块、报文生成与处理模块、标准报文格式转换模块,以及通信模块。这五个模块功能分明,结构清晰,形成了 EDI 较为成熟的商业软件。

（5）运作规范化。EDI 以报文的方式交换信息有其深刻的商贸背景,EDI 报文是目前商业化应用中最成熟、最有效、最规范的电子凭证之一,EDI 单证报文具有法律效力已被普遍接受。任何一个成熟、成功的 EDI 系统,均有相应的规范化环境做基础,如 EDI 单证系统、商贸的协议、管理法规及相应的配套措施,确保电子信息的加密和防伪。

4. EDI 的工作方式

物流 EDI 的工作方式:编辑处理原始单据,将原始单据转换成中间文件,将中间文件转换成标准文件。其基本的工作方式如图 9-8 所示:

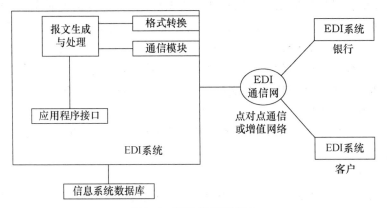

图 9-8　EDI 的工作方式

EDI 技术使传输发票、订单过程达到了很高的效率,而这些业务代表了它们的核心业务活动——采购和销售。EDI 在密切贸易伙伴关系方面有很大的优势。现代物流中所用的电子数据交换主要是应用于单证的传递、货物送达的确认等。传输的单证种类有采购单、采购变更单、询价单、采购订单、提单、发票、到货通知单、交货确认单等。现代物流中电子数据交换能够为顾客提供与银行、认证中心、物流企业、供应商交易等有关的物流信息。图9-9是物流EDI信息流程示意图：

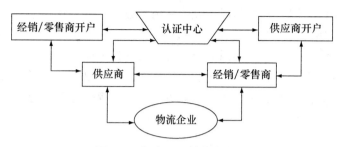

图9-9　物流EDI的信息流程

5. 实现EDI的环境和条件

（1）数据通信网是实现EDI的技术基础。为了传递文件，必须有一个覆盖面广、高效安全的数据通信网作为其技术支撑环境。数据通信网不仅要具有一般的数据传输和交换功能，还必须具有格式校验、确认、跟踪、防篡改、防冒领、电子签名、文档归类等一系列安全保密功能，并且在用户间出现法律纠纷时，能够提供法律证据。

（2）计算机应用是实现EDI的内部条件。EDI不是简单地通过计算机网络传送标准数据文件，它还要求对接收和发送的文件进行自动识别和处理。因此，EDI的用户必须具有完善的计算机处理系统。从EDI的角度看，一个用户的计算机系统可以划分为两大部分：一部分是与EDI密切相关的EDI子系统，包括报文处理、通信接口等功能；另一部分则是企业内部的计算机信息处理系统，一般称之为EDP(Electronic Data Processing)。

（3）标准化是实现EDI的关键。EDI标准是整个EDI最关键的部分，由于EDI是以事先商定的报文格式形式进行数据传输和信息交换的，因此，制定统一的EDI标准至关重要。EDI标准使各组织之间的不同文件格式，通过共同的标准获得彼此之间的文件交换。EDI标准主要分为以下几个方面：基础标准、代码标准、报文标准、单证标准、管理标准、应用标准、通信标准、安全保密标准等。

（4）EDI立法是保障EDI顺利运行的社会环境。EDI的使用必然推动贸易方式和行政方式的变革，也必然会产生一系列的法律问题，如电子单证和电子签名的法律效力问题，发生纠纷时的法律证据和仲裁问题等。因此，为了全面推行EDI，必须制定相关的法律法规。在EDI法律正式颁布之前，EDI贸易伙伴各方在使用EDI之前共同签订一个协议，以保证EDI的使用，如美国律师协会的"贸易伙伴EDI协议"等。

9.3.2 EDI 系统的构成和应用

1. 物流 EDI 系统的构成

物流 EDI 系统的构成要素是标准、系统和通信。图 9-10 为物流 EDI 系统的整体结构。EDI 通信曾经普遍采用的是专用的增值网络(VAN)。VAN 是利用现有的通信网络(如分组交换网 PSDN、电话交换网 PSTN、综合业务数字网 ISDN 等),增加 EDI 服务功能而实现的计算机网络。它可以使不同的计算机之间实现数据传输、数据文件转移以及远程数据库的访问等,克服了"点对点"应用方式的弊端。

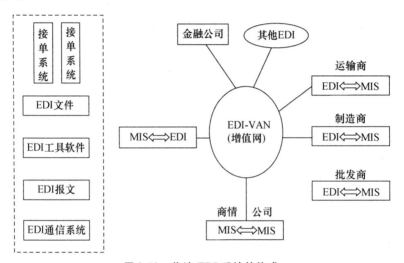

图 9-10 物流 EDI 系统的构成

但是传统的 VAN 本身有很多不足之处,如各种不同的 VAN 之间不容易实现互联,EDI 软件与 VAN 的联系也比较松散、效率低,不能进行多媒体信息的传播和处理,成本过高等。这些不足引发了 Internet 在 EDI 中的应用,并大有取代 VAN 的趋势。而 Internet 解决方案则是基于开放、廉价和高适应性的系统。Internet 与 EDI 的结合方式中,Web-EDI 方式是目前最流行的方式,其目标是允许中小企业只需要通过浏览器和 Internet 连接就可以执行 EDI 交换。这种解决方案对中小企业来说是负担得起的,费用低,而且对现有企业的应用系统只需作不大的改动,就可以方便快速地扩展成为 EDI 系统应用。

2. EDI 在物流中的应用

EDI 是一种信息管理或处理的有效手段,是对供应链上的信息流进行运作的有效方法。EDI 的目的是充分利用现有计算机及通讯网络资源,提高贸易伙伴间通信的效益,降低成本。EDI 主要应用于以下企业:

（1）制造业。JIT 准时制生产，以减少库存量及生产线待料时间，降低生产成本。

（2）贸易运输业。快速通关报检，经济使用运输资源，降低贸易运输空间、成本与时间的浪费。

（3）流通业。QR 快速响应，减少商场库存量与空架率，以加速商品资金周转，降低成本。建立物资配送体系，以完成产、存、运、销一体化的供应线管理。

（4）金融业。EFT 电子转账支付，减少金融单位与其用户间交通往返的时间与现金流动风险，并缩短资金流动所需的处理时间，提高用户资金调度的弹性，在跨行服务方面，更可使用户享受到不同金融单位所提供的服务，以提高金融业的服务品质。

9.3.3 POS 系统运用

1. 理解 POS 系统的组成和特点

POS 系统（Point of Sale），即销售时点信息系统，最早应用于零售业，以后逐渐扩展至金融、旅馆等服务性行业，利用 POS 系统的范围也从企业内部扩展到整个供应链。现代 POS 系统已不仅仅局限于电子收款技术，它还考虑将计算机网络、电子数据交换技术、条形码技术、电子监控技术、电子收款技术、电子信息处理技术、远程通信、电子广告、自动仓储配送技术、自动售货、备货技术等一系列科技手段融为一体，从而形成一个综合性的信息资源管理系统。

POS 系统的组成：前台 POS 系统和后台信息管理系统。

POS 系统的特点：分门别类管理，如单品管理、员工管理和顾客管理；自动读取销售时点信息；集中管理信息；连接供应链的有力工具。

2. 掌握 POS 系统的结构

POS 系统的硬件主要包括收款机、扫描器、显示器、打印机、网络、微机与硬件平台等（如图 9-11 所示）。前台销售软件的主要功能包括收款、结算、退款等，后台管理软件的主要功能包括入库管理、调价管理、票证管理等（如图 9-12 所示）。

3. POS 系统的运行步骤

（1）店铺销售商品都贴有表示该商品信息的条形码或自动识别标签。

（2）在顾客购买商品结账时，收银员使用扫描读数仪自动读取商品条形码标签或自动识别标签上的信息，通过店铺内的微型计算机确认商品的单价，计算顾客购买总金额等，同时返回给收款机，打印出顾客购买清单和付款总金额。

（3）各个店铺的销售时点信息通过 VAN 以在线联结的方式即时传送给总部或物流中心。

（4）在总部，物流中心和店铺利用销售时点信息来进行库存调整、配送管

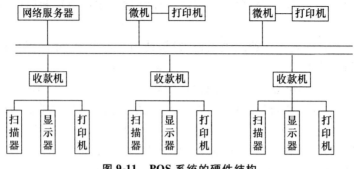

图 9-11　POS 系统的硬件结构

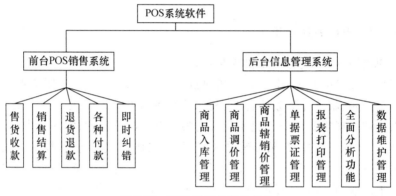

图 9-12　POS 系统的软件结构

理、商品订货等作业。

（5）在零售商与供应链的上游企业结成协作伙伴关系的条件下，零售商利用 VAN 在线联结的方式把销售时点信息即时传送给上游企业。

9.4　自动跟踪技术

地理信息系统和全球定位系统是目前通信技术在物流领域最重要的应用。这两种技术与 RFID 技术结合，能够对物流实体在时空上的位置进行准确定位和进行各种单证的图像及数据传输，从而更快和更广泛地提高了物流的功能。

9.4.1　地理信息系统 GIS 及应用

地理信息系统（Geographical Information System，GIS）是用于获取、处理、分析、访问、表示不同用户、不同系统和不同地点之间传输数字化空间信息的系统。它以地理空间数据为基础，采用地理模型分析方法，适时地提供多种空间的和动态的地理信息，是一种为地理研究和地理决策服务的计算机技术系统。它可以对在地球上存在的东西和发生的事件进行成图和分析。GIS 技术把地图这种独特的视觉化效果和地理分析功能与一般的数据库操作(例如查询和统计分析等)集成在一起。其基本功能是将表格型数据(无论它来自数据库、电子表格文件或直接在程序中输入)转换为地理图形显示,然后对显示结果进行浏览、操作和分析。其显示范围可以从洲际地图到非常详细的街区地图,显示对象包括人口、销售情况、运输线路以及其他内容。

1. GIS 系统的组成

(1)硬件。GIS 硬件配置一般包括四个部分:计算机主机、数据输入设备(如数字化仪、图像扫描仪、手写笔、光笔、键盘、通讯端口等)、数据存储设备(如光盘刻录机、磁带机、光盘塔、活动硬盘、磁盘阵列等)、数据输出设备(如笔式绘图仪、喷墨绘图仪、打印机、激光打印机等)。GIS 所操作的计算机资源,包括计算机、数字化仪、扫描仪、绘图仪、磁带机等。

(2)软件。软件指 GIS 运行所必需的各种程序,主要包括提供存储、分析和显示地理信息的工具。主要的软件有:输入和处理地理信息的工具;数据库管理系统;支持地理查询、分析和视觉化的工具;容易使用这些工具的图形化界面。

(3)地理空间数据。地理空间数据是指以地球表面空间位置为参照的自然、社会和人文景观数据,可以是图形、图像、文字、表格和数字等,来源包括通过数字化仪、扫描仪采集或者从商业数据提供者处购买的地理数据和相关的表格数据,是系统程序作用的对象,是 GIS 所表达的现实世界经过模型抽象的实质性内容。它是 GIS 应用系统最基础的组成部分。GIS 将空间数据和其他数据源的数据集成在一起。地理信息系统特殊的空间数据模型决定了地理信息系统特殊的空间数据结构和特殊的数据编码,也决定了该系统独具特色的空间数据管理方法和系统空间数据分析功能,如基于 GIS 的矿产资源评价模型、灾害评价模型等。

(4)系统开发、管理和使用人员。地理信息系统从其设计、建立、运行到维护的整个生命周期,处处都离不开人的作用。仅有系统软硬件和数据还构不成完整的地理信息系统,需要人进行系统组织、管理、维护和数据更新、系统扩充完善、应用程序开发,并灵活采用地理分析模型提取多种信息,为研究和决策服务。这既包括从事设计、开发和维护 GIS 系统的技术专家,也包括那些使用该系统并解决专业领域任务的领域专家。一个 GIS 系统的运行成员应有项目负责人、信息技术专家、应用专业领域技术专家、程序员和操作员。

2. GIS 如何工作

GIS 用来存储有关世界的信息,这些信息是可以通过地理关系连接在一起的所有主题层的集合。通过这些信息可以使人更好地认识这个位置(地方),可以按照需要选择运用哪些层信息,比如找一个更好的地段设立店铺、分析环境危害、跟踪传输工具、模拟全球的大气循环等。这对于解决许多真实世界的问题具有重要的作用。

地理信息系统工作于两种不同的基本地理模式——矢量模式和栅格模式。在矢量模式中,关于点、线和多边形的信息被编码并以(x,y)坐标形式储存。一个点特征的定位,例如一个钻孔,可以被一个单一的(x,y)坐标所描述。线特征,例如公路和河流,可以被存储于一系列的点坐标。多边形特征,例如销售地域或河流聚集区域,可以被存储于一个闭合循环的坐标系。矢量模式非常有利于描述一些离散特征,但对连续M变化的特征,如土壤类型,就不太有用。栅格模式发展为连续特征的模式。栅格图像包含网格单元、点像扫描的地图或照片。不管是矢量模式还是栅格模式,用来存储地理数据,都有优点和缺陷。现代的GIS都可以处理这两种模式。如需要了解某城市的建筑和人口居住分布,可输入该城市的地图以及相关的经纬度资料,GIS接收信息后开始工作,并给出相应主题层的结果。

3. GIS系统的应用过程

GIS的应用范围很广泛,功能很强大,它可以帮助用户进行地理信息查询和分析。GIS具有将数据集合和地理信息链接起来的能力,可以辅助企业改进自己的机构和资源的管理。GIS以地图和附加报告的方式简洁而清晰地提供查询、分析结果信息,使决策者集中精力于实际的问题,而不是花时间去理解数据。以GIS为基础的图形数据库是可以延续的,比例尺寸也不受限制。图形可以以任何地点为中心,比例尺寸任意,同时使用突出效果的特殊字符有效地显示所选择的信息。下面简要介绍GIS的工作过程:

(1) 数据输入。在地理数据用于GIS之前,数据必须转换成适当的数字格式。从图纸数据转换成计算机文件的过程叫做数字化。对于大型的项目,现代GIS技术可以通过扫描技术来使这个过程全部自动化,对于较小的项目,需要手工数字化。目前,许多地理数据已经是GIS兼容的数据格式,这些数据可以从数据提供商那里获得并直接装入GIS中。

(2) 数据处理。对于一个特殊的GIS项目来说,有可能需要将数据转换成或处理成某种形式以适应用户的系统。地理信息适用于不同的比例尺,在这些信息被集成以前,必须转变成同一比例尺。这可以是为了显示的目的而作的临时变换,也可以是为了分析所作的永久变换。GIS技术提供了许多工具来处理空间数据和去除不必要的数据。

(3) 存储和管理。对于小的GIS项目,把地理信息存储成简单的文件就足够了;当数据量很大而且数据用户很多时,则使用数据库管理系统(DBMS),来帮助存储、组织和管理数据。有许多不同的DBMS设计,但在GIS中,关系数据库管理系统的设计是最有用的。在关系数据库系统设计中,概念上数据都被存储成一系列的表格,不同表格中的共同字段可以把它们连接起来。

(4) 查询和分析。GIS 提供简单的鼠标点击查询功能和复杂的分析工具,为管理者和类似的分析家提供及时的信息。当你分析地理数据用于寻找模式和趋势,或提出"如果……怎么样"的设想时,GIS 技术实际上正在被使用。现代的 GIS 具有许多有力的分析工具,但有两个是特别重要的:第一是接近程度分析,例如用户想了解类似这样的问题,在这片水域周围 100 米范围内有多少房子等,GIS 技术使用一个叫做缓冲的处理方法来确定特征间的接近关系。第二是覆盖范围分析,不同数据层的综合方法叫做覆盖。简单地说,它可以是一个可视化操作,但是分析操作需要一个或多个物理连接起来的数据层,而覆盖或空间连接,指如可以将税收数据与土地、斜坡、植被或土地所有者等集成在一起。

(5) 结果可视化输出。所有查询和分析的结果最终都以地图信息的形式输出。图件对于存储和传递地理信息是非常有效的。制图者已经生产了上千年的地图,GIS 为扩展这种制图艺术和科学提供了崭新的和激动人心的工具。地图显示可以集成在报告、三维观察、照片图像和多媒体的其他输出中。

4. GIS 技术在物流中的应用

现代物流中的 GIS 主要应用在运输路线的选择、仓库位置的选择、仓库的容量设置、合理装卸策略、运输车辆的调度及投递路线的选择上。现代信息技术发展已趋成熟,信息资源的共享为物流 GIS 的建设提供了基础和保障,同时,现代物流的发展也需要充分利用数字化技术来进入新的阶段。

GIS 应用于物流分析,主要是指利用 GIS 强大的地理数据功能来完善物流分析技术。国外公司已经开发出利用 GIS 为物流提供专门分析的工具软件。完整的 GIS 物流分析软件集成了车辆路线模型、最短路径模型、网络物流模型、分配集合模型和设施定位模型等。

(1) 车辆路线模型。用于解决一个起始点、多个终点的货物运输中如何降低物流作业费用的问题,并保证服务质量,包括决定使用多少辆车,每辆车的路线等。

(2) 网络物流模型。用于解决寻求最有效的分配货物路径问题,也就是物流网点布局问题。如将货物从 N 个仓库运到 M 个商店,每个商店都有固定的需求量,因此需要确定由哪个仓库提货送给哪个商店,所耗的运输代价最小。

(3) 分配集合模型。可以根据各个要素的相似点把同一层上的所有或部分要素分为几个组,用以解决服务范围和销售市场范围等问题。如某一公司要设立 X 个分销点,要求这些分销点覆盖某一地区,而且要使每个分销点的顾客数目大致相等。

(4) 设施定位模型。用于确定一个或多个设施的位置。在物流系统中,仓库和运输线共同组成了物流网络,仓库处于网络的节点上,节点决定着线路,如何根据供求的实际需要并结合经济效益等原则,确定在既定区域内设立多少个仓库,每个仓库的位置,每个仓库的规模,以及仓库之间的物流关系等问题,运用此模型均能很容易地得到解决。

5. 掌握 GIS 在车辆监控中的应用

地理信息子系统安装运行在各受理台上,与急救中心信息系统进行连接,可以实现一机双屏,主要能实现以下功能:

(1)能显示城市的矢量电子地图,电子地图具有局部放大、缩小、平移功能,能根据路名(汉字或拼音)和建筑物名称在图上查出其所在的位置,并根据车辆当前的位置确定其所在的道路。

(2)利用 GIS 管理工具,能根据车辆运行轨迹生成新的道路,改成新的道路以后,即改即用。

(3)地图分为道路层、重要标志建筑物层、医疗机构层、门牌号码层、车辆运行层等,能对各层分别控制其特性。

(4)在电子地图的背景上显示车辆位置,并以不同颜色表示车辆的状态:前往现场、任务中、任务结束、待命车辆、不可用车辆等。

(5)呼救地址、接车地点、送往地点的自动、手工定位及重定位。

(6)实时显示指定车辆位置、状态、时间。

(7)实时显示指定车辆的行车轨迹及历史出车轨迹。

(8)根据呼救地址自动提供推荐车辆、推荐医院、呼救区域。

(9)提供导航索引图。

(10)在地图上可显示车辆、医院、急救站及通信信息,并可进行电话调度。

(11)可任意缩放、拖动地图,并可进行地图打印。

目前,以上所述的 GIS 技术在车辆监控中的应用已被延伸至现代物流中。

6. GIS 技术的发展趋势

GIS 技术的发展趋势主要体现在两个方面,一是技术的综合,二是软件技术的分化。前者在物流领域中得到了广泛的应用,这体现在 GIS 与其他信息技术的综合之上。

GIS 技术的综合,不仅体现在"3S"的综合,即 GIS、RS 和 GPS 的一体化,而且还体现在它已经与 CAD、多媒体、通信、Internet、办公自动化、虚拟现实等多种技术结合,形成了综合的信息技术。这一点,已经被许多从事不同业务的公司所重视。综合是 GIS 技术开发和应用值得注意的重要方向。下面是 GIS 与几种信息技术结合的介绍。

(1)GIS 与 CAD 的结合:CAD 为计算机辅助制图和设计,是一门空间设计技术,用以设计地图;GIS 是一门空间管理技术,用以管理地图。二者结合将为我们提供一个设计和管理电子地图的工具。

(2) GIS 与 RS 的结合:早期的 GIS 往往与 RS(Remote Sensing,遥感)联系在一起。广义地讲,RS 作为 GIS 的一种重要信息源,是 GIS 的重要组成部分。同时,GIS 的应用也提高了 RS 的数据提取和分析能力。随着高精度 RS 的发展和遥感动态网络的出现,GIS 与 RS 的结合会更加密切。

(3) GIS—GPS:GPS 与 GIS 紧密结合在一起。特别是智能化汽车和道路系统(IVHS)的建设,将为 GIS 和 GPS 应用开辟新的途径。

(4) GIS—Internet 技术:基于 Internet 技术的 GIS,即 WebGIS 已经成为 GIS 技术发展的重要方向,利用 Internet 发布空间信息和提供各种应用,是 GIS 实现普及的重要途径。

(5) GIS—多媒体技术:GIS 也是一种重要的媒体。GIS 与多媒体结合已经成为现实,在多媒体系统中嵌入 GIS 功能,或在 GIS 系统中增加多媒体功能,极大地增强了二者的功能。

(6) GIS—虚拟现实技术:GIS 与虚拟现实技术结合,提高了 GIS 图形显示的真实感和对图形的操作性。

(7) 现代物流的 GIS 系统正向三维可视地理信息系统(3DVGIS)方向发展。三维可视地理信息系统是一套以数字正射影像(DOM)、数字地面模型(DEM)、数字线划图(DLG)和数字栅格图(DRG)作为综合处理对象的 GIS 系统。该系统结合了三维可视化技术(Visual)与虚拟现实技术(Virtual Reality),完全再现管理环境的真实情况,把所有管理对象都置于一个真实的三维世界里,真正做到了管理意义上的"所见即所得"。

9.4.2 GPS 技术及应用

1. GPS 监控系统组成

全球定位系统(Global Positioning System,GPS)利用分布在 2 万公里高空的 24 颗人造卫星,对地面或接近地面的目标进行定位(包括移动速度和方向)与导航的系统。它是美国从 20 世纪 70 年代开始研制,历时 20 年,耗资 200 亿美元,于 1994 年全面建成的,具有在海、陆、空进行全方位实时三维导航与定位能力的新一代卫星导航定位系统,具有全天候、高精度、功能多、应用广、操作简便、自动化、高效益等显著特点。

GPS 车辆监控管理系统由三部分组成,即监控中心、通信链路和车载终端,采用了 GPS 卫星定位系统、GIS 地理信息系统、GSM/GPRS 通信技术(如图 9-13 所示)。

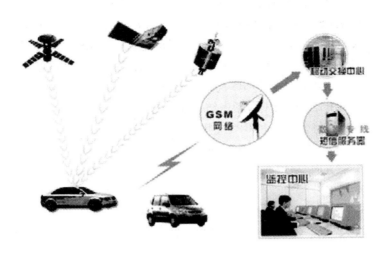

图 9-13　GPS 监控系统组成

（1）监控中心。监控中心主要包括四个部分：信息网关、服务中心、数据中心和监管终端。① 信息网关有两个主要功能：处理 GPRS、GSM 信息上传、下载；对中心进行管理监控，包括对建立下级分中心的授权、管理、设置，对分中心数据进行管理。② 服务中心主要是对整个车辆进行管理，包括车辆用户的配置、监管终端的协调、车辆上传数据的派发、监管终端相关命令的接收发布等。③ 数据中心主要完成对车辆行车轨迹数据记录、存储、检索、历史回放等功能。④ 监管终端主要实现车辆监管、行车路线规划、车辆在电子地图中的实时显示管理、报警提示、下发命令等。

（2）通信链路。通信链路包括中心到移动 GPRS 服务器、车载终端的 GPRS 无线通信链路、各分中心与总中心的 Internet 链路和客户端与分中心的 Internet 链路。

（3）车载终端。车载终端由四部分组成：GPS 接收机单元、GSM 通信单元、中央控制模块和外接设备。① GPS 接收机单元接收相关卫星的定位信号，以确定车辆现时刻的位置数据信息，如经纬度、时间等，交由中央控制模块处理。② GSM 通信单元主要负责将中央控制模块传递来的车辆数据信息发送给监控中心，同时将所接收到的由监控中心发送来的命令转送给中央控制模块。③ 中央控制模块由单片机及控制电路组成，负责对车辆数据信息及中心相关命令的处理。由于使用的是 GSM 网络的短消息模式，因此对数据信息及中心命令首先要进行相应的打包解包。④ 外接设备包括：手柄、天线、显示屏、视频等。

2. GPS 监控系统工作原理

整个车辆监管系统采用 GPS 卫星进行车辆定位,采用 GPRS 移动通信网络的数据信息进行车辆与监管中心之间的双向数据通信(在没有 GPRS 网络的情况下切换到 GSM 通信)。

车载终端通过 GPS 卫星运算出定位数据(经度、纬度、时间、速度、方向)和状态数据等,经过计算打包处理,将数据信息通过 GPRS/GSM 模块发回到中心信息网关,中心信息网关接收来自车载单元回传中心的定位及状态数据,判断数据类型,将其中的 GPS 定位数据、状态数据、服务请求等根据中心服务系统的车辆所属单位(通过车台信息进行识别)派发给相应的监控客户端,监控客户端即可实时地将车辆的经度、纬度、速度、状态等信息显示在监控终端的电子地图上。

各监控客户端可以对所属的车台进行呼叫及相关控制,也可以文本信息方式发布信息。首先将命令发往相应的中心监控服务器,再由中心信息网关通过 GPRS 网关发往目标车台。车台根据系统命令,会自动回传定位数据、警报信号(区域报警、线路报警、超速报警、分段限速报警等)。

总中心通过宽带专线连接信息服务器,分中心通过宽带连接互联网,并连接总中心。总中心、分中心及各中心内部的数据中心、监管终端均基于 IP 互联技术,从而使所有功能组件均可以通过互联网连接而放置在不同的地理位置,无论是无线上网还是专线都可以及时、准确地监控车辆。系统原理如图 9-14 所示:

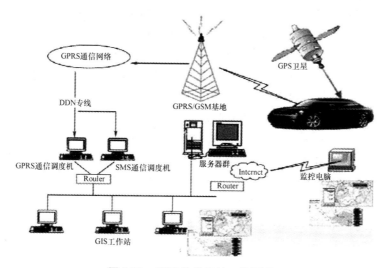

图 9-14 GPS 监控系统工作原理

3. GPS 在物流领域中的应用

GPS 在物流领域中可用于运输工具的跟踪,提供出行路线的规划和导航,并提供查询和报警功能。地面指挥中心可随时与被跟踪的目标通话,实行管理,或紧急援助。

(1) 车辆跟踪。利用 GPS 和电子地图可以实时显示出车辆的实际位置,对车辆和货物进行有效的跟踪。

(2) 路线的规划和导航,分自动和手动两种。自动路线规划是由驾驶员确定起点和终点,由计算机软件按照要求自动设计最佳行驶路线,包括最快的路线、最简单的路线、通过高速公路路段次数最少的路线等。手工路线规划是驾驶员根据自己的目的地设计起点、终点和途经点等,自己建立路线库,路线规划完毕后,系统能够在电子地图上设计路线,同时显示车辆运行途径和方向。我国已有数百家公司在开发和销售车载导航系统。

(3) 指挥调度。在公路运输中,指挥中心可监测区域内车辆的运行状况,对被测车辆进行合理调度。指挥中心还可随时与被跟踪目标通话,实行远程管理。在水路运输中可进行对内河及远洋轮船的最佳航程和安全航线的测定、航向的实时调度、监测及水上救援;在航空运输中可进行航空的空中交通管理、精密进场着陆、航路导航和监视。

(4) 信息查询。在电子地图上根据需要进行查询,被查询目标在电子地图上显示其位置,指挥中心可利用监测控制台对区域内任何目标的所在位置进行查询,车辆信息以数字形式在控制中心的电子地图上显示。

(5) 紧急救援。通过 GPS 定位和监控管理系统,可对遇有险情或发生事故的配送车辆进行紧急援助,监控台的电子地图可显示求助信息和报警目标,规划出最优援助方案,通过声、光警示值班员实施紧急处理。

在现代物流中应用 GPS 系统,增强了对货物和司机的安全保证,便于货主随时了解货物的运行状态信息及货物运达目的地的全过程,增强了物流企业和货主之间的相互信任度,保证物流企业充分了解车辆信息。同时,通过配货、调度等途径提高了企业的经济效益和管理水平,确保其对移动物体进行精确定位。

现代物流的 GPS 应用是与 GSM 网络通讯应用紧密结合起来的,即借助于覆盖广阔的 GSM 网络,利用移动电话的短信息方式传送 GPS 定位信息和相关信息,实现在途配送车辆、物流控制中心和货主的联系。GSM 网覆盖面积大,可以实现全国甚至全球范围内的调度、管理。具体应用流程是——当货主交付货物后,物流公司将提货单和密码交给货主,同时将货单输入到因特网 GPS 物流平台中;而运输车辆上装置 GPS 接收器,以掌握车辆的行踪,应用于货物跟踪、车辆定位、调拨调度等方面。当货物装到运输车辆上后,将代表该车辆的 SIM 卡卡号(每辆车都有固定的 SIM 卡卡号)与货单联系起来,这样,货主和物流公司都可以随时随地通过因特网按货单号和密码查询货物当前的运输地理位置。GPS 应用无线/有线通信提供定位信息,同时利用短信和话音信道传送大量数据信息和报警信号。这可以减少传输数据费用,同时报警信号的发送可防止由于短消息延迟造成的阻塞。

由于 GPS 的全球覆盖性和高精度等特性,它在军事、物流、公共安全、工业等领域都有极大的用途,目前在各发达国家均已被广泛应用。我国的典型应用还有:西安某试飞研究院飞机 GPS 系统;秦皇岛市公安局 110 报警指挥中心 GPS 跟踪定位系统;青岛港 GPS 引航系统;温州公交自动调度、指挥、监控 GPS 系统;2007 年北京建成了通过 GPS 定位系统对食品运输车进行全程监控的 2008 年奥运会的食品安全系统,等等。

9.5 智能交通系统

9.5.1 智能交通系统概述

1. 智能交通系统含义

智能交通是一个基于现代电子信息技术面向交通运输的服务系统。它的突出特点是以信息的收集、处理、发布、交换、分析、利用为主线,为交通参与者提供多样性的服务。智能运输系统的服务领域为:先进的交通管理系统、出行信息服务系统、商用车辆运营系统、电子收费系统、公共交通运营系统、应急管理系统、先进的车辆控制系统。

智能运输系统实质上就是利用高新技术对传统的运输系统进行改造而形成的一种信息化、智能化、社会化的新型运输系统。它使交通基础设施能发挥最大的效能,从而获得巨大的社会经济效益,主要表现在:提高了交通的安全水平,道路网的通行能力,以及汽车运输生产率和经济效益。

2. 智能交通系统的特点

智能交通系统具有以下两个特点:一是着眼于交通信息的广泛应用与服务,二是着眼于提高既有交通设施的运行效率。

与一般技术系统相比,智能交通系统建设过程中的整体性要求更加严格。这种整体性体现在:

(1) 跨行业特点。智能交通系统建设涉及众多行业领域,是社会广泛参与的复杂巨型系统工程,从而造成复杂的行业间协调问题。

(2) 技术领域特点。智能交通系统综合了交通工程、信息工程、通信技术、控制工程、计算机技术等众多科学领域的成果,需要众多领域的技术人员共同协作。

(3) 政府、企业、科研单位及高等院校共同参与,恰当的角色定位和任务分担是系统有效展开的重要前提条件。

(4) 智能交通系统将主要以移动通信、宽带网、RFID、传感器、云计算等新一代信息技术为支撑,更符合人的应用需求,可信任程度提高并变得"无处不在"。

9.5.2 智能交通系统的组成与应用

1. 智能交通系统组成

(1) 先进的交通信息服务系统(ATIS)。ATIS 是建立在完善的信息网络基础上的。交通参与者通过装备在道路上、车上、换乘站上、停车场上以及气象中心的传感器和传输设备,向交通信息中心提供各地的实时交通信息;ATIS 得到这些信息并进行处理后,实时向交通参与者提供道路交通信息、公共交通信息、换乘信息、交通气象信息、停车场信息以及与出行相关的其他信息;出行者根据这些信息确定自己的出行方式、选择路线。更进一步,当车上装备了自动定位和导航系统时,该系统可以帮助驾驶员自动选择行驶路线。

(2) 先进的交通管理系统(ATMS)。ATMS 有一部分与 ATIS 共用信息采集、处理和传输系统,但是 ATMS 主要是给交通管理者使用的,用于检测、控制和管理公路交通,在道路、车辆和驾驶员之间提供通讯联系。它将对道路系统中的交通状况、交通事故、气象状况和交通环境进行实时的监视,依靠先进的车辆检测技术和计算机信息处理技术,获得有关交通状况的信息,并根据收集到的信息对交通进行控制,如信号灯、发布诱导信息、道路管制、事故处理与救援等。

(3) 先进的公共交通系统(APTS)。APTS 的主要目的是采用各种智能技术促进公共运输业的发展,使公交系统实现安全便捷、经济、运量大的目标。如通过个人计算机、闭路电视等向公众就出行方式和事件、路线及车次选择等提供咨询,在公交车站通过显示器向候车者提供车辆的实时运行信息。在公交车辆管理中心,可以根据车辆的实时状态合理安排发车、收车等计划,提高工作效率和服务质量。

(4) 先进的车辆控制系统(AVCS)。AVCS 的目的是开发出帮助驾驶员实行本车辆控制的各种技术,从而使汽车行驶安全、高效。AVCS 包括对驾驶员的警告和帮助,障碍物避免等自动驾驶技术。

(5) 货运管理系统。这里指以高速道路网和信息管理系统为基础,利用物流理论进行管理的智能化的物流管理系统。综合利用卫星定位、地理信息系统、物流信息及网络技术有效组织货物运输,提高货运效率。

(6) 电子收费系统(ETC)。ETC 是世界上最先进的路桥收费方式。通过安装在车辆挡风玻璃上的车载器与在收费站 ETC 车道上的微波天线之间的微波专用短程通讯,利用计算机联网技术与银行进行后台结算处理,从而达到车辆通过路桥收费站不需停车而能交纳路桥费的目的,且所交纳的费用经过后台处理后分给相关的收益业主。在现有的车道上安装电子不停车收费系统,可以使车道的通行能力提高 3—5 倍。

（7）紧急救援系统（EMS）。EMS 是一个特殊的系统,它的基础是 ATIS、ATMS 以及有关的救援机构和设施,通过 ATIS 和 ATMS 将交通监控中心与职业的救援机构联成有机的整体,为道路使用者提供车辆故障现场紧急处置、拖车、现场救护、排除事故车辆等服务。具体包括:① 车主可通过电话、短信、翼卡车联网三种方式了解车辆具体位置和行驶轨迹等信息;② 车辆失窃处理:此系统可对被盗车辆进行远程断油锁电操作并追踪车辆位置;③ 车辆故障处理:接通救援专线,协助救援机构展开援助工作;④ 交通意外处理:此系统会在 10 秒钟后自动发出求救信号,通知救援机构进行救援。

2．智能运输技术在物流管理中的应用分析

ITS 通过技术平台可向物流企业管理提供的服务主要集中在物流配送管理和车货集中动态控制两方面,如提供当前道路交通信息、线路引导信息,为物流企业的优化运输方案制订提供决策依据;通过对车辆位置状态的实时跟踪,可向物流企业甚至客户提供车辆预计到达时间,为物流中心的配送计划、仓库存货战略的确定提供依据。图 9-15 为智能运输与物流管理的界面图。

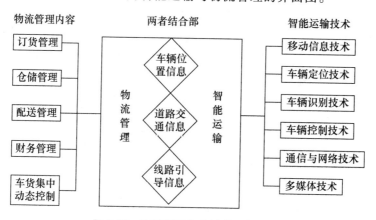

图 9-15　智能运输与物流管理界面图

由图 9-15 可知,在现代物流发展过程中,主要可在以下四个方面利用智能运输技术:

（1）移动信息技术。要将移动的车辆信息纳入物流运转的信息链中,需要使用移动信息系统。该系统和物流企业的信息中心构成统一的整体,确定的合同数据、运输路线数物流管理数据、车辆数据和行驶数据都需要进行收集、存储、交换和处理。将货运车辆纳入信息链所采用的主要手段是在车辆上配置(便携式)计算机或专门开发的信息处理和无线发射与接收装置。

(2) 车辆定位技术。车辆的实时定位,有助于物流控制中心在任意时刻查询车辆的地理位置并在电子地图上直观地显现出来,动态掌握车辆所在位置,可帮助物流企业优化车辆配载和调度。另外,车辆定位技术也是搜寻被盗车辆的一个辅助手段,这对运输贵重货物具有特别重要的意义。GPS 技术是车辆定位最常见的解决方案。对于网络 GPS 的用户,还可使用 GSM(Group Special Mobile)的话音功能与司机进行通话或使用安装在运输工具上的汉字液晶显示屏,进行汉字消息收发。驾驶员按下相应的功能键,将需要了解的道路交通情况的请求和当前运行状况信息反馈到网络 GPS,网络 GPS 工作站管理员在显示屏上确认后,可传送相关信息,同时也了解并控制整个运输作业的准确性(如发车时间、到货时间、卸货时间、返回时间等)。

(3) 车辆识别技术。借助电子识别系统,运输中的货物可通过一个号码和特别的信息与其他货物区别开来,方便运输途中时间及地点的跟踪与监控,还可与其他系统衔接,用于控制物流中运输、转运、代销和存储过程。

(4) 现代运输网络中的通信与网络技术,其数据越来越多地需要远程输送与交换。采用标准化电子数据交换 EDI 信息网,可使数据具有较好的兼容性与适用性,有利于加速信息流程,降低手工输入错误率,减少纸张需求以及使数据易于检验等。远程数据通信可利用专门的数据交换网(如 X25),也可借用互联网。由于互联网具有低通讯成本、高互联通率的优点,近年来被越来越多的货运企业作为数据交换台,进行数据通信。基于网络的及时、准确的信息传递保证了物流系统高度集约化管理的信息需求,保证了物流网络各节点和总部之间以及各网节点之间的信息充分共享。它能够使物流企业实时掌握运输计划和仓储计划的执行情况、货物在仓和在途情况,准确地预估货物的销售和库存情况,从而组织新一轮的生产资料采购和生产过程;同时它能够使第三方物流企业在最短时间内获得客户的采购或供应信息,并及时作出响应,实现整个物流系统的高效运转。

3. 智能物流运输系统的基本框架

对于第三方物流企业,其业务核心是为客户提供生产(流通)供应链管理服务。随着物流服务社会化程度的提高,优化的市场物流管理模式是建立区域的物流交易中心,借助先进的信息技术,通过合理的技术平台,变信息封闭型为开放型,变信息单方向、单通道传送为双方向、多通道的传送,使货运市场的信息、资源在共享的基础上得到优化利用;在智能运输系统的辅助下,使货物运输全过程始终处于动态控制中,达到社会物流优化目标。典型的第三方物流企业的智能运输系统的框架如图 9-16 所示:

第九章　电子商务物流技术与信息管理　　261

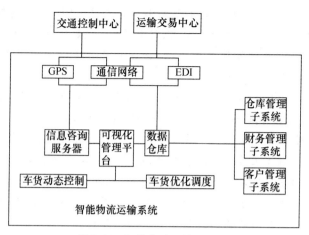

图 9-16　智能物流运输系统图

该系统的基本功能有：

（1）收集市场业务信息。主要来自于两方面：其一为通过通信网络和 EDI，接收运输市场的交易信息，参与货物运输"标的"竞标，中标的货物业务即进入本企业的数据库；其二为通过客户服务系统，取得长期、固定客户的业务需求信息，也同样集中存储于数据仓库中。

（2）取得道路交通信息。通过通信网络和 GPS，利用交通控制中心的资源，取得运输网络上的道路交通状态信息和企业车辆位置信息，实现对车辆的动态跟踪。设置信息咨询服务器，一方面供企业生产管理决策之用；另一方面结合车辆载货信息，向客户提供货运动态信息。

（3）可视化管理平台，是物流企业车辆运用计划、运输方案优化、车货动态控制等工作平台。需要开发相应的软件，实现计算机辅助决策的功能。

（4）仓储管理、财务管理和客户服务子系统，是企业对客户实行全程供应链管理的必要组成部分。也需要开发相关的软件，与运输调度功能相结合，构成完整的智能物流运输系统。

本章小结

条码由一组按一定编码规则排列的条、空及字符组成，用以表示一定信息的条状代码。物流条码是指由 EAN 和 UCC 制定并用于商品单元的全球统一标识的条码。商品单元由消费单元、储运单元和货运单元组成。RFID 是 Radio Frequency Identification 的缩写，即无线射频识别，常称电子标签、电子条码等。RFID 能够使公司获得丰厚的收益，主要包括减少库存和销售人员方面的成本，降低读码劳动力成本，存货节余，减少偷窃和脱销情况的发生等。EDI 是参加商业运作的双方或多方按照协议，对具有一定结构的标准商业信息，通过数据通信网络在参与方计算机之间所进行的传输和自动处理。EDI 电子传输的核心内容是商业信息和商业单证,如订单、发票、付款通知、付款凭证、交货凭证等。物流 EDI 的工作方式是:编辑处理原始单据,将原始单据转换成中间文件,将中间文件转换成标准文件。

POS 系统(Point of Sale),即销售时点信息系统,最早应用于零售业,以后逐渐扩展至金融、旅馆等服务性行业,利用 POS 系统的范围也从企业内部扩展到整个供应链。地理信息系统和全球定位系统是目前通信技术在物流领域最重要的应用。这两种技术与 RFID 技术结合,能够对物流实体在时空上的位置进行准确定位和进行各种单证的图像及数据传输,从而更快和更广泛地提高了物流的功能。智能交通是基于现代电子信息技术面向交通运输的一种服务系统。它的突出特点是以信息的收集、处理、发布、交换、分析、利用为主线,为交通参与者提供多样性的服务。智能运输系统的服务领域为:先进的交通管理系统、出行信息服务系统、商用车辆运营系统、电子收费系统、公共交通运营系统、应急管理系统、先进的车辆控制系统。

应用案例

耐克的绝密仓库

雄心万丈的本土体育用品品牌李宁、安踏们一直梦想着在中国市场超越耐克,现在,耐克为这项挑战赛又增加了一个新难度。2013 年 2 月 23 日,耐克中国物流中心(CLC)在江苏太仓启用,这也是其全球第七个、第二大物流中心。当耐克在大中国区的年销售额达到 18.64 亿美元(财报披露的 2009 年 12 月至 2010 年 11 月数字)时,什么是它现在最优先和最重要的应该做的事?不是品牌,不是营销,而是一个能够高效管理库存和快速补货的强大的物流支持系统。

这个巨型方盒的建筑面积达 20 万平方米,拥有超过 10 万个货品托盘,年吞吐能力超过 2.4 亿个件次,同时可满足 79 个集装箱货车装卸货。更重要的是,耐克将借此缩短 15% 的交货时间——一件货品从门店下单到发货将只需要数小时。这里就像是一个巨型的中央处理器。所有商品分拣和管理的基础都依赖于其强大的数字化采集和处理能力。所有货品都被嵌入电子标签,并被逐一扫描,工人们根据电子显示屏上的信息来分拣配送货品,其信息通过专门数据端口与耐克全球连接,每天都会有完整的共享数据反馈给相关部门。信息如此之多,以至于计算机所需要的编码数量几乎与全球最大的购物网站亚马逊一样多——这里是物流专家们把对数字和技术的热爱转化为成果的乐园。

"这座全球顶级水准的物流仓库采用了业内最领先的技术,很多技术是耐克首创并独有的。"耐克全球营运技术副总裁汉斯·范·阿尔比克(Hans van

Alebeek)对《环球企业家》说。包括总长达 9 公里的传送带、顺序拣货机、无线射频扫描仪、自动化仓库管理系统等在内的诸多物流技术与装备,让这座仓库在分配效率、吞吐力、弹性力三项指标上均达到了全球最高水准。

智能世界

这座耐克在中国的第一家大型物流中心有两幢建筑,分别储存鞋类和服装类货品,两者之间通过传送带装置接驳。仓储区被分为整箱区和托盘区两大单元,散装托盘区分布其间。如果有大订单到来,整箱区即可直接配送;小订单补货则可以直接从托盘区内散装货品中抽取。根据配送分拣需求,服装配送楼层被分割为三层:顶层是拥有 4.5 万个设置了独立编码的货架区,二层则是两套自动分拣系统,一层为打包和装车配送区。

出人意料的是,拥有 4.5 万个独立编码的顶层货架区的编码其实并无规律可言,这主要是为了避免操作员因频繁操作会熟记下编码,从而产生误操作。取货操作员运用机器语音系统与计算机对话,核对存货信息——取货前自动控制系统会告知操作员取货区域,操作员到达后,通过麦克风和耳机先向电脑系统报告货架区编码以及取货数量进行确认。这套语音识别系统由耐克独立研发完成,它可以识别各国语言,甚至包括方言,系统会事先采集记录每一个操作员的音频信息。为以防万一,耐克另配备了一套应急装置,一旦语音识别系统发生故障,取货员可以用手持扫描设备救急,这也是货架编码的另一用途。

同时,这些货架安放的角度按照人体工程学设计,最大限度地避免员工腰肌劳损。耐克规定,在货架充裕的情况下货品必须先存在中间层,方便员工取货。在货架最下端,底层货架与地板的间隙可以容纳临时扩充的货架,便于其在发货高峰期存放物料。

CLC 三楼顶层的仓储区高达 10 多米,为了最大限度提高空间使用率、增加货品容纳量,耐克采用了窄巷道系统,货架之间的巷道宽度也被压缩到最低,与叉车的宽度相差无几。耐克在地板下方安装了用于叉车牵引的特殊磁力导线系统。这套智能引导系统可以令驾驶员在磁力线的自动引导下,以最精确的行车姿态进入取货巷道,完全避免任何碰撞。在自动引导取货时,叉车只能沿着磁导线的分布前后直来直往,而不会左右摇摆;取货小车装运完毕,关掉磁导线开关,货车方可左右拐弯。

CLC 配送货品的一般流程是:接到订单,区分订单大小,仓储区取货。仓储区整箱订单货品通过传送带运至二楼分拣区,操作员和传送带会进行两次核对分拣;订单货品的余额件数由三楼操作员人工补货,自动分拣机验货、装箱后,再运至一楼,进行扫描核对、装车及发运。

作业过程中,最关键的要素是精确。以服装分拣为例,当三楼仓储区的整箱货品通过传送装置送到二楼时,操作员会通过手持扫描设备进行标签扫描。所有货品标签的贴放位置和高度都有严格规定,以提高核对效率。核对无误后,在传送带送至一楼的过程中,沿途每隔数米均有扫描设备对包装箱条码进行扫描,记录下位置信息。这些信息又与分布于物流中心各功能区的自动化分拣设备相连,使产品可以快速被传送至不同的操作区。一旦分拣有误,传动带会自动将错误货品甩出,进入特殊通道交由专人处理。

当货品经过层层校验,从分拣来到打包环节时,CLC 的系统会自动打印一张货品标签单,清楚地标明货品编号和件数。电脑还能估算出货物体积,并提示操作员大概选用何种型号的包装箱最为合适。

装箱操作员除了核对货品件数和编码外,另一重要工作就是要把货品发货标签贴到规定位置,便于下一个环节的机器或人工再次抽查核对。在装车发货之前,仓储管理系统再次进行信息甄别,根据订单的时间配送要求,采用不同的交通工具和多级物流网络,确保产品高效、准确、及时以及最低成本送达。

发生火灾怎么办?CLC 在设计之初就避免了这一切。这里一共安装了超过 220 个空气探测器,一旦失火,自动报警系统会响应,并打开喷水灭火系统。在仓储区之外,耐克还设立了"防火墙",即便发生火灾,楼层只会朝着特定方向倒塌,保证另一个独立区域安然无恙。在两道墙壁中央,CLC 专门设置了消防人员救援通道和避难走道,后者还有特制的正压送风系统,只会依照特定风道排放烟雾,不会伤害人身安全。

(资料来源:http://www.chinawuliu.com.cn/xsyj/201311/08/264528.shtml,2013 年 11 月 20 日访问。)

案例思考题

(1)耐克中国物流中心应用了哪些物流技术?
(2)耐克中国物流中心的信息管理流程是怎样的?

第十章　电子商务物流服务与成本管理

学习目标

1. 明确电子商务物流服务的概念
2. 描述电子商务物流服务管理的内容
3. 分析说明电子商务物流服务价值链体系
4. 分析说明基于服务全生命周期的网购物流服务流程
5. 明确电子商务物流服务质量管理的内涵
6. 评价物流服务的质量
7. 描述电子商务物流成本管理方法
8. 明确电子商务物流成本的控制策略

关键词

电子商务物流服务　电子商务物流服务价值链　物流服务质量管理　物流成本管理与控制　物流成本核算

引例

唯品会欲降低物流成本

"唯品会（NYSE：VIPS）已经向有关方面递交快递牌照的申请。"2012年6月13日，主管唯品会物流和客服业务的副总裁唐倚智向记者透露，尽管唯品会在快递环节选择了顺丰、中国邮政EMS等优质伙伴，妥投率也仅在95%左右，如果要将该指标提高2个百分点，自建快递就是必经之路。

这是继京东、凡客递交"快递业务经营许可证"（俗称"快递牌照"）后，又一家自建物流的B2C电商。在唐倚智看来，这是一个有些冒险又不得不为之的做法，因为如果自建物流大面积铺开，"成本要高出20%—30%"，但如若不建，又很难达到理想的"妥投率指标"。

因为该指标提升有时候就卡在快递员的一句话上边：殷勤的快递员可以用譬如"这双鞋挺不错，蛮合适您的"——类似的话成就一单买卖；相反，一个态度冷淡的快递员也会毁了一单生意，因为如果拒收不能及时化解，就会让电商企业"妥投率"指标很受伤。

成本账:自建仓储先行。

目前,唯品会已经在上海试点自营快递。"这是在为申请牌照积累经验。"唐倚智说,自有快递除了可以提高妥投率,还能将投递速度提高至少半天以上。但在唯品会,自有快递仍是少数派,其每天超过7万的订单绝大部分仍是通过落地配、EMS以及顺丰、FedEx来完成。其中,EMS的网络最为畅达;顺丰在服务上较有口碑;落地配在成本上有一定优势,这是一种类似于导游行业"地陪"的角色,各个落地配只负责本地市场,干线运输由唯品会另外选择第三方物流与其对接。至于"四通一达",由于他们不支持代收货款业务,唯品会仅在不需要现金交易的团购业务——唯品团上与其有合作。

唐倚智表示,尽管自有快递在提高用户体验上有明显的优势,但考虑到比第三方快递高出的两到三成成本,唯品会暂时没有将其从上海向全国复制的计划。不过,观望的同时,唯品会的仓储自建已经箭在弦上。

"在华东,我们已经购买地块,马上要自建仓储,华北及西南区亦已规划自建。"唐倚智向记者透露,在电子商务的物流体系中,仓储是快递的上一环节,而这个环节的成本账有着另一种算法。

唯品会目前在广东南海、江苏昆山、四川成都、北京等四个城市建有物流中心,分别覆盖华南、华东、西南和华北市场。上述四大物流中心中,华南物流中心的面积为4万平方米,其他三个均为2.4万平方米。

唐倚智对记者表示,目前超过11万平方米的仓储均为租用,市场行情是:每天每平方米的价格为0.8—0.9元之间。

"不管是自建还是租用,投资建设成本几乎是一样的。"唐倚智说,不管是电商自建,还是由普洛斯等商业地产开发商建设,其物理成本没有多大差别,"普洛斯也是找中国的承建商外包"。

区别在于摊销方式。一般来说,普洛斯等的行规是在10年左右摊销完,收回投资,而按照相关会计准则的规定,电商自建仓储的摊销期为30年。这样,体现到财务报表上,自建模式的固定资产折旧费用要大大低于仓储租金。

唐倚智表示,按照现代化仓库的标准,自建的成本为1700—2000元/平方米,加上约500元/平方米的土地费用(以20万元/亩的地价为例),合计成本为2200—2500元/平方米,"这个价格大概相当于租用仓储的一半"。

当然,这个价格没有考虑到资金成本的因素。唐倚智说,如果将这个因素考虑进去,自建模式的成本约为租用仓储的70%—80%,"因此在仓储环节,有资金实力的电商会倾向于自建"。

唯品会自建的底气显然来自于IPO融资。今年3月23日,唯品会逆势登陆美国纽交所,发行1100万股ADS(美国存托证券),获得7150万美元的IPO净收益。根据唯品会2012年第一季度财报,截至3月31日,其现金及现金等价物为

9847万美元,较上一季度的4495万美元增加了约1倍。

电商盈利刀口:物流权重比。

"老板对物流部门下的任务就是:在服务好顾客的前提下,考虑节省成本。"唐倚智说,物流成本的挖潜,对唯品会的盈利至关重要。

作为华南最大的B2C电商,与大多数电商一样,唯品会也面临不盈利的尴尬。根据唯品会今年一季度财报,期内其营收同比上一年增长250.7%,至1.013亿美元,活跃客户为100万,季度订单数为310万单,但仍然面临860万美元的净亏损,净亏损率为8.5%,NON-GAAP净亏损率为6.4%。

唯品会CEO沈亚多次表达了"要尽早实现盈利"的愿望,方式是开源节流。在运营费用中占据半壁江山的物流费,显然是重中之重。今年一季度,唯品会的总运营费用为3010万美元,其中物流费用为1690万美元,占比超过50%。

"今年一季度,物流费用占唯品会总营收的比例为16.7%,上个季度为18.6%,上年同期为20.9%,呈不断下滑之势。"唐倚智说,这个趋势会进一步延续。据业内人士估计,唯品会这个数据到今年年底有望控制在13%左右,这省出来的几个百分点对唯品会的整体盈利有很大的想象空间。

唐倚智对此不置可否,但强调唯品会物流挖潜至少可以在四个方面展开:第一,配送模式优化,即对EMS、顺丰等供应商进行基于成本与服务的平衡性选择;第二,规模效应;第三,与落地配等合作降低成本;第四,精细化运营,去掉物流流程中的无效动作,比如,现在华南运营中心4万平方米的仓储由两个仓库组成,无形中增加了转运成本,而今年10月后,这两个仓库将合并,并扩充至8万平方米。

(资料来源:http://news.eguan.cn/ 2012-06-14,2013年2月3日访问。)

> 案例思考题

(1) 唯品会在自建仓储的策略上有哪些物流成本上的考量?
(2) 物流服务成本对唯品会的电商盈利有着怎样的影响?

10.1 电子商务物流服务

10.1.1 电子商务物流服务概述

1. 电子商务物流服务含义

电子商务物流服务是物流企业根据电子商务企业或个人的需要,为顾客提供的完成网上交易的一系列物流活动。对于电子商务而言,优质卓越的物流服务是提高客户满意度和企业竞争力的重要手段。电子商务物流服务最大的吸引力在于如何帮助电子商务企业充分利用物流能力获得竞争优势。

2. 电子商务物流服务的特征

电子商务物流服务融合了电子商务和物流各自的特点，呈现出以下几大新特征：

（1）实体性与虚拟性并存。在传统商务环境中，物流活动大都具有一定的实体形态，如物流作业的工具、对象等。随着信息技术及电子商务的发展和应用，物流具有虚拟化的特征，如虚拟管理、虚拟仓库、虚拟作业等，从而使电子商务物流具有虚拟性的特点。但是，这并不能完全取代物流的实体性质。因为物品及进行物品运作的工具是不会被"数字化"的，它仍然具有实体的性质。所以，在现代信息技术与电子商务下，物流具有实体与虚拟并存的特点，既有实体特征的物品，也有由此形成的虚拟产品——信息和对物流进行虚拟化的管理等。

（2）远程化与现场化并存。在现代信息技术与电子商务下，电子商务物流服务可以以远程化的方式提供。在不同地域的用户可以通过网络查询所需要的物流信息，寻找适合自身的合作伙伴，进行洽谈与物流委托，并对自身的物流活动进行监控。同时，电子商务物流服务中货物的转移最终还是要通过与物流公司或其服务人员接洽、现场接收来完成。所以，电子商务物流服务具有远程化与现场化并存的特征。

（3）个性化与大众化并存。信息技术及电子商务的发展为物流企业提供个性化服务奠定了良好的基础。在电子商务物流运作过程中，企业可以根据某些用户的特殊需要，为用户提供个性化的物流服务，从而扩大市场份额、吸引用户。但对于物流企业来说，还应根据用户对物流服务的共同需求，开展大众化的物流服务。这样，企业的物流规模才能得到有效的扩大，效益才能得到有效的提高。

（4）开放性与安全性并存。对于物流企业来说，其网络系统具备开放性的特点，用户可通过网络查询相关的物流信息，掌握企业所提供的物流服务项目及自身委托物流服务项目的实施等情况；物流企业也可通过网络掌握和了解用户所需要的物流服务，传输物流信息，与用户进行沟通，对物流活动进行协调。网络的开放性同时也带来了安全性问题，对于企业和用户来说，网上信息的安全传输和存放是电子商务物流服务中一个值得重视的问题。

（5）订单量大而批量小。相对于其他制造业、汽车业来说，由于电子商务企业物流服务对象的特殊性，电子商务企业订单的数量相对较大，每单金额相对较小；由于电子商务企业经营商品品类趋于多元化，一个订单中往往包含多个商品品类，导致分拣难度大；又因为品类多元化，导致包装不易标准化、机械化。

（6）时效性要求高。与传统卖场不同的是，消费者不能立马获得心仪的商品，需要等待一定的时间，而大多消费者都希望等待时间越短越好。在如今经营商品、价格水平都趋同的情况下，各电子商务企业的竞争逐渐变成其物流服务水平的竞争。而时效性又是消费者衡量物流服务水平的关键指标之一。越来越多的电子商务企业对时效进行了不同程度的承诺,如京东商城的"211限时达"和1号店的"半日达"。

(7) 服务范围分布广泛。电子商务企业服务对象是全国甚至全球任何一个能在线下达订单的地方,这就意味着物流服务商的服务范围是全国范围内甚至是全球范围,物流服务范围十分广,这就对物流/配送中心网点健全性、配送承载能力等硬件设施都提出了要求。

(8) 从业人员素质要求高。电子商务企业的物流配送人员直接接触消费者,代表了企业的文化与形象,是消费者对企业服务直观感受的评价依据之一。然而,我国从事物流配送的从业人员素质普遍不高,这与电子商务企业提出的服务要求相冲突,也是导致电子商务企业决定自建物流体系的原因之一。在自营物流条件下,配送人员的服务态度得到较好的控制,但网络客户服务并没有得到足够的重视,从购物流程来看这种服务表现为购物前的咨询和购物后的服务;从提供服务种类又可分成咨询等待时间及问题解决等待时间。

此外,电子商务物流服务还具有智能化、标准化以及柔性化等特征。以上一系列特征都是电子商务物流服务区别于传统物流以及电子商务其他活动的基本标志。

10.1.2 电子商务物流服务的内容

电子商务物流服务内容一般包括以下几方面:

1. 订单管理与数据分析

此项服务包括接收订单、整理数据、确认订单、支付处理(包括信用卡结算以及赊欠业务处理)等。在电子商务物流的订单管理服务中,需要通过软件系统来处理繁杂的业务环节,从而实现为客户提供高质、高效的订单服务。

对于顾客提交的订单,物流系统会对相关数据进行分析,产生一些深度分析报告。这些经过分析的信息可以帮助制造商以及经销商及时了解市场信息,以便随时调整目前的市场推广策略。这项服务是电子物流服务提供商向客户提供的一项延伸服务。

2. 仓储与分拣

仓储中心接到订单后,就会根据订单内容承担起分拣、包装以及运输的任务。在这个阶段,有的物流服务提供商还会提供一些增值服务,如根据顾客的特殊需求对物品进行包装等。同时,仓储与分拣中心还负责存货清点管理以及存货的补给工作,并由电子商务物流服务系统进行监测。这种服务将会为制造商提供有效的库存管理信息,使制造商或经销商保持合理的库存。

在电子商务环境下的仓储最大的特点就是利用电子商务的信息网络,将供应链上各环节信息系统进行有效集成,尽可能地通过完善的信息沟通,将实物库存暂时用信息代替,即将信息作为虚拟库存(Virtual Inventory)。

3. 运输配送与交付

这一环节包括了对长途运输与末端配送的全程管理,具体如:处理运输、配送需求、设计运输、配送路线、运输配送的实施、货物的最终交付及货款回收与结算等,同时还包括向客户提供通过互联网对货物运输配送状态进行的实时跟踪服务。电子商务企业在提供该项服务时也会选择将其外包给运输服务力量较强的第三方物流公司(如 UPS、FedEx、EMS 等),满足客户需要的运输方式,然后具体组织网络内部的运输作业,在规定的时间内将客户的商品运抵目的地,这里包括最后的市内配送,以尽可能方便客户。

4. 逆向物流服务

电子商务的逆向物流服务主要是网络交易的退换货管理业务,承担货物的退回、修复、重新包装与发货等任务,这个过程需要进行处理退货授权认证、分拣可修复货物、处理受损货物等工作。有效的退换货管理能够提高电子商务企业尤其是 B2C 和 C2C 的顾客满意度。由于环境方面对废弃物处置问题的重视程度不断提升,同时人们意识到某些产品、零配件或循环物资可以回收再利用,逆向物流还包括回收物流服务。这项服务有利于提高物流企业在电子商务市场上的绿色竞争力。

5. 客户服务

电子商务物流的客户服务与其他服务环节密切联系,相互支持。主要包括客户开发、客户调查、客户业务服务、客户信息反馈、客户沟通等内容,如:对顾客的电话、传真、MSN、QQ、电子邮件迅速响应,处理的内容包括存货信息、货物到达时间、退货信息以及顾客意见等,克服传统物流信息的不及时性与误差性。

目前,许多电子商务物流服务商通过内部或者外部的呼叫中心向顾客提供"24×365"的客户服务。由电子商务物流服务的内容可以看出,电子商务不仅仅需要传统的物流服务,更需要增值性的物流服务,即为客户提供超出常规服务范围的服务,或者采用超出常规的方法提供的服务,创新、超出常规和满足客户需求是增值性服务的本质特征。一切能够增加电子商务便利性、加快反应速度、降低成本的服务以及将供应链集成在一起的延伸服务都是电子商务物流的增值服务。例如,在提供电子商务的物流服务时,推行"一条龙""门到门"服务、提供完备的作业或操作提示、免培训、免维护、代办业务、一张笑脸接待客户、24 小时客服、自动订货、传递信息和转账(分别利用 EOS"电子订货系统"、EDI"电子数据交换"、EFT"电子资金转账")、物流全过程追踪等都是对电子商务销售有用的增值性物流服务。

10.1.3 物流服务与成本管理的关系

高水平的物流服务是由高的物流成本来保证的。除非有较大的技术进步，否则企业很难既提高了物流服务水平，同时也降低了物流成本。一般来说，提高物流服务，物流成本随即上升，它们之间存在着效益悖反；并且，物流服务与物流成本之间并非呈现线性的关系。如图 10-1 所示，在服务水平较低阶段，如果追加 X 单位的服务成本，服务质量将提高 Y；而在服务水平较高阶段，同样追加 X 单位的成本，提高的服务质量则为 $Y'(Y' < Y)$。

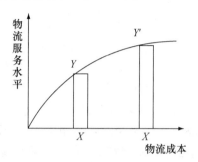

图 10-1　物流服务与成本

图 10-1 给予我们的启示是，投入相同的成本并非可以得到相同的物流服务的增长。与处于竞争状态的其他企业相比，在服务水平相当的情况下，要想超过竞争对手，提出并维持更高的服务标准就需要有更多的投入，因此一个企业在作出这种决定时必须经过仔细研究和对比。

美国市场营销权威科特勒提出："物流目的必须引进投入与产出的系统效率概念，才能得出较好的定义。"即把物流看成由多个效益悖反的要素构成的系统，避免为了固执地达到单一的目的，而损害了企业整体的利益。企业决策在提出降低物流成本的要求时，必须认真考虑物流成本下降与物流服务之间的关系。在对物流服务和物流成本作决策时，通常考虑以下四种方法：

(1) 在物流服务水平不变的前提下考虑降低成本。不改变物流服务水平，通过优化物流系统来降低物流成本，这是一种追求效益的方法（如图 10-2a 所示）。

(2) 为提高物流服务不惜增加物流成本。这是许多企业在面对特定顾客或其特定商品面临激烈竞争时通常采取的积极做法（如图 10-2b 所示）。

(3) 在成本不变的前提下提高物流服务水平。这是一种追求效益的办法，也是一种有效地利用成本性能的办法（如图 10-2c 所示）。

(4) 用较低的成本来实现较高的物流服务水平。这是增加销售、增加效益，具有战略意义的办法（如图 10-2d 所示）。

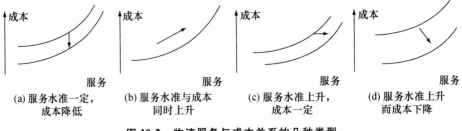

图 10-2　物流服务与成本关系的几种类型

具体到企业如何定位,还应该通盘考虑各方面的情况。如商品战略和地区销售战略、流通战略和竞争对手、物流成本与物流系统所处的环境等因素。物流合理化是一种兼顾成本与服务的"有效率的系统"。所谓系统的效率是指"一个系统的产出与投入之比"。物流系统的产出,就是提供的物流服务所创造的新价值。产出的多少可以用服务水平的高低来衡量和评价;物流系统的投入包括人力资源、物质资源、能源和技术等,各项投入在价值形态上统一表现为物流成本。以最低的物流成本达到可以接受的物流服务水平,或以可以接受的物流成本达到最高的服务水平,这样的系统都是"有效率的系统"。如何达到"有效率的系统",即如何处理好物流成本和物流服务水平之间的关系,也就是物流合理化的过程,下述个案或许能说明问题。

10.2　电子商务物流服务管理

10.2.1　电子商务物流服务价值链

1. 电子商务物流服务价值链含义

电子商务物流服务价值链是指在物流服务过程中,通过对信息、服务、资金的集成,形成的从功能型物流服务到最终客户的网络状结构图。其功能型物流服务主要是指运输、仓储、配送等。整体来说,电子商务物流服务价值链的形成不仅是社会分工的结果,也是各种因素相互驱动的结果,"包括企业的内部因素,外在环境和科学技术等"。随着信息技术和全球经济的发展,有必要对电子商务物流服务价值链进行理论上的研究和实践上的应用,从传统服务价值链上改进、重构并优化。

2. 电子商务物流服务价值链特征

相对于其他物流服务,电子商务物流服务价值链具有以下特征:

第一,过程的一体化。电子商务物流服务价值链是基于信息技术和信息平台,通过标准的规范把物流服务企业有机联系起来,实现一体化的管理,确保服务提供的连续性和稳定性。

第二，网络组织的优化。电子商务物流服务价值链是由若干物流组织组成的一个综合组织，由于各个物流组织间的分工合作，形成一个网络组织。只有对这个网络组织进行优化，才能使各个物流组织发挥其核心特长，使之功能放大，从而实现对顾客需求的反应速度，实现服务成本的最低。这种网络组织的优化应该是自上而下的全局优化，包括运输、仓储、流通环节的优化，也包括诸如增值服务区域组织网络的优化，只有这样才能形成合理的物流网络。

第三，服务的灵活性。电子商务物流服务价值链要根据顾客的需求环境的变化和技术的发展等内部和外部因素的变化，不断调整服务内容、服务观念，所以灵活性的物流服务是电子商务物流服务价值链的一个重要特征，只有这样才能保持电子商务物流服务价值链的市场竞争能力。

第四，服务集成化。与传统的纵向一体化物流服务相比，电子商务物流服务价值链中的信息流量大大增加，这种信息传递不再是逐级传递，而是网络式的传递，只有将服务需求信息、服务供应信息和共享信息集成在一起，才能避免信息流的失真，提高电子商务物流服务价值链的敏捷性，为价值链的精细化运作提供基础性保障。

3. 电子商务物流服务价值链体系

物流产品价值链是以产品制造为中心，由硬件设施作为支撑，目的是提高产量，降低成本，其顾客价值在产品中实现；而电子商务物流服务价值链则是为了保证各个企业之间的同步化、并行化运作，培养快速响应市场的能力，着重解决运输的准确性、信息的共享性、系统的灵活性和敏捷性，实现无缝的供应连接，其顾客价值在信息中实现。

价值链的目标就是实现企业总体价值增值的最大化，其研究对象是整个价值增值的过程，研究重点在于价值目标和增值方式。其价值增值主要有三个来源，首先是价值活动本身，通过对价值活动本身的控制，严格监督控制价值活动过程中的铺张浪费，降低企业成本，获得成本优势；其次是价值链中的内部联系，简化企业的价值链，消除不能增值的价值活动，重新优化构建价值链，使价值链上的资源能集中于核心环节，培养核心竞争力；最后是价值链的纵向联系，主要是通过对企业组织结构的改变，使得企业组织从直线型向链状的扁平化组织结构转化，从而缩短价值链上各个部门的距离，提高企业对市场信息的应变能力，能更好地满足顾客的需求，使企业在顾客心中形成良好的形象，进而获得独特于竞争对手的优势。

根据电子商务物流服务价值链的特点，电子商务物流服务价值链可以包括三个体系：初级服务体系、技术服务体系和增值服务体系。在经济生活中，这三大体系既可以独立运行，也可以相互联系在一起，实现服务价值链的增值最大化（如图10-3所示）。

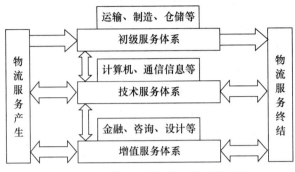

图 10-3 电子商务物流服务价值链体系

图 10-3 所示的电子商务物流服务价值链体系中,初级服务体系是由物流服务的初级活动构成,主要包括运输、制造、仓储活动等,是支撑整个电子商务物流服务价值链体系运行的基础,是实现物流服务的关键。初级服务体系衍生了技术服务体系和增值服务体系,只有通过整合初级服务体系中的资源,实现合理的配置,才能使电子商务物流服务价值链的整体增值,不断降低初级服务体系所产生的成本,提高电子商务物流服务价值链体系的整体运行效率。

技术服务体系在电子商务物流服务价值链中处于核心的地位,是整个服务价值链运行的心脏,在各种物流服务活动的过程中,通过信息技术的协调,实现各个环节的信息共享,消除信息的冗余,提供及时有效的服务信息,获得竞争优势,培植企业的核心竞争力。

增值服务体系是电子商务物流服务价值链发展的一个重要标志,其内容不同于其他服务体系,主要包括金融服务、咨询、方案设计和委托等,具有很强的创新性,不同的环节提供的增值服务各不相同,不但能够整合整条服务价值链的资源和资金,而且还能更好地满足顾客的需求,其增值能力的强弱代表了整条服务价值链的水平。电子商务物流服务价值链是物流服务业发展的一个重要趋势,也是社会经济增长的客观要求,其发展速度不但取决于技术的更新、理念的变革,而且还与各种增值服务理念有着密切的关系。

4. 电子商务物流服务价值链增值模式

增值体系在电子商务物流服务价值链体系中有重要的作用,价值链的目的正是实现价值链的增值。电子商务物流服务价值链所提供的物流增值服务是指根据客户需要,为客户提供不同于一般物流服务的服务,或者用超出常规的方法提供物流服务,创新性、非常规、满足顾客需要是增值性服务的本质特征。

增值服务与传统的物流或仓储服务是不同的,它是随着第三方物流的兴起而逐渐发展起来的,不但包括基础型物流服务的增值,还包括信息服务增值、金融物流服务增值等。对物流企业来说,企业内部的价值活动是由各不相同的部门协调完成的,这些价值活动构成了企业的内部价值链。对电子商务物流服务价值链增值的模式研究,主要包括上游价值链的增值、核心企业的价值增值以及下游价值链的增值(如图10-4所示)。

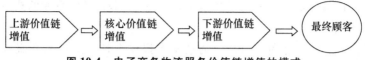

图10-4 电子商务物流服务价值链增值的模式

(1) 上游价值链的增值模式主要体现在采购环节上,而这个环节上的增值主要是成本的降低。一方面通过在采购中的价格比较,取得采购价格的优势,购买可靠性高、产品质量好的材料;另一方面,选择适当的供应商,可以优化库存和运输,增加柔性,降低库存成本。采购成本和库存成本的降低为上游价值链提供了很大的增值空间。

(2) 核心企业价值链的增值,主要指在产品的研发、生产制造环节,借助于信息技术的手段,通过对企业内部资源的整合,对产品创新,生产新产品,扩大消费者剩余,同时通过管理理念和生产技术的革新,降低生产成本,来增加生产者剩余。新产品不但能满足顾客需求的多样性,而且有助于提高顾客的需求层次,使得产品的服务附加价值提高;产品成本的降低主要从管理方面和员工角度来考虑,包括员工责任感、产品的设计、质量管理、员工责任感等,通过对成本量化的减少,找出自己优势的价值活动。企业不可能全部消除不能实现增值的部分,只能简化价值链的内部组成,对价值链进行重新构造,将企业的内部资源集中于关键环节,增强企业的整体竞争优势,培养自己的核心竞争能力。因此,在企业内部价值链的增值中,企业要利用资金调配、成本管理等手段,以技术为依托,实现价值的增值和最终效益。价值的增值活动并不是孤立的,而是体现在价值链一连串的活动中。各个企业之间是相互联系的,企业可以通过影响价值链的结构来改善企业和顾客的关系,使双方都获得满意,即在进行价值链增值研究时,要充分考虑企业外部环境对价值链增值的影响。

(3) 下游价值链的增值,是伴随着下游价值链中各个节点企业之间的合作进程,而发生的价值形态的实现、增长等一系列活动形成的,这些价值形态包括提供给最终客户的服务、利润、信息共享、核心竞争力、顾客满意度、忠诚度等。这种企业下游价值链的增值模式是指所有服务需求者、价值链上的各节点从单纯的服务提供转变为创造共同价值的群体利益,持续推动价值链的一体化,形成价值链的核心竞争能力。下游价值链的增值还体现在售后服务上,如果随着所提供服务的结束,与顾客关系就结束,这就意味着价值链的持续性断裂,对服务企业本身是一个损失。顾客是企业生存发展的基础,物流服务企业要为顾客提供售后服务,参与到顾客的价值链过程中,实现服务在顾客中的价值。根据不同价值单元的特征,采用不同的战略,最大限度地发挥各个成员的潜力,获得更大的价值链增值。从原材料到中间产品到最终产品,是不断创造价值和增加价值的过程。所以价值链的本质就是增值链,每一环节都会影响企业的竞争力,只有消除一切无效环节,才能使价值增值更有效率。

电子商务物流服务价值链可以为消费者提供个性化的产品和服务,通过提供服务的附加信息来增加服务的价值,使数字产品和服务能够很快被定制。例如,顾客可以通过网络定制自己所需的书籍、电影和音乐,服务价值链可以打破时间和空间的局限,使大多数的活动通过网络来完成,使得顾客能够在不同的价格选择中获得利益,同样,企业也可以根据消费者对服务的不同需求来制定价格而获益。

10.2.2 基于服务全生命周期的网购物流服务流程

1. 物流服务全生命周期法的提出

起初全生命周期法是对产品进行管理研究控制的,即从人们对产品的需求到产品淘汰这一全部生命历程,对产品进行管理研究。随着社会需求产生的全新技术交易理念和理论,此方法被运用到软件技术层面。由于具有很强的时效性及易逝性,因此服务不像实物产品那样可以存储,一旦服务结束,即意味着服务消失。按照产品生命周期推演,物流服务也具有生命周期,即物流服务全生命周期。物流服务全生命周期是指从人们对物流服务需求的产生到物流服务结束后的全部生命历程。在物流服务全生命周期过程中,服务运行到哪个阶段,处于怎样的状况被称为物流服务状态,其中包括服务前、服务中、服务后以及服务维持与增值四个物流服务状态(如图 10-5 所示)。

当前提出的物流服务全生命周期中,共有四个物流服务状态,即:服务前准备、预备阶段;在服务中仓储服务、配送服务、运输服务等多个阶段;在服务完成后,从客户的角度对物流服务质量的评价,以及从自身的角度对自我的服务能力、成本进行综合测评分析;最后为了避免由于服务的易逝性所带来的问题,对物流服务的维持阶段进行研究,将服务归档储备。

2. 环境假设

学术上将网购供应链定义为:由制造商、网上店铺、快递公司、客户构成的销售并配送商品的供应链。现实中的网购供应链应为网状结构,不管是由单一制造商还是多家制造商为网上店铺供货,网上卖家肯定不会与单一的快递企业合作进行物流服务。原因如下:

第十章 电子商务物流服务与成本管理

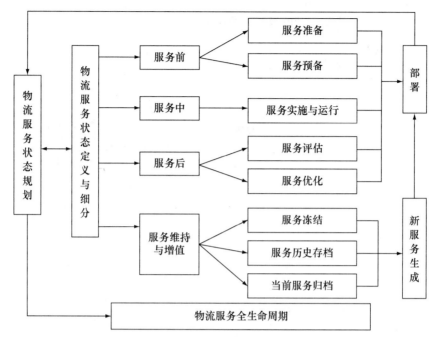

图 10-5 物流全生命周期业务流程

（1）一家快递企业服务的覆盖区域是有限的,有的山区或偏远地方,普通的快递公司是不能完成配送服务的。

（2）不同快递公司对不同运输目的地所规定的运输费用不同,网上卖家为了使利益最大化,要对比多家快递公司,根据具体目的地来选择快递公司。

（3）从客户角度分析,由于主客观原因,客户对哪家快递公司进行发货有要求,为了满足客户,网上店铺要提供多家快递企业供客户选择。

当然一家快递公司也不会仅与一家网上店铺合作。在配送阶段,快递公司与客户之间也是多对多的关系。因此实际的网购快递物流服务也呈网状结构。

3. 流程分析

网购环境下,当快递物流服务处于服务前状态时,往往指网上卖家对物流服务作出准备和预备。在物流服务准备阶段中,网上卖家在没接到订单之前,为物流服务所做的一些准备工作如:包装袋、包装箱以及运单等必需品的准备;当接到订单之后,网上卖家需根据订单的需求对商品进行包装处理,然后等待快递收件人员定时收件(如图 10-6 所示):

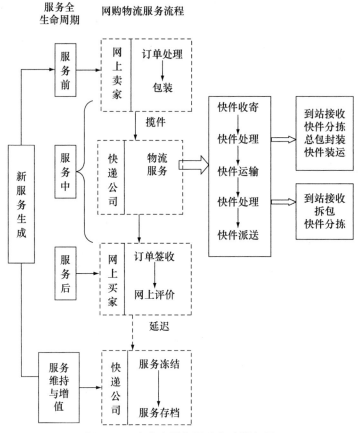

图 10-6　全生命周期网购物流服务图

10.2.3　物流服务质量管理

1. 物流服务质量的内涵

借用我国学者金真的观点,物流服务质量就是物流企业通过提供物流服务,达到服务产品质量标准,满足用户需求的保证程度,也是客户感知到的物流服务的集合,是由物流企业和客户在合作过程中相互作用的真实瞬间实现的。

2. 物流服务质量管理内容

物流服务质量管理简单来说可以包括以下内容:

(1) 物品的质量管理:在转移或者流通过程中,物品是否完好,是否正确无误地交至顾客的手中;

(2) 物流工作质量管理:指服务过程中的各个环节、各个工种甚至各个岗位的工作质量的综合,以及过程中资源是否合理配置,是否效率地完成任务;

(3) 物流工程质量管理:工作流程、工艺的设计、设备的组合、物流设施是否符合条件,以及组织机构、工作制度是否合理等,这些都属于物流服务质量管理的内容。

3. 影响物流服务质量的因素

物流服务质量的影响因素依据物流服务质量管理的主要目的,可以简短地归纳为以下几点:

(1) 人的要素:员工的知识、能力、素养,是否耐心、有责任心,这是最重要的因素,因为整个物流服务过程中的重要环节,如:沟通、处理订单、将货物送到顾客手中、补救服务误差等都是主要由人完成的,哪一个环节没有处理好,就会影响到顾客对服务的体验和满意度水平。

(2) 设施设备要素:设备的先进性、维护保养、信息系统、信息技术水平等,这是关系到物流服务是否能够效率地完成的重要因素。比如国内品牌快递公司顺丰快递,它是国内为数不多的拥有飞机设备的快递公司,所以它也是国内为数不多的可以推出"今日寄、明日到"服务的公司,这种及时性肯定会让顾客感到满意;再比如每逢节日,网上商城会大肆搞促销,这就需要快递物流服务公司的运力一定要加强、信息系统的容量要加大,否则就会出现"爆仓""延误"等让顾客头痛的事情。

(3) 环境要素:政策制度环境、经济环境等。国家政策的支持是非常重要的,比如物流业被评为十大振兴产业之一,这反映出国家的政策导向,势必会加大投入,相继也会有更多的优惠,那么就会有更多人才、资金的涌入,这个行业的发展就会更加顺畅一些,使得服务提供商能提供更好的服务;经济环境也很重要,比如电子商务的发展带动了快递物流的发展,需求拉动供给,有发展才会有进步。

4. 电子商务物流服务的评价指标体系

物流服务评价的目的是在适当的成本条件下为客户提供高质量的服务应以市场为导向,制定经营信息和竞争所需要的物流服务标准,在评价物流服务过程中,注重客户满意度,灵活应对客户服务的多样化需求,建立能把握市场环境变化的物流服务管理体制。对不同的物流服务进行评价和选优,要建立统一尺度,即评价指标体系,这有助于对物流服务系统进行合理的规划和控制。在设计评价指标体系时,要遵循客观性、全面性的原则,形成系统化的评价指标体系。

在对物流服务进行评价时,根据系统的观点,评价指标体系是由若干个单项评价指标组成的整体,要做到全面、合理和科学。反映物流服务的指标主要由以下四个组成:运输、仓储、信息化水平和发展潜力。每个指标又分为服务生产率和质量指标(如表10-1所示)。

表 10-1 电子商务物流服务的评价指标体系

物流服务的综合评价	运输	服务生产率	运输费用所占物品价值百分比
			每吨公里运费
		服务质量	装载效率
			物品损坏率
	仓储	服务生产率	设备时间利用率
			仓库利用率
		服务质量	物品保存完好率
	信息化水平	服务生产率	对客户变动的反应率
			对客户变动的完成率
		服务质量	网络覆盖率
			信息传播的错误率
	发展潜力	服务质量	平均交货期
		服务生产率	资产利用率
			市场占有率

物流服务生产率指标是指在评价体系中,物流服务投入和产出的效率,是一定的服务消耗和服务投入完成某种服务产出的过程,包括人力、技术、资源等,各个投入在价值上是以服务成本表现出来的。

服务质量指标也是物流服务评价中的重要组成部分,主要包括服务在质量、时间、地点上的正确性,以及服务事后顾客的满意度。现行的物流企业评价指标主要是基于部门职能的评价,并不能很好地评价物流企业的服务状况,而基于业务流程的物流服务则能准确地反映物流服务的绩效。基于部门职能的物流服务评价和基于业务流程的评价构成情况如图 10-7 和 10-8 所示,从图中可以看出两者之间的差异。

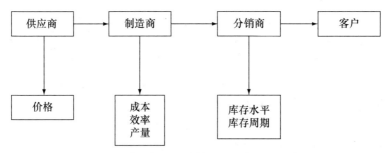

图 10-7 基于部门职能的物流服务评价示意图

基于业务流程的物流服务评价有其自身的特点,其内容比部门职能的指标体系更加广泛,还可以测定包括供应商、制造商和分销商在内,是否有能力满足客户或者市场的需求。要建立有效的服务评价体系,就要做到对关键指标进行重点分析,要反映整个物流活动的运营状况,而不是某个职能部门的运营状况,

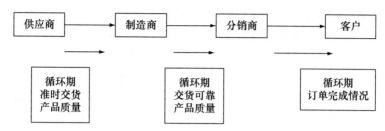

图 10-8 基于业务流程的物流服务评价示意图

尽可能地扩大涉及评价的企业。

5. 电子商务物流评价指标体系的建立

对物流服务进行评价,主要从以下四个角度进行论述:

(1)顾客角度。顾客是物流服务的对象,也是物流服务的核心内容之一,只有正确了解和评价顾客需求,才能满足顾客的需求。所谓的顾客需求主要有四类:时间、质量、服务和价格。只有节约顾客的成本才能为客户提供更多的价值增值,这些评价指标体现了顾客的意志,反映了顾客的需求,是作为硬性指标而存在的。只有扩大销售量,增加新的客户,才能获得新的利润增长点。

(2)管理角度。优秀的顾客服务来源于组织的流程决策和运作,物流服务管理就是要了解如何经营才能满足或超越顾客的需求。管理层面对的是客户利益影响最大的业务流程,应确定自己的核心竞争力,在关键技术的引进方面起到决策性的作用。只有通过缩短经营周期,降低物流成本,协调企业内部和外部关系,减少浪费,才能提高物流服务水平。

(3)发展潜力方面。物流服务的未来直接关系到企业的未来,激烈的市场竞争要求服务不断创新,发掘整合企业内部和外部的资源,提高现有流程服务和创新的能力,缩短新产品的开发周期,改善效率。

(4)成本角度。物流服务的价值增长关键点也在成本的降低,包括运输成本、仓储成本、风险成本、时间成本的降低等都会提高整个服务流程的效率。

这四个角度的关系可以在图 10-9 中表现出来:

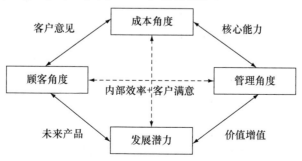

图 10-9 物流服务四个角度的关系

物流服务指标体系的建立,首先要确定对物流企业核心竞争力的发掘,这对物流服务的整体运作至关重要。每一个物流企业的物流服务是不同的,其竞争力也不相同,确定核心竞争力的过程,应该从客户的角度出发,以顾客为导向运作,确定整体目标和各个伙伴企业的目标之间的联系。评价指标的确定要与前一步骤的指标一致,这就要求各个步骤相互协调,通过建立物流服务评价体系,使得物流服务不但在战术上得到控制,在战略上也可以得到反馈。在这种评价指标的前提下,以提升物流服务为远景,以提高顾客满意度为目标,以顾客需求为导向,同时利用信息系统在整个物流活动过程中所起到的中枢作用,使整体得以协调和统一,其总体框架模型如图10-10所示:

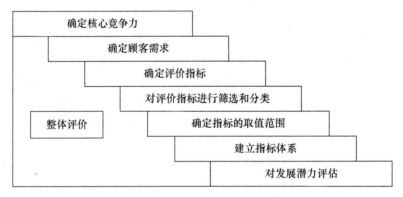

图 10-10　物流服务评价体系建立的总体框架模型

通过建立物流服务评价体系,使得物流服务不但在战术上得到控制,在战略上也可以得到反馈。在这种评价指标的前提下,以提升物流服务为远景,提高顾客满意度为目标,顾客需求为导向,同时利用信息系统在整个物流活动过程中所起到的中枢作用,使整体得以协调和统一。

10.2.4　电子商务物流服务顾客满意度提升措施

电子商务物流服务评价体系的建立,是希望通过调查研究,使物流企业明白顾客需求,改进服务质量,获得更高的满意水平,实现顾客和企业的"双赢"局面。下面通过"四分法"来提出具体的物流服务顾客满意度提升措施。

1. 四分图模型分析法

四分图模型是一种定性和定量相结合的分析方法,对于企业在今后改进措施有着重要的作用(如图10-11所示)。它与"重要性—绩效"模型有着很大的相似之处。四分图模型是建立基于顾客满意程度、指标重要程度的X,Y坐标体系,然后根据每一指标的满意度评分及其在企业中的重要程度得分,确定所在区域的一种方法。管理者根据这一方法,可以知道企业哪些方面是需要继续加强的,哪些是应该继续保持的,哪些方面是要视竞争者的行为而采取行动的,这种方法因其简洁明了、科学合理并易于应用受到广泛欢迎。

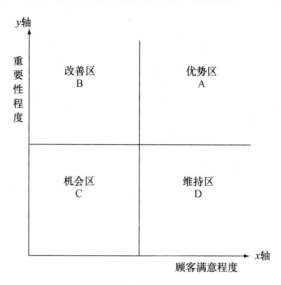

图 10-11　四分图模型

图中 X 轴代表顾客对网购中物流服务的满意程度,越往右边延伸,表示满意程度越高。Y 轴代表顾客认为该项指标在总体满意度中的重要性程度得分,越往上延伸,表示重要程度越高。

（1）A 区是优势区,重要程度高,顾客评分也高,是影响企业的关键因素,应该给予高度关注。在以后的服务过程中需要秉承这一优点,继续发扬,从而保持较高的顾客满意,为企业赢得效益。

（2）B 区是改善区,具有很高的重要性,但是顾客满意程度低。如果想保留顾客,赢得满意,为企业增加效益,需要对这一区域的因素给予改善和提高,达到理想状态。

（3）C 区是机会区,满意程度和重要性程度均不高,可以视以后的情况而定,如果将来对顾客影响较大,重要性程度也有所提高,可以采取措施加以弥补。同时,这一区域内的因素也可以视竞争对手情况而定,在本章研究中没有涉及,不予讨论。

（4）D 区是维持区,重要性程度一般,但是顾客对这一区域内的因素还较为满意。企业如果从资源有效合理配置角度来看的话,只需要继续保持就可以了。

2. 提高顾客满意度的具体措施

借鉴四分图模型的分析方法,针对每一指标的满意程度和重要性程度,可绘制出基于"满意度—重要性"的电子商务物流服务四分图模型,从而根据每一指标的特点,提出相应的措施,为企业在今后的服务过程中,如何利用已有优势,明确改善目标,保持较高的满意度,提供了努力方向(如图10-12所示)。

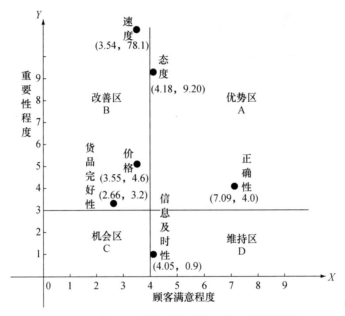

图10-12 电子商务物流服务"满意度—重要性"图

(1)物流服务价格。物流服务价格属于改善区,说明物流服务价格现状亟待改变。物流服务价格的不合理表现在性价比不高,价格偏贵以及额外收取物流费用等。要解决这一类问题,首先要制定严格、规范的物流服务价格表,明码标价,并在网上对价格进行充分的解释说明,从而让顾客拥有充分的知情权,让顾客知道自己所购买的物品需要花费大约多少运费。其次,不能随意更改收费标准。如果因为燃油附加费用增加、地区偏远等因素造成物流价格确实需要提高,也应提前在网上发出公告进行说明,争取顾客的谅解,减少因此带来的不满。

(2)物流服务速度。物流服务速度是整个网络购物物流服务满意度体系中最为重要的因素,它的快慢很大程度上决定了顾客满意度整体水平,所以,对其进行改善是重中之重。顾客对物流服务速度快或者慢的评价,主要来自于与上次购物经历或者与其他物流企业的对比,以及物流公司有没有在预先规定的时间内到达。要提高服务速度,选择合理的运输线路是关键,优化线路设计,争取做到以最短的里程,最快的速度,运送商品。其次,物流人员在收件时可以根据商品的运送地点,从出发地、沿途经过地,直至目的地,将商品进行分门别类的整理和排序,不要在相邻地点之间多次往返,耽误送货时间。有很多顾客在对商品运输信息进行查询时发现了这一问题,许多一天就能到达的商品,物流公司兜一个大圈之后才送给顾客。同时,对于因为节假日、天气等客观因素造成的送货延误,需要对顾客进行解释说明,顾客一般情况下都能谅解。

(3) 物流服务人员态度。物流服务人员态度的坐标位于改善区与优势区的交界处,是退则需改善,前进则可以作为优势保持的状态。面对物流服务人员素质参差不齐而带来的顾客满意程度不一的情况,首先需要做的就是建立投诉反馈机制和相应的奖惩机制,在硬性条件上对物流服务人员态度进行约束,从而保证其服务质量。物流公司可以给每一个物流送货人员进行编号,顾客如果对其在服务过程中出现的态度恶劣,随便把商品放到门卫室就走,也不签收或者替顾客签字等现象感到不满意,可以通过服务电话向物流公司反馈。其次,物流公司应定期对员工开展关于服务的礼仪、服务的程序方面的培训活动,建立起明确清晰的服务程序,使服务人员依照规定的程序来递送商品。快递员在商品到达之前应与顾客主动联系,并告知顾客商品到达的准确时间,让顾客在时间上作好准备,以防止临时有事走不开而无法取货现象的发生。在与顾客沟通时,尽量保持礼貌耐心的态度,避免给顾客带来负面情绪。商品到达后,必须遵守送货规定,让顾客验货完再签字,不能因为赶时间或者其他原因而不让顾客验货,同时,也不能在顾客还没到达之前就替顾客签字,避免因为商品质量漏洞而带来的不必要的麻烦。

(4) 服务的正确性。物流服务正确性是以上因素中满意度最高的指标,虽然其重要程度一般。目前,随着信息网络的健全,丢件、少件和送错现象发生的概率已经大大降低,是物流服务中做得较为完善的一个方面,已逐渐成为物流服务的优势所在。对于优势,物流公司应继续发扬和保持,并力图让其尽善尽美。物流服务正确性中,目前唯一存在的不足就是物流网点的覆盖率还不太高。在以后的发展中,物流公司要通过联营合作的方式,力所能及地集合资源、资金,加大网点覆盖范围,力促网点覆盖率的提升,争取做到方便千家万户。对于没有网点的偏远地区,为了减少顾客麻烦,可以和顾客沟通,公司送货上门,但是需要支付一定的服务费用,从而在方便顾客的同时,企业也获得利润,实现双赢局面。

(5) 货品完好度。货品完好度位于改善区的最下方,表明对于这一因素,顾客满意程度非常低,需要立即作出改变,以提高满意度。为了改善这一情况,物流公司要与网店进行沟通,让网店在寄件时填写运输要求,对于易碎物,建议其进行严格的包装,以免损坏。做到以上这一点之后,物流公司要制定严格的运输商品规范,根据商品的性质分类摆放商品,易碎易损商品要小心存放,并进行妥善处理。同时,为了确保物流人员小心仔细地运送商品,要建立相应的责任制,对于因为运输造成的商品损坏,需要物流人员承担相应的赔偿责任。实施这样的措施,可以减少商品的损坏,保证其安全、完好地到达顾客手中。

(6) 物流信息的及时性。顾客对物流信息的及时性感到比较满意,一般情况下都可以跟踪商品运输信息。物流公司资源、资金有限,从优化资源配置角度出发,继续维持现状即可,可以把有限的资源用到其他更重要的区域。但若物流公司拥有充裕的资金,其他区域也已经进行了充分的建设,为了求得整体水平的提高,可以考虑进行公司的物流信息网络更新及扩大。

10.3 物流成本管理与控制

10.3.1 物流成本管理理论

1. 物流成本管理含义

物流成本管理(Logistics Cost Control)是对物流相关费用进行的计划、协调与控制。物流成本管理是通过成本去管理物流,即管理的对象是物流而不是成本。物流成本管理可以说是以成本为手段的物流管理方法。

2. 物流成本的特征

(1) 物流部门对于物流成本具有不完全控制的特点。如保管费中就包括了由于过多进货或过多生产而造成积压的库存费用,以及紧急运输等例外发货的费用,这些都是物流部门无法控制的。

(2) 物流成本之间存在效益悖反规律。在物流功能之间,一种功能成本的削减会使另一种功能的成本增加。因为各种费用互相关联,必须考虑整体的最佳成本。由于物流成本没有列入企业的财务会计制度,如不进行特别计算,不容易把握。

3. 物流成本管理理论

(1) 物流成本冰山理论。这一理论是由早稻田大学的西泽修教授提出的。西泽教授指出,盈亏计算书中的"销售费和一般管理费"栏中记载的外付运费和"外付保管费"的现金金额,不过是冰山之一角。因为在公司内部占压倒多数的物流成本被混入其他费用之中,如不把这些费用核算清楚,很难看出物流费用的全貌。物流成本的计算范围,各公司均不相同,因此无法与其他公司比较,也不存在行业的平均物流成本。因为外付物流成本与向公司外委托的多少有关,因此相互间不能进行比较,即使比较也没有什么意义。从销售方面看,物流成本并没有区分多余的服务和标准服务的不同,如物流成本中,多包含促销费用。物流成本之间存在效益悖反规律。因为各种费用互相关联,必须考虑整体的最佳成本。

(2) 物流成本削减的乘法效应。假定销售100亿日元,则物流成本为10亿日元,如物流成本下降1亿日元,就可得到1亿日元的收益。这个道理是不言自明的。现在假定物流成本占销售金额的1%,则如物流成本下降1亿日元,销售金额将增加100亿日元。因此,物流成本的下降会产生极大的效益。

10.3.2 物流成本内容分类

管理物流活动的关键是总成本分析。也就是说,在一个既定的客户服务水平上,管理者应该使总物流成本最小,而不是试图减少某一个体活动的成本。用非整体的方法进行物流成本分析的主要缺点是:试图降低物流活动中某些特定成本对于整个系统而言并不是最优的,这样会导致更高总成本。适用于仓储、运输或者库存成本缩减的技术对总物流成本的作用不大,因为减少一种成本总是会使另一种或几种成本增加。例如,将所有产成品存货聚集到更少的配送中心,可以减少仓储成本,并且提高库存周转率,但是这么做就增加了运输费用。类似地,大批量订货带来的成本节约很可能被更高的库存持有成本抵消。因此,要让总成本最低,管理者必须权衡物流各环节的成本,了解这些成本因素之间是如何相互作用的。这就是物流成本合理化管理的实质。

企业物流成本管理的目标就是实现物流成本的合理化管理。为了实现此目标,企业物流成本管理的内容主要包括:物流成本项目划分、物流成本预测和计划、物流成本计算、物流成本控制、物流成本分析、物流成本信息反馈和物流成本决策等活动。其中,就成本管理而言,物流成本管理有别于其他成本管理的内容主要是物流成本项目划分和物流成本计算方法。其他内容,虽然也有一些差异,但基本思路大致相同。

如何划分并归集物流成本项目,就目前而言,尚无最佳方法。这里介绍一种基于物流作业的划分方法。根据物流作业,物流成本可被划分为六种类型:客户服务成本、运输成本、仓储成本、订单处理/信息系统成本、批量成本、存货持有成本等。

1. 客户服务成本

客户服务成本包括订单履行成本以及零部件和服务支持的成本,还包括与退货处理相关的成本,这主要影响着客户对企业服务的感受以及最终的客户满意水平。与客户服务水平相关的关键的成本权衡因素就是丧失销售机会成本。丧失销售机会的成本不仅包括失去现有销售所带来的贡献,还包括未来的潜在销售,企业可能由于以前顾客负面的口头宣传而丧失未来的销售机会。一项评估表明,每个不满意的顾客会将自己对产品或服务的不满向平均其他九个人诉说。毫无疑问,要衡量客户服务的真实成本是困难的,因此,最好的办法是根据客户需要决定希望达到的客户服务水平,并考虑那些需求将会如何受营销组合其他方面开支的影响。正如我们前面所说的,其思想是在给定客户服务目标的前提下,使总成本最小。

2. 运输成本

运输成本是承运人为完成特定货物位移而消耗的物化劳动与活劳动的总和,其货币表现就是各种费用的支出,包括车队、燃料、设备维护、劳动力、保险、装卸等。根据分析个体的不同,可以用多种不同的方法来考察运输的支出。运输成本可以按客户、生产线、渠道类型、运输商、方向(进货与发货)等分类。根据发运量、运输的重量、距离及出发地和目的地不同,成本相应地变化很大。

3. 仓储成本

仓储成本是指由仓储作业(如流通加工、分拣、装卸搬运、出入库操作等)带来的成本,以及建造、购置仓库等设施设备所带来的成本。仓储成本与库存水平无关,只与仓储作业和仓库规划有关。

4. 订单处理/信息系统成本

订单处理和信息系统的成本与诸如处理客户订单、配送信息和需求预测等活动相关。对订单处理和信息系统进行投资,对支持良好的客户服务水平和控制成本极为重要。订单处理成本包括订单发送、订单录入、订单核实、订单处理以及相关的内部和外部成本,比如通知运输商和客户有关发运信息和产品的可供情况。发货人和承运人已经进行了大量投资来改善他们的信息系统,包括电子数据交换(EDI)、卫星数据传输以及发货与销售的条形码编码及扫描技术。

另外,复杂的信息技术也有了快速发展,如决策支持系统、人工智能(AI)、互联网接入和专家系统。

5. 批量成本

物流的主要批量成本是由生产和采购活动所引起的。批量成本是与生产和采购相关的成本,随着生产批量或生产启动频次、采购规模的大小或采购频率的改变而变化。它主要表现为以下两个方面:

(1) 与生产批量和生产启动频次有关的成本,主要包括不同生产批量制造出的产品在成本上的差别、生产启动成本。

(2) 与采购批量和采购频次有关的成本,主要包括采购的数量不同,所导致的采购价格的差异、订货成本。

批量成本不应被孤立地看待,因为它与其他成本存在悖反关系。比如,一个消费品制造商大批量生产,也许可以从供应商那里得到好价钱,获得长时间有效率的生产运作,但是也可能需要更多的储存空间。客户服务水平可能因为订单完成率下降而受到影响,原因在于产品以大批量、小频率生产。在库存降到零时,两个生产批次之间就产生了断货的情况,这也可能会增加信息和订单处理成本,原因在于顾客会频繁打电话核实后续延期订货的可供状况,并可能取消延期订货。由于向客户部分地或分拆订单发货,运输成本可能上升。而由于到库存耗尽为止一直持有大量库存,存货持有成本可能会上升。总之,必须要搞清楚各项成本之间的相互作用。

6. 存货持有成本

存货持有成本只包括那些随库存数量变动而变动的成本。可能影响存货持有成本的物流活动包括库存控制、包装以及废品回收和废物处理。存货持有成本由许多因素组成,除销售丧失之外,存货库存成本是最难确定的。存货持有成本的四个组成部分分别是：

（1）资金成本，或者机会成本。即企业原本在库存占用资金上所可能得到的回报。

（2）库存服务成本。包括库存的保险和税金。

（3）储存空间成本。包括那些和仓储空间相关的随着库存水平变动的成本。

（4）库存风险成本。包括过期、偷盗、库存系统内的移动和损坏。适当的包装可以减少损坏和偷盗的成本，便于移动，并有助于防止产品过期。

以上成本项目之间是密切相关的，管理者必须考虑所有物流成本项目的总和。只有将物流看成一个完整的系统，并以给定企业的客户服务目标为前提，将总成本最小化，才能实现有效的管理和真正的成本节约。

10.3.3　物流成本管理方法

1. 目前物流成本管理存在的问题

（1）成本管理的目的不明确。目前计算物流成本的目的，只是单纯地想了解物流费用，还没有达到利用物流成本的阶段。物流负责部门花费很大精力计算物流成本，但也只是计算一下物流成本多少而已。

（2）物流成本计算方法存在问题。企业内部对于物流成本不甚了解，对于物流成本是什么也十分模糊，弄不清物流成本与制造成本，物流成本与促销费用的关系。企业内部计算物流成本的标准也时常改变，每一年度都变动的企业较多。物流成本中，还混有物流部门根本无法控制的成本。此外，需要注意的是：企业不同，物流成本的计算标准也不同。

（3）物流成本方面也存在问题。高层领导已经注意到了降低物流成本的重要性，但是目前降低物流成本的问题只靠物流部门去解决，而没有与生产和销售部门共同研究解决。目前还没有注意到机构之间的壁垒，如支店之间的壁垒已成为降低成本的阻碍，有的即使注意到了，也没有认真解决。另外没有建立起多批次、小批量物流系统，只是企图在过去物流系统的基础上，降低物流成本。

2. 物流成本合理化管理

物流成本合理化管理主要包含以下几方面的内容：

（1）物流成本预测和计划。成本预测是对成本指标、计划指标事先进行测算平衡，寻求降低物流成本的有关技术经济措施，以指导成本计划的制订。而物流成本计划是成本控制的主要依据。

（2）物流成本核算。在计划开始执行后，对产生的生产耗费进行归纳，并以适当的方法进行计算。

（3）物流成本控制。对日常的物流成本支出，采取各种方法进行严格的控制和管理,使物流成本减少到最低限度,以达到预期的物流成本目标。

(4) 物流成本分析。对计算结果进行分析,检查和考核成本计划的完成情况,找出影响成本升降的主客观因素,总结经验,发现问题。

(5) 物流成本信息反馈。收集有关数据和资料并提交给决策部门,供其掌握情况,加强成本控制,保证规定目标的实现。

(6) 物流成本决策。根据物流信息反馈的结果,采取以最小耗费获得最大效果的最优方案。

3. 物流成本管理方法

准确地进行物流成本管理,必须掌握好物流成本管理方法,一般有以下几种:

(1) 比较分析。① 横向比较:把企业的供应物流、生产物流、销售物流、退货物流和废弃物物流(有时包括流通加工和配送)等各部分物流费,分别计算出来,然后进行横向比较,看哪部分发生的物流费用最多。如果供应物流费用最多或者异常多,则详细查明原因,堵住漏洞,改进管理方法,以便降低物流成本。② 纵向比较:把企业历年的各项物流费用与当年的物流费用加以比较,如果增加了,要分析为什么增加,在哪个地方增加了,增加的原因是什么。假若增加的是无效物流费,则立即改正。③ 计划与实际比较:把企业当年实际开支的物流费与原来编制的物流预算进行比较,如果超支了,要分析超支的原因,在什么地方超支。这样便能掌握企业物流管理中的问题和薄弱环节。

(2) 综合评价。以集装箱运输为例,一可以简化包装,节约包装费;二可以防雨、防晒,保证运输途中物品质量;三可以起仓库作用,防盗、防火。但是,如果包装由于简化而降低了包装强度,货物在仓库保管时就不能往高堆码,浪费库房空间,降低仓库保管能力。简化包装可能还会影响货物的装卸搬运效率等。那么,利用集装箱运输究竟好不好?就要用物流成本计算这一统一尺度来综合评价了。分别算出上述各环节物流活动的费用,经过全面分析后得出结论,这就是物流成本管理。即通过物流成本的综合效益研究分析,发现问题,解决问题,从而加强物流管理。

(3) 排除法。在物流成本管理中有一种方法叫活动标准管理(Activity Based Management, ABM)。其中一种做法是把与物流相关的活动划分为两类,一类是有附加价值的活动,如出入库、包装、装卸等与货主直接相关的活动;另一类是非附加价值的活动,如开会、改变工序、维修机械设备等与货主没有直接关系的活动。在商品流通过程中,如果能采用直达送货的话,就不必设立仓库或配送中心,实现零库存,等于避免了物流中的非附加价值活动。如果将上述非附加价值的活动加以排除或尽量减少,就能节约物流费用,达到物流管理的目的。

(4) 责任划分。在生产企业里,物流的责任究竟在哪个部门?是物流部门还是销售部门?客观地讲,物流本身的责任在物流部门,但责任的源头却是销售部门或生产部门。以销售物流为例,一般情况下,都是由销售部门制订销售物流计划,包括订货后几天之内送货,接受订货的最小批量是多少。假若该企业过于强调销售的重要性,则可能决定当天订货,次日送达。如此当订货批量大时,物流部门的送货成本就少;订货批量小时,送货成本就大。过分频繁、过少数量送货造成的物流费用增加,可能会大大超过扩大销售产生的价值,这种浪费和损失,应由销售部门负责。分清类似的责任有利于控制物流总成本,防止销售部门随意改变配送计划,堵住无意义、不产生任何附加价值的物流活动。

10.3.4 物流成本核算

物流成本核算是根据企业确定的成本计算对象,采用相应的成本计算方法,按照规定的成本项目,通过一系列物流费用的汇集与分配,从而计算出各物流环节成本计算对象的实际总成本和单位成本。

1. 物流成本核算的目的

(1) 正确地观察成本的变化情况或与其他公司、其他行业进行比较。

(2) 制定物流活动计划,进行调控或评估。

(3) 更好地进行物流管理,向高层管理者提供物流情况,在公司内部提高员工对物流重要性的认识。

(4) 指出应由销售或生产部门负责的不合理的物流活动。

(5) 了解并评估物流部门对企业效益的贡献。

2. 物流成本的核算范围

(1) 起止范围。物流活动贯穿企业活动全过程,包括原材料供应物流、生产物流、销售物流。

(2) 物流活动环节。包括输送、保管、装卸、包装等,以不同活动为计算对象,其结果是不同的。

(3) 费用性质。所支付的运费和保管费等向企业外部支出的物流费用,以及人工费、折旧费、修理费、动力费等企业内部的费用支出,明确哪一部分是列入物流成本计算范围的。

3. 物流成本的核算方式

(1) 按支付形态计算物流成本。把物流成本分别按运费、保管费、包装材料费、自家配送费(企业内部配送费)、人事费、物流管理费、物流利息等支付形态记账。从中可以了解物流成本总额,也可以了解什么经费项目花费最多。这对认识物流成本合理化的重要性,以及考虑在物流成本管理上应以什么为重点,十分有效。

(2) 按功能计算物流成本。分别按包装、配送、保管、搬运、信息、物流管理等功能计算物流费用。从这种方法可以看出哪种功能更耗费成本,比按形态计算成本的方法能更进一步找出实现物流合理化的症结,而且可以计算出标准物流成本(单位个数、重量、容器的成本),进行作业管理,设定合理化目标。

(3) 按适用对象计算物流成本。按适用对象计算物流成本,可以分析出流成本都用在哪一种对象上。如可以分别把商品、地区、顾客或营业单位作为适用对象来进行计算。

(4) 按支店或营业所计算物流成本。就是要算出各营业单位物流成本与销售金额或毛收入的对比,用来了解各营业单位物流成本中存在的问题,以加强管理。

(5) 按顾客计算物流成本。又可分为按标准单价计算和按实际单价计算两种计算方式。按顾客计算物流成本,可以作为制定顾客战略,如选定顾客、确定物流服务水平等的参考。

(6) 按商品计算物流成本。它是指把按功能计算出来的物流费,采用各自不同的基准,分配给各类商品,目的是计算出各类商品的物流成本,这种方法可以用来分析各类商品的盈亏。

10.3.5 物流成本控制与降低策略

1. 物流成本控制策略

(1) 增强企业的物流成本意识,实行目标控制。目标管理是以目标为导向,以人为中心,以成果为标准,而使组织和个人取得最佳业绩的现代管理方法。目标管理亦称"成果管理",俗称责任制,是指在企业个体职工的积极参与下,自上而下地确定工作目标,并在工作中实行"自我控制",自下而上地保证目标实现的一种管理办法。物流成本控制是目标控制的一项重要内容,即以目标物流成本为依据,对物流活动进行约束和指导,以最小的物流成本获取最大的效益。企业要加强物流成本核算,建立科学合理的物流成本核算体系,明确物流成本的核算内容和核算方法,如此才有助于资源分配。

(2) 运输和储存的合理化。① 运输。在企业资源一定的情况下,根据市场需求,经过合理规划使其在整个物流运输过程中能够以最少的费用、最快的反应速度来满足企业对物流的需求,以取得最佳的经济效益。在运输时避免选择不恰当的线路,避免迂回运输;根据运输量选择恰当的动力运输;避免对流运输、过远运输。② 储存。在满足市场需求的前提下,通过对企业的库存水平进行控制,尽可能降低库存水平、提高物流系统的效率,以强化企业的竞争力。可采用 ABC 分类管理方法、经济订货批量、零库存等。

(3) 实现装卸搬运合理化的途径。①坚持省力化原则。②提高装卸搬运灵活性。③合理选择装卸搬运机械。④保持物流的顺畅均衡。⑤推行装卸搬运的单元化。⑥实现装卸搬运的文明化。⑦创建物流"复合终端"。⑧重视改善物流系统的总效果。

（4）实现企业设备现代化，提高物流信息化程度。通过使用计算机技术、通信技术、网络技术等手段，大大加快物流信息的搜集、处理和传递速度，从而使物流活动的效率和快速反应能力得到提高。如全球卫星定位系统、条形码、互联网技术，及识读技术、电子数据交换等技术的广泛使用，可以大大缩短反应时间，减少货物在物流各环节上的时间滞留，同时也能够推动物流企业的反应快速化，操作规范化，有效地降低物流成本。

在企业经营活动中，物流成为企业的"第三利润源泉"，而保证这一利润源泉实现的关键是降低物流成本。所以企业在物流管理中，势必要加强对物流成本的控制，减少物流成本，以提高企业的经济效益，增强企业的竞争力。

2. 降低物流成本策略

（1）通过采用物流标准化进行物流管理。物流标准化是将物流作为一个大系统，制订系统内部设施、机械设备、专用工具等各个分系统的技术标准以及系统内各个分领域如包装、装卸、运输等方面的工作标准，以系统为出发点，研究各分系统与分领域中技术标准与工作标准的配合性，统一整个物流系统的标准。物流标准化使货物在运输过程中的基本设备统一规范，如现有托盘标准与各种运输装备、装卸设备标准之间能有效衔接，大大提高了托盘在整个物流过程中的通用性，也在一定程度上促进了货物运输、储存、搬运等过程中的机械化和自动化水平的提高，有利于物流配送系统的运作效率，从而降低物流成本。

（2）通过实现供应链管理，提高对顾客物流服务的管理来降低成本。实行供应链管理不仅要求本企业的物流体制效率化，也需要企业协调与其他企业以及客户、运输业者之间的关系，实现整个供应链活动的效率化。有鉴于此，追求成本的效率化，不仅企业物流部门或生产部门要加强控制，而且采购部门等各职能部门也都要加强成本控制。提高对顾客的物流服务可以确保企业利益，同时也是企业降低物流成本的有效方法之一。

（3）通过建立现代信息系统降低物流成本。要实现企业与其他交易企业之间的效率化的交易关系，必须借助于现代信息系统，尤其是利用互联网等高新技术来完成物流全过程的协调、控制和管理，实现从网络前端到最终端客户的所有中间过程服务。一方面是使各种物流作业或业务处理正确、迅速地进行；另一方面，能由此建立起战略的物流经营系统。通过现代物流信息技术可以将企业订购的意向、数量、价格等信息在网络上进行传输，从而使生产、流通全过程的企业或部门分享由此带来的利益，充分对应可能发生的各种需求，进而调整不同企业间的经营行为和计划，使企业间的协调和合作可能在短时间内迅速完成，这从整体上控制物流成本发生的可能性。同时，物流管理信息系统的迅速发展，使混杂在其他业务中的物流活动的成本能精确地计算出来，而不会把成本转嫁到其他企业或部门。

(4) 从流通全过程的视点来加强物流成本的管理。对于一个企业来讲,控制物流成本不单单是本企业的事情,即追求本企业的物流效率化,而应该考虑从产品制成到最终用户整个流通过程的物流成本效率化,亦即物流设施的投资或扩建与否要视整个流通渠道的发展和要求而定。例如,有些厂商是直接面对批发商经营的,因此,很多物流中心类似于批发商物流中心,从事大批量的商品输送,然而,随着零售业界便民店、折扣店的迅速发展,客观上要求厂商必须适应零售业这种新型的业态形式,开展直接面向零售店铺的物流活动。在这种情况下,原来的投资就有可能沉淀,而要建立新型的符合现代物流发展要求的物流中心或自动化的设备。这些投资尽管从企业来看,增加了物流成本,但从整个流通过程来看,却大大提高了物流绩效。

(5) 通过效率化的配送降低成本。对于用户的订货要求尽量短时间、正确的进货体制是企业物流发展的客观要求,但是,随着配送产生的成本费用要尽可能降低,特别是随着多频度、小单位配送的发展,更要求企业采取效率化的配送,因此必须重视配车计划管理,提高装载率以及车辆运行管理。一般来讲,企业要实现效率化的配送,就必须重视配车计划管理,提高装载率以及车辆运行管理。通过构筑有效的配送计划信息系统,可以使生产商配车计划的制订与生产计划联系起来进行,同时通过信息系统也能使批发商将配车计划或进货计划相匹配,从而提高配送效率,降低运输和进货成本。

(6) 通过削减退货来降低物流成本。退货成本也是企业物流成本中一项重要的组成部分,它往往占有相当大的比例,这是因为随着退货会产生一系列的物流费、退货商品损伤或滞销而产生的经济费用,以及处理退货商品所需的人员费和各种事务性费用。在退货的情况下,一般是由商品提供者承担退货所发生的各种费用,而退货方因为不承担商品退货而产生的损失,往往会轻易就很随便地退回商品,并且由于这类商品大多数数量较少,配送费用有增高的趋势。不仅如此,由于这类商品规模较小,也很分散,商品入库、账单处理等业务也很复杂。由此,削减退货成本是物流成本控制活动中需要特别关注的问题。

本章小结

电子商务物流服务是物流企业根据电子商务企业或个人的需要,为顾客提供的完成网上交易的一系列物流活动。对于电子商务而言,优质卓越的物流服务是提高客户满意度和企业竞争力的重要手段。电子商务物流服务最大的吸引力在于如何帮助电子商务企业充分利用物流能力获得竞争优势。电子商务物流服务内容一般包括订单管理与数据分析、仓储与分拣、运输配送与交付、逆向物流服务和客户服务等。电子商务物流服务价值链是指在物流服务过程中,通过对信息、服务、资金的集成,从功能型物流服务到最终客户的网络状结构图。其功能型物流服务主要是指运输、仓储、配送等。反映物流服务的指标主要有以下四个：运输、仓储、信息化水平和发展潜力。

物流成本管理（Logistics Cost Control）是对物流相关费用进行的计划、协调与控制。而企业物流成本管理的目标就是实现物流成本的合理化管理。为了实现此目标，企业物流成本管理的内容主要包括：物流成本项目划分、物流成本预测和计划、物流成本计算、物流成本控制、物流成本分析、物流成本信息反馈和物流成本决策等活动。根据物流作业，物流成本可划分为六种类型：客户服务成本、运输成本、仓储成本、订单处理/信息系统成本、批量成本、存货持有成本等。准确地进行物流成本管理，必须掌握好物流成本管理方法，一般有比较分析、综合评价、排除法和责任划分等方法。物流成本核算是根据企业确定的成本计算对象，采用相应的成本计算方法，按照规定的成本项目，通过一系列物流费用的汇集与分配，从而计算出各物流环节成本计算对象的实际总成本和单位成本。

应用案例

推送主动式物流服务　京东贴心优化"最后一公里"体验

随着京东物流体系的不断完善，京东又出新招，于细微之处为用户带来贴心体验。3月29日，京东"异常天气自动提示"服务全面上线。通过系统每日自动撷取全国3天内天气信息，根据订单地区，在客户查询订单时标示出相应的异常天气提示，用户可轻松了解到订单进度是否受到天气影响。目前，该服务适用于"211限时达"订单和"次日达"订单。

京东物流部门相关负责人表示，此次推出的新服务，是京东"主动式服务"的一次尝试。通过主动式的信息标示，一方面使得消费者更及时地了解货品在配送中可能遇到的情况，实现了用户和电商平台间端对端的信息对称，改变了以往消费者未能如期收到快递而询问物流，物流被动解释难以获得消费者理解的情况；另一方面也让消费者在网购过程中对商品的送达时间把握得更清楚，能够提前统筹准备。据了解，多数选择网络购物的用户最看重的就是其便捷省时，京东此举既主动通知用户收单时间，同时也避免了因天气异常而引起的误工费时，可以说是一个充分站在消费者角度考量的贴心举措。

让用户省时省心，通过技术创新来实现自动提示天气信息，并配合订单查询来提醒消费者，看似寥寥数字的简单信息服务，却是京东2013年以技术驱动业务发展的一个缩影。从企业与用户的沟通角度来看，主动提醒相比被动解释更容易让用户接受，同时也能够让用户感受到京东物流对于及时送达订单的重视程度，虽然是物流配送全过程中的一个细微环节，但对于消费者在"最后一公里"体验的观感却有很大提升。

业内人士认为，电商行业的竞争关键在于如何提升用户体验，而京东在布局大物流的同时，也在从细微处着眼。除了已经推出的预约配送、限时达、次日达等服务，如今又推出了"异常天气自动提示"，既通过强大的物流网络保证消费者所购商品的及时配送，又在"最后一公里"的配送体验上为用户考虑周到，京东物流事无巨细，处处以用户体验为先的服务态度值得电商企业借鉴学习。

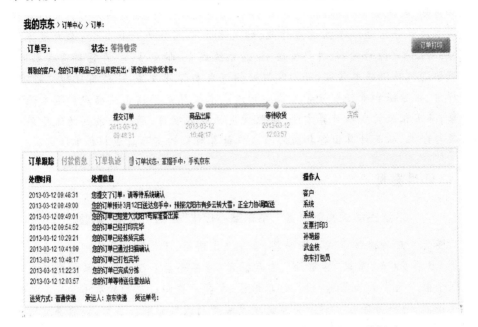

（资料来源：b2b.toocle.com/detail-6091679.html，2013年6月20日访问。）

案例思考题

（1）京东新推出的主动式物流服务对消费者有什么样的价值？

（2）为什么说电商竞争的关键在于提升用户体验？

第十一章　电子供应链管理

学习目标

1. 明确电子供应链管理的概念和内涵
2. 说明电子供应链的类型
3. 阐述电子供应链管理的内容
4. 举例说明电子供应链管理的策略、方法和技术
5. 明确集成化电子供应链管理实施的流程

关键词

电子供应链管理　零库存管理　供应商管理库存　联合库存管理　协同式供应链管理　电子订货系统　快速反应　有效客户反应　延迟供应　集成化电子供应链管理

引例

麦包包网络订单驱动供应链模式

"快"已成为麦包包在精细化管理、物流时间和成本控制方面的核心竞争力。翻开浙江嘉兴市麦包包皮具有限公司的财务数据，这家始建于2007年的企业2009年的销售增长率高达416%，全年实现4638万元销售额。然而，至今一毛钱没有赚进，甚至亏损140余万元，2010年预计亏损还将达到623万元之多。

"先做规模，后争利润！这是电子商务行业的必经之路。"作为麦包包的掌舵人，叶海峰丝毫不担心这越铺越大、眼前却无利可图的事业。面对质疑，叶海峰淡然一笑，他告诉《浙商》记者，明年，麦包包将迎来一个爆发式的增长，一举扭转亏损态势，保守估计，将实现净利润3000万元以上。

凭借独有的一套基于网络订单驱动生产与管理理念，麦包包形成了独特的基于M2C系统的供应链管理模式，成功地走到了箱包产业链的上游。这种模式是将销售信息、库存信息、生产信息、成本信息与合作伙伴和供应商交流分享。通过EDI(电子数据交换)系统把POS(销售时点信息管理)数据传给供应方，供应企业就能及时调整生产计划和采购计划。当然，麦包包的库存空间也节省了不少。

以网络直接生成订单,驱动整条供应链,麦包包成为直销网站中的先行者。叶海峰告诉《浙商》记者:"其实,在过去的几年,麦包包一直在做的一个工作就是公司的后端系统。现在,麦包包的仓储系统和后端系统可以支撑几万单一天。虽说,现在麦包包的销量还远没有达到这个水平,但在技术上已经做好了充足的准备。"

现在,麦包包同时在着手组建和完善的还有"麦包包数据中心",为更精准、更快速找到目标客户,研究客户行为,新品研发和推广提供数据参考。

(资料来源:http://www.56888.net/news/201184/466658043.html,2013 年 5 月 15 日访问。)

案例思考题

(1) 麦包包的电子供应链管理模式有什么特色?
(2) 麦包包的电子供应链属于哪种类型?

11.1 电子商务与供应链管理的关系

11.1.1 电子商务对供应链管理的影响

1. 对客户服务方面的影响

(1) 电子商务环境下,供应链管理全面采用电脑和网络支持企业及其客户之间的交易活动,包括产品销售、服务和支付等。

(2) 实现对消费者需求的即时反应。通过网上与消费者直接的信息交流,制造商可以有效地了解市场需求,对市场作出快速响应,满足顾客个性化的要求。近几年兴起的大规模定制是优化、提高客户反应能力的一种有意义的方式。它可以充分了解顾客的实际需求,按订单制造、交货,没有生产效率的损失,且实现一对一的联系,可以保证客户的满意,更有获利的把握,同时实现了库存与仓储的减少。电子商务的进一步发展,也给定制业创造了良好的环境。商务和技术必须结合起来,企业必须抓住信息技术发展的大趋势,将电子商务与供应链结合起来,才能顺应企业发展的潮流。

(3) 改变供应链发展模式。推式供应模式是传统供应链模式的一个显著特征。在传统的供应链中,制造商是整个供应链的核心,通过对产品需求的预测来进行产品的生产,即在客户订货之前,制造商就需要开始准备原材料,并且着手生产,然后由分销商逐级将产品推给顾客,处于传统供应链最末端的顾客只能无选择性地被动接受。在电子商务时代,消费者可以通过电子商务向制造商进行订货,而供应链企业也可根据消费者的实际需求来组织生产,为消费者提供个性化的服务;制造商和上游原料提供商以及下游分销商可以根据消费者的需求,一起来进行产品的设计,从而最大限度地满足消费者的真实需求。除此之外,制造商还可以通过电子商务发布最新的产品信息,以更加低廉的价格来吸引顾客,刺激消费者的消费欲望。通过电子商务将传统的推动型供应链改变成拉式供应链,从而根据客户的订单计划和实施供应链中的商品设计、生产以及销售等活动。

(4)减少供应链上冗余环节。在电子商务环境下,企业可以和客户进行直接交流。企业通过网络发布产品信息,客户也可以通过互联网提交订单,从而消除了传统供应链上的企业和客户之间的分销商、零售商等中间冗余环节。可以让企业有效地降低库存,降低商品销售过程中的库存以及运输费用。

2. 对供应链各环节的影响

(1)电子商务协调供应链的发展。使用电子商务技术,可以加速和深化企业供应链上各个环节之间的信息共享,避免信息孤岛的出现。同时,电子商务的广泛应用还加大了供应链的影响范围,加强了供应链的稳定性,改变了传统供应链模式上的信息逐级传递的方式,大幅降低了企业的原材料采购成本,从而使得更多的企业能够以非常低的成本加入到供应链中来。

(2)变信息传递为网状结构。电子商务的引入,使得供应链伙伴之间可以实现信息的共享,信息的传递由原来的线形结构变为网状结构。信息的及时共享有效地避免了由于多重预测所带来的信息失真,避免了虚假夸大的订单所带来的波动。

(3)交易票证单据实现标准化与网上传输。电子数据交换 EDI 是电子商务的一个重要组成部分,它使交易过程中的票证单据实现了标准化与网上传输,使企业与伙伴间建立起更密切的合作关系,使商业运转的各个环节更加协调一致,分散的业务更统一、合理,从而使资金流动、库存、成本、服务获得改善。

11.1.2 电子商务环境下的供应链管理特点

电子商务时代的供应链是一个基于电子商务的集成供应链,是一种新型的联盟或合作型的供应链体系。基于电子商务的供应链是所有合作者都实现了电子化运作,利用互联网进行商品交易、信息变换、企业协作等活动的供应链模式,其主要特点可以概括为以下几个方面:

1. 供应链的电子化、网络化

供应链各个组织之间建立网络化的联系,已经成为现代供应链发展的趋势,电子商务为这种网络化的实现提供了强有力的支持。电子化、网络化的供应链可使所有的合作组织通过互联网协同处理供应链各流程及流程间的诸多事务,能够为供应链成员快速及时地提供信息,满足市场对企业快速反应的要求,从整体上提高了供应链运作的效率和效能;不仅能使供应链成员之间在网上从事的电子活动保持一致性和系统性,还促使因特网之外的非电子活动尤其是供应链各个节点之间的物流活动保持一致性和系统性,为整个供应链组织保持最优库存水平和及时配送提供保证。电子化、网络化的供应链模型如图11-1所示。

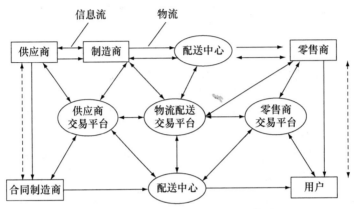

图11-1 电子化、网络化的供应链模型

2. 供应链管理机构虚拟化

供应链的电子化、网络化,使供应链管理中的各种决策活动可以通过网络来实现,从而使供应链的管理机构虚拟化。数字信息流和计算机网络改变了企业与企业及企业内部(机构)的运作模式,不仅跨越和打破了企业内部各机构的传统分工和界限,也使电子网络化供应链所处的环境素质要求更高、知识含量更大。这就需要有一个与电子网络化供应链管理要求相适应的"虚拟管理机构",依托数字信息处理系统,来高效率地处理企业内部以及整个供应链的业务流程及交叉业务的信息流事件。

对于某一合作企业而言,在同一时间要处理多个主题时,对涉及需要决策机构平衡的主题,可通过网络递交给虚拟机构,这将极大地提升流程业务处理能力。在激烈的供应链市场竞争环境下,供应链管理的目标是提高整体效率,降低整体成本,增强整个供应链及所有合作者的竞争能力。而这其中信息的高效传递和利用起着关键的作用。

3. 数据信息型的集中一贯管理

企业运作的集中一贯管理模式本质上是对企业的营销、生产、质量、出厂、财务、物资、设备等各方面的事务运作的集中一贯管理。电子商务不仅对单个企业的集中一贯管理提供了支持,基于电子商务的供应链电子网络化也对整个供应链实现数据信息型的集中一贯管理提供了支持。供应链数据信息型的集中一贯管理模式的本质体现在:通过互联网对整个供应链实现集成、集约、规范和协同的数据信息化处理。这种集中一贯管理模式将大大推动供应链管理模式的革命,使供应链管理水平极大提高,在一个更高的层次上获取供应链经营的"多赢"效应。

信息、数据是现代供应链生存和发展的基础,是供应链协同运作的血脉。基于电子商务的供应链电子网络化,使得供应链合作组织的信息、数据可以更便捷地快速传递,从而使供应链流程运作全过程的管理和控制都依赖于信息、数据来实施。这在客观上促进了供应链协同运作的数据信息型的集中一贯管理模式的形成。供应链数据信息型的集中一贯管理将对整个供应链及合作企业的营销、技术、生产、财务等管理和控制产生深刻影响,并对企业管理的体制、内容、模式的变革产生极大的推动作用。集中一贯管理理念、体制、内容、模式必须向集成、集约、规范和协同式的集中一贯管理模式迈进。

4. 优化精练的协同化管理

基于数据信息型的集中一贯管理模式的供应链系统的运作,一方面要求各合作企业具有生产、加工和利用信息的"硬、软"技术能力;另一方面,由于很多的流程业务通过互联网在很短的时间内即可完成,从而使互联网之外的其他业务流程更显得紧迫,这在客观上要求参与供应链的各合作企业能够快速响应供应链需求,以快速响应市场。由此,各合作企业必须立足于整个供应链管理的高度及企业信息数据的运作逻辑层面,来重新审视企业内部各种业务覆盖范围及其交叉重叠的程度,进行内部各业务的重新划分与组合,彻底消除企业内部的重复运作。然后,再通过重新审视与企业外部组织的业务分工来决定本企业的业务覆盖范围,与外组织的业务接口、功能划分、信息数据的共享等。

供应链各合作企业通过内部业务流程的优化,杜绝了企业内部各部门之间的业务重复运作,减少了冗余的中间层次,以一个优化、精练、具有竞争实力的实体融入供应链系统中,参与供应链的协同运作和管理。本书第一章对供应链管理的界定中曾提及:立足于跨组织的协同运作、共赢局面。基于数据信息型的集中一贯管理模式的供应链系统的运作,要求供应链的协同决策机构基于电子商务环境,不仅包括储存、运输、包装等物流服务,还包括预测、咨询、财务、规划等许多活动,涵盖供应链上中下游,整合供应商、制造商、分销商、零售商以及物流服务提供商的资源,使整个供应链的运作效率与电子网络化的供应链相匹配,并达到最优。这正是协同化管理的核心。

11.2 电子供应链管理的概念和内涵

11.2.1 电子供应链概述

1. 电子供应链的内涵

电子供应链是企业与合作伙伴之间利用互联网实现信息共享与交流而完成

相关业务的供应链。从某种程度上讲,所有的增值过程都是通过供应商的重视和关心来提高顾客的满意度。供应商在某种程度上提供的是其产品或服务一定会满足消费者需求的一种"保证"。所有这些内容,都可以通过与产品和服务相关的一系列信息得到支持和加强,而利用电子方式提供这一系列信息就成为对供应链进行集成最便捷的手段。

2. 电子供应链特征

(1)复杂性。供应链节点企业的组成跨度(层次)不同。供应链往往由多个、多类型的企业构成,它们之间的关系错综复杂,所以电子供应链结构模式比一般单个企业的结构模式更为复杂。

(2)动态性。因企业战略和适应市场需求变化的需要,电子供应链的节点企业需要动态地进行更新和调整,这使得电子供应链具有明显的动态性。

(3)面向用户需要。电子供应链的形成、存在、重构,多是基于一定的市场需求,并且在其运作过程中,用户的需求拉动是电子供应链中信息流、产品流、服务流、资金流运作的驱动源。

(4)交叉性。节点企业可以是这个供应链的成员,也可以是另一个供应链的成员,形成交叉结构,增加了电子供应链协调的难度。

(5)创新性。电子供应链扩大了原有单个企业的物流渠道,充分考虑了整个物流过程以及影响此过程的各个环节和因素。它在物流、商流、信息流、资金流各个方面同时发展,形成了一套相对独立而完整的体系,因而具有创新性。

(6)低风险性。供应链的供需匹配是个持续性的难题,供应链上的消费需求和生产供应始终存在着时间差和空间分割,而电子供应链可以弱化这些问题。通过电子手段,供应商和批发零售商很容易实现沟通,实时进行容量设定及成本控制。因此,传统供应链上的供需匹配隐含的巨大财务风险和供应风险问题在电子供应链中得以弱化。

(7)增值性。强大的电子商务系统为供应链成员企业及市场客户提供了有力的沟通渠道,使供应链成员间能够在更大程度上及时了解对方及客户的现实需求与潜在需求,从而实现供应链服务在更大范围的价值增值。

(8)虚拟性。电子供应链的虚拟性源于电子商务的虚拟性。电子商务将实体供应链活动映射到虚拟的增值网络上来,不仅大大拓展了现实供应链活动的空间范围,而且通过计算机仿真技术将实体作业事先在计算机上进行模拟优化,在降低实体作业成本的同时大大提升了作业的效率。此外,通过电子商务信息技术可实现虚拟网络与实体网络的无缝化衔接,使得供应链作业的全程都处于信息网络的监控之下,大大增加了供应链作业的透明度。

(9)柔性。市场需求的多变性客观上要求供应链运作能够快速地响应市场需求,而这一目标的实现又有赖于信息获取的及时性。由于电子供应链有着强大的信息收集与传递网络,使得供应链运作的各参与方能够在最大限度上提升自己的分析预测和快速响应能力,从而能及时根据供应链内外部环境的变化调整供应链策略,以满足多变的市场需求。

3. 电子供应链的优势

电子供应链有以下优势:

(1) 节约交易成本。用互联网整合供应链将大大降低供应链内各环节的交易成本,缩短交易时间。

(2) 降低存货水平。通过扩展组织的边界,供应商能够随时掌握存货信息,组织生产,及时补充,使得企业可以不必再维持较高的存货水平。

(3) 降低采购成本,促进供应商管理。由于供应商能够方便地取得存货和采购信息,因此采购管理人员可以从这种低价值的劳动中解脱出来,从事具有更高价值的工作。

(4) 第四,减少循环周期。供应链的自动化使得预测的精确度大幅度提高,这将使得企业不仅能生产出需要的产品,而且能减少生产时间,提高顾客满意度。

(5) 增加收入和利润。通过组织边界的延伸,企业能履行他们的合同,增加收入并维持和增加市场份额。

4. 电子供应链构成

实际生活中的网络交易体验,呈现出一种最常见的供应链结构,这是简化了其复杂的网状结构。为了更加清楚地认识到该供应链的组成,假设各个节点数量只有一个,构建的供应链结构如图11-2所示:

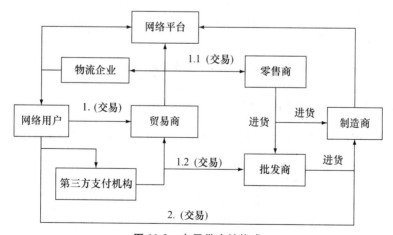

图11-2 电子供应链构成

从图11-2中可以得知,该供应链由网络用户、贸易商、制造商、物流企业、第三方支付机构以及网络平台构成,其中贸易商包括批发商和零售商。这里假定网络用户的交易方式属于 B2C 模式,即网络用户可以通过贸易商或者制造商购买自己需要的产品。在电子商务的环境下,用户所购买产品的供应商有以下几种可能的情况:

(1) 如果产品的制造商和批发商都没有开展网络业务,或者他们不针对独立的个人,网络用户只能向贸易商中的零售商购买产品。

(2) 如果批发商和零售商均在电子商务平台上向用户出售产品,但制造商无网络业务,此时网络用户肯定是向批发商购买产品,这是因为产品流通的环节越多,其价格就会越高。当零售商或批发商的库存水平不足时,它们就要向上游供应商订购产品。

(3) 如果产品的制造商、批发商和零售商均在电子商务中出售产品,则对相同的产品,网络用户肯定是从制造商处购买,针对这种类型的产品,供应链中就不存在贸易商了,因为制造商有生产能力进行库存的补充。

不同类型的产品,其在电子商务下的供应链构成也不相同,区别是有无贸易商。如果该类型的产品在电子商务中有制造商,网络用户就会直接向制造商购买产品,否则就向贸易商购买产品。改进后的供应链构成如图 11-3 所示:

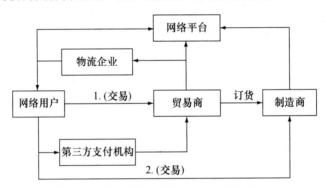

图 11-3　改进后的电子商务下的产品供应链

11.2.2　电子供应链的类型

根据不同的划分标准,电子供应链有多种类型。以下是几种有代表性的分类:

1. 根据研究对象划分

根据研究对象,可将电子供应链分为企业电子供应链、产品电子供应链和基于契约的电子供应链三种类型。

(1) 企业电子供应链。企业电子供应链管理是就单个公司所提出的含有多个产品的电子供应链实施管理,该公司在整个电子供应链中处于主导地位,不仅考虑与供应链上其他成员的合作,也较多关注企业多种产品在原料购买、生产、分销、运输等方面技术资源的优化配置问题,并且拥有主导权,如以生产企业主导的电子供应链(如海尔公司的电子供应链)、以大型零售企业主导的电子供应链(如沃尔玛的电子供应链)等。这里主导权是能否统一整个电子供应链理念的关键要素。如果主导权模糊不清,不仅无助于电子供应链计划、设计和管理的实施,而且也无法使整个电子供应链建立起强有力的组织和有效运作。

(2) 产品电子供应链。产品电子供应链是与某一特定产品或项目相关的供应链,如某种品牌饮料的电子供应链。基于产品电子供应链的供应链管理是对由特定产品的顾客需求所拉动的整个产品电子供应链运作的全过程的系统管理。采用信息技术是提高产品电子供应链的运作绩效、促进新产品开发以及提高产品质量的有效手段之一。

(3) 基于契约的电子供应链。电子供应链的成员可以定义为广义的买方和卖方,只有买卖双方组成的节点间产生正常的交易时,才发生物流、信息流、资金流(成本流)的流动和交换。实现这种流动和交换的方式之一就是契约关系,电子供应链上的成员通过建立契约关系来协调买方和卖方的利益。

2. 按照网状结构划分

电子供应链以网状结构划分为发散型的电子供应链网(V型电子供应链)、会聚型的电子供应链网(A型电子供应链)和介于上述两种模式之间的T型电子供应链。

(1) V型电子供应链。V型电子供应链是电子供应链网状结构中最基础的结构。物料以大批量的形式存在,经过企业加工转换为中间产品,提供给其他企业作为它们的原材料。生产中间产品的企业往往客户要多于供应商,呈发散状。在这些发散网络上,企业生产大量的多品种产品使其业务变得非常复杂。为了保证客户服务需求得到满足,需要一定的库存作为缓冲。对V型结构的成功计划和调度主要依赖于对关键性的内部能力的合理安排,它需要供应链成员制订统一详细的高层计划,进行电子化管理。

(2) A型电子供应链。当核心企业为电子供应链网络上的最终用户提供服务时,它的业务本质上是由订单和客户驱动的。在制造、组装和总装时,会遇到一种与V型结构电子供应链相反的问题,即为了满足相对少数的客户需要和订单,需要从大量的供应商手中采购大量的物料。这就需要一种典型的会聚型电子供应链网,形成"A"字形状。如航空工业、汽车工业等企业,这些企业是受服务驱动的,精力主要集中在重要装配点上的物流同步。这种结构的电子供应链在接受订单时需要考虑供应提前期以及保证按期完成的能力,因此关键之处在于通过电子手段精确地计划和分配满足该订单生产所需的物料和能力。

(3) T型电子供应链。介于上述两种模式之间的许多企业通常使用T型电子供应链。这种情形在接近最终用户的行业中普遍存在,如医药保健品、汽车备件、电子产品、食品和饮料等行业;在那些为总装配提供零部件的公司也同样存在,如为汽车、电子器械和飞机主机厂商提供零部件的企业。这些公司从与它们情形相似的供应商处采购大量的物料并为大量的最终用户和合作伙伴提供构件和套件。这类企业往往投入大量的金钱用于供应链的解决方案,需要尽可能限制提前期(Lead Time)来稳定生产而无需保有大量库存。通过电子手段进行预测和需求管理是此种供应链成员始终要考虑的一个重点。

3. 按照动力来源划分

根据电子供应链的推动力来源可以划分为"推式"电子供应链(如图11-4所示)和"拉式"电子供应链(如图11-5所示)两种。

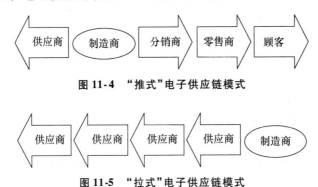

图11-4 "推式"电子供应链模式

图11-5 "拉式"电子供应链模式

"推式"模式是传统的电子供应链模式,即根据商品的库存情况,有计划地将商品推销给客户。"推式"模式以企业资源计划(ERP)为核心,要求企业按计划来配置资源。现今流行的电子供应链模式是"拉式"电子模式,该供应链模式基于客户需要,客户是该供应链中一切业务的原动力。在超市的收款台前,扫描器采集到客户所购商品的确切信息,这些信息会引发产品从分销仓库中发出,数据在分销仓库进一步集中后又传送给制造商,制造商就可以为下一次交货以补充分销仓库提前作准备。为此,制造商将调整交货计划和采购计划,同时更新生产计划,以便原材料供应商对他们的交货计划作出适当调整。

此外,根据分布范围,可将电子供应链分为公司内部电子供应链、集团电子供应链、扩展的电子供应链、全球电子供应链等。

11.2.3 电子供应链管理概述

1. 电子供应链管理的概念

电子供应链管理是指对电子供应链所进行的计划、组织、指挥、协调与控制。通过电子商务和供应链管理的整合和优化,采用高效、快速的物流技术,减少供应链中不必要的环节、解决信息传递失真和供应链各环节联系灵活性差的问题,可以使供应链的系统性能大大改善,不仅能提高供应链各环节的响应速度,而且使供应链的整体效益得到明显提升。

2. 电子供应链管理的内涵

供应链管理的概念与物流管理的概念密切相关,在对现代物流管理的理解上也有广义(即跨越组织间的界限,寻求综合的物流控制和管理)和狭义(即企业内部的库存、运输管理)的区分,显然广义的物流管理与供应链管理是一致的,但供应链管理有更多功能。例如 Copper、Lambert 和 Pagh 等认为供应链管理是物流管理范畴的扩展,它除了包含与物品实体运动相关的种种活动外,还包括组织间的协调活动和业务流程的整合过程,正因如此才称为供应链管理,而利用电子手段对其进行整合就是电子供应链管理。

由此可见,电子供应链管理的真正核心是供应链管理。比如在新产品开发过程中,营销、研发、生产、物流及财务等不同的供应流程都需要统一起来。此外,为了提高市场的应对能力,还需要与外部企业进行合作。Handfield 和 Nichols 将供应链定义为从原材料到最终消费者整个过程中所发生的与物流和信息流相关的所有活动,而电子供应链管理则是为获得持续的竞争优势,在供应链关系(Supply Chain Relations)基础上进行整合。综合以上定义,对电子供应链管理的理解,可以从以下几方面来把握:

(1)电子供应链管理把对成本有影响和在产品满足顾客需求的过程中起作用的每一方都考虑在内,从供应商(如制造工厂)经过仓库和配送中心到批发商和零售商(如商店)为止。

(2)电子供应链管理的目的在于追求效率和整个系统的费用有效性,以使系统总成本达到最小。这里的成本包括从运输到配送到库存的一系列成本。因此,电子供应链管理的重点不在于简单地使运输成本达到最小或减少库存,而在于用系统方法来进行供应链管理。

(3)电子供应链管理是包括供应商、制造商和分销商(包括批发商和零售商)等多个主体,围绕多项业务与层次来进行管理的。

3. 电子供应链管理的战略意义

电子供应链管理使企业与其相关企业融合成了一个网络整体,缩短了产销周期,使企业可以对市场需求变化作出快速反应,大大增强了供应链企业的市场竞争能力。

(1)降低库存量。供应链管理可以有效地减少成员之间的重复工作,剔除流程的多余步骤,使供应链流程实现低成本、高效化。此外,通过建立公共的电子数据交换系统(EDI),既可以减少因信息交换不充分带来的信息扭曲,又可使成员间实现全流程无缝作业,大大提高工作效率,减少失误。过去许多企业长期存在库存的不确定性问题,只能运用一定的人力、物力准备来应对这种不确定性,这种不确定性既存在于物流过程中,也存在于信息流过程中。供应链管理通过对组织内部业务流程进行重组,使链上各成员建立战略合作伙伴关系,实现物资流畅、信息共享,从而有效地消除不确定性,减少各环节的库存数量和多余人员。

(2) 为决策人员提供服务。为决策人员提供的服务主要表现在以下几个方面:分析供应链中的不确定性因素,确定库存量,制定订货政策,优化投资;评估各方案以选择其中最有利的方案;评价供应链运行中不同库存和服务政策的影响,通过协调提高整体效益。

(3) 改善企业与企业之间的关系。供应链管理使企业与企业之间的竞争转变为供应链与供应链之间的竞争,它强调核心企业通过和上、下游企业之间建立战略伙伴关系,使每一个企业都发挥自己的优势,达到"共赢"的目的。这一竞争方式将会改变企业的组织结构、管理机制、企业文化以及企业与企业之间的关系。

(4) 提高服务质量,刺激消费需求。供应链通过企业内外部之间的协调与合作,大大缩短了产品的生命周期,做到把适销对路的产品及时送到消费者手中。供应链管理还促使物流服务系列化,在储存、运输、流通加工等服务的基础上,新增了市场调查与预测、配送、物流咨询、教育培训等服务项目。快速、优质的服务可以塑造企业良好的形象,提高消费者的满意度,提高产品的市场占有率。

(5) 实现供求的良好结合。供应链把供应商、生产商和销售商紧密结合在一起,并对他们进行协调、优化,使企业与企业之间形成和谐的关系,使产品、信息的流通渠道最短,进而可以使消费者的需求信息沿供应链逆向迅速、准确地反馈到销售商、生产商、供应商处。他们据此作出正确的决策,保证供求的良好结合。

4. 电子供应链管理的优势

电子供应链管理是电子商务与供应链管理的有机结合,即企业导入电子商务改善其供应链管理的表现,并借供应链管理来拓展电子商务。电子供应链管理以客户为中心,利用现代信息技术,集成整个供应链过程,充分利用外部资源,实现快速敏捷反应,极大地降低库存水平。具体来说,它具有以下五点优势:

(1) 有利于保持现有的客户关系。电子商务使竞争从企业间的竞争逐渐演化为供应链之间的竞争。为吸引、保留现有客户,必须为其提供更快捷、成本更低的商务运作模式,保持和发展与客户达成的密切关系,使供应链提供新的业务增值,提升客户的满意度与忠诚度。而基于电子商务的供应链管理直接沟通了供应链中企业与客户间的联系,并且在开放的公共网络上可以与最终消费者进行直接对话,有利于满足客户的各种需求,保留住现有客户。

(2) 有利于促进现有业务增长。通过实施基于电子商务的供应链管理,可使供应链系统内的各相关企业实现对产品和业务的电子化、网络化管理。同时，供应链中各企业通过电子商务手段实现有组织的统一管理，能减少流通环节，降低成本，提高效率，使供应链管理达到更高的水平，向国外先进企业供应链绩效看齐，促进各相关企业的业务发展。

（3）有利于开辟新的客户和新的业务。实施基于电子商务的供应链管理，不仅可以实现企业的业务重组，提高整个供应链效率，保留现有客户，而且由于能够提供更多的功能、业务，会吸引新的客户加入供应链，进而带来新的业务。本质上讲，通过实施基于电子商务的供应链管理，无论是企业还是客户都会从中获得利益，产生新的业务增值，降低成本，实现"双赢"目标。

（4）有利于提高营运绩效。实施基于电子商务的供应链管理，不仅能使供应链中各个企业降低生产成本，缩短需求响应时间和市场变化时间，还能为客户提供全面服务，使客户获得最好品质的产品和服务，同时实现最大增值，而且能为供应链中各个企业提供完整的电子商务交易服务，实现全球市场和企业资源共享，及时供应和递送订货给客户，不断降低运营和采购成本，提高运营绩效。

（5）有利于分享需要的信息。基于电子商务的供应链交易涉及信息流、产品流和资金流。供应链中的企业借助电子商务手段可以在互联网上实现部分或全部的供应链交易，从而有利于各企业掌握跨越整个供应链的各种有用信息，及时了解客户的需求以及供应商的供货情况，同时也便于客户网上订货并跟踪订货情况。

11.2.4　电子供应链管理的内容

电子供应链管理的内容主要包含以下七个方面（如图11-6所示）：

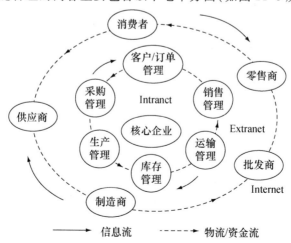

图11-6　基于电子商务的供应链管理模式

1. 订单处理

通过电子商务系统进行订单分析和订单状况管理。当收到客户订单时,核心企业要及时分析所需产品的性能要求,判断是否能达到订单中的技术指标,在能够达到要求的条件下进一步分析订单中产品的成本、数量和利润。如果能够从该订单中获利,便在与客户签订订货合同之后查询现有库存,若库存大于客户需求,便立即发货,否则及时组织生产。借助电子商务进行订单处理,供应链可以急剧地减少订单成本和订单处理的出错率,缩短订单的循环周期,大大提高营运效率。

2. 生产组织

一般来说,生产组织是供应链中最难管理的环节,但利用电子商务可以通过改善供应商、核心企业和客户之间的通讯来有效地降低生产组织的困难程度。核心企业使用电子商务系统协调与供应商的准时供应程序,与多个供应商之间协调制订生产计划。此外,由于在订单处理中可以提供核心企业有关产品销售和服务的实时信息,一定程度上会使销售预测变得精确,反过来又大大改善生产组织管理。

3. 采购管理

通过电子商务系统,有效地实现了采购商与供应商之间的信息共享和信息的快速传递。一方面,通过互联网提供给供应商有关需求信息和商品退回情况,同时获得供应商的报价、商品目录、查询回执,从而形成稳定、高效的采购、供应体系;另一方面,通过网上采购招标等手段,集成采购招标和互联网优势,扩大采购资源选择范围,使采购工作合理化,大大减少采购人员,有效降低采购成本。此外,也使核心企业与供应商之间的协商变得合理化。

4. 配送与运输管理

通过电子商务系统,对配送中心的发货进行监视,对货物运至仓库的过程进行跟踪,同时实现对配货、补货、拣货和流通加工等作业的管理,使配送的整个作业过程实现一体化的物流管理。此外,通过对运输资源、运输方式、运输线路的管理和优化,对运输任务进行有效的组织调度,降低运输成本,并实现对运输事项和货物的有效跟踪管理,确保指定的货物能够在指定的时间运送到指定的地点。

5. 库存管理

通过电子商务系统,核心企业可以通知供应商有关订单的交送延迟或库存告急,使其作好准备;实现对存储物资有效管理,及时反映进销存动态,实现跨区域、多库区的管理,提高仓储资源的利用,进而促使库存水平降低,减少总的库存维持成本。

6. 客户服务

应用电子商务系统,核心企业的客户可非常方便地联络,通知并要求解决所发生的任何服务问题,而核心企业则通过互联网接受客户投诉,向客户提供技术服务,互发紧急通知等。这样一来,可以大大缩短对客户服务的响应时间,改善与客户间的双向通讯流,在保留住已有客户的同时,吸引更多的客户加入供应链。

7. 支付管理

通过电子商务系统,可与网上银行紧密相连,用电子支付方式替代原来的支票支付方式,用信用卡方式替代原来的现金支付方式,这样既可以大大降低结算费用,又可以加速货款回笼,提高资金使用效率。同时,利用安全电子交易协议,能保证交易过程的安全,消除对网上交易的顾虑。

从图 11-6 中可以看到,电子供应链在客户订单管理、物料采购、生产管理、库存管理、运输及销售的内部供应链及供应商、制造商、批发商、零售商、消费者的外部供应链的整合中发挥了重要的作用。供应链各环节可以利用电子供应链机制,实时查询订单进展的最新情况,运用互联网的电子采购及供应商的自动补给机制,在世界范围内寻找物料资源,减少库存量和不必要的成本支出,通过网上订单和内部 ERP 资源的整合,合理规划企业资源,实现企业内部与外部供应链物流、信息流、资金流、价值流及人员流的交互式集成及整合。

11.3 电子供应链管理的策略、方法与技术

11.3.1 电子商务下的"零库存"管理

1. 零库存含义

零库存是指物料(包括原材料、半成品和产成品等)在采购、生产、销售、配送等一个或几个经营环节中,不以仓库存储的形式存在,而均是处于周转的状态。零库存有诸多优点,如减少库存占用资金,优化应收和应付账款,加快资金周转、降低库存管理成本以及规避市场变化和产品升级换代而产生的降价、滞销的风险等。零库存可以追溯到 20 世纪的六七十年代,当时的日本丰田汽车实施准时制生产,在管理手段上采用看板管理,在生产中采用单元化生产等技术实行"拉式"生产,以实现在生产过程中基本上没有积压的原材料和半成品,这不仅大大降低了生产过程中的库存及资金的积压,而且在实施 JIT 的过程中,提高了相关生产活动的管理效率。此后,零库存不仅应用在生产过程中,而且延伸到原材料供应、物流配送、产成品销售等各个环节。这种拉动型实施更强调企业间的联盟关系,增强了系统对信号的反应能力。它的实施必须要有一个能够准确、实

时反映市场需求的系统(包括软件和管理)、一个能根据市场信息进行迅速调节的采购和柔性生产系统,以及一个协同一致的物流配送系统。

"零库存"是一种特殊的库存概念,对工业企业和商业企业来讲是个重要的分类概念。零库存是仓库储存形式的某种或某些种物品的储存数量很低的一个概念,甚至可以为"零",即不保持库存。而电子商务即"企业运营与客户、供应商、合作伙伴的电子连接"网络,为买方和卖方提供快速寻找机会、快速匹配业务和快速交易的网上交易平台。

通过这一平台供需双方快速建立联系,从而使订购和销售能够快速履行,而且加入的商家越多,信息沟通越有效。电子商务网络系统可将供应方、采购方的生产运营系统连接起来,从而实现自动采购、自动订单履行和自动信息交换。所以,电子商务环境下的库存管理通过网络把企业的供应商、客户和企业本身有效地联成一个整体,打破了个人和厂商固有的边界,以最快的速度将全世界的库存集中起来供企业使用,而且所有工作都在网上进行,既有效加速了物资和资金的流动,又能实现"零库存"。

2. 电子商务管理模式下企业实现"零库存"管理的几种方法

(1) 托保管方式。通过一定的程序,将企业所属物资交由专门的公司保管,而由企业向受托方支付一定的代管费用,从而使企业不再保有库存,实现"零库存"。

(2) 协作分包方式。这主要是制造企业的一种产业结构形式,可以以若干分包企业的柔性生产准时供应,使主企业的供应库存为零;同时主企业的集中销售库存使分包劳务及销售企业的销售库存为零。

(3) 轮动方式。这是在对系统进行周密设计的前提下,使各个环节速率完全协调,从而根本取消甚至是工位之间暂时停滞的一种零库存、零储备形式。

(4) 准时供应系统。依靠有效的衔接和计划达到工位之间、供应与生产之间的协调,从而实现零库存。

(5) 看板方式。在同一道工序或者前后工序之间进行物流或信息流的传递。JIT是一种拉动式的管理方式,它需要从最后一道工序通过信息流向上一道工序传递信息,这种传递信息的载体就是看板。

(6) "水龙头"方式。这是一种像拧开自来水管的水龙头就可以取水,而无需自己保有库存的零库存形式。

(7) 配送方式。根据电子商务的特点,对整个物流配送体系实行统一的信息管理和调度,按照采购方的订货要求,在物流基地进行理货工作,并将配好的货物送交采购方的一种物流方式。

11.3.2 供应商管理库存

1. 供应商管理库存的含义

供应商管理库存((Vendor Managed Inventory，VMI)，是由第三方物流参与的供应商管理库存系统，是一种在供应链环境下的库存管理模式。本质上，它是将多级供应链问题变成单级库存管理问题。相对于按照传统用户发出"订单"进行补货的传统做法，VMI 是以实际或预测的消费需求和库存量，作为市场需求预测和库存补货的解决方法，即由销售资料和信息得到消费需求信息，供货商可以更有效地计划、更快速地反映市场变化和消费需求。

供应商管理库存是以供应商为中心，以双方最低成本为终极目标，在一个共同的框架协议下，把下游企业的库存决策权代理给上游供应商，由供应商行使库存决策的权力，并通过对该框架协议的经常性监督和修改以实现持续性改进。供应商收集分销中心、仓库和 POS 数据，实现需求和供应相结合，下游企业只需要帮助供应商制订计划，从而使下游企业实现零库存，供应商的库存也大幅度减少。

VMI 是一种很好的供应链库存管理策略，它能突破传统的条块分割的管理模式，以系统的、集成的管理思想进行库存管理，使供应链系统上的各节点能够获得同步化的运作。VMI 能够在一定程度上消除牛鞭效应。VMI 要求整个供应链上的各节点企业共享生产、销售、需求等信息，可以加强供应链上下游企业之间的合作，减少由于信息不对称或不完全所带来的风险，从而达到优化供应链库存管理的目的。需求信息能够真实、快速地传递，信息的透明度增加，可以缓解下游企业的库存压力，从而避免牛鞭效应。

2. VMI 实现方法

VMI 系统实施可分为两个模块：一是需求计划模块，产生准确的需求预测，本模块的实施主要是改变订单的处理方式，建立基于标准的托付订单处理方式，如 EDI 标准报文；二是配销计划模块，可根据实际客户订单、运送方式，产生出客户满意度高及成本低的配送，为此需要建立一种能够使供应商和用户的库存信息系统透明连接的方法。

供应商管理库存包括采取哪种供应商管理库存形式，选定某一个供应商作为自己实施的合作伙伴，制定相互之间的契约关系以及供应的目标。供应商管理库存的实施阶段是最为重要和复杂的。它主要体现在战术层次上，包括适应供应商管理库存的组织机构的变革，买方企业和自己的合作伙伴供应商共同组建一个工作团队，设立一些新的职能部门，以及整个供应商管理库存的具体运作。

供应商管理库存的评估，是根据双方企业实施供应商管理库存之前制定的目标,确定一些经济指标,对实施前后作一个对比,如果达到预期效果就进入全面实施阶段,如果达不到就返回到供应商管理库存实施阶段,进行改进和完善,直至通过再进入供应商管理库存的全面实施阶段。

11.3.3 联合库存管理

1. 联合库存的概念

为了克服 VMI 系统的局限性和规避传统库存控制中的牛鞭效应,联合库存管理(Jointly Managed Inventory, JMI)随之而出。简单地说,JMI 是一种在 VMI 基础上发展起来的上游企业和下游企业权利与责任平衡和风险共担的库存管理模式。JMI 体现了战略供应商联盟的新型企业合作关系,更强调了处于同一供应链企业间的互利互惠合作关系。联合库存管理是解决供应链系统中由于各节点企业的相互独立库存运作模式导致的需求放大现象,提高供应链库存管理同步化程度的一种有效方法。联合库存管理模式强调供应链中各个节点同时参与,共同制订库存计划,使每个库存管理者都从相互之间的协调性考虑,使供应链各个节点之间的库存管理者对需求的预期保持一致,从而消除需求变异和放大现象。任何相邻节点需求的确定都是供需双方协调的结果,库存管理不再是各自为政的独立运作过程,而是供需连接的纽带和协调中心。

2. 联合库存的优点

联合库存管理就是把供应链系统管理进一步集成为上游和下游两个协调管理中心,库存所连接的供需双方从供应链整体的观念出发,同时参与,共同制订库存计划,实现供应链库存管理的同步化运作,从而部分消除了由于供应链环节之间的不确定性和需求信息扭曲现象而导致的供应链库存波动。JMI 在供应链中实施合理的风险、成本与效益平衡机制,建立合理的库存管理风险的预防和分担机制,合理的库存成本与运输成本分担机制,以及与风险成本相对应的利益分配机制,在进行有效激励的同时,避免供需双方的短视行为及供应链局部最优现象的出现。通过协调管理中心,供需双方共享需求信息,因而起到了提高供应链运作稳定性的作用。

综上,联合库存管理的优点显而易见,主要表现在以下几个方面:

(1) 由于联合库存管理将传统的多级别、多库存点的库存管理模式转化成对核心企业的库存管理,再通过核心企业对各种原材料和产成品的有效控制,就能达到对整个供应链库存的优化管理,简化了供应链库存管理运作程序。

(2) 联合库存管理在减少物流环节,降低物流运营成本的同时,提高了供应链库存管理的整体工作效率。联合库存可促使供应链层次简化和运输路线的优化。在传统的库存管理模式下,供应链上各节点企业都设立自己的库存,随着核心企业的分厂数目的增加,库存物资的运输路线将呈几何级数增加,而且重复交错,这显然会使物资的运输距离和在途车辆数目增加,其运输成本也会大大增加。

（3）联合库存管理系统把供应链系统管理进一步集成为上游和下游两个协调管理中心,从而部分消除了由于供应链环节之间的不确定性和需求信息扭曲、变异现象导致的库存波动。通过协调管理中心,供需双方共享需求信息,因而提高了供应链的稳定性。从供应链整体来看,联合库存管理减少了库存点和相应的库存设立费及仓储作业费,降低了供应链系统总的库存费用。

（4）这种库存控制模式也为其他科学的供应链物流管理如连续补充货物、快速反应、准时化供货等创造了条件。

3. 联合库存管理一般采用的两种模式

（1）各个供应商的零部件都直接存入核心企业的原材料库中,也就是变各个供应商的分散库存为核心企业的集中库存。集中库存要求供应商的运作方式是:按核心企业的订单或订货看板组织生产,产品完成时,立即实行小批量、多频次的配送方式直接送到核心企业的仓库中补充库存。在这种模式下,库存管理的重点在于核心企业根据生产的需要,保持合理的库存量。如此既能保证满足需要,又能使库存总成本保持最小。

（2）无库存模式,即供应商和核心企业都不设立库存,核心企业实行无库存的生产方式。此时供应商直接为核心企业的生产线进行连续小批量多频次的补充货物,并与之实行同步生产、同步供货,从而实现"在需要的时候把所需要品种和数量的原材料送到需要的地点"的操作模式。这种准时化供货模式,由于完全取消了库存,所以效率最高、成本最低,但是对供应商和核心企业的运作标准化、配合程度、协作精神要求也高,操作过程要求也严格,而且二者的空间距离不能太远。

11.3.4 协同式供应链库存管理

1. 协同式供应链库存管理的含义

协同式库存管理模式（Collaborative Planning Forecasting and Replenishment, CPFR）的管理实体为供应商,主要思想是:各节点企业共同帮助供应商制订库存计划,要求供应商来参与管理客户的库存,供应商拥有管理库存控制权,本质上是将多级供应链问题变为单级库存管理问题。

2. 协同式供应链库存管理的优点

协同式库存管理模式的主要优点是:降低库存,减少成本,改善缺货,提高服务水平,缩短提前期,提高库存周转率,提高需求预测的精确度,配送最佳化。协同式库存管理模式的主要缺点是:以客户为中心的思想未能完全实现,CPFR始于需求预测,终于订单产生,因此合作过程不是十分完善,缺乏系统集成,协作水平有限;对供应商依存度较高,要求高度信任;决策过程缺乏足够的协商,加大了供应商的风险。

CPFR 适用范围:下游企业没有 IT 系统或基础设施来有效管理它们的库存;上游厂商实力雄厚,市场信息量大,有较高的直接存储交货水平。

CPFR 支持技术:企业间的交互系统如基于 CM/ERP/CRM 集成的系统,高级计划与协调系统,商业智能等。

3. CPFR 实施策略

供应链伙伴达成协议,创建共同业务计划,创建销售预测,辨识销售预测的例外情况,例外情况的解决/合作,创建订单预测,识别订单预测的例外情况,例外项目的解决/合作,产生订单。建立顾客情报系统、销售网络系统、合作框架协议,变革组织机构。

11.3.5 电子订货系统

1. 电子订货系统概念与内容

电子订货系统(Electronic Ordering System,EOS)是指企业间利用通信网络和终端设备以在线联结的方式进行订货作业和订货信息交换的系统。电子订货系统的构成内容包括:订货系统、通信网络系统和接单电脑系统。就门店而言,只要配备了订货终端机和货价卡(或订货簿),再配上电话和数据机,就可以形成一套完整的电子订货配置。就供应商来说,凡能接收门店通过数据机传来的订货信息,并利用终端机设备系统直接做订单处理,打印出出货单和检货单,就可以说已具备电子订货系统的功能。但就整个社会而言,标准的电子订货系统不是"一对一"的格局,即并非单个零售店与单个供应商组成的系统,而是"多对多"的整体运作,即许多零售店和许多供应商组成的大系统的整体运作方式。

2. EOS 系统的主要作用

EOS 系统的作用主要包括:缩短从接到订单到发出订货的时间;有利于减少企业库存水平,提高企业的库存管理效率;有利于企业调整商品生产和销售计划;有利于提高企业物流信息系统的效率。EOS 系统的应用如图 11-7 所示:

3. EOS 系统的类型

根据 EOS 系统的整体运作范围与方式,EOS 系统大致可以分为以下三种类型:

(1)连锁体系内部的网络型,即连锁门店有电子订货配置,连锁总部有接单电脑系统,并用即时、批次或电子信箱等方式传输订货信息。这是"多对一"与"一对多"相结合的初级形式的 EOS 系统。

(2)供应商对连锁门店的网络型。其具体形式有两种:一种是直接的"多

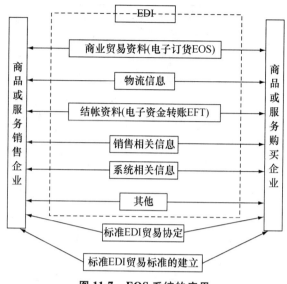

图 11-7 EOS 系统的应用

对多",即众多的不同连锁体系下属的门店对供应商,由供应商直接接单发货至门店;另一种是以各连锁体系内部的配送中心为中介的间接的"多对多",即连锁门店直接向供应商订货,并告知配送中心有关订货信息,供货商按商品类别向配送中心发货,并由配送中心按门店组配向门店送货,这可以说是中级形式的 EOS 系统。

(3) 众多零售系统共同利用的标准网络型。其特征是利用标准化的传票和社会配套的信息管理系统完成订货作业。具体形式有两种:一是地区性社会配套的信息管理系统网络,即成立由众多的中小型零售商、批发商构成的区域性社会配套的信息管理系统营运公司和地区性的咨询处理公司,为本地区的零售业服务,支持本地区 EOS 的运行;二是专业性社会配套信息管理系统网络,即按商品的性质划分专业,从而形成各个不同专业的信息网络,这是高级形式的 EOS 系统,必须以建立统一的商品代码、统一的企业代码、统一的传票和订货的规范标准为前提条件。

4. EOS 系统的结构

EOS 按应用范围可分为企业内的 EOS 系统(如连锁店经营中各个连锁店总部之间建立的 EOS 系统),零售商与批发商之间的 EOS 系统,以及零售商、批发商和生产商(供应商)之间的 EOS 系统(如图 11-8 所示)。

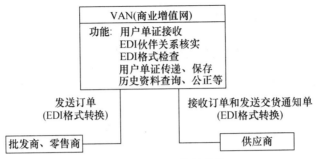

图 11-8　EOS 系统的结构

5．EOS 系统的操作流程

EOS 系统的操作流程如图 11-9 所示。

（1）在零售店的终端,利用条码阅读器获取准备采购的商品条码,并在终端机上输入订货资料,利用网络传到批发商的计算机中。

（2）批发商开出提货传票,并根据传票开出拣货单,实施拣货,然后根据送货传票进行商品发货。

（3）送货传票上的资料成为零售商店的应付账款资料及批发商的应收账款资料,并接到应收账款的系统中去。

（4）零售商对送到的货物进行检验后,就可以陈列出售了。

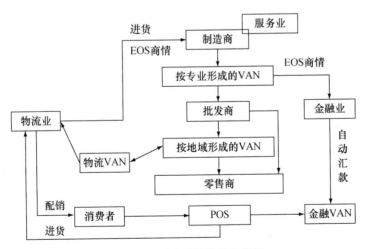

图 11-9　EOS 系统的操作流程

11.3.6　快速反应

1．快速反应的含义

快速反应(Quick Response,QR)是指企业面对多品种、小批量的客户,不是储备"产品",而是准备各种要素,在客户提出需求时,以最快的速度及时完成配送,提供所需的服务或产品,目的是减少原材料到客户的时间和整个供应链的库存,最大限度地提高供应链管理的运作效率。它是美国纺织服装业发展起来的一种供应链管理方法,是美国零售商、服装制造商以及纺织品供应商开发的整体业务概念。

QR 要求零售商和供应商一起工作,通过共享 POS 信息来预测商品的未来补货需求,以及不断地预测未来发展趋势以探索新产品的机会,以便对消费者的需求能更快地作出反应。在运作方面,双方利用 EDI 来加速信息流,并通过共同组织活动来使得前置时间和费用最小。

2. QR 实施的过程

QR 的着重点是对消费者需求作出快速反应。QR 的具体策略有待上架商品准备服务(Floor Ready Merchandise)、自动物料搬运(Automatic Material Handling)等。实施 QR 的过程可分为三个阶段:

(1) 对所有的商品单元条码化,即对商品消费单元用 EAN/-13 码标识,对商品储运单元用 ITF-14 条码标识,而对物流单元则用 EAN-128 条码标识。利用 EDI 传输订购单报文和发票报文。

(2) 在第一阶段的基础上增加与内部业务处理有关的策略。如自动补库与商品即时出售等,并采用 EDI 传输更多的报文,如发货通知报文、收货通知报文等。

(3) 与贸易伙伴密切合作,采用更高级的 QR 策略,以对客户的需求作出快速反应。一般来说,企业内部业务的优化相对来说较为容易,但在贸易伙伴间进行合作时,往往会遇到诸多障碍,在 QR 实施的第三阶段,每个企业必须把自己当成集成供应链系统的一个组成部分,以保证整个供应链的整体效益。例如,Varity Fair 与 Federated Stores 是北美地区的先导零售商,在与他们的贸易伙伴采用联合补库系统后,他们的采购人员和财务经理就可以省出更多的时间来进行选货、订货和评估新产品。

11.3.7 有效客户反应

1. 有效客户反应的含义

有效客户反应(Efficient Consumer Response,ECR),是指以满足顾客要求和最大限度降低物流过程的费用为原则,能及时作出准确反应,使物品供应或服务流程最佳化的一种供应链管理战略。换句话来说,ECR 是一个由生产厂家、批发商和零售商等组成的,各方相互协调和合作,以更好、更快及更低的成本满足消费者需要为目的的供应链管理系统。它是在食品杂货业分销系统中,分销商和供应商为消除系统中不必要的成本和费用,给客户带来更多效益而进行密切合作的一种供应链管理方法。

ECR 的优势在于供应链各方为了提高消费者满意度这个共同的目标进行合作,分享信息和诀窍。ECR 是一种把以前处于分离状态的供应链联系在一起来满足消费者需要的工具。ECR 的最终目标是建立一个具有高效反应能力和以客户需求为基础的系统,使零售商与供应商以业务伙伴方式合作,以提高整个食品杂货业供应链的效率,而不是单个环节的效率为目的,从而大大降低整个系统的成本,同时为客户提供更好的服务(如图 11-10 所示)。

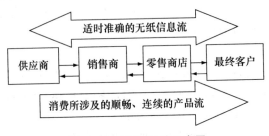

图 11-10　ECR 系统示意图

2. ECR 的实施条件

要实施 ECR,首先应联合整个供应链所涉及的供应商、分销商以及零售商,改善供应链中的业务流程,使其最合理有效,然后,再以较低的成本,使这些业务流程自动化,以进一步降低供应链的成本和时间。具体地说,实施 ECR 需要将条码、扫描技术、POS 系统和 EDI 集成起来,在供应链(由生产线直至付款柜台)之间建立一个无纸系统,以确保产品能不间断地由供应商流向最终客户,同时,信息流能够在开放的供应链中循环流动。这样,才能满足客户对产品和信息的需求,即给客户提供最优质的产品和适时准确的信息。

通过 ECR,以及计算机辅助订货技术,零售商无需签发订购单,即可实现订货;供应商则可利用 ECR 的连续补货技术,随时满足客户的补货需求,使零售商的存货保持在最优水平,从而提高客户的服务水平,并进一步加强与客户的关系。同时,供应商也可从商店的销售点数据中获得新的市场信息,改变销售策略;对于分销商来说,ECR 可使其快速分拣运输包装,加快订购货物的流动速度,进而使消费者享用更新鲜的物品,增加购物的便利和选择,并加强消费者对特定物品的偏好。

3. ECR 实施的要素

ECR 活动主要由贯穿供应链各方的四个核心过程组成(如图 11-11 所示):高效产品引进、高效店铺空间安排、高效促销以及高效补货。

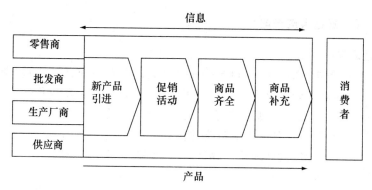

图 11-11 ECR 的运作过程

（1）高效产品引进。通过采集和分享供应链伙伴间时效性强的更加准确的销售数据，提高新产品销售的成功率。

（2）高效店铺空间安排。通过有效地利用店铺的空间和店内布局，来最大限度地提高商品的获利能力，如建立空间管理系统等。

（3）高效促销。通过简化分销商和供应商的贸易关系，使贸易和促销的系统效率更高，如消费者广告(优惠券、货架上标明促销)、贸易促销(远期购买、转移购买)。

（4）高效补货。从生产线到收款台，通过 EDI，以需求为导向的自动连续补货和计算机辅助订货等技术手段，使补货系统的时间和成本最优化，从而降低商品的售价。

总之，ECR 是供应链各方通过真诚合作来提高消费者满意度和实现基于各方利益的整体效益最大化的过程。

4. ECR 与 QR 的比较

ECR 主要以食品行业为对象，其主要目标是降低供应链各环节的成本，提高效率；QR 主要集中在一般商品和纺织行业，其主要目标是对客户的需求作出快速反应，并快速补货。这是因为食品杂货业与纺织服装行业经营的产品的特点不同：杂货业经营的产品多数是一些功能型产品，每一种产品的寿命相对较长(生鲜食品除外)，因此，订购数量过多(或过少)造成的损失相对较小。纺织服装业经营的产品多属创新型产品，每一种产品的寿命相对较短，因此，订购数量过多(过少)造成的损失相对较大。

二者的共同特征表现为超越企业之间的界限，通过合作追求物流效率化，具体表现在如下方面：贸易伙伴间通过商业信息的共享来实现高精度的协作；商品供应方更接近零售终端并提供高质量的物流服务；企业间订货、发货业务通过 EDI 和计算机辅助订货(CAO)、卖方管理库存(VMI)、连续补货(CRP)及产品销售数据库等策略来实现订货数据或出货数据的传送无纸化、作业的自动化、精准化、一体化。

11.3.8 延迟供应策略

1. 延迟策略含义

延迟供应策略(Postponement Strategy)是让产品在供应链的终端,即客户附近最后成型,也就是处于供应链前端的工厂生产基础样式、模块化的产品,运送到客户附近的存储设施,最后根据客户的订单加工为最终产品,使产品的组装和成型延迟到最后环节。延迟供应策略的优点有:削减了总库存量、由于大量生产基础样式而提高了经济性、缩短了存货时间、提高了客户响应度。

2. 延迟策略应用类型

(1) 制造中的延迟。所谓制造延迟(或成型延迟)是指推迟最终产品的形成,它的基本观点是在获知客户的精确需求和购买意向之前,尽量使产品保持中性及非承诺状态,制造相当数量的标准产品或基础产品以实现规模化经济,当收到客户订单后,才立即从事产成品的生产装配,这样可以满足需求的多样性和缩短交货期。供应链理论认为,供应链运作模式有预测型和快速响应型两种。预测型运作模式建立在对产品需求的预测上,按预测结果来安排生产和配送;而快速响应型运作模式是根据客户订单进行生产和配送,后者更适合当今激烈市场竞争的要求。传统的供应链运作大多采用预测型商业模式,为了应付需求的不确定性,企业往往储存大量的库存来提高客户满意度,如此一来,势必增加了整个供应链的库存水平。在当今快节奏的经济和生活环境下,产品的精神磨损是快而巨大的,企业将面临巨大风险。显然,延迟策略对解决供应链库存过高,提高快速响应有明显功效。例如,上海通用汽车公司针对其客户对汽车颜色的严格要求,把喷漆工序延迟到接到客户订单后才立即进行,满足了客户的个性化需求。如果客户对车内音响、座位等设施有具体要求,也可以采用延迟策略来满足诸如此类的需求。

(2) 物流或地域延迟。所谓物流延迟或地域延迟是在一个或若干个具有战略意义的地区建立储备全套产品的仓库,只有在收到客户订单后,才进行库存产品的分拨配送。一旦物流程序被启动,企业就要尽全力以经济有效的手段将产品直接运至客户手中。这种延迟具体表现在地理上,特别适合高价值、创新型产品,因为这类产品虽然边际利润高,但需求的不确定性大,生命周期短,更新换代快,面临淘汰贬值的风险巨大,如一些IT产品、现代电子产品等。供应链物流管理中有一条公认的法则,即效益悖反:高水平的物流服务是由高的物流成本来保证的,企业很难做到既提高物流服务水平,同时也降低物流成本。要想获得快速响应市场,就必须在消费地建立足够多的设施,这必然导致高的物流成本。这种"鱼和熊掌不能兼得"的局面,通过实施物流延迟策略可以得到较好的解决。企业实施物流延迟能够帮助企业完全摆脱由预测型运作模式引发的库存风险,提高客户满意度。戴尔电脑公司是把制造延迟和物流延迟结合产生巨大经济效益的典范,它在完成大规模生产的同时,实现了个性化定制,全球订货提前期降至48小时以内。

(3) 流通加工中的延迟。一种观点认为,流通加工是在需求地通过简单装配、分割、包装、冠以商标、重量等作业而形成最终产品,是制造在流通领域的延续和终结。流通加工改变产品的形体,创造产品的形体价值。流通加工在运输、物料处理方面的作用不言而喻,因为有些成品的性质和特征是不方便集装箱运输的,物料处理效率很低,或者它们空间利用率很低,所以把一部分制造工序留到消费地来完成,如自行车、电动助力车、现代家具等。成形的自行车和家具是不利于集装运输的,因为其或是外形不规则或是占用太大的空间,但它们的散件可以实施集装运输和大批量物料处理,规模效益相当明显。在流通加工中考虑应用延迟策略,待接到客户订单后立即开始装配、分拨等作业,这样,再在供应地到需求地之间实现规模运输,在消费地完成流通加工,满足了客户多样化需求,可谓一剑三雕。

3. 实施延迟策略的必要条件

尽管实施延迟策略可能为供应链运作带来好处,但也有其局限性。如果不满足如下几个条件,实施该策略是不可能的:

(1) 产品可模块化生产。产品在研发设计时,可分解为几个较大的模块,这几个模块经过组合或加工便能形成多样化的最终产品,这是延迟策略实施的重要前提。所以要想实施延迟策略,企业在产品研发阶段就必须有长远规划,设计模块化产品、标准化通用零部件或组装件。

(2) 零部件可标准化、通用化。产品可模块化只是一个先决条件,更为重要的是零部件、组装件具有标准化与通用化的特性,这样才能彻底从时间上与空间上将产品的生产过程分解为通用化阶段和差异化阶段,并保证最终产品的完整。

(3) 经济上具有可行性。实施延迟策略一般会增加产品的制造成本,除非它的收益大于成本,否则延迟策略没有必要执行。是否采用延迟策略取决于其成本和收益的比较。

最后,现代信息技术的发展和进步也是实施延迟策略非常重要的条件。

11.4 集成化电子供应链管理实施

11.4.1 集成化电子供应链管理的理论模型与体系结构

1. 集成化电子供应链管理的含义

集成化电子供应链管理是指供应链中的节点企业摒弃传统的管理思想和观念,通过信息技术特别是电子商务技术,把所有供应链成员的采购、生产、销售、财务等业务在电子商务平台上进行整合,并为形成一个整体的功能过程而开发的供应链管理功能。

为了能及时传播信息,准确地协调决策管理人与系统的行为,供应链在战术和战略层次中需要不断提高供应链管理系统的协调敏捷性和灵活性。正是这种协调的敏捷性和灵活性,最终决定企业组织能否有效地、协调地实现它自身的目标。因此,电子商务环境下集成供应链管理的主要目标是使供应链的各节点、各功能实现最佳配合与协调,共同保证供应链整体效益的最大化,其中的关键是实现供应链系统中各节点在战略和战术层次上协调的敏捷、灵活。

2. 集成化电子供应链管理的理论模型

集成化电子供应链管理的核心体现在三个回路上:一是由顾客化需求—集成化计划—业务流程重组—面向对象过程控制组成第一个控制回路(作业回路);二是由顾客化策略—信息共享—调整适应性—创造性团队组成第二个回路(策略回路);三是在作业回路的每个作业形成各自相应的作业性能评价与提高回路(性能评价回路)。集成化电子供应链管理正是围绕这三个回路展开,形成相互协调的一个整体。根据集成化思想,构建集成化电子供应链管理理论模型如图11-12所示。

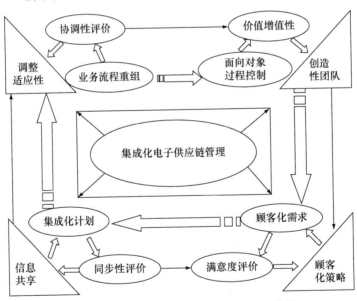

图 11-12 集成化电子供应链管理的理论模型

要成功地实施供应链管理,使供应链管理真正成为有竞争力的武器,就要抛弃传统的管理思想,把企业内部以及节点企业之间的各种业务看成一个整体功能过程,形成集成化供应链管理体系。通过信息、制造和现代管理技术,将企业生产经营过程中有关的人、技术、经营管理三要素有机地集成并优化运行。通过对生产经营过程的物料流、管理过程的信息流和决策过程的决策流进行有效控制和协调,将企业内部的供应链与企业外部的供应链有机地集成起来进行管理,达到全局动态最优目标,以适应新的竞争环境下市场对生产和管理过程提出的高质量、高柔性和低成本的要求。

3. 集成化电子供应链管理的体系结构

电子商务与供应链的结合,使得供应链的运作方式发生了改变,电子商务对供应链的信息流、物流、商流进行优化和整合,促进了企业之间的沟通,有利于新产品的开发,改进流程效率,维持低库存零退货。由于有互联网的介入,供应链的体系结构相应也发生了变化。图11-13给出了基于电子商务的供应链体系结构,从中可以看出,电子商务企业的供应链利用互联网技术实现企业内部和企业之间的信息集成和信息协作,利用互联网进行国际市场信息与资金流的交换。其中企业内部的信息流和资金流的交换是利用Intranet实现的,企业之间的信息流和资金流的交换是利用电子数据交换方式实现的。在这些信息技术的全力支持下,供应链上各成员围绕物流和资金流进行信息共享和经营协调,实现柔性的和稳定的供需关系。

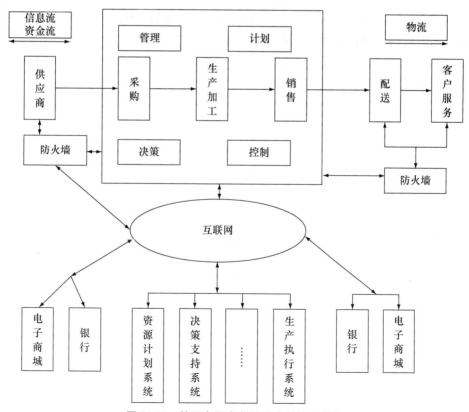

图 11-13 基于电子商务的供应链体系结构

11.4.2 集成化电子供应链管理的实施流程

一体化的电子供应链管理是以集成为特征的,更强调组织接触面的管理,即对组织之间的协调、合作、运营的管理。由于供应链是核心企业通过对信息流、物流、资金流的一体化控制,将供应商、制造商、分销商、零售商,直到最终用户连成一个整体的功能网链结构模式,因此在实现供应链一体化的过程中应主要注意三个方面的重要问题,分别是信息集成、协调和组织连接。

首先,供应链跨行业与部门,涉及供应一种产品给最终消费者的所有活动,所以供应链管理需要一条由消费者驱动的无缝信息流,即在零售商向上游传输的过程中要求速度快,要求链中节点企业共享需求信息、存货情况、生产能力计划、生产进度、促销计划、需求预测和装运进度等。供应链伙伴必须协同工作,以便产品的生产与使用大致同步。

其次,在供应链竞争的时代,供应链的可靠程度取决于链上最弱的一个环节,这就是我们常说的"木桶原理",木桶装水的多少是由最短的那块桶片决定的,所以供应链上的节点企业应该更加注重企业之间的合作,使各企业分担的采购、生产、分销和销售的职能得到协调发挥。

最后,供应链中的组织之间必须是紧密的关系,供应链伙伴需要确定并维持他们的沟通渠道,为一个目标而同心协力,否则供应链一体化是无法完成的。

1. 制订供应链战略实施计划

实施供应链战略首先要制订切实可行的计划,一般分为四个步骤:第一,将企业的业务目标同现有能力及业绩进行比较,改善现有供应链的显著弱点,迅速提高企业的竞争力;第二,同关键客户和供应商一起探讨并评估全球化、新技术和竞争优势,建立供应链的远景目标;第三,制订从现实过渡到理想供应链目标的行动计划,同时评估企业实现这种过渡的现实条件;第四,根据优先级安排上述计划,并且承诺相应的资源。根据实施计划,首先定义长期的供应链结构,使企业在与正确的客户和供应商建立的正确的供应链中,处于正确的位置;其次重组和优化企业内部和外部的产品、信息和资金流;最后在供应链的重要领域如库存、运输等环节提高质量和生产率。

2. 构建电子供应链

电子供应链的构造同样涉及供应链的长短、规模大小、网络状况等因素,其内容包括各成员使用的信息系统类型,生产和仓储设施的位置和能力,根据不同交货行程所采用的运输方式等。电子网络化供应链的构造要遵循规定的规则和方法,并需要整合各参与者的信息资源和行为。

(1) 电子网络化供应链构建的三个 E。企业构建电子网络化的供应链需要从建设三个 E 开始。第一个 E 是企业资源计划系统(ERP),从供应链的视角看,ERP 的本质就是企业内部的供应链管理。ERP 集中企业内部价值链的所有信息,合理调配企业各方面的资源。如果企业内部没有实现供应链管理,就不可能延伸到外部去,更无从谈起参与供应链的协同化管理。第二个 E 是企业管理咨询系统(ELP),又称企业门户,它是建立在协同商务概念上的应用平台,主要是提供一个把信息进行集中的通道,让企业的员工特别是分布世界各地的员工、客户和合作伙伴相互交流,加快沟通。第三个 E 是电子供应链管理系统(ESCM),ESCM 集中不同合作企业的关键数据,包括订货、预测、库存状态、生产计划、运输安排、在途物资、销售分析、资金结算等数据。供应商、分销商、零售商实现了供应链上的信息集成,达到共享采购订单的电子接收与发送、多位置库存自动化处理与控制、周期盘点等重要信息。这就是电子商务下的供应链系统,由多个合作者构成,就如同一个企业一样。

(2) 电子网络化供应链构建方法。电子网络化供应链构建的三个"E"中,前两个 E 是基础和前提,在此基础上,才能考虑电子网络化供应链的具体构建方法。企业可以从不同的需求出发,选择顺流或逆流的构建方法。① 顺流构建法,指在构建供应链时,从本企业的原材料需求出发,逐步寻找到最上游的供应商,依照自己的产品制造或销售服务特点来设计供应链流程,直到最终消费者。其构建步骤如图 11-14 所示。② 逆流构建法,指从市场的需求出发去构建从零售商到本企业的供应商的供应链。此法与顺流构建法流程恰好相反,从最终消费者的上一级零售商或分销商开始,不断地寻找为满足需求而必须参与其中的企业,从而形成完整的供应链。逆流构建法步骤如图 11-15 所示。

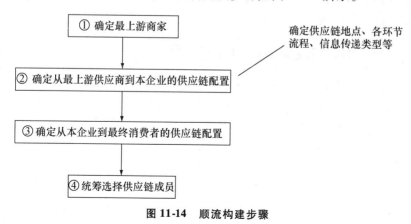

图 11-14 顺流构建步骤

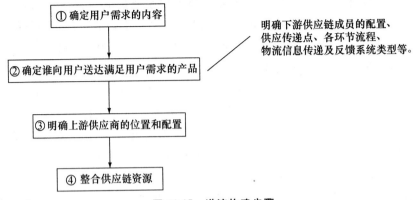

图 11-15 逆流构建步骤

3. 优化电子供应链流程

企业供应链流程可从广度和深度两个角度来思考，企业供应链流程优化的本质可以通过使命导向或问题导向来衡量。使命导向追求差异化，问题导向追求效率。因此，前者的流程范围必须根据使命重新理清，后者的流程范围则相当清楚且容易确认；前者的重点是关键流程与整合，后者的重点则是流程分析与原因确认；前者的绩效指标为修改或建立新的指标，后者为确认并努力减少差异。

4. 评估电子供应链管理绩效

供应链管理绩效的评价指标应是基于业务流程的绩效评价指标，能够恰当地反映供应链整体运营状况以及上下节点企业之间的运营关系，而不是孤立地评价某一供应商的运营情况。对供应商的评价指标应该有循环期、准时交货、产品质量等；制造商的指标应该有循环期、交货可靠性、产品质量等；对分销的评价指标应该有循环期、订单完成情况等。

11.4.3 集成化电子供应链管理实施步骤

企业从传统的管理模式转向集成化供应链管理模式，一般要经过五个阶段，包括从最低层次的基础建设到最高层次的集成化供应链动态联盟，各个阶段的不同之处主要体现在组织结构、管理核心、计划与控制系统、应用的信息技术等方面，其步骤如图 11-16 所示。

1. 基础建设

这一阶段是在原有企业供应链的基础上分析、总结企业现状，分析企业内部影响供应链管理的阻力和有利之处，同时分析外部市场环境，对市场的特征和不确定性作出分析和评价，最后相应地完善企业的供应链。

处于这一阶段的企业主要采用短期计划，出现困难时需要一个一个地解决。虽然企业强调办公自动化，但这样一种环境往往导致整个供应链的效率低下，同

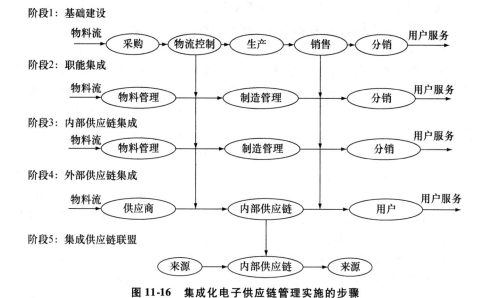

图 11-16 集成化电子供应链管理实施的步骤

时也增加了企业对供应和需求变化影响的敏感度。

2. 职能集成

这一阶段集中于处理企业内部的物流,企业围绕核心职能对物流实施集成化管理,对组织实行业务流程重构,实现职能部门的优化集成,通常可以建立交叉职能小组,参与计划和执行项目,以提高职能部门之间的合作,克服这一阶段可能存在的不能很好满足用户订单的问题。职能集成强调满足用户的需求。事实上,用户需求在今天已经成为驱动企业生产的主要动力,成本则在其次,但这样会导致第二阶段的生产、运输、库存等成本的增加。

此时,供应链管理主要有以下特征:

(1)将分销和运输等职能集成到物流管理中来,制造和采购职能集成到生产职能中来;

(2)强调降低成本而不注重操作水平的提高;

(3)积极为用户提供各种服务,满足用户需求;

(4)职能部门结构严谨,均有库存作缓冲;

(5)具有较完善的内部协定,如采购折扣、库存投资水平、批量等;

(6)主要以订单完成情况及其准确性作为评价指标。

这一阶段一般采用物料需求计划系统(即 MRP)进行计划和控制。对于分销网,需求得不到准确的预测和控制,分销的基础设施也与制造没有有效的联结。由于用户的需求得不到确切的理解,从而导致计划不准确和业务的失误,所以在这一阶段要采用有效的预测技术和工具对用户的需求作出较为准确的预测、计划和控制。但是,以上采用的各项技术之间、各项业务流程之间、技术与业务流程之间都缺乏集成,库存和浪费等问题仍可能困扰企业。

3. 内部供应链集成

这一阶段要实现企业直接控制的领域的集成,实现企业内部供应链与外部供应链中供应商和用户管理部分的集成,形成内部集成化供应链。集成的输出是集成化的计划和控制系统。为了支持企业内部集成化供应链管理,主要采用供应链计划(Supply Chain Planning,SCP)和 ERP 系统来实施集成化计划和控制。这两种信息技术都是基于客户/服务(Client/Server)体系在企业内部集成中的应用。有效的 SCP 集成了企业所有的主要计划和决策业务,包括需求预测、库存计划、资源配置、设备管理、优化路径、基于能力约束的生产计划和作业计划、物料和能力计划、采购计划等。ERP 系统集成了企业业务流程中主要的执行职能,包括订单管理、财务管理、库存管理、生产制造管理、采购等职能。

本阶段企业管理的核心是内部集成化供应链管理的效率问题,主要考虑在优化资源、能力的基础上,以最低的成本和最快的速度生产最好的产品,快速地满足用户的需求,以提高企业反应能力和效率。这对于生产多品种或提供多种服务的企业来说意义更大。这里需构建新的交叉职能业务流程,逐步取代传统的职能模块,以用户需求和高质量的预测信息驱动整个企业供应链的运作。因满足用户需求而导致的高服务成本是此阶段管理的主要问题。

这一阶段可以采用分销资源计划(即 DRP)系统、制造资源计划(即 MRPII)系统管理物料,运用准时制生产(即 JIT)等技术支持物料计划的执行。JIT 的应用可以使企业缩短市场反应时间、降低库存水平和减少浪费。在这一阶段,企业可以考虑同步化的需求管理,将用户的需求与制造计划和供应商的物料流同步化,减少不增值的业务。同时,企业可以通过广泛的信息网络(而不是大量的库存)来获得巨大的利润。

此阶段的供应链管理具有以下特征:

(1) 强调战术问题而非战略问题。

(2) 制订中期计划,实施集成化的计划和控制体系。

(3) 强调效率而非有效性,即保证要做的事情尽可能好、尽可能快地完成。

(4) 从采购到分销的完整系统具有可见性。

(5) 信息技术的应用。广泛运用 EDI 和 Internet 等信息技术支持与供应商及用户的联系,获得快速的反应能力。EDI 是集成化供应链管理的重要工具,利用 EDI 可以使企业快速获得信息,并更好地为用户提供优质服务。

(6) 与用户建立良好的关系,而不是"管理"用户。

4. 外部供应链集成

实现集成化供应链管理的关键在于第四阶段,即将企业内部供应链与外部的供应商和用户集成起来,形成一个集成化供应网链。与主要供应商和用户建立良好的合作伙伴关系,即所谓的供应链合作关系(Supply Chain Partnership),是集成化供应链管理的关键之关键。

此阶段企业要特别注重战略伙伴关系管理。管理的焦点要以面向供应商和用户取代面向产品,增加与主要供应商和用户的联系,增进相互之间的了解,保持一定的一致性,实现信息共享等,企业通过为用户提供与竞争者不同的产品/服务或增值的信息而获利。供应商管理库存(Vendor Management Inventory,VMI)和共同计划预测与库存补充(Collaborative Planning Forecasting and Replenishment,CPFR)的应用就是企业转向改善、建立良好的合作伙伴关系的典型例子。通过建立良好的合作伙伴关系,企业可以很好地与用户、供应商和服务提供商实现集成和合作,共同在预测、产品设计、生产、运输计划和竞争策略等方面设计和控制整个供应链的运作。对于主要用户,企业一般建立以用户为核心的小组,该小组具有不同职能领域的功能,从而更好地为主要用户提供有针对性的服务。

处于这个阶段的企业,生产系统必须具备更高的柔性,以提高对用户需求的反应能力和速度。企业必须能根据不同用户的需求,既能按订单生产,按订单组装、包装,又能按备货方式生产。

为了达到与外部供应链的集成,企业必须采用适当的信息技术为企业内部的信息系统提供与外部供应链节点企业很好的接口,达到信息共享和信息交互,实现相互操作的一致性。这些都需要采用 Internet 信息技术。本阶段企业采用销售点驱动的同步化、集成化的计划和控制系统。它集成了用户订购数据和合作开发计划、基于约束的动态供应计划、生产计划等,以保证整个供应链中的成员同步化地进行供应链管理。

5. 集成化供应链动态联盟

在完成以上四个阶段的集成以后,就构成了一个网络化的企业结构,我们称之为供应链共同体,它的战略核心及发展目标是占据市场的领导地位。为了达到这一目标,随着市场竞争的加剧,供应链共同体必将成为一个动态的网络结构,以适应市场变化、柔性、速度、革新、知识等的需要。供应链从而成为一个能快速重构的动态组织结构,即集成化供应链动态联盟。企业通过 Internet 网络商务软件等技术集成在一起以满足用户的需求,一旦用户的需求消失,它也将随之解体。而当另一需求出现时,这样的一个组织结构又由新的企业动态地重新组成。可以说,企业如何成为一个能及时、快速满足用户需求的供应商,是企业生存、发展的关键。

11.4.4 集成化电子供应链管理实施的策略

1. 商务系统与创新

传统企业都是纵向发展的"大而全、小而全"模式,如电话机厂从生产电话机,到做纸包装箱,再到运货出厂,都是肥水不流外人田,自己做。而协同商务需要企业从这种传统封闭的纵向思维中跳出来,向开放的横向思维转变。

在协同商务中,供应商、制造商、分销商、零售商和服务提供商以互利互惠、互信互补的原则,一同去面对市场竞争。协同商务将产生很多新的关系。协同规划,可以让生产商和销售商共同制订生产计划,使生产更有目的性;协同供应,可以使供需双方建立起真正完整的库存管理,达到供应链库存费用最低;协同开发可以集中供应链上所有成员的智慧,进行产品设计,提高产品成功推出的机会,缩短产品周期,事实上,供应链上游的设计和制造所要解决的问题和它隐藏的利润比下游更大;协同的市场关系可以让联盟企业采用联合推广的方式推出产品,甚至可以分摊市场营销费用。

在中国内地现有的制造业环境下,推动协同商务会有相当大的难度。国内大多数企业的采购、供应等环节,人为因素占很大分量,要推行供应链管理,一定会有各种主客观因素阻碍它的实施。国内企业若想建立一条以自己为主的供应链,首先,必须在行业里有相当规模和主导地位,没有一定的号召力不可能取得其他企业的配合;其次,企业一定要有创新的管理团队和良好的商誉,创新地排除阻碍供应链管理实施的障碍,规范地实施日后的管理;最后,需要请一家专业的顾问公司和技术伙伴配合进行供应链管理的实施,因为供应链管理涉及很多方面的知识和技术,专业的业务伙伴可以提供专业的实施方案。

协同商务的推行会引起企业文化和内部管理深层次的改变,也会引起与供应商、制造商、分销商和服务提供商合作关系的改变,带来企业经营管理模式的创新。它是一个浩大的企业改造工程,而不只是一个软件或一个系统。

2. 企业电子化

电子企业是实施供应链管理的个体,电子企业的竞争优势表现在真正意义上的电子商务的实现。电子商务可以分为三个层次,表面层次就是通常所说的电子商务,以个别的商业交易为中心,通过网络进行交易。目前企业的电子商务行为主要表现在建立电子商店,介绍和销售产品,发布公司的新闻和采购的信息,还做不到全程自动交易。

深层次是电子企业,通过电子化手段在战术上和策略上改变商业关系。电子企业的电子化程度不仅仅停留在现有的电子商务阶段,还可以通过改变企业对消费者、企业对企业、企业内部、甚至是消费者对消费者的关系,来促进整个组织的效率、速度和创新。现在国际上很多成功的企业,例如麦当劳、UPS、联邦快递等,他们对公司各个分部的管理都是通过网络进行的,是真正意义上的电子企业。

电子商务的最后层次就是网络经济。网络经济为实际的商业行为提供了一个电子场所,是在电子企业、供应链网和供应链链中网形成的基础上,配合政治、法律、经济关系实现的。电子商务到达第三个层次以后,就不只是单个企业实现电子化,而是供应链上所有企业都实现电子化,并在这些企业之间实现电子化的管理和交易。

判断一个企业是否是电子企业,关键看它是否具备 EIP(企业管理咨询)系统、ERP(企业资源规划)系统和电子供应链管理系统。EIP 系统是企业的电子门户系统,建立在协同商务的概念之上,它支持一个供企业的员工、客户以及合作伙伴进行交流的平台,还支持与其他管理系统的连接。ERP 系统是企业内部的供应链管理系统,集中企业内部价值链的所有信息,合理调配企业各方面的资源。电子供应链管理系统则充分利用电子数据交换、ERP 等技术手段,集中协调供应链上不同企业的关键数据,包括订货、预测、库存状况、生产计划、运输安排、销售分析、资金结算等数据,并让管理人员迅速、准确地获得这些信息,达到各个过程的自动管理,协助降低成本。

企业实现了电子化以后,就可以通过收集大量信息来指导生产,真正实现客户需求拉动产品和供应链的运作,对整个供应链进行有效整合,在降低成本的同时提高服务水平,形成有效的竞争优势。

3. 业务的外包

供应链管理的另一个重要方面,就是利用业务外包,把资源集中在企业的核心竞争力上,以便获取最大的投资回报,那些不属于核心能力的功能应该被弱化或者外包。业务外包可以充分利用联盟企业的资源,获得更大的竞争优势。随着咨询业的高速发展,大规模生产时代正逐步走向大规模定制时代,关键的资源也从资本走向信息、知识和创新的能力,企业能否真正获利在于企业是否具有资源组合的智慧。一个没有新鲜血液的企业,它的资源组合的智慧是有限的,所以很多企业开始采用借用外脑的方式,比如与专业的顾问公司合作,来提高企业的智慧,不断吸收外来的新智慧,从而更好地推动企业的创新。智慧可谓业务外包可以利用的第一大资源。

业务外包可以利用的资源还有时间和资金等。传统的企业,往往拥有全过程自我投资和建设的部门,从基建部门到制造车间,到装配、验收部门,再到包装车间都是自己的。这通常导致项目完工的时候,就是经营面临困难的时候,企业负债累累,产品延期交货等一系列问题相继涌现。而业务外包可以获得多个联盟企业的协作,缩短产品周期,在最短的时间内推出最新的产品,而且它还可以利用联盟企业的资金,降低自身的风险,从而更轻松地获得竞争优势。

本章小结

电子商务对供应链管理的影响主要体现在客户服务和供应链自身各个环节上。电子商务时代的供应链是一个基于电子商务的集成供应链，是一种新型的联盟或合作型的供应链体系。基于电子商务的供应链是所有合作者都实现了电子化运作，利用互联网进行商品交易、信息变换、企业协作等活动的供应链模式。电子供应链是企业与合作伙伴之间利用互联网实现信息共享与交流而完成相关业务的供应链。根据研究对象划分，可将电子供应链分为企业电子供应链、产品电子供应链和基于契约的电子供应链三种类型。电子供应链以网状结构划分为发散型的电子供应链网（V型电子供应链）、会聚型的电子供应链网（A型电子供应链）和介于上述两种模式之间的T型电子供应链。根据电子供应链的推动力来源可以划分为"推式"电子供应链和"拉式"电子供应链。

电子供应链管理的主要内容包含订单处理、生产组织、采购管理、配送与运输管理、库存管理、客户服务和支付管理。电子供应链管理的策略有零库存管理、供应商库存管理、联合库存管理、协同式供应链库存管理、电子订货系统、有效客户反应、快速反应和延迟策略等。集成化电子供应链管理是指供应链中的节点企业摒弃传统的管理思想和观念，通过信息技术特别是电子商务技术，把所有供应链成员的采购、生产、销售、财务等业务在电子商务平台上进行整合，并为形成一个整体的功能过程而开发的供应链管理功能。实现供应链一体化的过程中应主要注意三个方面的重要问题，分别是信息集成、协调和组织连接。集成化电子供应链管理实施的流程有制订供应链战略实施计划、构建电子供应链、优化电子供应链流程和评估电子供应链管理绩效等。集成化电子供应链管理的实施阶段大致可以分为内部集成、外部集成和集成化的供应链动态联盟三个阶段。集成化电子供应链管理的实施策略有商务协同和创新、企业电子化和业务外包等。

应用案例

兰亭集势商业模式：独特的供应链管理

兰亭集势成立于2007年，是主营婚纱礼服等品类的外贸B2C网站（www.light in the box.com），该公司2012年实现营收2亿美元，并于第四季度单季度扭亏，实现净利润111.5万美元。兰亭集势2010年毛利率为22.12%，2012年上升至41.77%，毛利远高于电商整体水平，2012年亚马逊毛利率为24.8%，唯品会为22.3%，当当网为13.9%。高毛利的背后，是较短的供应链和廉价的生产成本优势。

这家公司的供应链管理模式极为特殊,总结起来,兰亭集势在供应链管理模式上,同其他电商网站有着极大的差别,一方面能够直接从制造商处进货缩短供应链,实现较高的毛利率水平;另一方面针对定制品和非定制品,兰亭和供应商分别建立了独特的合作模式,在保证生产效率的基础上,能有效地降低库存风险,并实现超高的库存周转率。供应链管理模式上的独特之处,使得这家网站在广阔的外贸 B2C 市场开辟了一条特色经营的渠道。

兰亭集势上线之初,主营的外贸品类是电子产品,逐步打开外贸市场后,兰亭集势开始将手臂伸向毛利更高的品类,例如服装、电子产品配件、家居园艺等。截至 2012 年 12 月 31 日,兰亭集势上线的商品信息多达 205000 以上,平均每月新上线超过 17000 个新商品。2012 年兰亭的服装品类占比已超过 40%,2010 年为 33.6%;电子产品配件占比由 2010 年的 2.6%上升至 2012 年的 20.3%;家居园艺品类 2012 年占比上升为 11.2%;毛利较低的电子及通信设备占比,则由 2010 年的 44.4%,下降至 2012 年的 21%。随着品类的扩张和调整,尤其是毛利较高的服装品类销售占比快速提升,毛利较低的电子产品销售占比快速下降,推动兰亭整体毛利率不断上升,2012 年毛利率高达 41.77%。

兰亭集势之所以可以在如此低廉的定价水平上取得如此高的毛利水平,核心在于其具备相当强的成本优势,以及极大地缩短了外贸 B2C 的供应链。向上,兰亭绕过了层层中间贸易环节,目前 70%的商品直接从工厂进货,达到节约进货成本的目的;向下,兰亭直接将这些价格低廉的中国制造品以海外市场的定价标准直接卖到 C 端顾客手中,获得了高毛利的优势。

兰亭集势目前在全国共设有六处采购办公室,由于品类扩张的需要,以及兰亭的外贸渠道越来越广阔,兰亭不断在全国范围寻找更多的供应商,目前供应商的数量已经由 2010 年的 600 家,增加到 2012 年的 2000 家。由于商品主要销往海外市场,兰亭对供应商的生产能力也有相对较高的要求,例如,要能满足一定的采购量,对海外市场需求敏感,甚至要懂得如何在设计并生产众多"山寨品"的同时,避免踩到海外知识产权的红线……除了这些无品牌商品,一些本土品牌,包括纽曼、爱国者、方正科技、亚都、神舟电脑等也加入兰亭集势的销售平台,成为该公司的供货商。

除了毛利高外,兰亭集势的库存周转速度也相当惊人,21.7 的存货周转速度同样高出电子商务平均水平许多,如亚马逊的存货周转率大约在 9.3,唯品会的存货周转率约在 5。兰亭集势的库存周转速度能够做到比普通电商快,背后是由它的特殊供应链管理模式决定的。

(1) 个性品定制化生产,但效率极高

兰亭集势的定制商品主要是婚纱礼服类,顾客可以根据自己的身材和喜欢的颜色进行个性化定制。兰亭专门建立了一个内部专家团队,直接打入生产线,负责指导供应商改进生产效率和提高产品质量,使他们能够在尽可能短的时间内,达到个性商品定制品以及标准品批量生产的标准。为了保证可持续的生产供应能力,兰亭集势通常与供应商签订为期一年的供应协议,内容包括产品种类、单价、数量、发货时间等。

对于服装类的定制商品,兰亭集势通常在接到订单后,每日向供应商更新订单,供应商按需定做。由于已经和专家团队达成了流程化的生产协调能力,供应商通常能够在接到订单 10 到 14 天的时间内完成生产并将货品送至兰亭集势的仓库;对于标准品,供应商通常能够在 48 小时内将货品送至兰亭仓库。

兰亭集势已经建立了较为高效的供应链管理机制,不仅能保证订单及时处理,同时,定制化的生产流程,能够帮助供应商减少浪费,相应地也增强了供应商与兰亭集势合作的意愿。这种采购体系,可以使兰亭集势保持较低的库存水平,同时,由于每日及时向供应商更新订单信息,也使得兰亭能够保持较高的订单履约率。

(2) 标准品提前备货,但无库存风险

兰亭集势和供应商的合作关系在 2011 年第四季度发生了独特的变化,从那时起,兰亭开始要求部分供应商提前备货,备货需存放至兰亭自己的仓库,而且这部分备货不计入兰亭集势的库存,只有当用户下单后,这部分资产的所有权才转至兰亭集势,计入兰亭集势的营收和成本。很明显,通过供应商"提前备货",兰亭集势提高了订单处理的效率,同时有效避免了库存风险。不仅如此,兰亭集势还可以根据商品受欢迎程度,要求供应商加大特定商品的备货,或是随时要求供应商将销量不佳的商品库存拿走,以及在 90 天内将商品剩余库存拿走,整个备货过程中,兰亭集势只负责提供仓库空间以及支付供应商将剩余库存运走时的物流开支。

(资料来源:http://classroom.eguan.cn 2013-04-25,2013 年 6 月 5 日访问。)

案例思考题

(1) 兰亭集势的供应链管理模式有哪些特色?
(2) 兰亭集势的电子供应链管理模式对其商业模式产生了什么样的影响?

第十二章　电子商务物流与供应链的新概念

学习目标

1. 解释物流金融的概念
2. 辨析物流金融的类型
3. 解释供应链金融的概念
4. 明确电子供应链金融的含义
5. 分析电子供应链金融的协同运作架构模型
6. 解释云物流的概念
7. 举例说明物联网技术在电子商务物流中的应用
8. 解释精益物流的概念

关键词

物流金融　供应链金融　电子供应链金融　云计算　云物流　物联网　精益物流　敏捷供应链

引例

京东测试供应链金融　试水小贷公司

近日,上海市嘉定区金融服务办公室负责人表示,百度和京东小额贷款公司的审批是同一批次,上海市金融办已经正式联合审批通过。事实上,早在2012年11月27日,京东就开始与中国银行合作,推出了"供应链金融服务"。在这一过程中,京东扮演的是一个类似于中介的角色:供应商凭借其在京东的订单、入库单等可向京东提出融资申请,核准后递交银行,再由银行给予放款。

京东商城方面表示,京东集团拟在上海设立的小额贷款公司,目前已经通过了专业监管部门——上海市金融办的审批。不过,这仅仅是完成了前置审批程序,后续还有注册等很多程序要走,因此,目前还无法预期公司何时正式成立以及如何开展相关业务。

据了解,京东已经成立了金融集团,除了针对自营平台的供应商,未来还会扩大到POP开放平台(Pctowao Open Platform,指向网站以外的用户提供服务的开放平台)。有报道称,目前,测试中的京东供应链金融大约已累计放款几十亿元,这些贷款都是不超过一个月的短期贷款,贷款利率低于10%(年化)。未来10年,京东将以金融业务作为新的增长点,构建以电商、互联网金融、物流业务、技术平台等为结构的新经济帝国。

京东 CMO 蓝烨表示,供应链金融要结合供应商、合作伙伴的需求,需要一定的时间。目前,细致的金融产品设计、撮合交易的 IT 系统开发还在进行中。

京东相关负责人表示,自 2012 年京东和多家银行合作启动供应链金融业务以来,已累计向合作伙伴提供了数十亿元的贷款。过去 10 年,京东积累了大量的交易信息,由于京东拥有强大的自建物流体系,因此交易数据的完整性在整个电商行业有绝对优势。京东将充分利用数据、资金以及技术优势,不断拓宽融资渠道,力争把金融业务打造成京东未来发展的"四驾马车"之一。

但是,互联网金融并没有那么简单。多位 P2P(Peer to Peer)网贷公司 CEO 表示,互联网金融现在还是处于一个很浅的层次。金融经营的是风险,涉及安全、准入门槛高等多方面问题,监管层会通过牌照、备付金、准备金等形式进行严格的监管。

对于互联网公司,特别是电商涉足金融,业内早有共识,其最大的优势在于对交易数据的掌控和应用。业内人士认为,"未来,如果它要做大,资金将会面临巨大压力,这可能是小贷公司没办法满足的。因为小贷公司还是会有一个重要的限制,虽然有杠杆,可以向银行贷款,但还是需要依靠自有资金"。

除了苏宁、国美、京东之外,很多电商公司对涉足金融业摩拳擦掌,意欲分一杯羹。

(资料来源:http://news.eguan.cn/ 2013-09-27,2013 年 10 月 20 日访问。)

案例思考题

(1) 京东的供应链金融服务流程是什么?
(2) 京东提供供应链金融服务的目的是什么?

12.1 物流金融

12.1.1 物流金融的定义

物流金融(Logistics Finance)是指在面向物流业的运营过程中,通过应用和开发各种金融产品,有效地组织和调剂物流领域中货币资金的运动。这些资金运动包括发生在物流过程中的各种存款、贷款、投资、信托、租赁、抵押、贴现、保险、有价证券发行与交易,以及金融机构所办理的各类涉及物流业的中间业务等。

物流金融是为物流产业提供资金融通、结算、保险等服务的金融业务,它伴随着物流产业的发展而产生。物流金融涉及三个主体:物流企业、客户和金融机构。物流企业与金融机构联合起来为资金需求方企业提供融资,物流金融的开展对这三方都有非常迫切的现实需要。物流和金融的紧密融合能有力支持社会商品的流通,促使流通体制改革顺利进行。物流金融正成为国内银行一项重要的金融业务,并逐步显现其作用。

物流金融是物流与金融相结合的复合业务概念,它不仅能提升第三方物流企业的业务能力及效益,还可为企业融资及提升资本运用的效率。对于金融业务来说,物流金融的功能是帮助金融机构扩大贷款规模、降低信贷风险,在业务扩展服务上能协助金融机构处置部分不良资产、有效管理 CRM 客户,提升质押物评估、企业理财等顾问服务项目。从企业行为研究出发,可以看到物流金融发展起源于"以物融资"业务活动。物流金融服务伴随着现代第三方物流企业而生,在金融物流服务中,现代第三方物流企业业务更加复杂,除了要提供现代物流服务外,还要与金融机构合作一起提供部分金融服务。可以说,物流金融在实践上已经迈开了步子,将"物流金融学术理论"甩在了后边。

12.1.2 物流金融的分类

随着现代金融和现代物流的不断发展,物流金融的形式也越来越多,按照金融在现代物流中的业务内容,物流金融分为:物流结算金融、物流仓单金融、物流授信金融。

1. 物流结算金融

物流结算金融是指利用各种结算方式为物流企业及其客户融资的金融活动。目前主要有代收货款、垫付货款、承兑汇票等业务形式。

(1) 代收货款业务是物流公司为企业(大多为各类邮购公司、电子商务公司、商贸企业、金融机构等)传递实物的同时,帮助供方向买方收取现款,然后将货款转交投递企业并从中收取一定比例的费用。代收货款模式是物流金融的初级阶段,从盈利来看,它直接带来的利益属于物流公司,同时厂家和消费者获得方便快捷的服务。

(2) 垫付货款业务是指当物流公司为发货人承运一批货物时,物流公司首先代提货人预付一半货款;当提货人取货时则交付给物流公司全部货款。为消除垫付货款对物流公司的资金占用,垫付货款还有另一种模式:发货人将货权转移给银行,银行根据市场情况按一定比例提供融资,当提货人向银行偿还货款后,银行向第三方物流企业发出放货指示,将货权还给提货人。此种模式下,物流公司的角色发生了变化,由原来的商业信用主体变成了为银行提供货物信息,承担货物运送,协助控制风险的配角。从盈利来看,厂商获得了融资,银行获得了利息收入，而物流企业也因为提供了物流信息、物流监管等服务而获得了利润。

（3）承兑汇票业务也称保兑仓业务，其业务模式为：开始实施前，买方企业、卖方企业、物流企业、银行要先签订《保兑仓协议书》，物流公司提供承兑担保，买方企业以货物对物流公司进行反担保，并承诺回购货物；需要采购材料的借款企业，向银行申请开出承兑汇票并交纳一定比率的保证金；银行先开出银行承兑汇票；借款企业凭银行承兑汇票向供应商采购货品，并交由物流公司评估入库作为质押物；金融机构在承兑汇票到期时兑现，将款项划拨到供应商账户；物流公司根据金融机构的要求，在借款企业履行了还款义务后释放质押物。如果借款企业违约，则质押物可由供应商或物流公司回购。从盈利来看，买方企业通过向银行申请承兑汇票，实际上获得了间接融资，缓解了企业流动资金的紧张状况；供方企业在承兑汇票到期兑现即可获得银行的支付，无论买方是否向银行付款；银行通过为买方企业开出承兑汇票而获取了业务收入；物流企业的收益来自两个方面：第一，提供存放与管理货物服务向买方企业收取费用；第二，为银行提供价值评估与质押监管中介服务收取一定比例的费用。

2. 物流仓单金融

物流仓单金融主要是指融通仓融资，其基本原理是：生产经营企业先以其采购的原材料或产成品作为质押物或反担保品存入融通仓并据此获得协作银行的贷款，然后在其后续生产经营过程中或质押产品销售过程中分阶段还款。第三方物流企业提供质押物品的保管、价值评估、去向监管、信用担保等服务，从而架起银企间资金融通的桥梁。其实质就是将银行不太愿意接受的动产（主要是原材料、产成品）转变成其乐意接受的动产质押产品，以此作为质押担保品或反担保品进行信贷融资。从盈利来看，供方企业可以通过原材料产成品等流动资产实现融资。银行可以拓展流动资产贷款业务，既减少了存贷差产生的费用，也增加了贷款的利息收入。同承兑汇票业务一样，物流企业的收益来自两个方面：第一，提供存放与管理货物服务向供方企业收取费用；第二，为供方企业和银行提供价值评估与质押监管中介服务收取一定比例的费用。

另外，随着现代物流和金融的发展，物流金融也在不断创新，出现了多物流中心仓单模式和反向担保模式等新仓单金融模式。多物流中心仓单模式是在仓单模式的基础上，对地理位置的一种拓展：第三方物流企业根据客户不同，整合社会仓库资源甚至是客户自身的仓库，就近进行质押监管，极大降低了客户的资金成本。反向担保模式对质押主体进行了拓展：不是直接以流动资产交付银行作抵押物，而是由物流企业控制质押物，这样极大地简化了程序，提高了灵活性，降低了交易成本。

3. 物流授信金融

物流授信金融是指金融机构根据物流企业的规模、经营业绩、运营现状、资产负债比例以及信用程度,授予物流企业一定的信贷额度,物流企业直接利用这些信贷额度向相关企业提供灵活的质押贷款业务,由物流企业直接监控质押贷款业务的全过程,金融机构则基本上不参与该质押贷款项目的具体运作。该模式有利于企业更加便捷地获得融资,减少原先质押贷款中一些繁琐的环节;也有利于银行提高对质押贷款全过程的监控能力,更加灵活地开展质押贷款服务,优化其质押贷款的业务流程和工作环节,降低贷款风险。

从盈利来看,授信金融模式和仓单金融模式的各方收益基本相似,但是由于银行不参与质押贷款项目的具体运作,质押贷款由物流公司发放,程序更加简便,形式更加灵活,同时,也大大节省了银行与供方企业的相关交易费用。

12.1.3 物流金融的作用

亿博物流咨询公司总经理谢勤认为:"未来的物流企业,谁能够提供金融产品和金融服务,谁就能成为市场的主导者,时下,物流金融已经成为某些国际物流巨头的第一利润来源。物流金融成为获得客户资源以及垄断资源的重要手段,在目前物流金融刚刚兴起的过程中,谁能够领先介入物流金融,谁就能够率先抢占先机。"UPS中国供应链业务运营副总裁黄毅民认为:"物流金融将上下游企业和银行紧密地联系在一起,银行能够在一定程度上规避风险,企业也能够做到信息流、物流、资金流的整合,加速了物流和资金流的高速运转。"已有越来越多的物流公司、金融企业和经营企业意识到物流金融对于公司的巨大作用。物流金融的作用可以概括为以下几个方面:

1. 物流金融在宏观经济结构中的功能与作用

它对于在国民经济核算体系中,提高流通服务质量、减低物资积压与消耗、加快宏观货币回笼周转起着不可取代的杠杆作用。

2. 物流金融在微观经济结构中的功能

其突出表现为物流金融服务,特别是在供应链中第三方物流企业提供的一种金融与物流集成式的创新服务,其主要服务内容包括:物流、流通加工、融资、评估、监管、资产处理、金融咨询等。物流金融不仅能为客户提供高质量、高附加值的物流与加工服务,还能为客户提供间接或直接的金融服务,以提高供应链整体绩效以及客户的经营和资本运作效率等。物流金融也是供应链的金融服务创新产品,物流金融的提供商可以通过自身或自身与金融机构的紧密协作关系,为供应链的企业提供物流和金融的集成式服务。

3. 在第四方物流出现后,物流金融才真正进入"金融家族"的概念领域

在这里物流将被看成一种特殊的"货币",伴随着物流的流转一起发生在金

融交易活动之中,"物流金融"利用它特殊的身份将物流活动同时演化成一种金融交易的衍生活动,此时它变成一种特有的金融业务工具,一个特有的复合概念,一门特有的金融与物流的交叉学科。

由于物流与金融业务的相互需求与作用,在交易的过程中产生了互为前提、互为条件的物流金融圈。从供应链的角度看,厂商在发展过程中面临的最大威胁是流动资金不足,而存货占用的大量资金使得厂商可能处于流动资金不足的困境,开展物流金融服务是各方互利的选择,但是,不可回避的是风险问题。而实现风险管理的现代化,必须使物流金融业首先树立起全面风险管理的理念。根据新巴塞尔资本协议,风险管理要覆盖信用风险、市场风险、操作风险等三方面。

在传统的物流金融活动中,物流金融组织被视为进行资金融通的组织和机构;现代物流金融理论则强调:物流金融组织就是生产金融产品、提供金融服务、帮助客户分担风险的同时能够有效管理自身风险以获利的机构,物流金融组织盈利的来源就是承担风险的风险溢价。所以,物流金融风险的内涵应从利益价值与风险价值的精算逻辑去挖掘,切不可因惧怕风险而丢了市场。

12.1.4　物流金融的实施方式与风险

1. 物流金融的实施方式

物流金融的服务和实施方式不可能仅局限于货物质押,我国目前的物流金融服务已经突破了最初的模式,其实施方式主要有如下三种:

(1) 仓单质押。由于仓单质押业务涉及仓储企业、货主和银行三方的利益,因此要有一套严谨、完善的操作程序。首先货主(借款人)与银行签订《银企合作协议》《账户监管协议》,仓储企业、货主和银行签订《仓储协议》,同时仓储企业与银行签订《不可撤销的协助行使质押权保证书》。然后货主按照约定数量送货到指定的仓库,仓储企业接到通知后,经验货确认后开立专用仓单;货主当场对专用仓单作质押背书,由仓库签章后,货主将其交付银行,提出仓单质押贷款申请。银行审核后,签署贷款合同和仓单质押合同,按照仓单价值的一定比例放款至货主在银行开立的监管账户。贷款期内实现正常销售时,货款全额划入监管账户,银行按约定根据到账金额开具分提单给货主,仓库按约定要求核实后发货;贷款到期归还后,余款可由货主(借款人)自行支配。

(2) 动产质押。动产质押是指债务人或者第三人将其动产移交债权人占有,将该动产作为债权的担保。债务人不履行债务时,债权人有权依照本法规定以该动产折价或者以拍卖、变卖该动产的价款优先受偿。前款规定的债务人或者第三人为出质人,债权人为质权人,移交的动产为质物。动产质押是出质人以银行认可的动产作为质押担保,银行给予融资。分为逐笔控制和总量控制两类。

(3) 保兑仓。"保兑仓"是指以银行信用为载体,以银行承兑汇票为结算工具,由银行控制货权,卖方(或仓储方)受托保管货物并对承兑汇票保证金以外金额部分由卖方以货物回购作为担保措施,由银行向生产商(卖方)及其经销商(买方)提供的一种金融服务。通俗一点讲即企业向合作银行交纳一定的保证金后开出承兑汇票,且由合作银行承兑,收款人为企业的上游生产商,生产商在收到银行承兑汇票前开始向物流公司或仓储公司的仓库发货,货到仓库后转为仓单质押,若融资企业无法到期偿还银行敞口,则上游生产商负责回购质押货物。

2. 实施金融物流面临的风险分析

发展金融物流业务虽然能给金融物流提供商、供应链节点企业和金融机构带来"共赢"效果,但提供商却面对各种各样的风险。有效地分析和控制这些风险是金融物流能否成功的关键之一。金融物流提供商主要的风险可以归纳如下:

(1) 内部管理风险。这也是企业中普遍存在的风险之一,包括组织机构陈旧松散,管理体制和监督机制不健全,工作人员素质不高,管理层决策发生错误等。在我国,企业内部管理风险往往较大。

(2) 运营风险。物流企业都会面临运营方面的风险,但从事金融业务的物流公司,由于要深入客户产销供应链中提供多元化的服务,相对地扩大了运营范围,也就增加了风险。从仓储、运输到与银企之间的往来以及和客户供销商的接触,运营风险无处不在。我国的物流运输业还处在粗放型的发展阶段,因此运营风险不容忽视。

(3) 技术风险。技术风险指金融物流提供商因缺乏足够的技术支持而引起的风险,比如价值评估系统不完善或评估技术不高,网络信息技术的落后造成信息不完整、业务不畅等。

(4) 市场风险。主要针对库存质物的保值能力,包括质物市场价格的波动,金融汇率造成的变现能力改变等。

(5) 安全风险。质物在库期间金融物流提供商必须对其发生的各种损失负责,因此仓库的安全、员工的诚信,以及提单的可信度都要加以考虑。还要考虑保存质物的设施能否有效防止损坏、变质等问题。

(6) 环境风险。环境风险指政策制度和经济环境的改变,包括相关政策的适用性、新政策的出台、国内外经济的稳定性等。一般情况下,我国的政治和经济环境对金融物流造成的风险不大,但国际环境的变化,会通过贸易、汇率等方面产生作用。

(7) 法律风险。主要是合同的条款规定和对质物的所有权问题,因为业务涉及多方主体,质物的所有权在各主体间进行流动,很可能产生所有权纠纷。另外,我国《担保法》和《合同法》中与金融物流相关的条款并不完善,又没有其他指导性文件可以依据,因此业务合同出现法律问题的概率不低。

(8) 信用风险。包括货物的合法性、客户的诚信度等,同时信用风险还与上述财务风险、运营风险、安全风险和法律风险等联系密切。

12.2 供应链金融

12.2.1 供应链金融概述

1. 供应链金融含义

供应链金融是相关业务主体根据特定产品供应链上的真实贸易背景和供应链主导企业的信用水平,通过整合上下游中小企业的资金流、物流和信息流来把单个企业难于控制的风险变为供应链整体的易于控制的风险,以企业贸易行为所产生的确定未来现金流为直接还款来源,配合银行的短期金融产品和封闭贷款操作所进行的面向供应链整体的系统性融资安排。

2. 供应链金融与财务供应链的关系

"财务供应链"与"供应链金融"是一对相似而易让人产生误解的概念。传统上,财务供应链是指发生在供应链贸易伙伴之间的一系列连续的交易,具体表现为购买商品或服务并支付过程中的各种操作,例如发送订单、呈递发票、进行支付等。而供应链金融则主要关注向供应链成员企业提供流动性解决方案,以解决在财务供应链中出现的流动资金问题。

财务管理的目标之一是使企业价值最大化,这就要求财务管理能够有效保证企业生产的继起性并有效规避财务困境的干扰。由此可见,有效的供应链金融为实行成功的财务供应链管理提供了一个良好的保证。

另一方面,供应链金融的实施需要财务供应链各个环节的有序衔接、密切配合,同时需要有一套完善的管理体系来提供风险保障、信息共享。因此,完善的财务供应链管理是供应链金融得以成功实施的基础。

12.2.2 供应链金融典型业务流程

准确的需求分析是供应链金融信息化成功实施的前提,因此,熟悉供应链金融的业务流程及相关业务主体需求至关重要。在实践中,供应链金融主要有应收账款类、存货类、预付款类三种主要的模式,具体业务流程如下:

(1) 应收账款类。在这种模式下,金融机构(商业银行)在得到下游购货商的兑付承诺后,以上游供应商(也是融资企业)的应收账款为质押给予融资,到期后债务企业进行偿付(如图 12-1 所示)。① 供应商与购货商发生购货销货交易,形成应收账款;② 购货商向供应商发出应收账款单据;③ 供应商与商业银行订立融资合同,并出质应收账款单据;④ 商业银行向购货商确认应收账款金额并得到购货商的付款承诺;⑤ 商业银行向供应商发放信贷款项(通常以一定折扣);⑥ 购货商到期向商业银行支付款项;⑦ 商业银行与供应商注销融资合同。应收账款类典型业务有应收账款质押融资、订单融资、国内保理等。

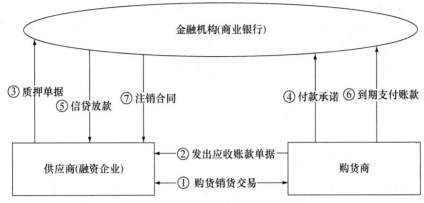

图 12-1　应收账款类典型业务流程

（2）存货类。在这种模式下,第三方物流企业受金融机构（商业银行）委托监管质押物（存货）,协同完成供应链金融的业务流程（如图 12-2 所示）。① 融资企业向商业银行申请融资;② 在订立相关合同后,融资企业向商业银行指定的第三方物流企业交付抵押物或质押物;③ 第三方物流企业根据融资企业的抵/质押情况向商业银行出具评估证明;④ 商业银行根据符合相关要求的评估证明向融资企业发放信用贷款;⑤ 信用期满融资企业向商业银行追加保证金或偿还贷款;⑥ 银行根据融资企业保证金追加情况或贷款偿还情况向负责监管货物的第三方物流企业发出发货指令;⑦ 负责监管的第三方物流企业向融资企业发放回被抵押或质押的货物。存货类典型的业务有融通仓业务、动产质押融资、仓单质押融资等。

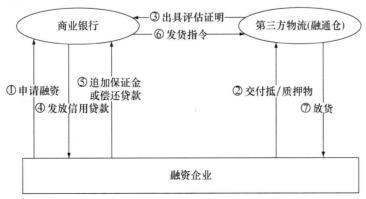

图 12-2　存货类典型业务流程

(3) 预付款类。在这种模式下,金融机构(商业银行)与仓储监管方(第三方物流企业)配合对货权进行控制、监管,在得到下游购货商(即融资企业)的保兑承诺后给予融资服务(如图 12-3 所示)。① 购货商与供应商发生购销业务;② 购货商(融资企业)与商业银行签订融资协议并支付保证金;③ 商业银行向供应商支付货款;④ 供应商直接将货物发往第三方物流的监管仓库;⑤ 购货商(融资企业)根据经营需要向商业银行追加支付保证金;⑥ 商业银行根据保证金金额通知第三方物流仓储监管方向购货商发放货物;⑦ 第三方物流仓储监管方根据银行指令向购货商发放货物。预付款类典型的业务有保兑仓业务。

12.3 电子供应链金融

12.3.1 电子供应链金融含义

从银行层面上看,供应链金融(Supply Chain Finance,SCF)是商业银行信贷业务的一个专业领域;从企业层面上看,它为企业尤其是中小企业的一种融资渠道。它具体是指银行向自己公司的大客户,即核心企业,提供融资和其他结算、理财服务,同时向这些客户的供应商提供货款及时收达的便利,或者向其分销商提供预付款代付及存货融资服务。简单地说,就是银行将核心企业和上下游企业联系在一起提供灵活运用的金融产品和服务的一种融资模式。这看似与传统的保理业务及近几年来国内大行其道的货押业务(动产及货押权抵/质押授信)

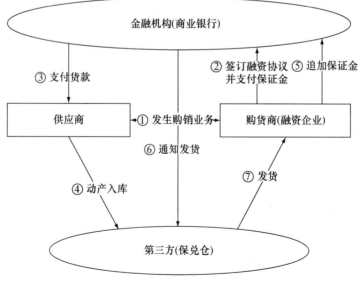

图 12-3 预付款类典型业务流程

非常接近,但其中的一个明显区别就是,保理和货押只是一种单纯的贸易融资产品,供应链金融是核心企业与银行间达成的一种面向供应链所有成员企业的系统性融资安排。

线上供应链金融(Online Supply Chain Finance,OSCF),也叫做电子供应链金融(Electronic Supply Chain Finance,ESCF),是金融业与基于供应链管理的实体产业之间,通过信息化协同合作后的供应链金融的新趋势和高级阶段,包含电子商务交易、在线支付、交易融资和物流管理等多个环节,是复杂性金融创新产品,它将物化的资金流转化为在线数据,其最核心的融资平台可以与企业电子商务平台、物流企业的物流供应链管理平台,以及支持融资结算等资金支付服务的支付平台进行实时无缝嵌入。

通过与电子商务平台对接,节点企业可与核心企业在线进行下单签约、融资出账、支付结算以及还款等商务活动;与物流供应链管理平台的对接可以为那些采用存货型融资模式的企业提供抵押或质押、入库、赎货等服务的在线办理。同时,物流监管方(一般是物流企业)可以通过该系统实现对抵押物或质押物的统一管理,加强与银行之间的协作关系,保障了银行与物流监管方的信息对称性。此外,由于与银行在线支付平台紧密衔接,银行可以随时监控资金流的动向及安全,进行融资风险的控制与监管,因此线上供应链金融将商务交易与金融活动的各方参与者相联系起来,实现商务流、资金流、物流、信息流的数据统一与实时共享,据此银行可以为供应链上的核心企业或者节点企业提供全方位、全流程和多层次的线上金融服务。

12.3.2 电子供应链金融的协同运作架构模型

如图 12-4 所示,电子供应链金融协同运作架构包括线上供应链金融交易平台、在线支付交易平台、电子商务平台、物流与供应链管理平台四大平台的无缝连接协作;外部环境监管者包括政府机构以及工商企业;参与主体包括商业银行、物流企业、核心企业及其供应链上游企业。线上供应链金融通过四大平台的协作运行,使企业商务活动与银行金融服务实现了线上整合,这对供应链管理与金融 IT 的实践应用具有重大的意义,不仅为各个参与主体提供了一个多方协作共赢的平台,也为外部环境监管者提供了一个更有效的监管通道。

(1) 核心企业通过电子商务平台与上下游企业进行真实的线上贸易活动,提高贸易效率;在线上供应金融交易平台中为节点企业提供融资的相关背景确认及担保,实现与银行的协作;同时利用物流供应链管理平台及时了解上下游企业的货物库存管理及物流运输情况,合理安排产供销进度,使供应链管理效率得以提高。

(2) 供应链中的上下游节点企业在电子商务平台与核心企业发生真实的线

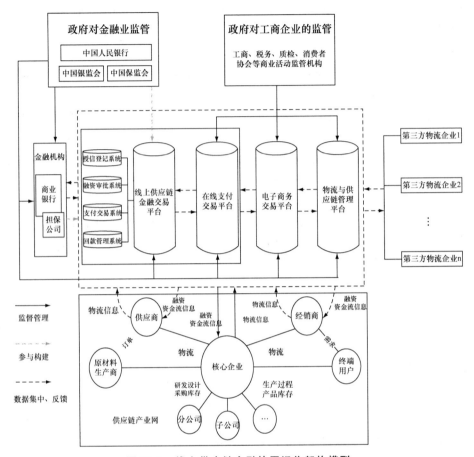

图 12-4　线上供应链金融协同运作架构模型

上贸易活动以后,在线上供应金融交易平台上申请银行授信支持,并利用在线支付交易平台进行支付结算等资金活动,以及在物流与供应链管理平台上及时了解自己的货物发送或者存货质押管理情况。

(3) 物流企业主要通过线上物流与供应链管理平台实现电子化的物流运输管理及存货监管,最大限度地发挥自身与供应链的协同效应,在执行好自己的基础物流配送和监管职能的同时,为整个线上供应链金融中的各个参与主体提供全面的物流信息服务。

(4) 商业银行通过线上供应链金融系统中的四大平台为供应链上的各家企业提供融资、支付、结算、账户管理、财务咨询等线上综合金融服务,并实时跟踪监控整个线上供应链金融的资金流和信息流,及时掌握每条供应链的运营情况,从而保障供应链金融安全稳定地循环运作。

(5) 外部监管者,如中国人民银行、银监会、保监会和政府工商、税务、质检、以及消费者协会等政务部门,也可通过接入线上供应链金融的四大平台,完成对整个线上供应链金融全过程的监管。

12.3.3 电子供应链金融的产业价值链模型

电子供应链金融的产业价值链由基础支付层、供应链金融服务层、供应链实体产业层和系统监管层四层构成,这四个层次结构是相互联系又相互独立的有机整体。各信息系统之间的对接是信息交互与信息共享实现的保障,接口报文标准是系统对接的关键和基础。接口的标准化问题关键要解决:第一是处于基础支付层的人民银行的中国现代化支付系统及其与各家商业银行资金清算系统的接口标准化;第二是商业银行的供应链金融服务系统与电子商务交易系统、企业 ERP 系统、物流与供应链管理系统以及相关的协同监管系统之间的接口标准化(如图 12-5 所示)。

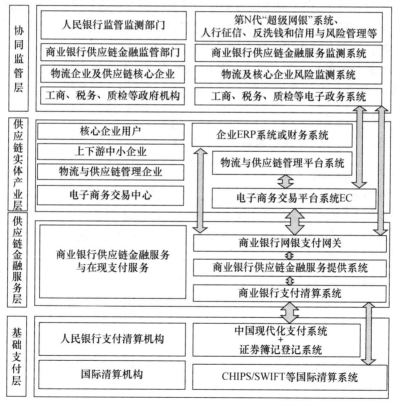

图 12-5 线上供应链金融的产业价值链模型

(1)基础支付层。包括国内和国际的清算机构组织,国内为中国人民银行清算机构,其提供支付服务的系统为中国现代化支付系统;国际为国际支付清算组织,它们提供 CHIPS、SWIFT 等国际清算系统。基础支付层的主要功能是规范链接国内外的支付系统,这是线上供应链金融支付功能得以顺利实现的基本保障。

(2)供应链金融服务层。该层主要是供应链金融服务和在线支付服务的提供商,主要是商业银行,也可以是第三方独立机构。该层结构主要由商业银行提供的网银支付网关、供应链金融服务系统以及商业银行内部的支付清算系统组成。供应链金融服务层是提供供应链金融服务的关键层,是线上供应链金融的核心。

(3)供应链实体产业层。包括除商业银行以外的线上供应链金融其他参与主体,有核心企业用户、上下游中小企业、物流与供应链管理企业以及电子商务交易中心,主要由实体企业构成。它们将各自的应用系统接入线上供应链金融服务系统,能满足不同参与主体的信息需求,将企业 ERP 系统或财务系统、物流与供应链管理系统、电子商务交易平台系统等交易支付信息流汇总整合,形成有序的信息共享机制。实体产业层为线上供应链金融提供业务数据,完成金融交易全过程。该层是线上供应链金融的主要参与层。

(4)系统监管层。该层设立的目的是提高政府对金融市场秩序的规范和管理的效率,便于各个外部监管者实现协同监管,着重于金融监管、质量监管、税务监管等,有利于金融以及政府监管部门职责功能的划分和利益分配机制的实现。

12.3.4 电子供应链金融融资模式选择

电子供应链金融是基于电子商务交易全过程的在线融资模式,这种高效协同的融资模式通过对供应链商流—物流—信息流—资金流四流的全程掌控将上游供应商企业、核心企业以及下游经销商企业紧密结合在了一起。在整个供应链营运周期中,真实的商流作为融资的驱动力,引发资金的流动和真实的物流运作,所以可以得到整条供应链连续的信息流,从而使资金流可以在各方的监控下进行闭环运作。因此线上供应链金融融资产品也是针对供应链上交易运作流程的各个环节进行设计的,以解决供应链上节点企业的不同需求,它贯穿于生产经营全过程和各环节。图 12-6 是线上供应链金融的全程资金融通模型。

将整个供应链营运周期分为供应商营运阶段和经销商营运阶段。在供应商营运阶段,从供应商收到核心企业订单开始,可进行订单融资;在产品生产阶段,供应商可以选择动产融资或者仓单融资;供应商完成交货并收到核心企业的验货单以后,供应商可以进行保理或者应收账款融资。直到核心企业付款给供应商,此阶段资金融通过程结束。在经销商营运阶段,由于核心企业一般处于强势地位,经销商大都需要支付预付账款,部分经销商因此存在短期资金周转困难问题,在此阶段,经销商可以进行线上供应链融资以解决资金难题。

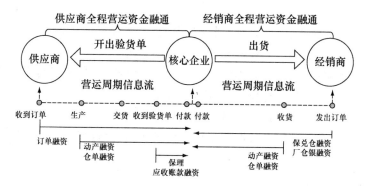

图 12-6　线上供应链金融的全程资金融通模型

从发出订单开始,可以进行保兑仓融资或者厂仓银融资;或者经销商收到货物以后,可以进行动产融资或者仓单融资,来支付核心企业全部货款。这两个阶段最终形成一个营运周期,线上供应链金融覆盖供应链生产营运的所有环节,满足不同客户的资金需求,同时由于可获得完整的信息流,银行方面也加强了资金流的监控,降低了银行风险。根据质押物和融资目的不同主要分为应收型供应链融资、存货型供应链融资和预存型供应链融资。

12.4　电子商务物流供应链中的新技术

12.4.1　基于云计算的云物流

1. 云计算含义与特点

目前,对于云计算的概念并无统一标准的定义,但是,云计算最核心的本质,在整个IT界已得到了基本统一。简单来说,云计算是将基础设施、数据、应用等IT资源以服务的方式,通过互联网提供给用户的商业模式,它融合了自动化、虚拟化等多种技术,通过整合、共享及更有效地利用现有资源,实现多层次的简化与成本降低。

云计算的特点有:

(1) 资源规模化。云计算把海量的计算资源集中到一个公共资源池中,通过共享的方式实现这些资源的价值。一方面提高资源利用率,另一方面实现规模经济效益。

(2) 资源虚拟化。云计算管理软件将整合的计算资源根据应用访问的具体情况进行动态调整,为用户提供弹性的云服务。

(3) 系统可靠化。云计算分布式数据中心将云端用户信息备份到地理上相互隔离的数据库主机上,大大提高安全性和容灾能力并进一步确保服务的可靠性。

（4）服务扩展化，云计算平台根据 SPI 架构在各层集成各种功能的软硬件设备和中间件，满足用户的各种业务需求以及变化。

（5）服务通用化，云计算不针对特定的应用服务，而是根据实际需求构建出多样的应用服务，支撑各种应用服务的运行。

（6）成本低廉化，云计算本身的定义决定服务的低成本。用户采用云计算服务，不但省去了基础设备的购置费用和维护费用，而且可更加灵活地定制自身需求的服务。

2. 云计算架构

云计算发展到今天，依旧没有严格的、统一的标准体系架构。目前云计算的研究主要分两个方面：一是针对企业业务的管理、基础设施的管理和云服务理念的研究；二是应用服务的研究，不断完善商业模式、服务模式和交互模式。无论哪个方向的研究，都是为了能够提供更好的云服务。

总结各大主流提供云计算服务的厂商如微软、IBM、谷歌、亚马逊等的云计算架构体系，目前云计算架构主要是以面向服务为主的架构，包括三个层次：基础层、服务层、接口层（如图 12-7 所示）。

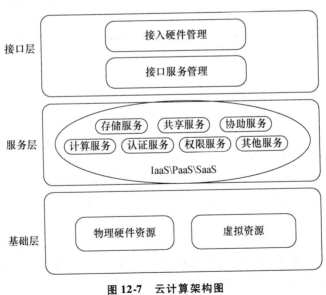

图 12-7 云计算架构图

（1）基础层：对物理硬件资源和利用集中、分布及虚拟技术构造出的虚拟资源进行统一管理，实现对资源的监控、动态合理的部署，以及高效快速的调度分配。

（2）服务层：主要为用户提供包括权限、认证、数据存储、共享、分类归档、备份、技术远程协助、大规模计算等各类应用服务。目前,基本的服务模式包括 IaaS,PaaS 和 SaaS。用户根据自身需求,选择合理的服务形式,获取相应的云服务。

(3) 接口层:主要实现对用户使用各类终端工具接入云系统的管理,包括硬件方面,通过各类接口连接服务器,完成云服务的获取;软件服务方面,连接硬件的接口服务程序。目前,用户使用的接入网络类型中,万维网凭借速度快、普及广等特点,赢得大多数的用户。因此,万维网浏览器成为主流访问云端服务的软件工具,同时也出现了大量相关的服务软件。另外,由于云服务访问接口并没有严格的统一规范,各大服务厂商提供了各种不同的服务接口。

3. 云物流与物流云概念

云物流是在现代物流管理模式中引入云计算的理念,依靠大规模的云计算处理能力、标准化的作业流程、灵活的业务覆盖能力、精确的环节控制、智能的决策支持以及深入的信息共享,建立云计算服务平台,完成物流行业的各个环节活动。该模式是一种介于直营和加盟之间的探索性模式,吸收了直营的快递企业和加盟快递企业的优点,将终端放出去,以人作为平台的核心部分,以直营的方式进行管理,同时提供一个公共的信息集成平台,让商家和各电子商务企业能加盟该平台以进一步实现信息共享。云物流也被称为云快递,这是由星辰急便董事长陈平先生最先所提出来。

物流云是通过云技术将涉及物流活动的所有企业和信息结合起来,将计算服务器、存储服务器和网络资源等虚拟化,形成"云",向用户提供服务,各种应用能够根据需要从"云"中获取计算力、存储空间和软件服务,实现资源的按需分配。对信息进行整合,提供整体的信息、数据的自动传递,很大程度上降低了 IT 成本。

智慧的物流云是基于云计算技术的智慧物流方案,将物联网应用在物流领域,以提高货物仓储、运输等智能化的水平,像是给物流业装上了智能大脑。物流云融合了云计算、物联网、优化分析和智能分析的技术成果,将企业、物流及服务连成一体,提高了供应链的发展水平,还能将物流行业闲散的资源汇集起来,为中小企业开源节流,降低成本,使得企业获得良性发展。

4. 云物流设施思路

云物流主要是围绕消费者在时间和空间上的需求,由政府、B2C 电子商务企业、物流承运商/加盟商和客户共同参与构建,处理商品从运输、装卸、包装、仓储、加工、拆并、配送等各个环节中产生的各种信息,使信息能够通过物流信息平台快速准确地传递到相关企业和消费者。其实施思路主要包括:

(1) 整合海量的订单信息,集成物流资源。云物流管理模式下建立的云物流信息平台,不仅需要整合海量的客户订单,还需要集成成千上万的快递公司、物流承运商、加盟商、分拨点、代送点,充分利用这些物流资源,建立起规模效应,使相关企业通过一台电脑连接云物流信息平台即可查看所有信息。

(2)建立统一标准,保证物流透明化、标准化。通过云物流信息平台建立统一的平台标准,使运单查询流程、服务产品、收费价格、售后服务、保险费用等都标准化和透明化,解决物流行业标准不一的最大问题,如此不仅可以降低物流成本,而且还能提高物流服务质量和客户满意度。

5. 云物流系统体系框架

基于云物流的概念,一个基于服务和面向多用户的云物流体系框架建立起来(如图12-8所示)。

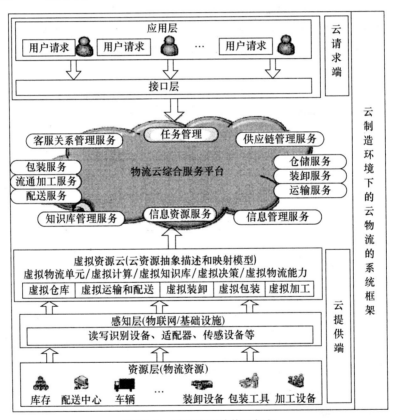

图 12-8 云物流系统体系框架

云物流体系框架由云提供端(云物流服务提供者)、云请求端(云物流服务使用者)和云物流服务平台(云物流服务运营商,第三方)共同组成。云提供端通过云物流平台提供相应的物流资源和物流能力;云请求端通过云物流平台提出自己的物流服务要求;云物流服务平台根据云请求端提交的任务请求,在各项云端化技术、云服务管理技术、云安全技术和云物流模式的支持下对各项物流资源和物流能力进行自动寻找和匹配,并将其封装成标准化的物流服务,为用户提供透明的、动态的、智能化的按需服务。

云物流的体系架构由以下六个层次构成:

(1) 资源层:该层主要功能是提供各类实际的物流资源和能力,如仓库、叉车、运输车辆、包装设备、加工设备等。

(2) 感知层:该层的主要功能是通过嵌入式云终端技术、物联网技术将各类物流资源和能力接入物流服务平台中,实现物流资源和能力的全面感知和互联,为云物流资源的服务封装化提供接口。

(3) 云物流虚拟资源层(虚拟资源云):该层主要功能是将接入平台中的各种物流资源和能力汇聚成虚拟的物流资源和能力,形成逻辑上的虚拟资源云,解除物流硬资源和软管理上的紧密耦合关系。将物流资源和能力封装成物流服务,发布到云物流服务平台上,供云物流服务请求端进行搜索。

(4) 云物流服务平台:该层向上面对云物流服务请求方,向下面对云物流服务提供商,为云物流服务的综合管理提供操作平台以及各种核心服务和功能,包括向云物流服务提供端提供云物流服务标准化与接口管理、用户管理、服务管理、数据管理、系统管理和维护、信息发布管理等;向云物流服务请求端提供云物流任务管理、服务的智能匹配、搜索管理和调度管理等。

(5) 接口层:该层的主要功能是向物流服务请求方提供专业的应用接口以及用户注册、验证等管理。

(6) 应用层:该层面向所有的物流领域内的企业。不同的企业用户只需要通过云物流服务平台以及各种用户接入终端(手持移动终端、个人电脑、专用终端等),就可以访问和使用云物流服务平台上的各种云物流服务。

6. 云物流的关键技术

云物流系统是一个复杂的虚拟化应用系统,需要设计新的物流流程(如基于云的配送流程)、开发新的物流服务(如基于云的订单获取)、建设新的虚拟化系统和平台(如基于云的仓库管理系统)。其中涉及的关键技术大致可以分为:物流资源虚拟化技术、物流资源的智能感知与接入技术、云物流下物流资源和能力的集成管理和一体化调度技术、云物流服务的普适性人机交互技术。

(1) 物流资源虚拟化技术。物流资源虚拟化技术是云物流不可或缺的核心支撑技术之一。它打破了真实世界中软管理和硬资源之间的紧密耦合关系,去除了各种物流资源和能力归属管理的复杂性,实现了对各种物流资源和能力的灵活组织,构建了透明化的可伸缩的物流资源环境,提高了物流资源和能力的使用效率,发挥了物流资源和能力的聚合能力,并为用户提供个性化和普适化的物流资源使用环境。

(2) 物流资源的智能感知与接入技术。借助物联网等相关技术能够将各种物流资源和能力纳入云物流的管理范围内,对于物流资源类的硬件资源,通过RFID、无线传感器和智能嵌入式等技术可以实现对它们的智能感知和识别,并实现信息的控制管理和反馈;对于物流能力类的软资源,可以抽象成资源描述模板,实现标准化的平台接入。

(3) 云物流下物流资源和能力的集成管理及一体化调度技术。物流资源的集成管理技术将所有的物流资源和能力集中在一个共同的物流服务平台上,实现统一的调配和管理。对于资源供应方来说,可以最少的成本迅速提供服务,资源可优化配置,服务实现标准化;对资源需求方来说可以实现广泛的接入,按需得到快速、标准、弹性、低廉、高质量的物流服务。物流资源的虚拟化、智能感知和接入以及集成管理是中小型物流企业能够更好地生存和发展的一个很好且可行的解决方案,物流公司不必再花费精力去寻找客户和渠道,不必再购买昂贵的专业软件,它们可以把这些事情都交给物流服务平台,而自己可以集中力量发展核心业务。物流资源的一体化调度技术主要研究和支持云物流服务平台对物流资源的组织、管理和一体化调度等操作,主要包括物流服务按需动态敏捷构建技术以及物流资源透明使用和动态调度技术。

(4) 云物流服务的普适性人机交互技术。在云物流系统中,借助虚拟化技术,具体的物流资源和物流服务之间的关系是松散的,平台的用户界面和使用环境之间的关系也是松散的,即用户界面与终端接入设备、交互方式和运行环境之间没有依赖关系。这种松散的关系为云物流服务向所有的物流用户提供高效率的、普适性的人机交互环境提供了可能。在云物流过程中,包装、仓储、拣选、运输、配送、装卸各应用环节对用户界面的需求不同,使用的接入设备也不相同,用户需要普适化的人机交互技术为其提供满足个性化需求的用户界面。

12.4.2 物联网技术及其在电子商务物流中的应用

1. 物联网概念

物联网是新一代信息技术的重要组成部分,其英文名称是"The Internet of Things"。由此,顾名思义,"物联网就是物物相连的互联网"。这有两层意思:第一,物联网的核心和基础仍然是互联网,是在互联网基础上延伸和扩展的网络;第二,其用户端延伸和扩展到了任何物品与物品之间,进行信息交换和通信。物联网就是"物物相连的互联网",它利用局部网络或互联网等通信技术把传感器、控制器、机器、人员和物等通过新的方式联系在一起,形成人与物、物与物相连,实现信息化、远程管理控制和智能化的网络。物联网是互联网的延伸,它包括互联网及互联网上所有的资源,兼容互联网所有的应用,但物联网中所有的元素(所有的设备、资源及通信等)都是个性化和私有化的。物联网的概念模型如图12-9所示:

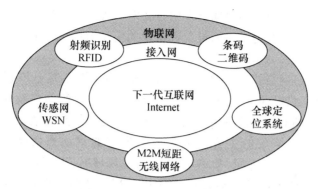

图 12-9 物联网的概念模型

2. 物联网的体系

根据国际电信联盟的建议,物联网自底向上可以分为(如图12-10所示):

图 12-10 物联网的总体架构图

(1)感知层:该层的主要功能是通过各种类型的传感器对物质属性、环境状态、行为态势等静态/动态的信息进行大规模、分布式的信息获取与状态辨识,针对具体感知任务,常采用协同处理的方式对多种类、多角度、多尺度的信息进行在线计算与控制,并通过接入设备将获取的信息与网络中的其他单元进行资源共享与交互。

(2) 网络层:网络技术的发展为物联网提供了可靠的信息传递通道,使物物互联成为可能。借助 WIFI/Zigbee 等无线网络、传统有线网络及运营商移动网络,感知层采集到的物体信息能够及时可靠地传输、共享,是物联网的保障。具体包括:① 接入:该层的主要功能是通过现有的移动通信网(如 GSM 网、TDSCDMA 网)、无线接入网(如 WiMAX)、无线局域网(WiFi)、卫星网等基础设施,将来自感知层的信息传送到互联网中。② 互联网:该层的主要功能是以 IPv6/IPv4 以及后 IP(Post-IP)为核心建立互联网平台,将网络内的信息资源整合成一个可以互联互通的大型智能网络,为上层服务管理和大规模行业应用建立起一个高效、可靠、可信的基础设施平台。③ 服务管理:该层的主要功能是通过具有超级计算能力的中心计算机群,对网络内的海量信息进行实时的管理和控制,并为上层应用提供一个良好的用户接口。

(3) 应用层:该层的主要功能是集成系统底层的功能,构建起面向各类行业的实际应用,如生态环境与自然灾害监测、智能交通、文物保护与文化传播、远程医疗与健康监护等。

基于目前物联网的发展现状,特别是针对传感器网络的技术复杂性和非成熟性,应深入开展传感网的核心技术研究。预计未来将进一步推进芯片设计、传感器、射频识别等技术的发展,在此基础上逐步开展感知层的网络(核心为传感器网络)与 IP 网络的整合,扩展服务管理层的信息资源并探索商业模式,以若干个典型示范应用为基础推进物联网在各个行业的应用。同时,在各个层面开展相关标准的制定。

3. 物联网对物流各个环节的影响

(1) 运输环节。这一环节牵涉的因素很多,如人、货、运输工具以及路径等等。这些因素其实是物流环节中最为复杂的因素,比如说人,在运输环节中很重要的人就是司机,司机可以说是物流环节中最难管理的一部分。物联网技术的引入,将一定程度上改善上述问题。比如可以在车辆上按照 GPS 定位装置,安装各种各样的传感器,这些标签和传感器可以在运输途中将相关信息传回数据中心,数据中心可以根据这些信息来判断整个运输过程是否正常,如车辆的位置信息、货物的温度信息、车辆的油压信息等,国外的公司甚至可以支持货物的实时视频。这样运输车辆就可以在数据中心的关注下按照合理的路径完成运输环节,传感设备除了与中心通讯外还实时和司机互动,如车速过快的提醒,货物有异常状态的提醒等。通过这些智能的手段,上述问题可以得到有效的解决,保证运输环节更加有效、安全地执行。

（2）库存环节。大量的物流公司、生产企业都有自己的仓储中心，来实现货物的存放。通常有一些货物的存放条件比较苛刻，比如药品对温度和湿度有要求，而玻璃制品则对挤压有相关要求等。在物联网时代，我们可以通过传感芯片来感知这些信息，比如在货物上贴上电子标签，当物品入库时，货架上的识读设备会自动将出入库信息传送到数据中心；在货物存放的时候，传感器和电子芯片就负责将各种中心关注的货物状态和数据上传，比如货物的温度、货物的有效期等。而这些信息都可以通过数据中心进行处理，从而实现管控功能，也可以作为一种信息服务，帮助将货物托管在仓库里的商户更为准确地了解到货物的相关信息。

（3）装卸环节。现在可以通过电子标签的方式实现自动化的装卸，比如当货物从流水线送到车辆上时，流水线上的识读设备可以实时记录相关货物的装卸信息。而这些信息又会实时汇总到数据中心，管理者将利用这些信息实现更好的管理，同时掌握库存的情况。

（4）产品增值环节。本环节通常包括包装、加工和信息服务等。有些货物具有特殊的属性，如易爆、易燃等；有些货物对存放环境要求较高，如冷冻食品等。这些产品在流通和加工过程中如果处理不当往往会带来巨大的安全事故，造成人员伤亡与财产损失，同时影响到环境。目前国内在这块的监管措施还比较单一，通过引进物联网技术可以有效地改善这些问题，装配工人可以通过物联网获取产品的相关属性以及安装和加工的注意事项，减少安全事故的发生。比如，在封装易爆品时，流水线上的设备会检测出易爆品的相关属性进而通知安装工人要小心该易爆品。对于那些特殊的产品甚至可以采用自动加工的方式，通过物联网芯片实时地把情况反馈上来。可见针对包装和加工的环节，物联网技术可以有效防止安全事故的发生，同时提高工作的效率。

（5）信息服务商。通过数据中心，可以获取大量在物流过程中的信息（库存信息、存储信息、销售信息等），这些信息可以被推送给生产企业、物流中心、消费者等供应链中的每个角色，并进行数据分析，如借助真实的销售信息协助生产企业制订详细的生产计划，帮助经销商调整进货计划等。对于消费者来说，物联网信息服务带来的是革命性的便利，比如消费者在超市买了一块猪肉，通过物联网信息服务便可以查询该猪肉的产地、运输过程、屠宰过程等各个环节，增强了使用信心，让假货无所遁形。

（6）配送环节。配送环节主要包括两项工作："配货"以及"送达"，在物联网技术的支持下，通过数据中心获取货物的信息可以实现更加合理的配货，包括订单的整合。比如经常上网购物的朋友，有时会发现一天要签收3—4次货物，这就给客户带来了不便。通过物联网技术我们可以在配货环节将相关的信息进行梳理，如发现收件人是同一个人的，系统可以将这些订单整合在一起统一配送,这样既提高了效率又节约了成本。货物的送达在物流环节也是非常关键的,通过物联网技术可以实时将相关的节点信息采集至数据中心,作为管理者或者客户可以很简单地监控整个货物的送达过程。

4. 物联网在物流行业中的应用

(1) 与日常生活密切相关的物品智能可追溯网络系统。在"物联网"的构想中,RFID 标签中存储着规范而具有互用性的信息,通过无线数据通信网络把它们自动采集到中央信息系统,实现物品(商品)的识别,进而通过开放性的计算机网络实现信息交换和共享,实现对物品的"透明化"管理。比如农产品的溯源项目,可通过质量追溯系统,采集食品质量信息和种植、养殖加工过程中与质量相关的数据,建立质量信息数据库,并通过先进的条形码识别技术对产品质量进行追溯。配合仓储物流的规范化管理,质量追溯系统除了能对产品质量进行追溯外,还能对产品的物流状态、销售环节定位跟踪。通过信息化的手段,对农产品质量安全进行"数字化"管理,为食品建立"身份证"制度,试点食品实行条码销售后,消费者可以利用追溯条码通过短信、互联网、触摸屏等方式查询蔬菜产品的相关信息,从而实现"知根溯源",放心消费。

(2) 可视化、智能化的管理网络系统,目前主要被应用在汽车移动物联网(车联网)上。主要是基于 GPS 卫星导航定位技术、RFID 识别技术、传感器感知技术等多种技术,借助互联网和数据通信手段,在物流过程中进行实时车辆定位、运输物品监控、在线调度与配送可视化管理。

(3) 智能化的物流配送中心,包括智能物流中心以及智能配货的信息化平台的搭建。人们利用传感器、RFID、声、光、机、电、移动计算等各项先进技术,借助配送中心智能控制、自动化操作的网络,解决物流配送作业过程中大量的运筹和决策,如库存水平的确定、运输搬运路径的选择、自动导向车的运行轨迹和作业控制、自动分拣机的运行、物流配送中心经营管理的决策支持等问题,以实现商流、物流、信息流、资金流的全面协同。例如当今的流通领域已将物流的高科技(自动分拣机、自动化立体仓库、信息处理及通讯自动化等)广泛应用于配送中心,虽然物流智能化依然是目前的一个技术难题,但它将成为电子商务和物联网发展相结合的物流行业的一个新的发展趋势。

12.5 电子商务物流供应链管理中的新理念

12.5.1 精益物流

精益物流(Lean Logistics)是起源于日本丰田汽车公司的一种物流管理思想,其目标是消灭物流过程中包括多余库存在内的一切浪费,并据此采取一系列具体措施。它是精益思想在物流管理中的应用。精益思想的核心就是以越来越少的投入——人力、物力、时间和场地创造出尽可能多的价值,同时也越来越接近用户,提供他们确实需要的东西。精确地定义价值是精益思想的关键,物流管理专家从物流管理的角度对精益思想加以借鉴,并与供应链管理的思想融合起来,提出了精益物流的新概念。

精益物流是运用精益思想对企业物流活动进行管理,其基本原则是:

(1) 从顾客的角度而不是从企业的角度来研究业务活动的价值。

(2) 按整个价值流确定供应、生产和配送产品中所有必需的步骤和活动。

(3) 创造无中断、无等待、无回流的增值活动流。

(4) 及时创造由顾客需求拉动的有价值活动。

(5) 不断消除物流过程中的浪费现象,追求完美。

精益物流的目标可概括为:企业在提供客户满意的服务水平的同时,把浪费降到最低程度。企业物流活动中的浪费现象很多,常见的有无需求造成的积压和多余库存、不必要的流通加工程序、不必要的物料移动、因供应链上游不按时交货而等候、提供顾客不需要的服务等,努力消除各种浪费现象是精益物流最重要的内容。

精益物流的根本目的就是要消除物流活动中的浪费现象,有效地识别浪费是精益物流的出发点。为此,物流专家经过研究提供了一些工具,其中最常用的工具是过程活动图和实体结构图。运用供应链管理的整体思维,站在顾客的立场,无限追求物流总成本的最低是精益物流的真正核心所在。

12.5.2 精益供应链管理

1. 精益供应链管理的概念

精益供应链管理(Lean Supply Chains Managment,LSCM),源于精益生产管理,是指对整个供应链的环节包括上游和下游的链条进行优化和改造,免除不必要的步骤、耽搁、等待以及消耗,消除企业中的浪费,最大限度地减少成本,满足客户需求的一系列对供应链计划、实施和控制的过程。

精益供应链管理要求上下游共同努力消减整个流程的成本和浪费情况。单个的行业能够在内部实施精益生产,但精益供应链要求上下游企业共同合作,并不是简简单单将诸如存货和成本推给供应商就万事大吉。实际上,这是所有供应链参与者协调一致的努力结果,只有合作才能建立精益供应链管理。

企业的战略取向不同,企业衡量成功的标准也就不同:当企业采用"精益"理念时,"成本"是成功的标尺。成本的定义不是指产品的生产成本,而是指供应链中产品交付过程的总成本:总成本 = 实物处理的成本 + 在市场中适销性成本。

上面公式中的实物处理成本包括所有生产、分销和存储的成本,这部分的成本直接与企业的效率有关;而在市场中适销性成本则是指因过期或缺货而导致的损失和成本,在以前传统的成本计算中企业并没有考虑这部分成本,但是在当今残酷的竞争环境下,消费者对于品牌的忠诚度已大不如前,这部分由过期或缺货而产生的成本是无法弥补的,更应引起企业的充分重视。

2. 精益供应链管理的特征

(1) 结构体系简洁。这是供应链建模的重要原则。简洁的供应链能减少不确定性对供应链的负面影响,且可使:① 生产和经营过程更加透明;② 非创造价值的活动减少到最低限度;③ 定单处理周期和生产周期缩短。

(2) 面向对象的供应链模式。面向对象的供应链是以订单为驱动,以订单为对象,实现"一个流供应,一个流生产,一个流分销"。

(3) 非线性系统集成模式。集成是先进制造系统实现再造工程的重要方法与手段,供应链的集成不是简单的企业兼并式集团化,而是一种松散的耦合集成——凝聚与扩散的有机结合:有不同形式的企业组织的联合式的集成;有企业间的技术交流与扩散,即融合形式的集成;有不同学科间的交叉形式的集成。这是一种非线性、协同方式的集成,使系统实现"1+1>2"的总体效果。

(4) 独立制造岛的生产模式。网络化制造使企业组织形式从"机械型"向"生物型"转变,基于这种生产模式将向单元化独立制造岛型转变。这种生产单元具有自我组织优化的能力。为此,企业业务流程需要重组,实行强强联合,简化生产过程关系结构,使每个企业都专注于自己最拿手的工作和项目,通过互联网和 EDI 等现代电子商务技术,以虚拟组织的形式形成跨地区跨部门的动态联盟,这种精细的供应链模式是未来的发展方向。

(5) 采购与供销一体化的物流系统。精细生产如果没有精细的供应与分销系统与之相配,整个供应链就达不到"三个一个流"的精细运作,因此,精细的供应链应实行 JIT 采购法使之与 JIT 生产相适应。

(6) 基于互联网/EDI 的电子业务模式。现代信息技术改变了商务通信与交易方式,互联网、EDI 等技术的日益成熟使供应链企业间的业务往来速度更快,大大降低了交易成本和其他业务往来投资。目前,电子商务有两种模式:基于互联网的电子商务和基于 EDI 的电子商务。由于互联网商务更为方便且费用更低,因而中小企业也能进入电子商务行列,形成两种模式并存共融的局面。

(7) 动态联盟的组织形式。动态联盟建立在"强一强"联合思想之上,它使企业从"公司制"变为"联邦制",使企业以最小的组织实现最大的权能。从精细的思想来看,它能获得较好的成本效率,其成本效率来自优化的成本结构和虚拟结构的冗余的减少。

(8) 开放式的企业信息系统。集成化的供应链模式,企业之间要求有较好的信息透明度,供应商、制造商、分销商之间应保持较好的沟通和联系,达到信息共享,使供应链达到并行化、同步化。要实现这种运营模式,企业的信息系统不再是封闭孤岛式的企业信息系统,而是建立在互联网之上的开放式的信息系统,也称合作式信息系统。

3. 精益供应链管理需要六项核心能力

Kate Vitasek,Karl Manrodt 和 Jeff Abbott 三位专家专门进行了调查研究,表示六项能力应该同时同等重要地加以关注。如果谁想建立精益供应链,就必须以相同速度并且同等地对待这六项技能。

(1) 需求管理能力。精益原则的基础是产品是由实际消费者需求而带来的"推力",并非是企业竭尽全力将产品"推向"市场的结果。最理想的状态是销售终端(POS)的数据能实时地传送到整个供应链中的所有合作伙伴那里,从而使每一层的供应商都能接收到消费者的需求信息。以吉利公司为例,该公司从零售商那里的 POS 系统中接收真实的需求数据,通过这些数据建立补货订单,将合适的产品数量送往每一家商店。目前,该公司正在研发 RFID 技术(即平时所谓的电子标签),目的就是持续监控存货,并且当需要补货时计算机系统能提供自动通告,提醒工作人员留意。这种做法实际上是解决供应链中广为人知的"牛鞭效应",避免其使厂商无法对需求作出快速和准确的反应。

(2) 浪费和削减成本。削减浪费是精益供应链管理中的关键信条。"浪费"的含义比较广,包括时间、存货流程冗余、数据垃圾等。请注意,这里的重点放在了"削减浪费"而非成本上,这主要是为了让供应商和消费者能感受到。实际上,削减浪费常常产生一个重要的副产品——对供应链中的所有成员都带来成本的降低。如果目标是削减浪费,那么大多数参与者都愿意互相考虑整个流程。以戴尔计算机公司为例,该公司按单生产的模式就非常符合第一项核心能力——需求管理。实际上,戴尔公司一直和供应商们紧密合作削减存货,改善流程,公司的存货周转率是以"小时"计算的,使得戴尔能够比竞争对手更快地引入新技术和产品,如在 CPU 更新换代上,不会在销售上向市场推出要么过多要么过时的处理器。既然公司不需要保留未完成的产品(根据订单按需生产),当然就节省了成本和削减了"浪费"。

(3) 流程和产品标准化。流程标准化能够让产品和服务在整个系统中进行无间断的流动。这里可以借用管理学中非常有名的"价值链"理论,即整个流程中每一项活动都能给消费者带来价值。流程标准化能够减少以往的错综复杂性,换言之,企业应首先决定什么是管理流程的最佳方式,然后将此做法标准化。以丰田公司为例,该公司非常强调流程和工具安排标准化,这极大地削减了每辆汽车的生产时间。同时丰田和供应商合作,帮助供应商采取类似的精益做法,这相应在整个供应链中推行了标准化。建立产品标准化,企业也能受益匪浅,特别是零部件的标准化。在整个生产链中如果零部件标准化,可以节省生产、仓储和研发成本。

(4) 采用行业标准。建立行业产品标准不但有利于消费者而且有利于生产厂商,这样可以减少产品差异的复杂性。在消费电子产品中大量存在行业标准化的问题。如关于 USB 接口的记忆类电子产品,在行业中有标准的 USB 接口规范,各生产厂商只要按照规范生产就可以在全球通用。设想一下,如果每一个厂商都推出自己的 USB 接口要求,结果会是怎样?实际上由戴尔、惠普和联想等公司生产的个人电脑功能和质量都差不多,最大的区别就在于产品名称、市场营销战略售后服务等。对于供应链上的各合作伙伴,采用行业标准能够有效地节省成本(包括生产成本、沟通成本、信息成本),并且上下游之间可以以"心照不宣"地按照行业要求生产和进行物流服务,即各企业之间用"通用的语言"互相沟通。

(5) 文化变革能力。想要成功实施精益供应链,其中最大的障碍之一是来自企业员工的阻力。那些按照老办法行事的人一方面不愿意变革,另一方面可能存在即得利益,文化能否变革就成了能否成功实施精益供应链的关键挑战。成功的文化变革需要企业首先制定一份清晰的路线图。在面临变革的时候或动荡不安的时期,员工们想要知道今后公司的发展方向,未来究竟是怎样的,路线图中应该清楚明了地向员工们阐述采取精益方式的目的和益处,以及今后的发展方向。

(6) 跨企业合作。通过互相合作的实践以及流程,供应链中的合作伙伴必须共同努力,使"价值链"最大化,满足消费者的需求。要达到此目标,首先要了解消费者是如何定义价值的。企业所提供的任何附加服务,只有消费者认为是有价值的,这些服务才能物有所值。在供应链上建立跨企业团队是让"价值链"最大化行之有效的方法。在精益供应链中,这些团队既不能是功能导向型的,也不能只关注本企业内部。它们应关注整个供应链,并且群策群力找出对所有参与者都有益处的解决方案。最有效的团队应该包含来自所有端对端供应链合作公司的成员,而且团队成员应来自主要的供应链功能部门,如规划、采购、制造、交付、财务、技术等部门。供应链合作方面最好的案例来自于零售业,比如沃尔姆公司和其供应商之间的合作。

12.5.3 电子商务的敏捷供应链

1. 概念

敏捷供应链是指以核心企业为中心,通过对资金流、物料流、信息流的控制,将供应商、分销商、零售商以及最终消费者用户整合到一个统一的、无缝化程度较高的功能网络链条,已形成一个极具竞争力的动态战略联盟。"动态"表现为适应市场变化而进行的供需关系的重构过程;"敏捷"用于表示供应链对市场变化和用户需求的快速适应能力。

在敏捷供应链中,计划和协调各实体之间的物料流、资金流、信息流,增加动态联盟对外部环境的敏捷性是敏捷供应链管理的主要任务。为了达到以最低成本、最短时间、最高质量满足客户个性化的需求,敏捷供应链管理系统必须以单个订单为单位,快速制订出订单的执行计划,并保证计划的可行性。在竞争日益激烈、市场需求复杂多变的网络时代,有必要将敏捷化思想运用于整条供应链管理中,其实质是在优化整合企业内外资源的基础上,更多地强调供应链在响应多样化客户需求方面的速度目标。

2. 特征

敏捷供应链是供应链的一种新形态,是供应链优化后的良性结果和表现形式,除了供应链的基本特征外,它还具有如下特征:

(1) 快速反应的供应链。敏捷供应链起源于对不确定环境中的某种市场机会的敏捷把握,但是对于这一机会来说,将其转化为现实的企业价值往往是本企业的有限资源难以实现的,因此它需要整合相关资源来共同发现这一机会,使之在有效生命周期内实现。这些资源拥有者整合的前提为:以优势加入这个群体,实现共赢。

(2) 动态的供应链。敏捷供应链是对有效客户进行快速反应的动态供应链。由于敏捷供应链的形成受到市场机会的限制,决定了这一集体不可能为所有的客户服务,它必须以明确的市场细分为前提,将有限的资源用于有限的客户。同时,它必须是对明确的客户作出快速反应,形成客户壁垒、技术壁垒和价值优势,实现有限客户生命周期、有限产品生命周期和有限合作伙伴周期三者的结合,从而实现价值在短时间内的最大化。这就决定了这一集合体的特征是动态的,以动态敏捷化供应链来应对市场环境的不确定性。

(3) 集成链。敏捷供应链是一体化集成之链,具有客户导向性、集成性和复杂性。事实上,这一特征是前两个特征的必然结果。从运行机制上看,它必须是集成的;从方向上看,它必须是以客户为导向的;从形态上看,它必须是复杂的网络结构。

(4) 敏感的虚拟供应链。敏捷供应链是以信息技术为支持,对市场敏感的供应链。它必须能够准确把握市场的真实需求,并在此基础上给予及时的响应。有效的客户响应和信息技术的使用,使企业能够从市场的实时销售中获取直接的需求数据,对市场的把握更加准确,反应更加及时。这样利用信息技术实现的买方与卖方之间的数据共享,在无形中也形成了一条以信息技术为支持的虚拟供应链,其管理主要强调对供应各方之间的多级库存的管理,它的目标就是使系统中的库存在数量上和地理分布上达到最优,所以在管理中会用到许多的数学公式和算法进行最优的规划。

（5）内涵特征。敏捷供应链从扩大的生产概念出发,在敏捷制造技术、信息技术及并行工程技术的支持下,将企业的生产活动进行前伸和后延,把上游的供应商和下游的客户纳入企业的战略规划中,降低了整条供应链的库存量,实现对企业内外资源的最佳配置。敏捷供应链的目标是获得具有增值价值和战略意义的市场机会,基础是基于该核心竞争力的动态联盟和协同商务的伙伴关系和客户关系,纽带是现代信息技术,运作机制是寻求企业价值最大化与客户价值最大化的平衡,运作方式是协同性快速反应。

本章小结

物流金融(Logistics Finance)是指在面向物流业的运营过程中,通过应用和开发各种金融产品,有效地组织和调剂物流领域中货币资金的运动。这些资金运动包括发生在物流过程中的各种存款、贷款、投资、信托、租赁、抵押、贴现、保险、有价证券发行与交易,以及金融机构所办理的各类涉及物流业的中间业务等。按照金融在现代物流中的业务内容,物流金融分为:物流结算金融、物流仓单金融、物流授信金融。供应链金融是相关业务主体根据特定产品供应链上的真实贸易背景和供应链主导企业的信用水平,通过整合上下游中小企业的资金流、物流和信息流来把单个企业难于控制的风险变为供应链整体的易于控制的风险,以企业贸易行为所产生的确定未来现金流为直接还款来源,配合银行的短期金融产品和封闭贷款操作所进行的面向供应链整体的系统性融资安排。在实践中,供应链金融主要有应收账款类、存货类、预付款类三种主要的模式。

线上供应链金融(Online Supply Chain Finance,OSCF),也叫做电子供应链金融(Electronic Supply Chain Finance, ESCF),是金融业与基于供应链管理的实体产业之间,通过信息化协同合作的供应链金融的新趋势和高级阶段,包含电子商务交易、在线支付、交易融资和物流管理等多个环节,是复杂性金融创新产品,它将物化的资金流转化为在线数据,其最核心的融资平台可以与企业电子商务平台、物流企业的物流供应链管理平台,以及支持融资结算等资金支付服务的支付平台进行实时无缝嵌入。电子供应链金融协同运作架构包括线上供应链金融交易平台、在线支付交易平台、电子商务平台、物流与供应链管理平台四大平台的无缝连接协作。

"云物流"主要是围绕消费者在时间和空间上的需求,由政府、B2C 电子商务企业、物流承运商/加盟商和客户共同参与构建,处理商品从运输、装卸、包装、仓储、加工、拆并、配送等各个环节中产生的各种信息,使信息能够通过物流信息平台快速准确地传递到相关企业和消费者。物联网就是"物物相连的互联网",通过智能感知、识别技术与普适计算、泛在网络的融合应用,被称为继计算机、互联网之后世界信息产业发展的第三次浪潮。

精益物流(Lean Logistics)是起源于日本丰田汽车公司的一种物流管理思想,其目标是消灭物流过程中包括多余库存在内的一切浪费,并据此采取一系列具体措施。精益供应链管理是指对整个供应链的环节包括上游和下游的链条进行优化和改造,免除不必要的步骤、耽搁、等待以及消耗,消除企业中的浪费,最大限度地减少成本、满足客户需求的一系列对供应链计划、实施和控制的过程。精益供应链管理需要六项核心能力:需求管理能力、浪费和削减成本、流程和产品标准化、采用行业标准、文化变革能力和跨企业合作。敏捷供应链是指以核心企业为中心,通过对资金流、物料流、信息流的控制,将供应商、分销商、零售商以及最终消费者用户整合到一个统一的、无缝化程度较高的功能网络链条,已形成一个极具竞争力的动态战略联盟。"动态"表现为适应市场变化而进行的供需关系的重构过程;"敏捷"用于表示供应链对市场变化和用户需求的快速适应能力。

应用案例

双十一"菜鸟"首飞 大数据操盘快递临考

随着"双十一"最后倒计时,今年5月底成立以来一直低调的菜鸟网络,终将揭开神秘面纱。(11月7日),阿里方面宣布,"双十一"期间所有的物流保障,与全国快递公司的协同配合均由菜鸟网络承担。这是菜鸟网络的物流数据平台首次全面接入购物狂欢节的物流体系,更是菜鸟成立后的首场大考。

不同于其他电商的自建物流,阿里系在物流战略上,祭出的仍是平台策略,通过联合社会化物流体系,打通社会化物流平台的大数据。菜鸟网络相关人士告诉《每日经济新闻》记者:"从物流的数据平台中找到关键细节和节点,打造数据看盘、物流的数据预警雷达,都是菜鸟网络担当'双十一'的物流数据平台与往年最不同的地方。"

记者了解到,原阿里物流事业部在今年9月完成了与菜鸟网络的整合,实现物流数据平台的初步打通。在今年的"双十一"中,菜鸟网络将根据历史数据以及商家名单、备货量等信息进行综合的数据分析预测,通过已掌握的大数据应用能力和物流数据的信息分享,指导商家备货。

不过,巨大的压力依然存在。"191亿元成交额,7800万件的包裹量",这是天猫去年"双十一"一天创造的交易奇迹,而依照国家邮政局最新的预计,今年天猫"双十一"或将产生3.23亿件的包裹量。

针对如何最大限度帮助快递公司分拨不爆仓,菜鸟网络昨日表示,它推出了一项物流数据雷达服务,提供详细的区域和网点预测,不仅可以监控到中转站,还可以监控到县区和服务网点的层面,这些数据将更加客观地帮助电商平台和快递公司作出决策。

菜鸟方面透露,菜鸟网络的数据平台也已经与国家邮政局数据信息中心实现了互联互通,双方将在数据应用和指导方面开展更紧密的合作。

(资料来源:http://news.eguan.cn/ 2013-11-08,2013 年 11 月 20 日访问。)

案例思考题

(1) 菜鸟物流模式是否体现了云物流的理念?

(2) 菜鸟物流模式是否体现了物联网的理念?

参考文献

一、著作及译著类

[1] 何飞主编:《电子商务物流(第3版)》,大连理工大学出版社2010年版。
[2] 陶世怀主编:《电子商务概论(第3版)》,大连理工大学出版社2009年版。
[3] 方玲玉主编:《电子商务基础与实践》,中南大学出版社2009年版。
[4] 帅青红编著:《电子商务:管理视角》,东北财经大学出版社2009年版。
[5] 王绍军主编:《电子商务概论》,立信会计出版社2009年版。
[6] 梁循、陈华编著:《电子商务理论与实践》,北京大学出版社2007年版。
[7] 王能、黄国栋主编:《电子商务》,北京航空航天大学出版社2009年版。
[8] 骆念蓓主编:《电子商务管理》,对外经济贸易大学出版社2009年版。
[9] 张海飞:《基于物联网的原油物流动态管理研究》,北京交通大学2013年硕士学位论文。
[10] 吴金晶:《网购快递物流服务的系统动力学模型研究》,天津财经大学2012年硕士学位论文。
[11] 房兵:《基于服务科学的现代物流服务价值链增值研究》,武汉理工大学2009年硕士学位论文。
[12] 颜慧:《基于网络购物环境的物流服务顾客满意度研究》,华东交通大学2011年硕士学位论文。
[13] 王真:《B2C电子商务快递物流服务质量评价体系构建研究》,成都理工大学2013年硕士学位论文。
[14] 王莹:《基于电子商务平台的第三方物流服务优化研究》,郑州大学2012年硕士学位论文。
[15] 易菁琳:《B2C电子商务企业物流服务绩效评价研究》,华中科技大学2012年硕士学位论文。
[16] 薛飞:《云计算在铁路物流中心的应用研究》,西南交通大学2012年硕士学位论文。
[17] 高敏:《基于云计算的物流园区配送系统的研究》,沈阳工业大学2013年硕士学位论文。
[18] 蔡国平:《云计算技术及其在电子商务物流中心设计与运行中的应用》,五邑大学2011年硕士学位论文。
[19] 毕娅:《云物流下基于协同库存和覆盖的选址分配问题研究》,武汉理工大学2012年博士学位论文。
[20] 刘宣:《物联网在物流行业中的应用研究》,长春工业大学2012年硕士学位论文。
[21] 夏英:《智能交通系统中的时空数据分析关键技术研究》,西南交通大学2012年博士学位论文。
[22] 姜琳琳:《家电零售业绿色物流问题研究》,济南大学2012年硕士学位论文。
[23] 徐建平:《再生资源回收利用网络研究》,东华大学2012年博士学位论文。

[24] 徐舜磊:《基于环境影响因子的逆向回收物流网络优化研究》,杭州电子科技大学2009年硕士学位论文。
[25] 李博:《基于电子商务平台的仓储物流运营研究》,复旦大学2011年硕士学位论文。
[26] 丁鹏:《第三方物流配送系统设计与实现》,湖南大学2012年硕士学位论文。
[27] 张弛:《郑州市再生资源回收物流网络优化研究》,河南工业大学2012年硕士学位论文。
[28] 张磊:《电子商务物流及其运作模式研究》,上海交通大学2010年硕士学位论文。
[29] 张琳:《不同模式下电子商务物流服务质量评价研究》,北京交通大学2012年硕士学位论文。
[30] 张岩岩:《B2C电子商务物流服务质量测度模型及其应用》,吉林大学2011年硕士学位论文。
[31] 张晓楠:《基于云仓储和云物流的B2C大物流模式研究》,大连海事大学2012年硕士学位论文。
[32] 才笑琦:《B2C企业配送业务运作模式与物流服务商选择研究》,北京交通大学2011年硕士学位论文。
[33] 秦寰宇:《大型网购企业配送网络优化研究》,北京交通大学2011年硕士学位论文。
[34] 马银菊:《B2C电子零售商退货策略的决策模型研究》,电子科技大学2012年硕士学位论文。
[35] 李莹:《B2C电子商务模式下退货物流研究》,华中师范大学2011年硕士学位论文。
[36] 何相良:《基于客户满意度的物流配送中心选址研究》,东北财经大学2010年硕士学位论文。
[37] 吕芬:《QS公司精细化学品的物流配送优化研究》,华中科技大学2011年硕士学位论文。
[38] 葛显龙:《面向云配送模式的车辆调度问题及算法研究》,重庆大学2011年博士学位论文。
[39] 易菁琳:《B2C电子商务企业物流服务绩效评价研究》,华中科技大学2012年硕士学位论文。
[40] 李冠仕:《B2C电子商务物流网络优化技术的研究与实现》,上海交通大学2013年硕士学位论文。
[41] 寇鹏杰:《物流配送系统的分析和设计》,北京邮电大学2010年硕士学位论文。
[42] 舒新意:《物流配送车辆智能调度模型研究及应用》,浙江理工大学2011年硕士学位论文。
[43] 尚贤慧:《B2C电子商务企业物流网络优化研究》,北京交通大学2012年硕士学位论文。
[44] 仝凯歌:《基于电子商务需求的第三方物流业竞争力研究》,上海师范大学2012年硕士学位论文。
[45] 谢明:《电子商务物流配送系统设计与应用》,湖南大学2010年硕士学位论文。
[46] 王伟:《物联网时代电子商务运营和管理方法的研究》,重庆大学2012年硕士学位论文。
[47] 徐辉增:《基于电子商务的云物流发展模式的探究》,载《电子世界》2012年第11期。
[48] 陶强:《基于第三方电子商务平台的物流金融业务模式及风险评价研究》,浙江师范大

学 2012 年硕士学位论文。
- [49] 刘婉:《电子商务环境下供应链运行规律的集成模拟研究》,华中科技大学 2011 年硕士学位论文。
- [50] 李波:《优衣库 B2C 电子商务的多仓库问题研究》,上海交通大学 2010 年硕士学位论文。
- [51] 王航:《网购环境下配送中心 3C 电子产品库存控制研究》,北京交通大学 2011 年硕士学位论文。
- [52] 孟新胜:《我国 B2C 电子商务企业物流配送供应商选择问题研究》,重庆大学 2012 年硕士学位论文。
- [53] 夏始扬:《宁波网上物流市场运营机制研究》,大连海事大学 2009 年硕士学位论文。
- [54] 侯喆:《外贸 B2C 物流系统分析与设计》,北京交通大学 2012 年硕士学位论文。
- [55] 夏立水:《AG 电子商务公司库存管理的研究》,华东理工大学 2012 年硕士学位论文。
- [56] 程浩亮:《供应链金融信息化研究》,财政部财政科学研究所 2012 年硕士学位论文。
- [57] 王君:《中国 B2C 电子商务逆向物流模型研究》,北京化工大学 2010 年硕士学位论文。
- [58] 单喜玢:《基于 SAPR_3 的石化电子商务物流供应链协调管理系统研究》,电子科技大学 2011 年硕士学位论文。
- [59] 肖应兵:《HL 公司物流成本管理研究》,西南交通大学 2012 年硕士学位论文。
- [60] 王有朝:《大宗商品物流金融运作模式研究》,南京大学 2012 年硕士学位论文。
- [61] 窦剑锋:《江苏邮政电子商务供应链管理研究》,南京理工大学 2012 年硕士学位论文。
- [62] 黄丹:《线上供应链金融操作风险管理研究》,武汉理工大学 2012 年硕士学位论文。
- [63] 邓为国:《B2C 电子商务企业的第三方物流配送模式探究》,上海交通大学 2010 年硕士学位论文。
- [64] 李思丝:《电子商务环境下第三方物流运营模式的研究》,复旦大学 2011 年硕士学位论文。
- [65] 王岩:《B2B 电子商务交易平台物流模式研究》,首都经济贸易大学 2011 年硕士学位论文。
- [66] 王金福:《家具行业电子商务物流研究》,华侨大学 2012 年硕士学位论文。
- [67] 刘志坤:《家电业逆向物流运作改进研究》,大连理工大学 2012 年硕士学位论文。
- [68] 胡艺峰:《基于物联网的农产品流通信息系统研究与设计》,安徽农业大学 2011 年硕士学位论文。
- [69] 刘杏英:《H 公司物流金融模式选择应用研究》,华南理工大学 2011 年硕士学位论文。
- [70] 崔峰:《煤矿企业电子采购系统平台的设计与实现》,电子科技大学 2010 年硕士学位论文。
- [71] 葛显龙:《面向云配送模式的车辆调度问题及算法研究》,重庆大学 2011 年博士学位论文。
- [72] 利华敏:《国际物流学》,中山大学出版社 2007 年版。
- [73] 戴宗群、钱芝网:《国际物流实务》,中国时代经济出版社 2007 年版。
- [74] 〔美〕道格拉斯·朗、刘凯、张晓东:《国际物流:全球供应链管理》,电子工业出版社 2006

年版。
- [75] 贾志林主编:《物流系统设计》,知识产权出版社 2006 年版。
- [76] 刘联辉、彭邝湘编著:《物流系统规划及其分析设计》,中国物资出版社 2006 年版。
- [77] 王小云、杨玉顺、李朝辉编著:《ERP 企业管理案例教程》,清华大学出版社 2007 年版。
- [78] 李庄、毛华扬等编著:《ERP 原理与应用教程》,电子工业出版社 2006 年版。
- [79] 张理主编:《物流管理导论》,清华大学出版社、北京交通大学出版社 2009 年版。
- [80] 胡建波主编:《物流学基础》,西南财经大学出版社 2007 年版。
- [81] 徐沫扬主编:《电子商务物流技术》,中国人民大学出版社 2006 年版。
- [82] 葛承群、韩刚、沈兴龙主编:《物流运作典型案例诊断》,中国物资出版社 2006 年版。
- [83] 段梅丽主编:《电子商务物流》,大连理工大学出版社 2007 年版。
- [84] 物流师实务手册编写组编:《物流师实务手册》,机械工业出版社 2007 年版。
- [85] 魏修建主编:《电子商务物流理论与实务》,北京大学出版社 2008 年版。
- [86] 吴健主编:《电子商务物流管理》,清华大学出版社 2009 年版。
- [87] 刘丽华、蔡舒主编:《电子商务物流管理》,武汉大学出版社 2008 年版。
- [88] 程雨淑、兰永杰编著:《物流人员岗位培训手册》,人民邮电出版社 2008 年版。
- [89] 蒋长兵编著:《现代物流管理案例集》,中国物资出版社 2005 年版。
- [90] 〔美〕唐纳德·J. 鲍尔索克斯、戴维·J. 克劳斯:《物流管理——供应链过程的一体化》,林国龙、宋伯、沙梅译,机械工业出版社 1999 年版。
- [91] 〔美〕詹姆斯·C. 约翰逊、唐纳德·F. 伍德、丹尼尔·L. 沃德洛、保罗·R. 小墨菲:《现代物流学》,张敏译,社会科学文献出版社 2003 年版。
- [92] 〔美〕大卫·辛奇—利维、菲利普·卡明斯基、伊迪斯·辛奇—利维:《供应链设计与管理:概念、战略与案例研究》,季建华、邵晓峰译,中国财政经济出版社 2000 年版。
- [93] 洪水坤:《中国诚通物流金融业务的探索与实践》,载《中国物流学会、中国物流与采购联合会:中国物流学术前沿报告(2005—2006)》,中国物资出版社 2005 年版。
- [94] 李冠霖:《第三产业投入产出分析》,中国物价出版社 2002 年版。
- [95] 李京文等主编:《物流学及其应用》,经济科学出版社 1987 年版。
- [96] 李学伟等:《中国物流交易模式理论》,清华大学出版社、北京交通大学出版社 2004 年版。
- [97] 彭志忠:《现代物流与供应链管理》,山东大学出版社 2002 年版。
- [98] 邱冬阳、刘凯刈:《发展中国电子商务物流的思考》,载《经济师》2001 年 6 月。
- [99] 《国内物流业——2003 数字解读》,载《中国储运》2004 年 2 月。
- [100] 宋华、胡左浩:《现代物流与供应链管理》,经济管理出版社 2000 年版。
- [101] 苏雄义编著:《企业物流总论——新竞争力源泉》,高等教育出版社 2003 年版。
- [102] 魏修建主编:《电子商务物流管理》,重庆大学出版社 2004 年版。
- [103] 朱道立等编者:《物流和供应链管理》,企业管理出版社 2001 年版。
- [104] Chauncey B. Baker, Transportation of Troopsand Material, Kansas City, MO: Hudson Publishing, 1905:125.
- [105] 何立杨、陈华珠:《一体化物流系统对电子商务和企业资源规划系统的影响》,载《运输研究经济资料译丛》2004 年第 9 期。
- [106] 何明珂:《物流系统论》,高等教育出版社 2004 年版。
- [107] 李新东:《物流系统规划——仿真集成化技术研究》,载《物流技术》2006 年第 12 期。
- [108] 齐二石:《物流系统规划设计方法综述》,载《天津大学学报(社会科学版)》2003 年第 7 期。
- [109] 魏修建主编:《电子商务物流管理》,重庆大学出版社 2007 年版。
- [110] 严建援主编:《电子商务物流管理与实施》,高等教育出版社 2006 年版。
- [111] 曾剑等主编:《物流管理基础(第 2 版)》,机械工业出版社 2005 年版。
- [112] 〔美〕斯普拉格:《信息系统管理的实践》,刘永华译,西安电子科技出版社 1990 年版。
- [113] 〔日〕中田信哉、桥本雅隆:《物流入门》,陶庭义译,海天出版社 2001 年版。
- [114] 陈修齐主编:《电子商务物流管理》,电子工业出版社 2006 年版。
- [115] 董铁主编:《电子商务物流》,清华大学出版社 2006 年版。
- [116] 何杨平等编著:《现代物流与电子商务》,暨南大学出版社 2004 年版。
- [117] 林自葵主编:《物流信息系统管理》,中央广播电视大学出版社 2007 年版。
- [118] 王子建、冀贵雪主编:《电子商务物流应用》,机械工业出版社 2006 年版。
- [119] 郑春藩主编:《物流信息管理》,浙江大学出版社 2004 年版。
- [120] 周长青主编:《电子商务物流》,北京大学出版社 2006 年版。
- [121] 〔美〕蒙克萨等:《采购与供应链管理》,清华大学出版社 2007 年版。
- [122] 陈思承、王钰瑶:《中国电子采购的实现模式研究》,载《科技创业月刊》2006 年第 4 期。
- [123] 郝庆欣:《电子采购:互联网时代企业信息化切入点》,载《电子商务世界》2006 年第 8 期。
- [124] 郝渊晓等主编:《采购物流学》,中山大学出版社 2007 年版。
- [125] 李玉山:《电子采购:提升采购供应链运行效率的最佳手段》,载《现代物流报》2005 年第 9 期。
- [126] 梁军主编:《采购管理》,电子工业出版社 2006 年版。
- [127] 梁世翔等主编:《采购实务》,人民交通出版社 2005 年版。
- [128] 刘荔娟主编:《现代采购管理》,上海财经大学出版社 2005 年版。
- [129] 乔威:《基于互联网的电子采购模型优化设计》,载《哈尔滨师范大学自然科学学报》2004 年第 3 期。
- [130] 王忠宗主编:《采购管理实务》,广东经济出版社 2001 年版。
- [131] 徐晓雨、朱道立:《基于互联网的电子采购模式研究》,载《物流技术》2001 年第 5 期。
- [132] 杨晓晶:《电子采购——网络经济的新主张》,载《中国食品报》2000 年第 11 期。
- [133] 《制造业内训教程》编委会主编:《采购作业管理》,广东经济出版社 2006 年版。
- [134] 钟复台等:《企业采购操作规范》,中国经济出版社 2003 年版。
- [135] 梅绍祖等主编:《电子商务与物流》,人民邮电出版社 2001 年版。
- [136] 孙海涛等编著:《电子商务物流》,立信会计出版社 2006 年版。
- [137] 魏修建、刘雪亮:《电子商务与物流中心的发展》,载《中国物资流通》2002 年第 2 期。
- [138] 杨路明等编著:《电子商务物流管理》,机械工业出版社 2007 年版。

[139] 周长青主编:《电子商务物流》,北京大学出版社 2007 年版。
[140] 戴守峰:《物流管理新论》,科学出版社 2004 年版。
[141] 方仲民等主编:《物流系统规划与设计》,机械工业出版社 2005 年版。
[142] 贺东风等主编:《物流系统规划与设计》,中国物资出版社 2006 年版。
[143] 刘艳秋、刘海波:《基于电子商务的物流配送中心特征研究》,载《物流科技》2005 年第 9 期。
[144] 王忠诚主编:《电子商务物流》,大连理工大学出版社 2003 年版。
[145] 沈绍基:《中国物流市场供求状况分析报告》,载《物流科技》2000 年第 2 期。
[146] 〔澳〕约翰·加托纳,王海军等译:《供应链管理手册》,电子工业出版社 2004 年版。
[147] 曹建伟:《背后的"宜家"》,载《IT 经理世界》2003 年第 2 期。
[148] 陈代江:《电子商务环境下供应链的交易成本分析》,载《商业时代》2006 年第 19 期。
[149] 冯耕中主编:《现代物流与供应链管理》,西安交通大学出版社 2003 年版。
[150] 冯欣:《联想物流:信息化带来高效率》,载《市场周刊(新物流)》2006 年第 4 期。
[151] 胡军主编:《供应链管理理论与实务》,中国物资出版社 2006 年版。
[152] 李文生、柳彦君:《电子商务技术支持下供应链管理的研究》,载《物流科技》2007 年第 6 期。
[153] 刘艳良:《电子商务时代供应链管理的三大基本思考》,载《中国管理信息化》2007 年第 6 期。
[154] 马士华编著:《供应链管理》,机械工业出版社 2000 年版。
[155] 宋华编著:《电子商务物流与电子供应链管理》,中国人民大学出版社 2004 年版。
[156] 汤萱、王威孚:《基于电子商务的电子供应链管理机制研究》,载《科技管理研究》2006 年第 3 期。
[157] 卞保武:《电子商务环境下第三方物流企业的发展》,载《华东经济管理》2004 年第 5 期。
[158] 〔美〕查尔斯·C.波里尔、迈克尔·J.鲍尔:《电子供应链管理》,谢冬梅等译,机械工业出版社 2002 年版。
[159] 查先进、严亚兰主编:《物流信息系统》,东北财经大学出版社 2005 年版。
[160] 蔡淑琴等编著:《物流信息系统》,中国物资出版社 2002 年版。
[161] 陈安、刘鲁:《供应链管理问题的研究现状及挑战》,载《系统工程学报》2000 年第 17 期。
[162] 陈景艳主编:《管理信息系统》,中国铁道出版社 2001 年版。
[163] 陈修齐主编:《电子商务物流管理》,电子工业出版社 2006 年版。
[164] 杜荣保:《电子商务环境下第三方物流企业的发展策略》,载《江苏商论》2006 年第 6 期。
[165] 冯耕中主编:《物流管理信息系统及其实例》,西安交通大学出版社 2003 年版。
[166] 〔美〕爱德华·佛莱哲利:《物流战略咨询》,任建标译,中国财政经济出版社 2003 年版。
[167] 国家质量技术监督局发布:《物流术语(GB/T18354—2001)》。

[168] 国通供应链管理研究中心:《供应链管理平台最佳实现方式》,机械工业出版社 2003 年版。
[169] 何发智编著:《物流管理信息系统》,人民交通出版社 2003 年版。
[170] 何明珂:《物流系统论》,中国审计出版社 2001 年版。
[171] 何明珂主编:《电子商务与现代物流》,经济科学出版社 2002 年版。
[172] 胡桃、吕廷杰编著:《电子商务技术基础与应用》,北京邮电大学出版社 2002 年版。
[173] 黄福华:《现代物流运作管理精要》,广东经济出版社 2002 年版。
[174] 矫云起、张成海编著:《二维条码技术》,中国物价出版社 1996 年版。
[175] 兰宜生:《电子商务物流管理》,中国财政经济出版社 2001 年版。
[176] 李波、洪涛编著:《供应链管理(SCM)教程》,电子工业出版社 2006 年版。
[177] 李振编著:《物流学》,中国铁道出版社 1996 年版。
[178] 李光亚:《电子商务环境下第三方物流发展研究》,载《北方经济》2004 年第 9 期。
[179] 刘红军等编著:《电子商务技术教程》,机械工业出版社 2006 年版。
[180] 刘胜春、李严峰主编:《第三方物流》,东北财经大学出版社 2006 年版。
[181] 林慧丹主编:《第三方物流》,上海财经大学出版社 2005 年版。
[182] 林自葵主编:《物流信息管理》,清华大学出版社 2006 年版。
[183] 卢国志等编著:《新编电子商务与物流》,北京大学出版社 2005 年版。
[184] 骆温平、谷中华编著:《第三方物流教程》,复旦大学出版社 2006 年版。
[185] 罗振华主编:《电子商务物流管理》,浙江大学出版社 2003 年版。
[186] 牛鱼龙主编:《第三方物流:模式与运作》,海天出版社 2003 年版。
[187] 欧阳文霞主编:《物流信息技术》,人民交通出版社 2002 年版。
[188] 潘军主编:《电子商务物流管理》,东南大学出版社 2002 年版。
[189] 彭扬主编:《物流信息系统》,中国物资出版社 2006 年版。
[190] 汝宜红、田源、徐杰编著:《配送中心规划》,北京交通大学出版社 2002 年版。
[191] 汝宜红主编:《物流学》,中国铁道出版社 2003 年版。
[192] 邵建利主编:《物流管理信息系统》,上海财经大学出版社 2005 年版。
[193] 邵宏文:《电子商务物流模式的创新研究》,东南大学 2003 年硕士学位论文。
[194] 盛晏:《我国企业电子商务环境下供应链管理问题研究》,湖南农业大学 2005 年硕士学位论文。
[195] 田源、周建勤编著:《物流运作实务》,北京交通大学出版社 2005 年版。
[196] 田源主编:《物流管理概论》,机械工业出版社 2006 年版。
[197] 王立坤、孙明编著:《物流管理信息系统》,化学工业出版社 2003 年版。
[198] 王国华主编:《中国现代物流大全》,中国铁道出版社 2004 年版。
[199] 王槐林、刘明菲编著:《物流管理学》,武汉大学出版社 2005 年版。
[200] 王世杰主编:《电子商务及其应用》,广东经济出版社 2005 年版。
[201] 王燕、蒋笑梅编著:《配送中心全程规划》,机械工业出版社 2004 年版。
[202] 王之泰:《现代物流学》,中国物资出版社 1995 年版。
[203] 王之泰编著:《现代物流管理》,中国工人出版社 2002 年版。

[204] 许晓东、张显萍主编:《第三方物流运作》,经济管理出版社 2006 年版。
[205] 晏兰萍、刘永:《电子商务下第三方物流企业的发展策略》,载《商场现代化》2005 年第 23 期。
[206] 杨海荣编著:《现代物流系统与管理》,北京邮电大学出版社 2003 年版。
[207] 张铎编:《电子商务与物流》,清华大学出版社 2000 年版。
[208] 张铎、周建勤主编:《电子商务物流管理》,高等教育出版社 2006 年版。
[209] 张旭凤编著:《运输与运输管理》,北京大学出版社 2004 年版。
[210] 张铎、林自葵编著:《电子商务与现代物流》,北京大学出版社 2002 年版。
[211] 张铎、周建勤主编:《电子商务物流管理》,高等教育出版社 2002 年版。
[212] 张润彤、朱晓敏:《电子商务》,北京出版社 1999 年版。
[213] 张润彤主编:《电子商务概论》,电子工业出版社 2003 年版。
[214] 张润彤、樊宁:《网格就是商务》,清华大学出版社 2006 年版。
[215] 张瑞敏:《物流给了我们什么》,载《企业管理》2001 年第 7 期。
[216] 张树山主编:《物流信息系统》,人民交通出版社 2005 年版。
[217] 张文杰、田源、林自葵主编:《电子商务下的物流管理》,北京交通大学出版社 2003 年版。
[218] 赵刚编著:《物流信息系统》,四川人民出版社 2002 年版。
[219] 赵林度:《供应链与物流管理理论与实务》,机械工业出版社 2003 年版。
[220] 赵雄:《电子商务物流模式研究》,东南大学 2002 年硕士学位论文。
[221] 赵忠光:《企业物流管理模板与操作流程》,中国经济出版社 2004 年版。
[222] 郑春藩主编:《物流信息管理》,浙江大学出版社 2004 年版。
[223] 郑志军、资道根主编:《物流信息管理实务》,海天出版社 2005 年版。
[224] 周长青主编:《电子商务与物流》,重庆大学出版社 2004 年版。
[225] 周城主编:《物流信息化解决方案》,四川人民出版社 2002 年版。
[226] 周泉良:《电子商务的物流模式研究》,湖南大学 2003 年硕士学位论文。
[227] 朱宏辉主编:《物流自动化系统设计及应用》,化学工业出版社 2005 年版。
[228] 邹雷:《制造企业电子商务物流研究》,武汉大学 2004 年硕士学位论文。
[229] Paul Kimberley, Electronic Data Interchange, McGraw-Hill Inc., 1994.
[230] 田红英主编:《物流配送管理》,四川大学出版社 2006 年版。
[231] 田源、周建勤编著:《物流运作实务》,清华大学出版社 2004 年版。
[232] 田源、周建勤编著:《物流管理概论》,机械工业出版社 2004 年版。
[233] 王斌义主编:《现代物流实务》,对外经济贸易大学出版社 2003 年版。
[234] 吴清一主编:《物流管理》,中国物资出版社 2005 年版。
[235] 王之泰编著:《新编现代物流学》,首都经济贸易大学出版社 2005 年版。
[236] 吴清一主编:《物流学》,中国物资出版社 2006 年版。
[237] 张余华主编:《现代物流管理》,华中科技大学出版社 2006 年版。
[238] 燕春蓉主编:《电子商务与物流》,上海财经大学出版社 2006 年版。
[239] 魏莺主编:《电子商务物流管理》,清华大学大学出版社、北京交通大学出版社 2006

年版。

[240] 邹辉霞编著:《供应链物流管理》,清华大学出版社 2004 年版。

[241] 林自葵编:《物流信息管理》,清华大学出版社 2006 年版。

[242] 王槐林、刘明菲主编:《物流管理学》,武汉大学出版社 2004 年版。

[243] 兰洪杰、施先亮、赵启兰编著:《供应链与企业物流管理》,清华大学大学出版社、北京交通大学出版社 2004 年版。

[244] 李苏剑、游战清、郑利强编著:《物流管理信息系统理论与案例》,电子工业出版社 2005 年版。

[245] 茅宁主编:《现代物流管理概论》,南京大学出版社 2004 年版。

[246] 骆温平编著:《物流与供应链管理》,电子工业出版社 2002 年版。

[247] 中国物品编码中心编著:《条码技术与应用》,清华大学出版社 2003 年版。

[248] 〔美〕约翰·科伊尔、爱德华·巴蒂、小约翰·兰利:《企业物流管理——供应链视角》,宋华等译,机械工业出版社 2003 年版。

[249] 崔介何:《物流学》,北京大学出版社 2004 年版。

[250] 韦恒、熊健主编:《物流学》,清华大学出版社 2007 年版。

[251] 叶怀珍主编:《现代物流学》,高等教育出版社 2004 年版。

[252] 胡建波主编:《物流学基础》,西南财经大学出版社 2007 年版。

[253] 孙明贵主编:《物流管理学》,北京大学出版社 2004 年版。

[254] 李雪松、张理编著:《现代物流作业管理》,北京大学出版社 2004 年版。

[255] 吴清一主编:《现代物流概论》,中国物资出版社 2003 年版。

[256] Donald J. Bowersox, David J. Class, Logistical Management: The Integrated Supply Chain Process, New York: McGraw-Hill, 2002.

[257] 凌守兴主编:《电子商务物流管理》,华东理工大学出版社 2006 年版。

[258] 邓明荣、张红等编著:《现代物流管理》,高等教育出版社 2005 年版。

[259] 赵林度编著:《电子商务物流管理》,科学出版社 2006 年版。

[260] 陈子侠:《现代物流学理论与实践》,浙江大学出版社 2003 年版。

[261] 郝渊晓主编:《现代物流管理学》,中山大学出版社 2001 年版。

[262] 汝宜红主编:《物流学》,中国铁道出版社 2006 年版。

[263] 孙秋菊主编:《现代物流概论》,高等教育出版社 2002 年版。

[264] 〔美〕詹姆士·斯托克、莉萨·埃拉姆:《物流管理》,张文杰等译,电子工业出版社 2003 年版。

[265] 彭欣主编:《现代物流实用教程》,人民邮电出版社 2003 年版。

[266] 上海现代物流人才培训中心编著:《现代物流管理》,上海人民出版社 2004 年版。

[267] 梁军主编:《仓储管理实务》,高等教育出版社 2003 年版。

[268] 罗振华主编:《电子商务物流管理》,浙江大学出版社 2002 年版。

[269] 肖胜萍、萧鹏:《现代物流管理》,中国纺织出版社 2002 年版。

[270] 高本河等编著:《供应链管理》,海天出版社 2003 年版。

[271] 高本河、缪立新、郑力编著:《仓储与配送管理基础》,海天出版社 2004 年版。

[272] 王崇鲁编著:《如何进行运输与配送管理》,北京大学出版社 2004 年版。
[273] Richard Wilding, Lean, Leaner, Leanest, International Journal of Physical.
[274] Distribution & Logistics Management, Vol. 25, No. 3/4, 1996:20.
[275] MarshallL F., What Is the Right Supply Chain for Your Product?, HBR, March-Aprll, 1997: 103—115.
[276] 刘斌主编:《连锁物流》,高等教育出版社 2003 年版。
[277] 宋华主编:《物流供应链管理机制与发展》,经济管理出版社 2002 年版。
[278] 翁心刚:《物流管理基础》,中国物资出版社 2002 年版。
[279] 〔日〕菊池康也:《物流管理》,丁立言译,清华大学出版社 2000 年版。
[280] 兰宜生等编著:《电子商务物流管理》,中国财政经济出版社 2001 年版。
[281] 储雪俭主编:《现代物流管理教程(中级)》,上海三联书店 2002 年版。

二、网站类

[1] http://www.eguan.cn/。
[2] http://www.chinawuliu.com.cn。
[3] http://www.100ec.cn/。
[4] http://www.56888.net。
[5] http://baike.baidu.com/。
[6] http://www.chinawuliu.com.cn。
[7] http://www.56885.net。
[8] http://www.yn56.com。